빛깔있는 책들 ●●● 260



# 부여 장정마을

### 종족(宗族)의 힘으로 일군 부촌

글·사진 | 충남대학교 마을연구단

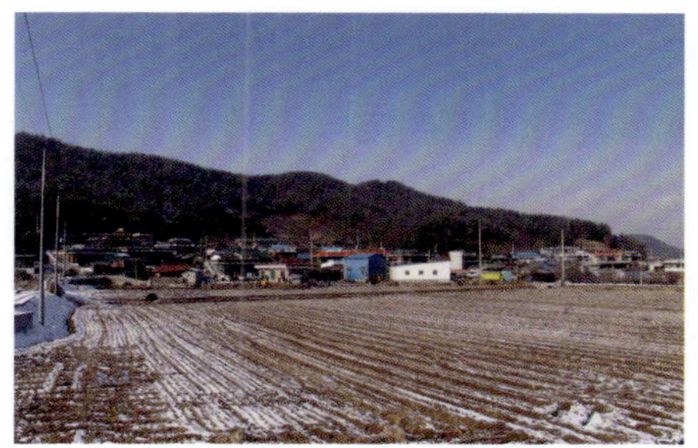

대원사

| 저자 소개

## 김필동
충남대학교 사회학과 교수

## 전종한
경인교육대학교 전임강사, 지리학

## 곽호제
청양대학 초빙교수, 국사학

## 유보경
마을연구단 전임연구원, 사회학

## 이연숙
마을연구단 전임연구원, 국사학

## 김현숙
마을연구단 전임연구원, 국사학

## 박종익
마을연구단 전임연구원, 국문학

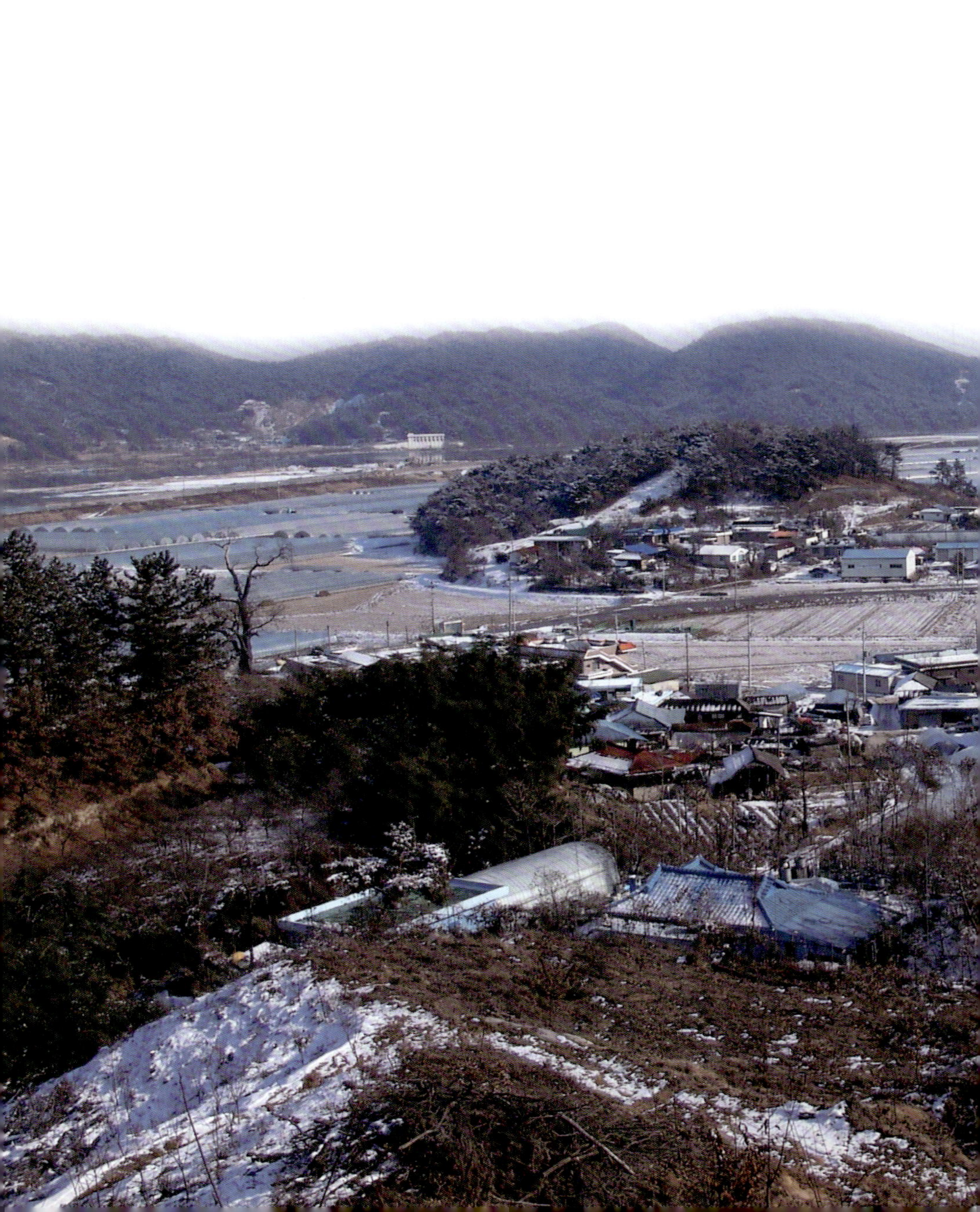

충남 지역 마을지 총서① 부여군 장암면 장하리

# 부여 장정마을

종족(宗族)의 힘으로 일군 부촌

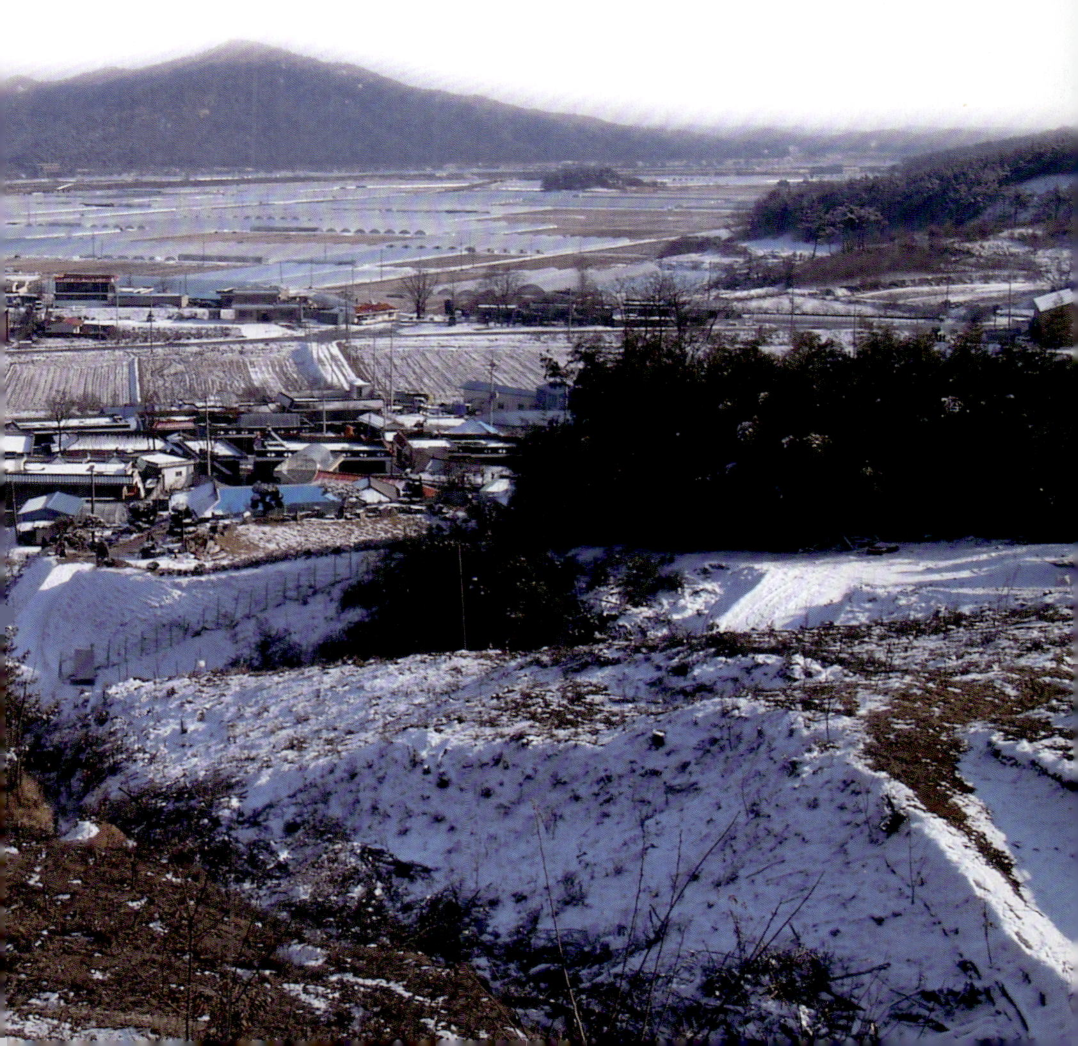

# 머리말

마을이 사라지고 있다. 지금부터 40년 전인 1966년 한국의 농촌인구는 약 1,540만 명으로 인구의 절반을 상회했지만, 2004년 현재는 약 340만으로 전체 인구에서 차지하는 비중은 약 7퍼센트밖에 되지 않는다. 많은 마을에 빈집이 늘어나고 있고 주민들의 평균연령이 60세가 넘는 곳도 적지 않아 앞으로 10년, 20년 뒤가 되면 수백 년 혹은 천 년 이상의 역사를 가진 수많은 마을들이 수명을 다하고 이 땅에서 사라지게 될지도 모른다.

마을은 한반도의 역사가 시작된 이후 20세기 중엽에 이르기까지 대부분의 사람들이 거주해온 생활 공간이었으며, 민속·의례·신앙 등 전통적인 문화를 만들어온 문화의 공간이었다. 조선시대 선비들이 생활하면서 정신문화를 창출해온 곳도 도시라기보다는 농촌 마을이었다. 따라서 마을이 사라진다는 것은 전통적인 한국 문화의 뿌리가 사라진다는 것을 의미한다. 이에 대한 아쉬움과 함께 전통문화 보존의 필요성이 제기되는 것은 당연하다.

그러나 마을은 전통문화의 뿌리인 것만은 아니다. 마을은 현재 한국 사회 인구의 대부분을 차지하고 있는 도시인들의 삶의 뿌리이자 성장 배경이며, 동시에 그들이 삶에 지칠 때 찾게 되는 정신적 고향이기도 하다. 나아가 마을은 성장과 개발의 이면(裏面)에 반목과 파괴를 심화시켜온 근대문명의 한계를 넘어 새로운 미래를 전망할 때 우리가 돌아보는 대안이 될 수도 있다. 그러므로 마을은 우리 선조들과 오늘을 사는 어른들에게만 중요한 것이 아니라, 자라나는 우리 아이들과 앞으로 태어날 후손들에게도 소중한 것이다. 그런 마을이 사라지고 이제는 학문적 조명에서조차 소외

되고 있음은 아쉬운 일이 아닐 수 없다. '마을 연구' 와 '마을 조사' 의 중요성과 시급성은 여기에서 출발한다. 더구나 충남 지역의 마을 연구는 경상도나 전라도에 비해 매우 빈약한 상황이기 때문에 그 중요성은 더욱 크다고 할 수 있다.

충남대학교 충청문화연구소에서는 이런 문제의식에서 2004년 '마을연구단' 을 조직하고, 학술진흥재단의 지원을 받아 충남 지역 마을 연구에 착수하였다. 마을연구단에서는 충남 지역에도 다양한 유형과 지역적 특징을 지닌 마을들이 많이 존재한다는 점을 감안하여, 전체적으로 충남 지역 마을들을 대표할 수 있는 9개의 마을을 선정하여 3개년에 걸쳐 매년 3개 마을씩을 공동으로 심층 조사하고, 공동연구원들이 각 마을을 주제로 한 연구 논문들과 함께 마을의 역사와 현재의 모습을 담은 '마을지' 를 꾸미기로 하였다. 15명의 공동연구원들과 십수 명의 보조연구원(학생)들은 이를 위해 각 마을을 공동 또는 개인별로 수시로 방문하면서 자료를 모으고, 수많은 마을 주민들을 만나 인터뷰를 진행했다. 연구원들은 마을의 모습을 전체적으로 조망하기 위하여, 지리, 역사, 경제, 사회, 일상생활, 민속 등 각 분야에 걸쳐 조사를 실시하였다. 또한 마을의 과거와 현재의 모습을 좀더 생생하게 전달하기 위해서 지난 시절의 기록과 사진을 모으고 오늘의 마을 경관과 주민들의 활동을 폭넓게 사진에 담아 마을지에 수록하였다. 집필에 있어 필자들은 가급적 평이한 문체를 사용함으로써, 연구자나 일반인들은 물론 각 마을의 주민들도 쉽게 읽을 수 있도록 배려하였다. 이러한 작업들은 전임연구원들이 중심이 되어 이루어졌지만, 다른 공동연구원들과 학생들도 많은 힘을 보탰음은 말할 것도 없다. 장하리 마을지도 이런 과정을 통해 탄생되었다.

장하리는 부여읍의 서남쪽 금강변에 위치한 농촌마을이다. 부여군 장암면의 법정리(法定里)의 하나인 장하리는 1리와 2리로 나누어져 있는데, 이 책의 주된 대상이 된 것은 장하 1리로 옛날부터 '장정마을' 로 불리는 곳이다. 이 마을은 예전부터 진주 강씨의 종족마을로 잘 알려져 있었는데, 지금도 강씨들은 마을 주민의 80퍼센트 정도를 구성할 정도로 압도적 다수를 차지하고 있다. 장정마을 강씨들은 17세기에 이 마을에 들어와 점차 종족마을을 이루고 살게 되었지만, 신분제가 엄격했던 조선 후기 사회에서는 주변 마을에 비해 신분적으로 열세에 있었다. 장정마을의 자연환경이나 경제적 상태 또한 매우 열악한 조건에 놓여 있었다.

그러나 장정마을은 20세기에 들어와 한국 근대사의 전개 과정에서 수많은 악조건을 뚫고 역동적인 변화를 겪게 된다. 장정마을 사람들은 근대의 여명기부터 부여 지역의 민중교육운동을 선도했고, 일제 강점기에는 민족종교운동과 사회운동으로 일제의 침략과 지배에 맞섰으며, 20세기 전 기간을 통해 마을의 단합된 힘으로 강변에 포플러 나무를 심고 제방을 쌓는 등 열악한 자연환경을 극복하고 가난을 벗어나기 위한 투쟁을 멈추지 않았다. 그리고 그 결과는 오늘날 시설 재배를 통한 마을의 부촌화로 이어지고 있다. 독자들은 이 책을 통하여, 역사의 뒤안길에 있던 장정마을 사람들이 민족이 겪은 수난을 함께하면서 남다른 근면과 단결력으로 어떤 역사적 성취를 이룩했는지를 보게 될 것이다. 그것은 '한 작은 마을이 거둔 큰 성취'로 기록할 만한 것이다.


장하리를 조사하고 마을지를 편찬하는 과정에서 집필자들은 많은 분들로부터 도움을 받았다. 무엇보다도 우리는 장정마을 주민들이 보여준 연구단에 대한 전폭적인 신뢰와 협조를 잊을 수 없다. 거의 모든 마을 어른들과 청년·부인들이 인터뷰에 응해주었고, 집에 간직하고 있던 자료나 사진들을 꺼내 주었으며, 거듭되는 확인 과정에서도 싫은 내색을 하지 않고 솔직하게 질문에 대답해주셨다. 또한 현재는 마을을 떠나 외지에 거주하고 있는 장정마을 출신 인사들과 인근 마을에 거주하는 강씨 문중의 어른들도 집필자들을 만나 귀중한 옛날 얘기들을 들려주셨다. 그 중에서도 강현면 이장님과 강상모 어른은 우리가 마을을 방문할 때마다 만사 제쳐놓고 적극적인 협조를 아끼지 않으셨고, 충남대학교에서 열린 마을연구단의 심포지엄과 마을지 워크샵에도 직접 참석하셔서 고견을 베풀어 주셨다. 우리가 비교적 짧은 기간에 이만한 정도의 마을지를 편찬할 수 있었던 것은 이 두 분을 포함한 마을 주민들의 절대적인 도움 덕택이었다고 할 수 있다. 이 자리를 빌어 깊은 감사의 말씀을 드린다.

장암면사무소의 면장님을 비롯한 직원 여러분과 인근 마을에 거주하는 몇몇 어른들께도 감사의 말씀을 드린다. 이 분들은 마을에 관한 각종 기본 자료들을 제공해주셨고, 장하리와 인근 마을과의 관계에 대한 소중한 증언을 해주심으로써 우리가 마을 사정을 객관적인 입장에서 이해하는 데 많은 도움을 주셨다.

집필자들은 공동연구를 함께 해온 마을연구단의 다른 공동연구원 선생님들과 연구를 보조해준 학생들에게도 감사의 말씀을 드린다. 이 책이 부족한 가운데서도 약간의 장점이 있다면 그것은 오로지 함께 연구에 참여하신 이 분들의 도움 때문이라고 생각한다. 특히 처음부터 충남 지역 마을 연구를 기획하는 데 중심 역할을 했고, 마을연구단의 첫 번째 연구책임자로 연구의 초기 단계를 이끌어주셨던 박찬승 교수님께는 무어라 감사의 말씀을 드려야 할지 모르겠다. 한편 연구책임자의 입장에서는 집필자 중에서도 장하리 마을조사팀장으로 연구단과 마을 사이의 주된 연락 창구 역할을 하면서, 수합된 마을지 원고의 편집에도 책임 있는 역할을 수행해준 전종한 교수의 노고를 특별히 기록해두고 싶다.

마지막으로 우리는 장하리 마을지의 출판이 한국학술진흥재단의 연구비 지원과 함께 부여군의 출판 보조금 지원으로 비로소 가능하였음을 지적해두고자 한다. 특히 마을지의 문화적 가치를 높이 평가하시고 재정적 지원을 아끼지 않으신 부여군의 김무환 군수님과 이규원 기획감사실장님께는 연구단의 이름으로 깊은 감사의 말씀을 올린다.

2006년 여름
집필자들을 대표하여 김 필 동 적음

# 종족(宗族)의 힘으로 일군 부촌

　부여군 장암면 장하 1리, 장정마을은 금강변에 위치한 진주 강씨 종족마을이다. 17세기부터 강씨들이 들어와 살기 시작한 장하리는 18세기와 19세기를 거치면서 종족마을로서의 특징을 분명히 하게 되었다. 20세기에 들어와 장하리는 더욱 역동적인 변화를 겪었다. 20세기 벽두부터 대종교와 민족운동 지도자를 연이어 배출했고, 전통 시대의 사회적인 열세와 일제 강점기의 고난, 한국전쟁 시기 인접 마을과의 갈등을 마을 주민들의 단결을 바탕으로 슬기롭게 극복하면서 적극적으로 촌락의 근대화와 부촌화를 일구어왔다.

　자연적, 사회적 역경을 딛고 오늘날 장하리가 부촌이 될 수 있었던 중심에는 검신들과 촌락민의 공동체의식이 자리한다. '기름지고 걸다'는 의미를 가진 검신들은 금강 본류의 범람으로 형성된, 말 그대로 비옥할 수밖에 없는 충적지였다. 그러나 인공제방과 근대적 관개 · 배수로가 구비되기 전까지 금강 본류의 범람은 주민들의 생계 활동에 가장 직접적인 위협 요소였다. 이러한 자연의 도전에 장하리 주민들은 혈연관계와 공동체의식을 바탕으로 집단적으로 응전하였고 오늘날까지 그것은 사회적, 경제적 번영의 기저를 이루고 있다.

　20세기 초 장하리는 우리나라의 대종교와 부여 지역 민족운동의 큰 줄기를 차지하였다. 이 마을 출신의 강석기와 그의 아들 강진구, 강철구, 강용구는 모두 대종교의 개창과 발전에 헌신하여 교단에서 '일문이세(一門二世) 사위원로(四位元老)'라는 칭송을 받았다. 이들은 또한 만주로 나가 민족 독립운동에 몸을 바쳤다. 이 밖에도 장하리 출신의 진주 강씨 중에는 독립유공자로 서훈된 인물이 많으며, 부여 지방

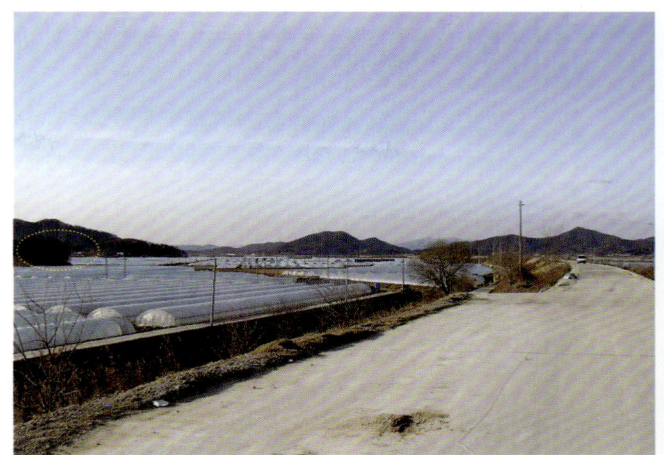

**인공제방 위에서 본 장하리와 검신들(오른쪽)**  사진에서 점선으로 표시된 부분이 태성산과 장하리이고, 비닐하우스가 설치된 지역이 검신들이다.
**장정마을의 근경(아래)**

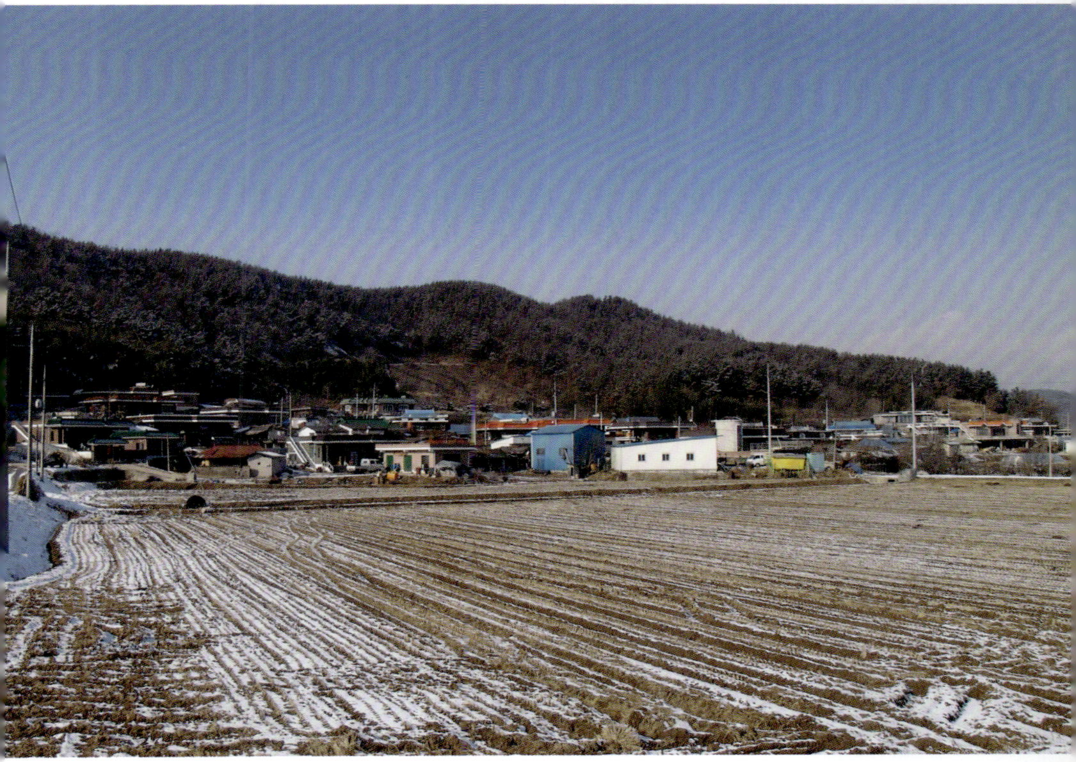

민족운동을 주도한 다른 성씨 가운데에도 장하리의 대종교 신앙이나 진주 강씨의 인적 유대와 사상적 교감 아래에서 활동하는 경우가 많았다. 이들은 일찍부터 근대 민중교육에서도 남다른 성과를 거두었다. 한말 애국계몽기에 강석기가 마을에 세운 천영학교(天英學校)와 일제 치하에서 강진구가 운영한 광일의숙(光一義塾)은 부여 지역의 선도적 근대 학교이자 대표적 민중야학으로 평가되고 있다.

20세기 초부터 마을 주민들은 강석기와 강진구의 지도 하에 힘을 합쳐 여러 차례에 걸쳐 금강변에 포플러를 심었다. 이로 인해 수재의 위협에서 조금씩 벗어나는 한편, 하천부지를 경지로 개간해나갔으며, 다 자란 나무들은 마을 공동의 자산이 되었다.

한편 20세기 중반의 한국전쟁은 장하리에 큰 시련을 몰고 왔다. 전통적 신분이 달랐던 인접 마을과의 내재적 갈등이 전쟁이라는 매개를 통해 표출되었던 것이다. 그것은 누구의 책임도 아니었으며, 가해자와 피해자가 따로 있었다기보다는 사회적, 정치적 상황의 조화(造化)가 가져온 모두의 비극이었다. 전쟁은 인접 마을과 장하리 사이에 건널 수 없는 강을 만들어놓았다. 초등학교 가을운동회는 마을 주민 간의 세력 각축장이었고 두레패 사이의 씨름 경기는 친목이 아닌 전쟁이었다.

그러나 1960년대에 들어와 한 마을 주민의 발의로 결성한 강호동지회(江湖同志會)는 열악한 환경과 역사의 상흔에 대응하는 장하리 주민의 적극성과 개방성을 보여준다. 강호동지회를 통해 장하리 주민들은 인접한 마을과의 친목을 도모하는 한편, 금강의 범람을 근본적으로 극복할 방안을 함께 모색해갔다. 오랜 노력 끝에 하천변에는 인공제방이 축조되었고, 이로 인해 범람원은 옥토(沃土)가 되었다. 이 옥토 위에서 마을 주민들은 새로운 경제적 환경에 대응하여 신속하고 지혜로운 작물 전환과 시설 영농을 시도하였다. 오늘날 장하리의 검신들은 1,200동에 이르는 비닐하우스의 물결을 이루고 있다. 활동적인 젊은 농민들은 30동 안팎의 비닐하우스를 운영하고 있고, 일부는 그 수가 50동에 이르고 있다. 이곳에서 그들은 수박과 멜론, 단무지용 무를 많이 재배한다. 그것이 20세기 말 이래 마을의 경제적 풍요로움의 원천이 되고 있음은 말할 것도 없다.

장하리의 과거는 열악한 자연환경과 불리했던 사회·문화적 조건, 그리고 부족한 경제적 자산의 시기였다. 그러나 20세기 이후 장하리 주민들은 강인한 공동체의식

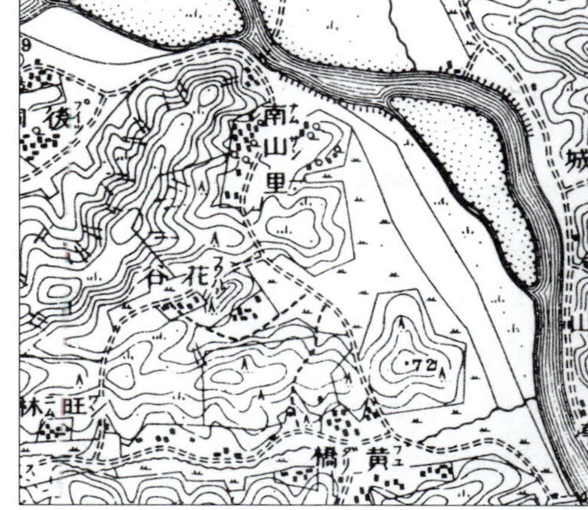


지형도로 본 장하리의 과거(1910년대, 오른쪽)와 현재(2004년, 아래) 마을을 남북으로 관통하며 개설된 신작로는 나루터(斗南波)를 대신해주었다. 자연마을 중에서는 후포리가 크게 성장하였으며 검신들에는 기계화가 가능하도록 잘 짜여진 농로가 개설되었다. 금강변에는 인공제방이 새롭게 축조되었고, 1990년대 후반에 이미 검신들은 경지정리가 마무리되었다.

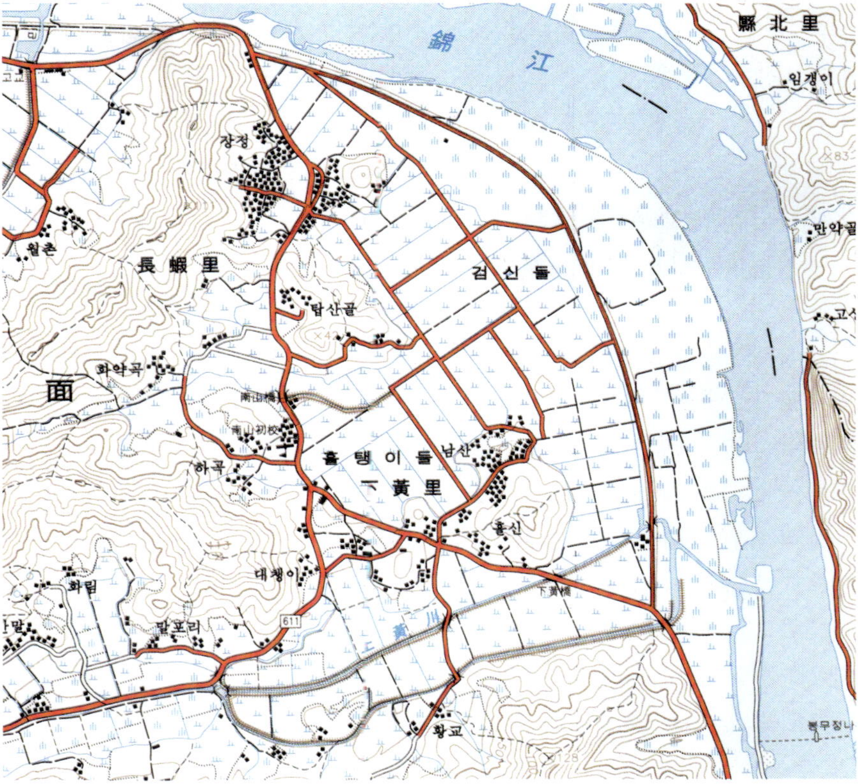

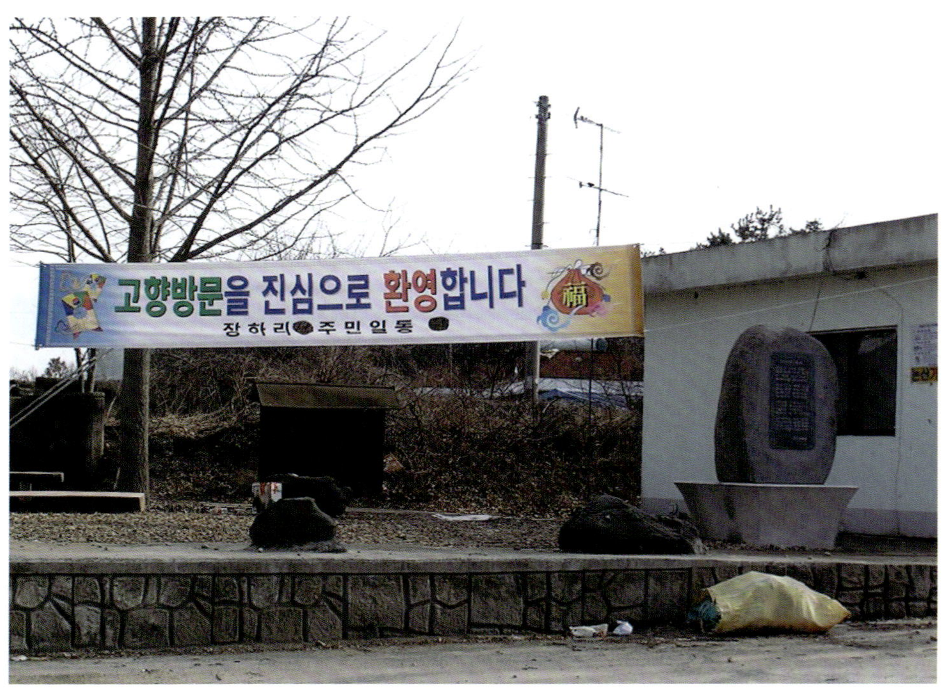



**떠나는 마을에서 돌아오는 마을을 꿈꾸며**   출향한 촌락민의 명절 귀향을 환영하며 내건 플래카드의 '주민일동'이라는 말에서 공동체의식과 풍요로움을 읽을 수 있다. 사진의 오른쪽에는 '장하리 찬가'를 새긴 비석이 보인다.

을 바탕으로 생태적, 사회적 환경을 극복해나갔다. 고난의 일제 강점기에 이들은 부여 지역의 민족운동과 사회운동을 주도하는 한편, 종족적 단합과 교육운동을 통해 부족했던 사회·문화적 자원들을 채워나갔다.

20세기 후반에 몰아닥친 전국적인 산업화·도시화의 물결 속에서 많은 장하리 주민들도 마을을 떠나갔다. 교육과 취업이 주된 동기였음은 말할 것도 없다. 그 결과 마을 인구는 줄어들고 급격하게 고령화되었다. 그러나 남아 있는 마을 사람들은 자연재해를 극복하고 사회·문화적 자원을 채우기 위한 힘든 싸움을 멈추지 않았으며, 새로운 경제적 변화에 훌륭하게 적응하였다. 나아가 환경 보전을 위해 주변 마을들과 긴밀하게 협력하고 있다. 오늘날 장하리는 부여군 전체에서도 손꼽히는 부촌이 되었다. 이러한 상황 변화가 청년층 일부로 하여금 귀향하여 농업에 종사하도록 작용하고 있고, 이는 다시 청년회, 부녀회를 비롯한 마을 공동체 조직의 활성화에 기여하고 있다.

그렇다면 장하리의 미래는 떠나는 마을이 아닌 '돌아오는 마을'이 될 것인가? 비록 장하리의 사정이 상대적으로 좋다고 하더라도 냉혹한 한국 농업과 농촌의 현실은 낙관을 불허하고 있다. 또한 경제적 성취는 바로 그 성취의 원동력이었던 마을 주민들의 단결력을 위협하는 요소가 될 수도 있다. 그런 의미에서 장하리는 새로운 도전을 맞고 있다. 장하리의 미래는 20세기의 온갖 난관을 극복하면서 후세 교육과 마을의 단합, 민족운동과 경제적 성공, 그리고 이웃 마을과의 연대에 이르기까지 작은 마을로서는 큰 성취를 이룩했던 장하리의 역사적 경험에서 어떤 지혜를 얻어낼 것인가에 달려 있을 것이다. 아마도 그 지혜의 핵심은 공동체의식을 발전적으로 계승하고, 이를 더 넓은 지역사회와 공유하려 했던 장하리 사람들의 의식에서 찾을 수 있지 않을까?

(김 필 동)

# 지리적 환경과 경관의 변화

## 마을의 입지와 인문지리적 특징

충청남도 부여군 장암면 장하리(長蝦里)는 부여읍과 강경읍 사이의 금강 본류 연안에 위치한다. 이 책에서는 장하리 중에서도 장정마을(장하 1리)에 초점을 두고 이야기를 전개한다. 장하리는 후포리(뒷개), 웃말(상촌), 아랫말(하촌), 탑골(탑산골), 하곡(화약골 혹은 새우실) 등의 자연 마을들로 이루어져 있다. 이 가운데 웃말과 아랫말을 합쳐서 작은 의미의 장정마을로 통용되는데, 넓은 의미에서 장정마을이란 두 곳의 자연마을 이외에 후포리와 탑골을 포함하는 범위로서 이 일대의 진주 강씨 종족마을을 일컫는다. 하곡(장하 2리)은 20세기 초반 장정마을과 합병되면서 새롭게 장하리를 구성하게 된 마을인데 사회적으로 풍양 조씨 종족마을이며 지리적으로로도 격리되어 있다.

2004년 말 현재 장정마을에는 주민등록상 총 93가구, 238명의 인구가 거주하고 있다. 성별로 보면 남자가 121명, 여자는 117명인데, 실거주자의 가구 및 인구는 이보다 다소 적은 것으로 추정된다.

장정마을에 진주 강씨가 터전을 잡은 것은 대략 17세기 이후이다. 진주 강씨는 최초에 후포리에 정착하였고, 그 후 웃말과 아랫말, 탑골로 연이어 확산되었다. 마을의 진산인 태성산(台城山, 110미터)의 북서쪽에 위치한 북고리 역시 장정마을의 분촌(分村)이다. 마을은 1914년 행정구역 개편 때에는 후포리와 웃말, 아랫말을 총칭한 후포장정(後浦長亭)의 '장(長)'과 하곡(蝦谷)마을의 '하(蝦)' 발음을 따서 장하리라

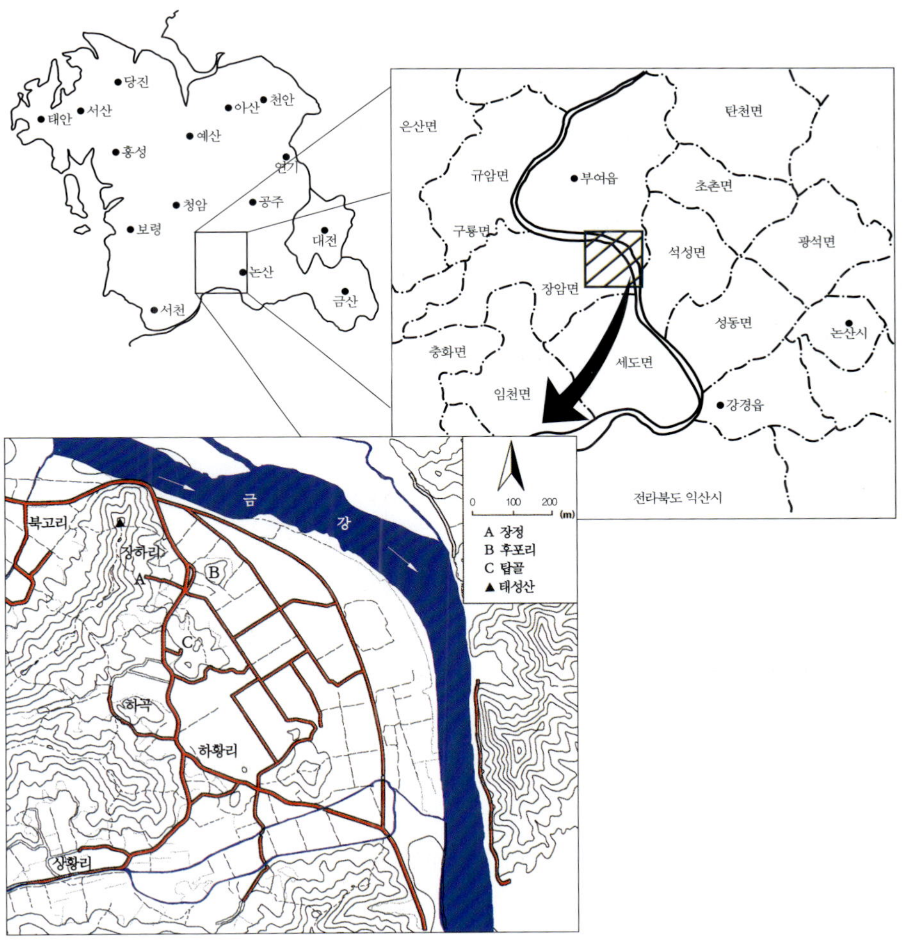



**장하리의 입지와 자연지리적 환경**

는 지명을 얻는다. 그 후 1930년대 조사에 의하면 장하리 장정마을은 마을 구성원의 89퍼센트가 진주 강씨 종족집단으로 이루어져 있었고, 인구 규모에서는 부여군에서 두 번째로 큰 종족마을로 성장한다.

마을의 가옥들은 태성산을 배후 산지로 하여 그 동쪽 산록부의 10~20미터 고도에 위치한다. 마을 앞으로는 금강의 범람으로 형성된 충적지가 동남쪽을 향하여 넓

1930년대 부여군의 50호 이상 종족촌락

| 촌락명<br>(자연촌락) | 종족집단 | 종족구성원(%) | | 타종족구성원 | | 합계 | |
|---|---|---|---|---|---|---|---|
| | | 호(戶) | 인구 | 호(戶) | 인구 | 호(戶) | 인구 |
| 부여면 저석리<br>(내유촌) | 안동 김씨<br>(安東金氏) | 120(83.9) | 720(85.7) | 23 | 120 | 143 | 840 |
| 장암면 장하리<br>(장정) | 진주 강씨<br>(晉州姜氏) | 98(89.1) | 588(89.6) | 12 | 68 | 110 | 656 |
| 초촌면 추양리<br>(추동) | 전주 이씨<br>(全州李氏) | 110(92.4) | 536(94.4) | 9 | 32 | 119 | 568 |
| 석성면 봉정리<br>(사포) | 담양 전씨<br>(潭陽田氏) | 60(90.9) | 350(92.1) | 6 | 30 | 66 | 380 |
| 세도면 동사리<br>(동곡) | 풍양 조씨<br>(豊壤趙氏) | 55(73.3) | 275(74.3) | 20 | 95 | 75 | 370 |
| 초촌면 초평리<br>(초리) | 충주 지씨<br>(忠州池氏) | 67(88.2) | 327(90.6) | 9 | 34 | 76 | 361 |

* 총인구 순으로 정렬함. 출전 : 『朝鮮の聚落』(後篇), 1935.

게 펼쳐져 있다. 이 충적지는 그동안 농경지로 개간되어 오늘날에는 시설 영농이 널리 행해지고 있으며 '걸고 기름지다' 는 의미에서 '검신들' 이라는 이름이 붙여져 있다.

태성산은 장하리의 주산(主山)이자 인근 지역에서 가장 높은 산이다. 이 산은 백제시대에 도읍의 1차 방어선이었던 임천 성흥산성에서 부여로 가는 중간 기착지에 해당하였다. 마을 사정에 밝은 이 마을 강상모 씨는 장정의 '정(亭)' 을 군대의 초소 또는 망대(望臺)로 정의하면서, 옛 삼국 정립기에 태성산에 이런 시설이 있었던 데서 마을의 이름이 유래했을 것으로 추측하고 있다. 또한 마을 주민에게 이 산은 풍수지리적으로 '달리는 말이 강을 건너는 모양' 이라는 뜻의 주마도강(走馬渡江)의 형국으로 인식된다. 그리하여 말의 복부에 해당하는 웃말, 아랫말 일대의 사람들이 예전부터 가장 부유했다는 이야기가 남아 있고, 지금도 이곳을 마을 최고의 명당(明堂) 터라고 여긴다. 이외에도 금강변을 따라 개설된 신작로 절개지가 말의 머리 부분을 훼손시키는 모양이라는 이야기나, 산의 일정 고도 이상에는 묘지를 쓰지 않는 관행 등에서 태성산에 부여된 풍수적 상징성을 읽을 수 있다.

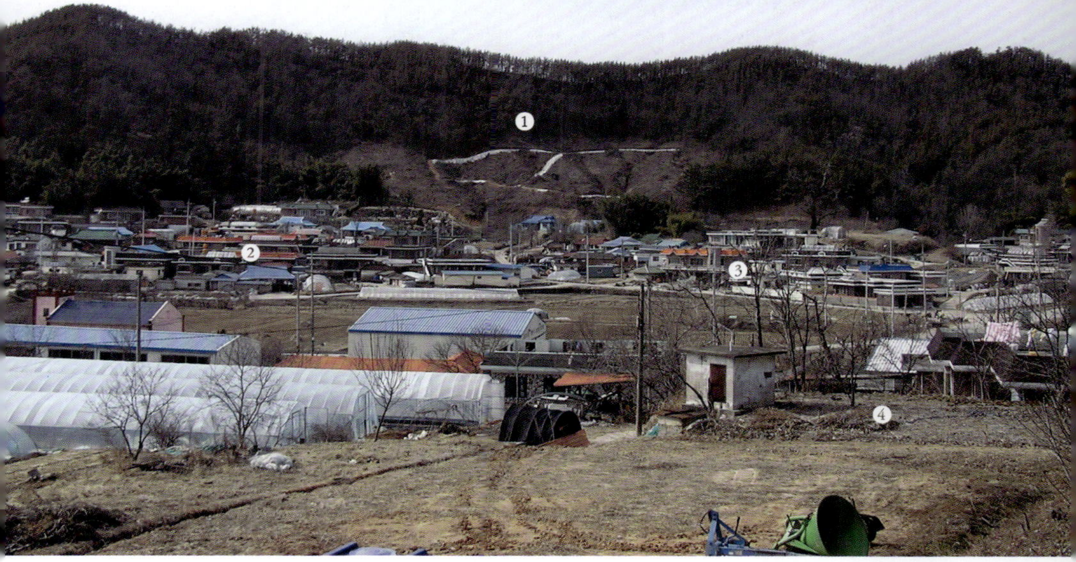

후포리의 퇴인봉에서 본 태성산과 장정마을(위) ① 태성산 ② 웃말 ③ 아랫말 ④ 후포리

장하리 북쪽 입구의 마을 표석과 그 뒤로 보이는 검신들(오른쪽)

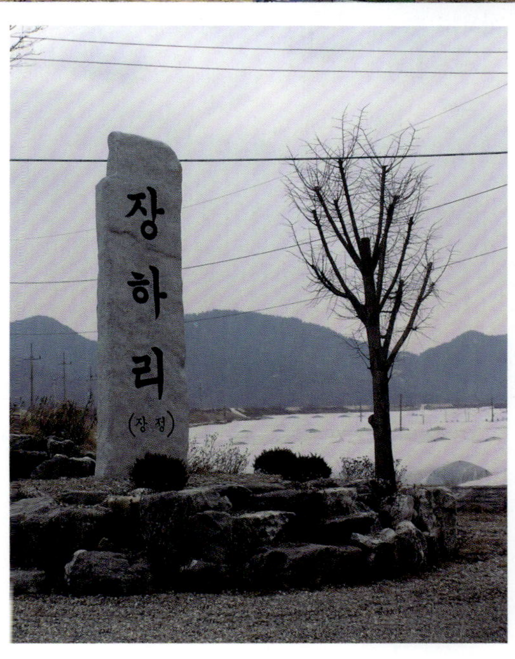

# 공간 구조의 변모 및 경관상의 특색

## 육상 교통이 가져온 공간 구조의 변모

어느 마을에서든지 과거와 현재의 교통망은 마을을 외부 세계와 연결해주는 통로라는 점에서 지리적으로 매우 중요하다. 장정마을에서 버스가 다닐 수 있는 육로가 개설된 것은 1970년대 중반부터였다. 그 이전에는 수상 교통이 우세하였으며, 태성산 동쪽의 두래미나루터(일명 斗南津, 斗岩渡)는 교통의 결절 지점이었다. 전통 시대에 마을 사람들은 이 나루터를 통하여 금강을 건넜으며, 상류의 부여 및 하류 쪽의 강경을 왕래하였다고 한다. 당시 두래미나루터에는 여객을 실어 나르는 나룻배 외에도 소금배와 새우젓배가 수시로 정박하였다.

한편 마을 동남쪽에는 퇴인봉(40.4미터)이 솟아 있는데, 이 기슭에 자리한 후포리는 구한말 광무 연간까지 금강에 연해 있던 포구(浦口) 취락으로 기능하였다. 장하리 주민들은 농산물 출하나 생필품 구입을 위해 이곳에서 강경으로 가는 장배를 주로 이용하였다고 한다. 이런 점에서 장정마을의 교통 여건은 수상 교통이 일반적이었던 구한말 시기까지는 대체로 편리했다고 말할 수 있다. 그러나 육상 교통의 측면에

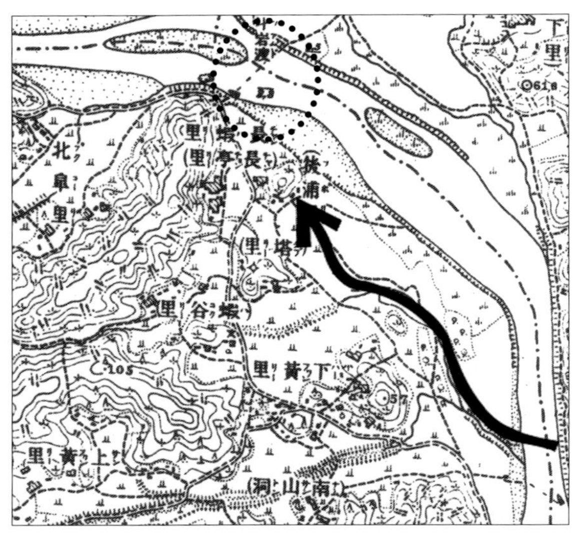

**1910년대 장하리의 교통망과 두래미나루터**  장정마을 북쪽의 두래미나루(점선 원으로 표시한 부분)는 마을을 관통하는 간선도로(점선과 실선으로 나타난 부분)와 직접 연결되고 있다. 토지 이용으로 볼 때 후포리 동남쪽으로는 여전히 금강수로(그림의 화살표 참고)가 통하였던 것으로 추정된다.

이 수로를 기준으로 동쪽의 경지는 침수 피해 때문에 밭으로 이용되었던 것으로 보이고, 서남쪽 경지에서는 논농사가 행해졌음을 알 수 있다.

서는 전혀 그렇지가 않아서, 1975년에 처음 버스가 운행되었을 정도이다. 그만큼 20세기 초반부터 중반까지 시기에는 상당히 궁벽한 지역으로 인식되었다. 마을을 남북으로 관통하는 현재의 왕복 2차선 도로는 1980년대 중반에 완성된 것으로, 북쪽으로는 부여읍, 남쪽으로는 강경읍으로 각각 이어진다.

20세기 후반부터 육상 교통 중심의 교통망이 주축을 이루면서 부여로의 접근성이 크게 좋아졌고 주민들이 주로 이용하는 시장권은 강경보다는 부여권으로 바뀌기 시작하였다. 수도권이나 대전과 같은 대도시의 일부 중간 상인들은 마을의 농산물을 밭떼기로 사들이기도 하였는데, 이런 점에서 장정마을은 전국 시장권의 일부로 직접 편입되는 경향도 있었다. 그러나 검신들의 재배 작물을 수박과 멜론으로 특화하기 시작한 1990년대 후반 이후에 농협을 통해 농산물을 출하하게 된 결과, 오늘날에는 전국적인 농협 유통망의 일부로 포섭되어 있다. 농산물 유통 이외에 오늘날 주민들의 일상생활권은 육상 교통망의 접근성을 반영하며 주로 부여권에 속하고 있다.

## 종교 경관이 우세한 마을 경관

장하리에서는 유교 경관을 거의 찾아볼 수 없다. 그 대신 무속 신앙, 불교, 대종교 등과 관련된 다양한 종교 경관들이 곳곳에 분포한다. 특히 풍수적 의미가 부여된 태성산은 마을의 주산으로서 그 봉우리에는 태사각이라는 사당이 있었다. 1970년대까지 촌락민들은 이곳에서 마을의 안녕을 기원하는 당제(堂祭)를 지냈다. 이 제사는 매년

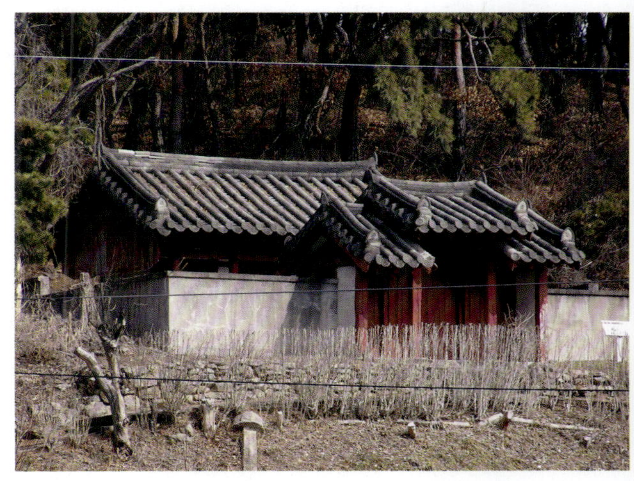

**대종교 사당인 천진전 전경(후포리 소재)** 1949년 후포리 퇴인봉 기슭에 세워진 대종교 사당이다. 이 마을에서 대종교의 중심 인물들이 배출되었음을 반영한다.

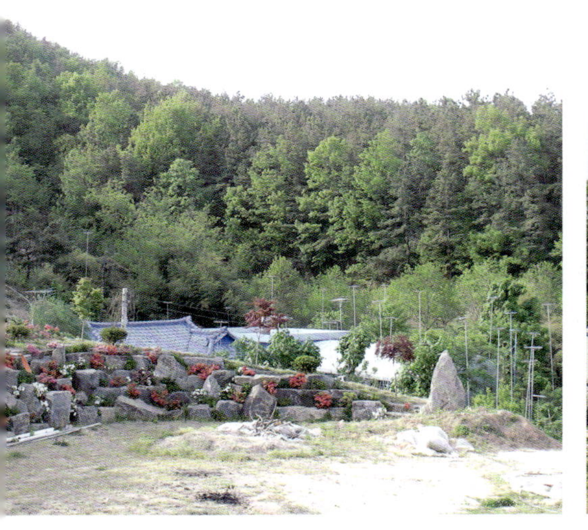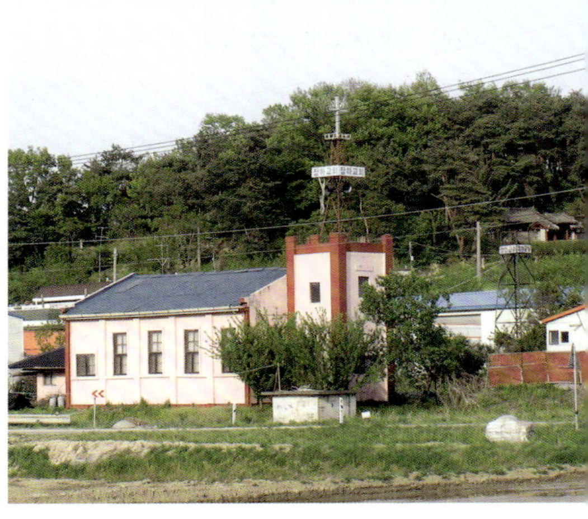

**불교 사찰 청운사(왼쪽, 파란 기와집)와 장하리 장로교회(오른쪽)** 장하리 중앙부의 저평지를 사이에 두고 아랫마을 쪽에 청운사가, 후포리 쪽에 장로교회가 마주 보며 자리한다.

음력 정월의 첫 번째 '정일(丁日)'을 택하여 지내던 정기적이고 공식적인 행사였다. 주민의 대부분은 물론이고 인근 마을의 주민도 참여할 만큼 이 행사는 마을 공동체 차원의 축제였고 그만큼 성대하게 치러졌다. 이 태사각에는 고려 개국공신인 유금필(庾黔弼) 장군과 그의 본처 및 측실이 목상(木像)으로 모셔져 있었다고 한다.

이 마을에는 무당이 많았는데 한국전쟁과 같은 혼란기에 주로 유입되었다고 한다. 외지에서부터 유입해온 무당이 많았지만 더러는 이 마을의 진주 강씨 출신도 있었다. 그리고 주민의 대부분은 매년 초 무당집을 찾아 일년 운세를 점치는 것이 중요한 관행이었을 정도로 종교에 의지(依支)하는 면이 비교적 강했다.

한편, 해방 직후인 1949년 후포리 퇴인봉 기슭에는 대종교 사당인 천진전(天眞殿)이 세워진다. 이 마을에서 대종교의 중심 인물들을 연이어 배출하였고, 다수의 주민들이 대종교 신자라는 점이 그 배경이었다. 특히 일제 강점기에 대표적인 대종교 지도자로 활동한 강석기(姜錫箕, 1862~1932년)가 바로 이 마을 출신이었고, 그의 세 아들도 모두 대종교의 지도자로 활약했다. 그 결과 대종교 총본사에서는 그와 그의 세 아들을 일컬어 "일문이세(一門二世)에 사위원로(四位元老)의 영전(榮典)은 우리 종문(宗門)에서 초유의 사실"이라며 이들의 행적을 칭송하기도 하였다.

20세기 중반을 지나면서 마을에는 주민 중 한 사람이 창안(創案)한 불교 종파가 자리를 잡았고, 개신교 교회당도 지어졌다. 이곳의 불교 사찰은 마을 출신인 강환모에 의해 1986년 4월 17일 건립되었으며 명칭은 청운사이다. 장하리의 개신교회는 당초 하황리의 남산성결교회에서 분리되며 설립된 것이었다. 그러나 1990년대에 들어 장하리 장로교회로 독립하면서 종파를 바꾸게 된다.

이외에도 현재 마을에는 총각점쟁이라 불리는 무당 한 사람이 활동하며 사라졌던 성황제를 부활시키려고 시도하고 있다. 그는 지금도 매년 정월 초가 되면 촌락민 전체의 일년 운세를 점쳐주고 상가(喪家)의 굿을 진행한다. 그 밖에 천진전에서는 대종교 행사가 여전히 이어지고 있는데, 이제 마을 주민들에게 대종교는 종교보다는 하나의 전통적 민속 행사 정도로 간주되고 있다.

이와 같이 장하리에서는 무속 신앙부터 대종교라는 민족종교를 거쳐 기독교, 불교 같은 근대 종교에 이르기까지 다양한 종교 경관들이 탄생과 소멸을 거듭해왔다. 그 결과 오늘날에는 종교 경관이 마을에서 가장 우세한 경관이 되어 있다. 다양한 종교 경관이 있었던 만큼 장하리 주민들은 전통적으로 종교에 대한 의지가 강했다고도 할 수 있다. 근대적 관·배수로가 도입되기 이전까지 마을 앞의 금강 범람원은 범람과 홍수가 잦았다. 이처럼 예측 불가능하고 열악한 생태 조건과 전통적 사회 신분상의 열세를 극복하기 위한 적응 과정이 그 바탕에 있는 것은 아닐까 추측해본다.


## 경지 개척과 경관의 근대화


1900년대만 하여도 마을 주변의 경지 개간 상황은 상당히 미진했다. 그런 와중에 이 마을 출신의 대종교 지도자 강석기는 1908년 금강변을 따라 포플러 숲을 처음으로 조림했다. 이 숲이 조성된 것을 계기로 검신들의 홍수 피해는 어느 정도 줄어들기 시작하였고, 본격적인 경지 개척이 진행될 수 있었다고 한다. 이후에도 포플러는 여러 차례 심어졌고, 그 때마다 경지는 조금씩 확장되었다. 그렇지만 이 구간의 금강에

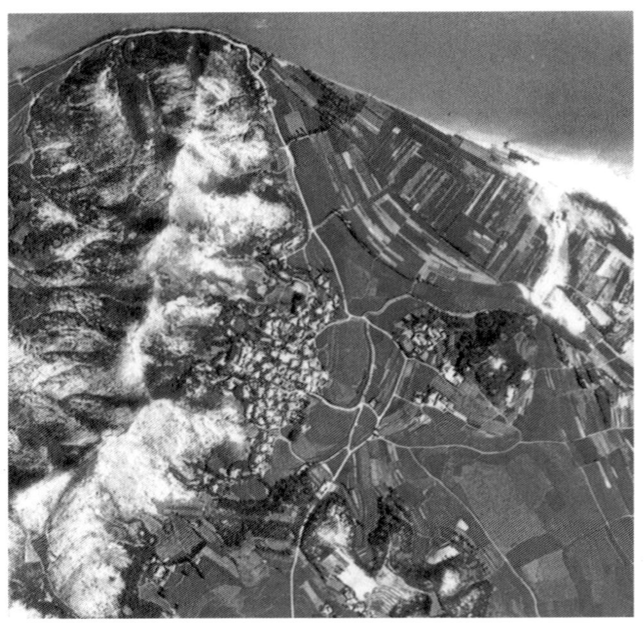

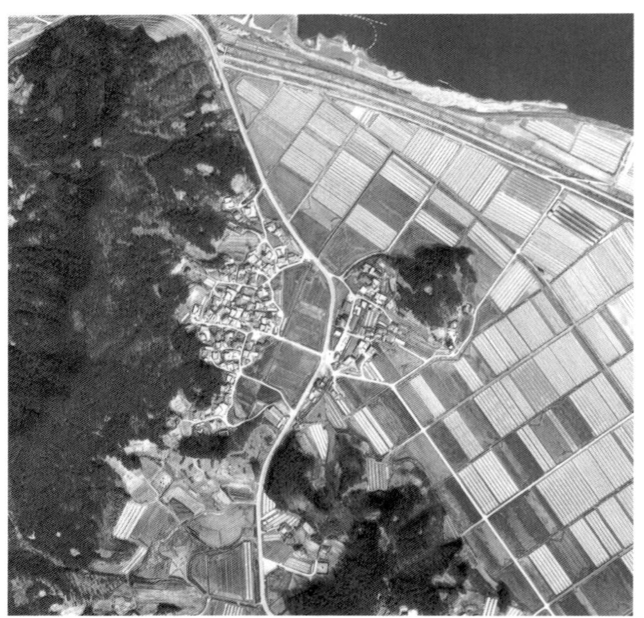

**장하리의 경관 변화**  1966년의 항공사진(위)에서 간선과 지선의 분화가 뚜렷하지 않은 여러 갈래의 소로(小路)들과 마을 부근의 논농사 지역, 그리고 금강변의 불안전한 경지 구획 패턴이 확인된다. 2003년 항공사진(아래)에서는 마을을 남북으로 관통한 신작로가 간선으로 부상하였고, 후포리가 크게 성장하였다. 금강변에는 인공제방이 축조되었고, 검신들은 경지정리가 완료되었으며, 이 일대에 광범위한 시설 영농이 확인된다.

조류(潮流)의 영향이 있었을 것을 감안하면, 여름과 가을 우기(雨期) 동안의 범람을 방지하기에는 여전히 한계가 있었을 것이다.

숲에 인접한 안쪽 구간은 논으로 개간되지 못한 채 밭으로 이용하였다고 하는데, 밭에서는 침수에 잘 견디는 호밀과 땅콩을 주로 재배하였다. 그리고 인공제방이 축조된 1970년대 이전까지는 2~3년에 한 차례 정도에 한하여 수확이 가능했을 정도로 침수가 잦았다고 한다.

1960년대까지만 하여도 장하리의 도로망은 편도 1차로 규모의 소로(小路)로 이루어져 있었다. 이 도로에 의해 장정마을, 후포리, 탑골이 서로 연결되고, 북쪽의 두래미나루로 가는 길과 남쪽의 농경지 및 하황리로 가는 두 갈래의 소로가 주요 간선이었다. 장정마을의 경우에는 촌락 내부어 삼거리 중심의 전형적인 괴촌형(塊村形) 도로망이 발달되어 있었다.

2003년경의 마을 경관은 1960년대와 비교하여 크게 달라져 있다. 금강변에는 현대식 인공제방이 축조되었고, 이 결과 제방 안쪽의 경지가 모두 논으로 전환될 수 있었다. 1970년대의 1차 제방 축조와 1990년대 후반의 제방 보수공사를 거치면서 제방 안쪽의 모든 경지가 안정된 논농사 지역으로 확보되었던 까닭이다. 금강 범람원의 넓은 침수지가 수리안전답(水利安全畓)으로 바뀐 것인데, 그것은 금강 범람원에서 기원한 토지였기 때문에 그 어떤 농경지보다도 비옥한 옥토(沃土)였음이 자명하다. 그 면적은 약 18만 평에 달하였고, 이것은 장하리가 보통 마을에서 부촌으로 성장하게 되는 결정적인 계기였다고 주민들은 말한다.

또한 '一(일)' 자형 초가삼간이 대부분이었던 1970년대의 마을 경관은 1980년대 후반부터 양옥집으로 바뀌어갔고, 1990년대 후반에는 마을 내의 거의 모든 가옥이 현대식으로 개량되었다. 1998년 11월부터 1999년 5월까지 검신들 일대는 경지정리가 이루어져 이전의 불규칙한 경지 구획이 기하학적 패턴으로 개선되었다. 그리하여 영농의 기계화가 가능케 되었고 잘 짜여진 관개수로망을 갖추게 된다. 최근에는 비닐하우스 시설 영농이 논농사를 대신하고 있으며, 최근의 소비 시장 변화에 적합한 수박 및 멜론 등의 재배를 통해 수익을 크게 향상시키고 있다.

도로망의 경우 이전에는 간선과 지선이 뚜렷하지 않은 소로 중심이었으나, 1980

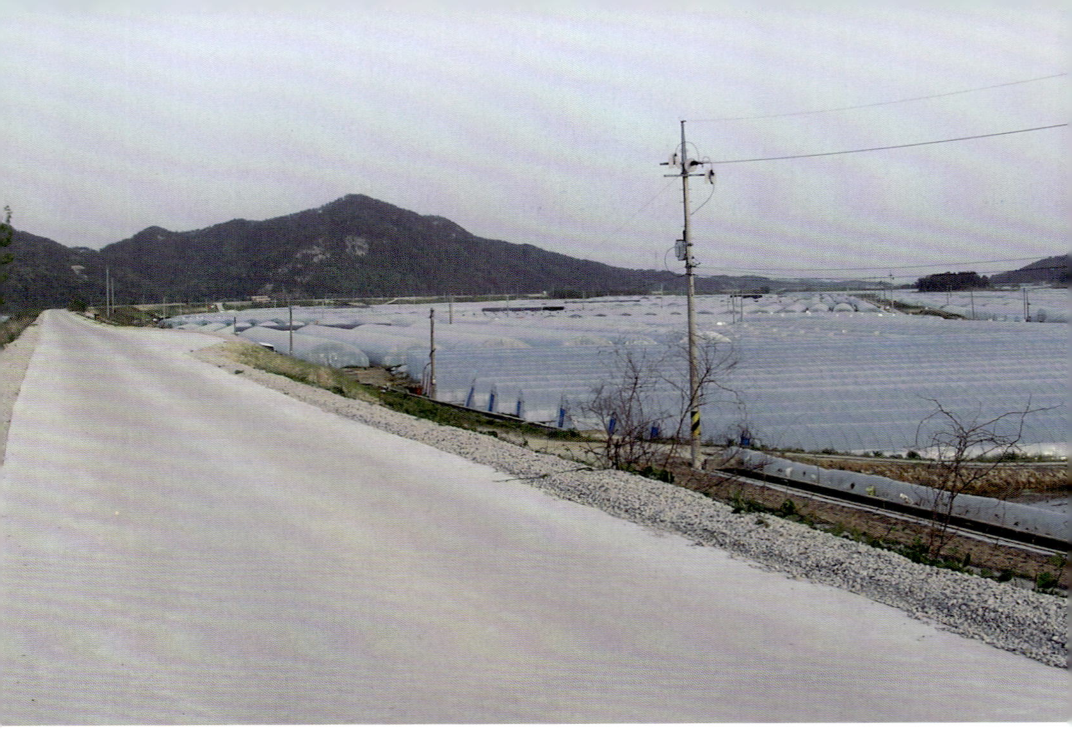

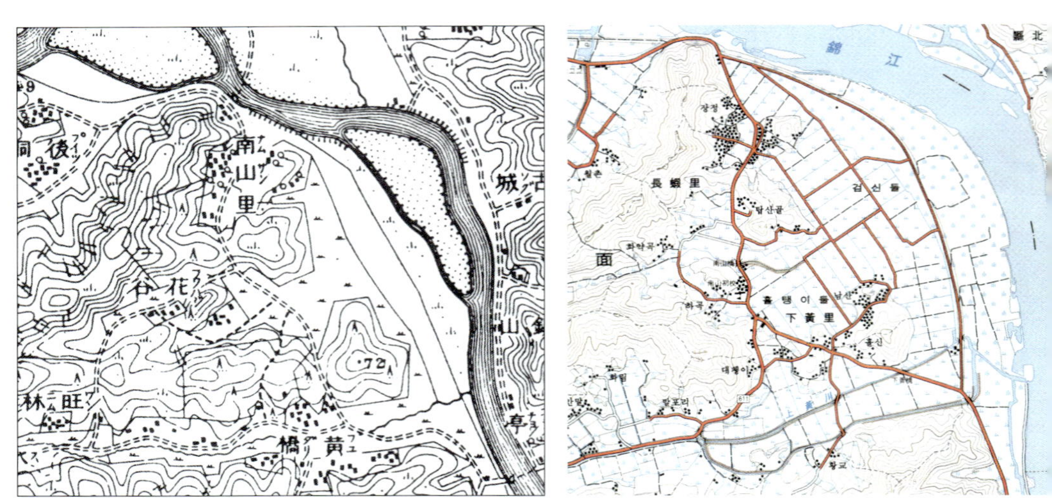

금강변 인공제방(왼쪽)과 검신들의 시설 영농(오른쪽)

**1910년대(왼쪽)와 2003년경(오른쪽)의 장하리 일대**  금강에 있던 커다란 하중도가 장하리 쪽으로 합쳐져 경지화되었음을 볼 수 있다. 1910년대에는 황교 일대에 논농사 지역이 널리 분포했지만, 2003년경에는 장하리 앞 검신들의 경지 규모가 압도적으로 커졌다는 사실을 알 수 있다. 마을 안팎과 검신들을 연결하는 많은 도로들이 확충되었다.

년대 중반 이후로는 마을을 남북으로 관통하며 개설된 2차선 도로가 간선으로 부상하며 이로부터 주변의 자연촌락과 농경지로 뻗어가는 많은 지선들이 발달하게 되었다. 특히 경지정리가 이루어진 검신들과 인공제방 위에는 도로망이 규칙적으로 정비되어 마을과 경지와의 연계성이 매우 좋아졌다. 마을의 거주 공간도 확대되고 자연촌락들은 서로 차별적으로 성장하였는데, 농경지에서 가장 가까운 후포리가 크게 성장하였고, 장정마을의 대지 역시 어느 정도 증가하였음을 볼 수 있다.


## 마을의 주요 소지명들

**웃말(上村)**　태성산 산록에 위치해 있으며, 장정마을 진입로를 기준으로 왼쪽(남서쪽)에 자리 잡은 자연마을이다. 마을 입구에는 한국전쟁 이전까지 방앗간이 있었는데, 그 터에는 현재 농협 창고가 들어서 있다.

**아랫말(下村)**　마을 진입로의 오른쪽(북동쪽)에 입지한 자연마을이다. 이 마을에 청운사와 회화나무('홰나무'와 동의어)가 있다.

**후포리(後浦里)**　뒷개라고도 하며, 광무 연간까지 금강의 포구로 기능한 기록이 있다. 이 마을의 퇴인봉 자락에는 천진전이 있고, 천진전 아래의 공터는 야학당이 있던 곳이다. 1980년대에 교회가 들어왔는데 1990년대에 와서 장하리 장로교회로 종파를 바꾸게 된다.

**탑골(탑산골)**　탑리(塔里)라고도 부른다. 고려 때의 것으로 추정되는 3층석탑이 남아 있고 여기에서 마을 이름이 유래한다. 한산사(寒山寺)라는 절이 있었다고 한다.

**주뱅이**　탑골에서 검신들로 향할 때 길이 구부러지는 부분에 위치한 마을이다.

**기암동(奇巖洞 : 기암골, 경굴)**　웃말에 남서쪽으로 인접해 있는 태성산의 산자락으로, 장하리 산 13번지 일대를 말한다. 진주 강씨 장하리 입향조의 증손인 수견(壽堅) 이하의 선조 묘소가 조성되어 있다. 풍수적으로 금계포란형(金鷄抱卵形)이라 전한다. 혹자는 예전에 이곳에서 기이한 돌이 많이 나왔다고 해서 이런 이름이 붙여졌다고 말하기도 하는데, 보통 마을 사람들은 기암골(기암굴)을 빨리 발음

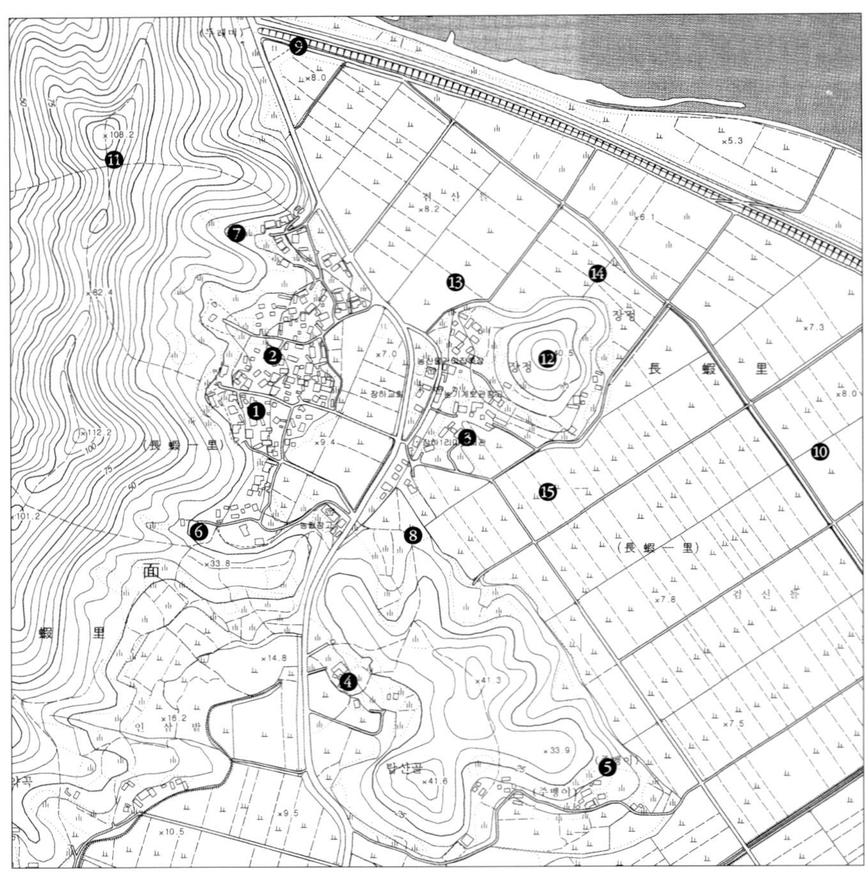

**마을 내 주요 지명들의 위치**  ① 웃말 ② 아랫말 ③ 후포리 ④ 탑골(탑산골) ⑤ 주뱅이 ⑥ 기암동(기암골) ⑦ 신용골과 가잿골 ⑧ 신양말 ⑨ 두래미나루터(斗岩津, 斗南津, 장정나루터) ⑩ 검신들 ⑪ 태성산 ⑫ 퇴인봉 ⑬ 광산들 ⑭ 호망들 ⑮ 의장아피(들)

해서 '경굴' 이라고 부르고 있다.

**신용골과 가잿골**  아랫말에 북동쪽으로 인접한 마을을 신용골(新龍洞)이라 하고, 신용골에서 태성산 봉우리 쪽으로 나 있는 작은 골짜기를 가잿골(가작골, 佳作洞)이라 한다. 가잿골에는 태성산의 산제당으로 올라가는 길이 있었다고 한다.

**신양말(新陽洞)**  후포리에 포함된 마을로서, 최근 이 마을 소종중의 하나인 신양파(강온姜溫의 후손)의 조상 납골당이 조성되었다.

**두래미나루** 두나미, 두남진(斗南津), 두암진(斗岩津), 장정나루 등으로도 부른다. 부여나 강경으로 가는 육로가 본격적으로 개통되기 이전인 1970년대 초까지 나루터 기능을 하였다. 과거에는 뱃사공 일을 하던 사람들 몇이 있었으나, 한국전쟁 이후 대부분 떠났다.

**검신들** 토지가 '걸다'는 의미에서 검신들이라는 이름이 나왔다고 한다. 이 토지는 금강의 범람으로 퇴적된 충적토로서 매우 비옥한 토질에 해당한다. 장하리의 주민 생활에 물질적 토대를 제공하고 있으며, 국지적으로 광산들, 호망들, 의장아피 등과 같은 지명들로 나뉘어져 있다.

**태성산(台城山)** 장정마을의 주산(主山)으로서 풍수적으로 주마도강형(走馬渡江形)이라 인식되고 있다. 산 정상부에는 유금필을 모시던 당집이 있었으나, 1980년대에 화재로 소실되었고 지금은 터만 남아 있다.

**퇴인봉(退印峯)** 후포리의 당산으로, 그 기슭에 천진전이 자리하고 있다. 퇴인봉이라는 지명은 도장을 찍어놓은 것과 같이 생겼다는 의미이다.

**광산들** 후포리와 가잿골 사이의 검신들을 국지적으로 지칭하는 이름이다.

**호망들** 검신들의 한 부분으로 일찍이 강석기가 포플러를 심어 조성한 땅에서 유래한 대종중의 종토인 호망계(虎網契) 토지가 주로 분포하는 곳을 말한다.

**의장아피** 후포리와 신양말 사이의 들을 달한다.

(전종한)

# 마을의 역사

## 수륙지충(水陸之衝)의 금강변 장하리

장하리는 조선시대 임천군(林川郡) 남산면(南山面)의 관할 하에 있었던 마을이다. 부여읍에서 규암나루를 거쳐 S자 곡선으로 흐르는 금강변에 위치하고, 강의 하류로는 강경을 거쳐 서해에 이르게 된다.

장하리가 역사상 기록으로 확인되는 것은 극히 드물다. 장하리가 속해 있던 임천군은 조선 후기 『임천읍지(林川邑誌)』에 '수륙지충(水陸之衝)' 이라고 기록된 바와 같이, 외부의 세력이 금강 상류 공주나 부여로 올라올 때 거쳐야만 하는 곳이었다. 따라서 이 지역은 군사적 경유지로서, 그리고 경제적 교통로로서 대단히 중요했던 요지였다.

임천군은 백제 때에는 가림군(加林郡)이었는데, 신라 경덕왕 때 가림(嘉林)으로 고쳤다. 고려시대에는 995년(성종 14) 임천자사(林川刺史)를 두었다가, 1018년(현종 9) 다시 가림(嘉林)으로 고치고, 1315년(충숙왕 2) 원나라 아고해(阿刳海) 평장사의 아내 조씨(趙氏)의 고향이라 하여 지임주사(知林州事)로 승격하였다.

조선 1394년(태조 3) 환관(宦官) 진한룡(陳漢龍)이 요청하여 부(府)로 승격되었다가, 1401년(태종 원년)에 지임주사로 복구하고, 1403년 환관 주윤서(朱允瑞)의 청으로 다시 부로 승격되었다가 이듬해 복구하였다. 1413년(태종 13) '주(州)' 자가 들어 있는 군현의 명칭을 '산(山)' 이나 '천(川)' 으로 고치면서 임천군으로 고쳤고, 이때 장하리는 임천군 남산면의 관할 하에 있게 되었다.

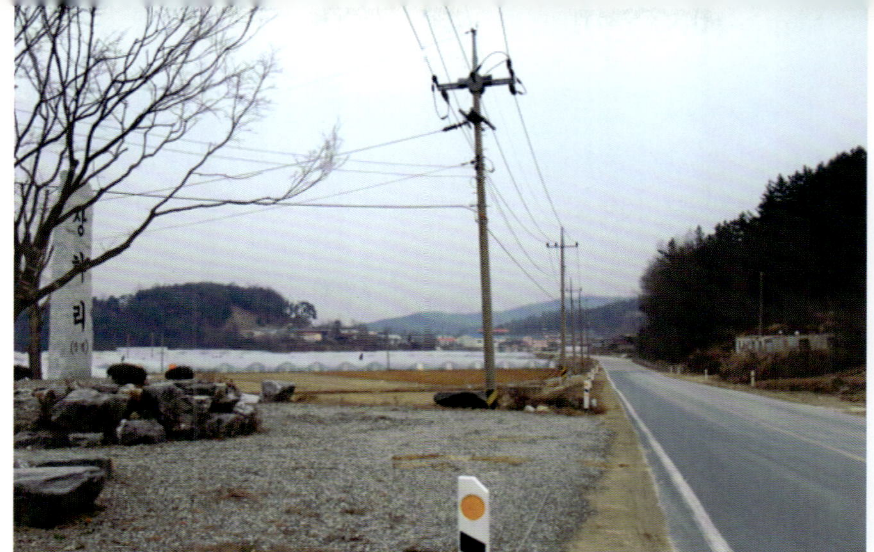

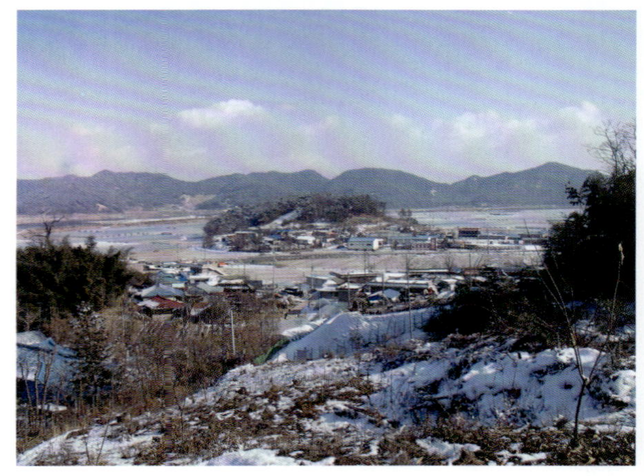

부여읍으로부터 온 마을 진입로
에서 본 마을 전경(위)
태성산 자락에서 본 마을 전경(아
래)

　　장하리는 고려시대까지는 주로 군사적긴 영향을 많이 입은 지역이었다. 장하리의
옛 지명인 장정(長亭)의 ‘정(亭)’ 자가 들어간 곳이 대개 군대의 주둔지로 확인되고,
강 건너 석성면의 파진산(破陣山)의 명칭에서 볼 수 있듯이 이 지역은 군사적 성격이
강하였다고 볼 수 있다. 당군(唐軍)의 침입으로 백제의 사비성이 함락되고 멸망할
때, 당군이 경유 또는 주둔했던 곳이 장하리 또는 그 주변 지역이었을 것으로 추측된
다. 당군의 침입을 방어하기 위한 군대의 동원으로 인한 피해뿐만이 아니라, 당군이
경유하면서 직접 끼친 피해는 더욱 컸을 것으로 생각된다.

조선 후기에는 금강 연안의 포구 마을로서 육상 교통과 수상 교통의 요충지였다. 육상 교통로는 동쪽으로는 금강 건너편의 석성(石城)과 은진(恩津), 전라도 용안(龍安), 남쪽으로 한산(韓山)과 금강 건너편의 전라도 함열(咸悅), 서쪽으로 홍산(鴻山), 보령(保寧), 북쪽으로 부여(扶餘), 공주(公州)와 연결되어 조선 후기 유명한 모시 생산지인 저산팔읍(苧山八邑)과 모두 긴밀하게 연결되는 교통망을 가지고 있었다. 수상 교통으로는 고성진(古城津), 고암진(鼓巖津), 구랑포(九郎浦), 남당진(南塘津), 낭청진(浪淸津), 상지포(上之浦), 입포(笠浦), 장암진(場巖津), 청포진(菁浦津) 등 포구와 나루가 인근에 위치하여 이웃한 강경(江景)과 부여의 규암, 공주, 연기까지 통할 수 있었다.

조선 후기 영조 때 편찬된 『여지도서(輿地圖書)』(1757년)에 근거하여 임천군과 남산면 장하리의 세대수 및 인구의 규모를 정리하면 오른쪽에 제시된 표와 같다.[1]

조선시대 임천군의 읍면 20개 중 장하리가 포함된 남산면은 편호와 인구 규모로 볼 때 15번째로, 면의 규모가 작은 편에 속했다. 그러나 편호당 인구수는 6번째로 많았고, 동리별 평균 인구수도 11번째로 중간 정도에 해당하였다. 또한 조선 후기 남산면에 소속되었던 5개 마을 중 편호수와 인구에서 장정리와 하곡리가 다른 마을의 2배 정도에 해당하고, 특히 장정리는 인구수에서 두드러지게 많았다. 이러한 장하리의 조선시대 편호와 인구의 규모는 2004년 12월 말 현재의 93세대 238명보다 오히려 더 많았다.

이들 자료를 통하여 볼 때 장하리가 소속되었던 남산면은 임천의 관문에서 25리 정도 떨어진 곳에 있었지만, 금강을 이용하여 다른 지역과 교류할 수 있는 면의 규모는 다른 면과 비슷한 정도였을 것으로 생각된다. 그리고 조선 후기 장하리의 중심지는 편호와 인구수에서 다수였던 장정리와 하곡리였음을 알 수 있다.

'장하리' 라는 지명은 1895년(고종 32) 지방 관제를 개정할 때 처음 등장하였다. 장정리(長亭里), 후포리(後浦里), 탑리(塔里), 하곡리(蝦谷里)의 일부를 병합하면서 '장정' 과 '하곡' 의 첫 글자를 따서 '장하리' 라 하였다. 그리고 남산면과 내동면(內洞面)을 병합하여 남내면(南內面)으로 고쳤다가, 1914년 군면을 통폐합할 때 남내면을 장암면(場岩面)으로 고쳐서 부여군에 편입하였다.

조선시대 임천군의 면별 인구현황(『輿地圖書』에 근거)

| 면 | 동리수 | 인구 | | | | | 동리별 평균인구 |
|---|---|---|---|---|---|---|---|
| | | 편호 | 남 | 여 | 계 | 인구/편호 | |
| 防里 東 新里面 | 7 | 362 | 574 | 637 | 1,211 | 3.35 | 173.0 |
| 南山面 | 5 | 182 | 293 | 385 | 678 | 3.88 | 135.6 |
| 白巖面 | 4 | 206 | 522 | 516 | 1,038 | 5.04 | 259.5 |
| 仁義面 | 5 | 125 | 223 | 259 | 482 | 3.86 | 96.4 |
| 世道面 | 2 | 223 | 375 | 336 | 711 | 3.19 | 355.5 |
| 草洞面 | 7 | 195 | 328 | 382 | 710 | 3.64 | 101.4 |
| 東南間 豆毛谷面 | 3 | 117 | 190 | 181 | 371 | 3.17 | 123.7 |
| 南 東邊面 | 6 | 243 | 465 | 565 | 1,030 | 4.24 | 171.7 |
| 西邊面 | 4 | 102 | 218 | 213 | 431 | 4.23 | 107.8 |
| 紙谷面 | 9 | 346 | 669 | 657 | 1,326 | 3.83 | 147.3 |
| 赤良土面 | 3 | 144 | 271 | 290 | 561 | 3.90 | 187.0 |
| 大洞面 | 6 | 345 | 615 | 502 | 1,117 | 3.24 | 186.2 |
| 上之浦面 | 6 | 234 | 392 | 391 | 783 | 3.35 | 130.5 |
| 西南間 紅化面 | 6 | 238 | 348 | 380 | 728 | 3.06 | 121.3 |
| 西 可乙化面 | 8 | 292 | 529 | 469 | 998 | 3.42 | 124.8 |
| 八忠面 | 7 | 318 | 549 | 532 | 1,081 | 3.40 | 154.4 |
| 西北間 朴谷面 | 7 | 305 | 545 | 532 | 1,077 | 3.53 | 153.9 |
| 北 北調只面 | 4 | 188 | 358 | 421 | 779 | 4.14 | 194.8 |
| 東北間 內洞面 | 3 | 120 | 176 | 223 | 399 | 3.33 | 99.8 |
| 邑內 | 12 | 394 | 755 | 716 | 1,471 | 3.73 | 122.6 |
| 林川郡 合計 | 114 | 4,679 | 8,395 | 8,587 | 16,982 | 3.63 | 149.0 |

조선 후기 남산면의 현황(『輿地圖書』에 근거)

| 리 | 거리(관문) | 인구 | | | | | 현재 지명 |
|---|---|---|---|---|---|---|---|
| | | 편호 | 남 | 여 | 합계 | 인구/편호 | |
| 長亭里 | 25리 | 49 | 83 | 107 | 190 | 4.75 | |
| 後浦里 | 25리 | 23 | 39 | 47 | 86 | 3.74 | 長蝦里 |
| 蝦谷里 | 24리 | 43 | 71 | 96 | 167 | 3.88 | |
| 塔里 | 24리 | 24 | 38 | 53 | 91 | 3.79 | |
| 黃橋里 | 24리 | 43 | 62 | 82 | 144 | 3.35 | 上黃里, 下黃里 |
| 합 계 | | 182 | 293 | 385 | 678 | 3.72 | |

# 진주 강씨 종족마을의 형성

장하리의 진주 강씨들은 약 350년 전에 이 마을에 정착하기 시작하여, 현재에는 장정마을이 진주 강씨의 대명사처럼 되었다. 진주 강씨가 들어오기 전 이 마을에는 신창 맹씨(新昌孟氏), 한양 조씨(漢陽趙氏), 거창 신씨(居昌愼氏)가 이미 거주하고 있었다고 한다. 그러나 강씨들이 이 마을에 들어오면서 다른 성씨들은 이 마을을 떠나기 시작하였고, 결국 진주 강씨 마을이 되었다.

『진주강씨족보(晋州姜氏族譜)』(1918년 간행)와 문중 사람들의 증언에 의하면, 장정마을에 입향하여 정착하기 시작한 사람은 17세기 중엽 강치손(姜致蓀, 자는 致叔, 1581～1641년)이다. 강치손은 명종 때 사헌부 집의로 추증된 강질(姜礩, 1508～1571년)의 손자로, 하황리 화림(花林)에 그로부터 강위(姜渭, 1603～1664년), 강맹종(姜孟宗, 1622～1661년)에 이르는 3대의 묘소가 있다.

강치손이 장하리에 입향하게 된 동기는 호란(胡亂)을 피해 외가로 입향하였다고 전할 뿐 자세한 기록은 찾을 수 없다. 강치손의 아버지 강응형(姜應亨)의 묘소는 청양 모양동에 있고 그의 부인은 연안 이씨(延安李氏)로 확인되지만 장하리에 연안 이씨와 관련된 자료나 흔적은 확인되지 않는다.

일설(一說)에는 강치손의 손자 강맹종을 입향조로 여기기도 한다. 진주 강씨 족보에는 강맹종이, 장하리에 진주 강씨 이전에 세거했다는 신창 맹씨와 혼인한 것으로 확인된다. 신창 맹씨의 재산이 진주 강씨로 흡수되면서, 장하리와 북고리 등 장암면과 석성면 일대에 거주하는 진주 강씨는 강맹종으로부터 비롯된 자손들이다. 장하리에서 진주 강씨가 실질적으로 생활권을 형성한 것도 강맹종 이후라고 할 수 있다.

일반적으로 종족의 세력 확장은 묘소의 위치가 확장되는 것과 같은 추세로 나타난다. 장하리 진주 강씨의 세계도(世系圖)와 세력 확장 범위를 36쪽의 세계도로 정리하였다. 진주 강씨의 족보를 보면 장하리와 인근 지역인 북고리를 중심으로 세력을 확장한 것으로 나타난다.

강치손을 비롯한 3대의 묘소는 화림동에 조성되었지만 그 후대의 묘소는 대부분이 지역을 중심으로 조성되었기 때문이다. 강치손의 증손 17세 강수견(姜壽堅)의 묘소가 장정의 기암동(奇巖洞)에 조성되었고, 강수견의 손자 19세 강태명(姜泰命)의 묘소가 마을의 진산(鎭山)인 태성산 후면에 조성된 이후 그 자손들이 이곳에 유택(幽宅)을 조성하였다. 그러나 강여주(姜如周)의 아들인 21세 강유(姜濰)와 손자인 강언경(姜彦經)부터는 장하리에서 북고리 쪽으로 묘소가 확대되는 양상을 발견할 수 있다.(발학치와 가락동은 모두 북고리에 있는 지명이다)

진주 강씨가 장하리에서 번성하기 시작한 시기는 18세기 중엽 이후이다. 강치손의 증손 17세 강수견(姜壽堅, 1645~1712년)이 강소철(姜素哲), 강의철(姜義哲), 강인철(姜仁哲) 등 아들 셋을 두었고, 20세에는 주(周) 자 항렬 12명으로, 21세에는 수(氵) 자변을 사용하는 항렬로 장하리에 묘소가 있는 자손만도 16명이 되었다. 장하리에 세거한 진주 강씨는 주로 18세 강소철과 강의철의 자손들이었고, 강인철의 자손들은 인근의 은진(恩津) 등 다른 지역으로 이주하였다.

그러나 장하리의 진주 강씨들 중에는 장하리와 북고리 이외의 다른 지역으로 세력을 확장하는 양상도 나타났다. 즉 21세 강풍(姜灃)이 석성(石城)으로 옮겨갔고 23세 강필창(姜弼昌)이 대흥으로, 강한창(姜漢昌)이 서천(舒川)으로 옮겨간 이후 그들

**진주 강씨 장하리 입향조 3대 묘소(하황리 화림동 소재)**

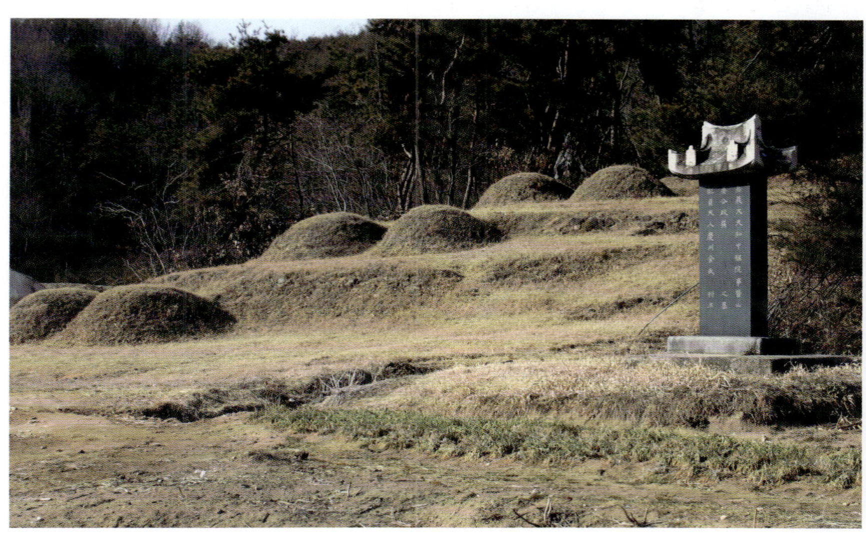

<h1 style="text-align:center">장하리 진주 강씨 세계도</h1>

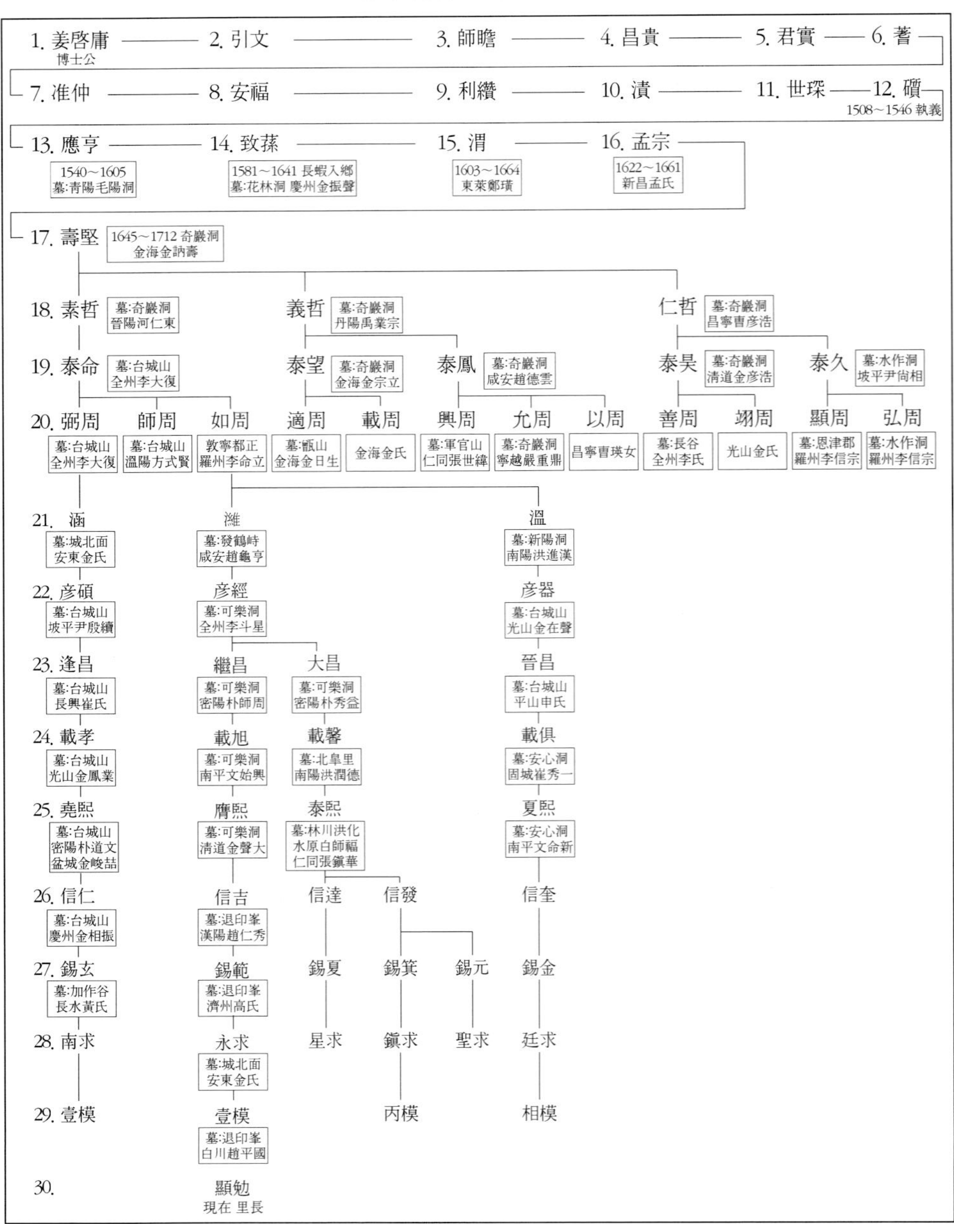

의 자손들이 각각 그 지역에 세거하게 되었다. 그 밖에도 북고리와 인접한 석동리와 현재의 임천면, 세도면, 충화면, 홍산면, 논산 노성면과 상월면, 채운면 등이 묘소의 위치로 확인되었다. 한편 장하리 진주 강씨로 간도(間島)로 옮겨간 경우도 있다. 26세 강신필(姜信必), 강신일(姜信馹), 강신종(姜信鍾) 등이 이 경우에 해당하는데, 이들은 강석기(姜錫箕) 및 그 아들들과 더불어 만주에서 활동하였을 것으로 생각된다.

장하리는 전통적 종족마을인 만큼 자치와 질서가 종회(宗會)와 가규(家規)에 의해 유지되었다. 택호(宅號)를 일가 종족으로 하였기 때문에 효제(孝悌)의 의(義)와 돈목(敦睦)의 의(誼)가 두터워 상애(相愛)하고, 기강을 문란케 하는 자가 있을 경우 종가에서 종회를 열어 가규에 의해 종벌(宗罰)을 시행하였다.

종회는 문장(門長)을 비롯하여 계장(契長)을 정하고 임원을 두어 금전출납과 수지부(收支部)의 문부(文簿)를 맡게 하였는데, 매년 12월 첫째 주 일요일에 정기총회를 개최하여 1년 중의 사업을 보고하였다. 종중 소유 토지에는 포플러 20여만 주를 심어 울창하게 자랐는데, 그 수입으로 돈화계(敦和契)를 조직하였고, 진흥회의 기본금도 매년 증가하게 되었다. 또한 1929년 가을에는 뽕나무 5,000주를 심어 잠업을 권장하였다. 대종중 소유 토지의 소작료 수입으로 선조의 향사비(享祀費)에 충당하고 그 나머지는 종족 가운데 빈핍자를 진휼하였다.(이상은 『朝鮮の聚落(조선의 취락)』 참조)

한편 장하리에서는 1925년부터 진흥회(振興會)를 조직하여 덕목의 실행에 노력하기도 하였다. 진흥회는 일제가 농촌사회의 조선민중을 지배하기 위하여 말단촌락 혹은 동리를 관제조직화한 공동사업이다. 이 사업은 풍속개량·근검저축·산업·토목·위생·교육·납세 등과 같은 지방행정의 일부를 수렴하여 동리 주민의 공동노력으로 관의 지도감독 아래 실행하는 것을 목적으로 하였다.


## 장정야학과 대종교

### 장정야학

장정마을은 혈연과 지연으로는 진주 강문의 집성촌이고, 종교로는 대종교적 일체

감을 지닌 유서 깊은 마을이다. 게다가 오랜 숙문(塾門)과 야학(夜學)의 전통을 통한 유대를 형성하여왔다.

장정에 숙문이 설립된 것은 경의도학(經義道學)을 연구한 강신발(姜信發, 1839~1882년)이 서옥(書屋)을 건축하여 문중교육에 힘쓰면서부터였다. 그 후 강석기가 1906년 마을에 천영학교(天英學校)를 건립하였고, 강석기에 이어 강진구가 자신의 집 사랑채에 광일의숙(光一義塾)을 설립하여 7세가 넘은 남녀 아동들을 모아 보통학교 4년 정도에 해당하는 야학을 운영하였다.

1930년대에 광일의숙은 마을 건너편 언덕에 초가집으로 학당 건물을 지으면서 장정야학으로 변모하였다. 이때부터 야학의 운영을 강석기의 당질(堂姪)로서 부여 지역 사회운동의 핵심인물인 강성구가 맡았고, 강병국(姜秉國), 강성모(姜聖模), 강주구(姜柱求), 강병욱(姜秉郁), 강병환(姜秉煥), 강일구(姜日求), 최재봉(崔在鳳) 등이 도왔다. 그 운영경비는 문중의 기금과 최재봉의 출연 등으로 충당하였다.

최재봉은 강신요(姜信曜, 1855~1919년)의 외손자인데 그의 부친은 인근 광석면의 부농(富農)으로 본인은 외가가 있던 장정마을에서 태어났다. 그는 부여보통학교를 졸업한 뒤 서울 중동학교에 다닐 수 있었고, 마을의 많은 전답을 소유하는 등 약 1만 원의 자산을 가지고 있었다. 부친이 사망하자 1929년 중동학교를 중퇴한 후 조선일보 부여지국을 경영하면서 장정마을 야학교사로 근무하였다. 『마르크스사상의 진상』, 『러시아혁명사와 레닌』, 『프로레타리아의 경제학』 등의 서적을 읽고 점차 사회주의 사상에 심취되었고 장정야학에서도 학생들에게 영향을 미치게 되었다.

1933년 당시 장정야학은 야간에만 운영되었으며 학생은 약 60여 명이었고, 그 중에는 여학생이 12~15명 정도였다. 학생들은 대부분 보통학교에 가지 못한 가난한 농민의 자제들이었으며, 이들 가운데는 20살이 넘어서 들어온 경우도 많았다.

1933년에 부지가 300평으로 확장된 장정야학은 간판이 없는 목조의 초가(草家) 건물로 큰 방 한 칸을 교실로 사용하였으며, 교실 옆에는 교무실이 있었다. 책상이 없이 마룻바닥에서 공부하였는데, 3×6자 정도 되는 칠판 2개, 학교종, 큰 시계 1개, 악기로는 북과 큰 나팔 2개, 큰 지도, 남폿불 3개가 사용되었다.

장정야학은 민중야학으로서 공산주의 사상을 교육하였다. 즉 '사유재산제도를 부정하고 공산주의 사회 실현을 목적'으로 학생들을 연령에 따라 갑을병정(甲乙丙丁) 4개 반으로 분반하였고, 교육의 정도도 달리하였다. 갑반(甲班)은 노동자와 자본가의 계급의식과 투쟁심의 양성, 을반(乙班)은 노동자와 자본가의 계급의식을 평이하게 주입, 병반(丙班)은 자신이 빈곤자의 자제라는 의식교육, 정반(丁班)은 즐겁게 야학당 다니기 등으로 구분하였다. 강성구는 학생들에게 여자의 재혼을 찬성하고 직업을 가질 것과 활동하기 편한 바지를 입을 것 등을 강조하였다. 이것은 기존의 마을 질서와 전통에 배치되어 주민들 중 일부는 이러한 교육내용에 반감을 가지기도 하였다고 한다.

특정 교과서는 없었으나, 교과목은 한글·산술(간단한 덧셈, 뺄셈)·한문·지리·역사·창가 등으로 구성되었고, 일본어는 가르치지 않았다. 운동회는 남산골과 장정으로 나누어 추석 다음 날에 치렀는데 새끼줄 치고 공 넘기기, 마라톤, 달리기 등을 주로 하였다. 당시의 교육내용 가운데 가장 많은 비중을 차지한 것은 '노래' 였다. 당시에 배운 노래의 일부는 다음과 같다.

> (전략) 돌 팔뚝 무쇠다리 벌어진 가슴
> 피땀으로 내 몸 길러가며 연구하며
> 노동으로 성공합시다(후략).

> (전략) 힘차게 힘차게 나갑시다
> 쉬지 말고 나갑시다
> 똔똔똔(후략).

> 나는 지게꾼 짐 지는 지게꾼 배추 호박도 지고 다니고
> 인삼 녹용도 지고 다니고(후략)

> (전략) 구름 속에 달 끼웠다 낙심 말라
> 보름달이 밝아오면 내 속을 푼다(후략).[2]

노래를 배우는 시간에는 반드시 밖에 망보는 사람을 세웠다. 또한 연극을 공연하기도 하여 교사와 학생, 학부형과 마을 주민이 함께 어울렸다. 연극은 정월과 7, 8월경에 공연되었는데, 그 내용은 항일의식을 고취시키는 것과 빈부의 차이를 비교하는 것들이었다. 공연은 주재소에서 모르게 하였지만, 주재소에 알려져 무산된 적도 있었다.

이 시기의 야학은 단순한 문맹퇴치의 교육운동에 머물지 않고 민중의식을 고취하고 학예회, 운동회, 소인극, 강연회, 저항가요 보급 등을 통하여 저항문화를 창출하고 사회주의 사상을 보급하는 등 의식화운동을 전개하였다.

장정야학은 1933년 야학교사들이 이른바 '칠모회' 사건으로 구속되면서 폐쇄되었다. 이후 1943년 장하리에는 '장하간이학교'가 설립되어 아동들을 가르쳤다.(사진 참조) '간이학교'는 일제가 저급의 노동력 양성을 목적으로 1930년대 중반 국민학교의 부설기관(2년제)으로 설립하기 시작한 것이지만, 장하리 주민들은 장하간이학교를 장정야학의 후신으로 생각하는 면도 있었다. 당시 장하간이학교에서는 강진구의 장손(長孫)인 강현달(사진 중앙)이 교사로 있었는데, 장하리 주변 마을과 멀리는 세도면에서까지 학생들이 왔다고 한다.

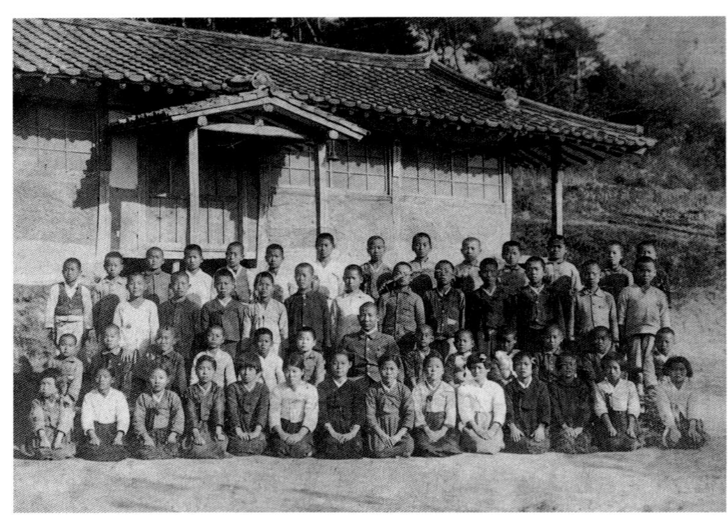

일제 말기의
장하간이학교

## 대종교

장하리의 진주 강씨는 대종교 총본사와 남이도본사(南二道本祠)의 핵심적 역할을 하였다. 부여에 장하리를 중심으로 시교당이 6개소, 지사가 2개소나 설치되는 등 장하리가 남도본사의 중심적 역할을 한 것은 진주 강씨의 대종교 신앙과 밀접한 관련이 있다. 그 전통은 현재에도 유지되어, 마을의 동남쪽 퇴인봉의 서쪽 자락에 천진전이라는 단군사당이 있어서 개천절에 이곳에서 선의식을 거행하고 있다.

대종교의 교단조직은 종단의 최고책임자인 총전교와 부전교가 상주하며 전체 교무행정을 총괄하는 대일각(大一閣)이 최고기관으로 있고, 교무행정의 사무기관인 교사(敎司), 의결기관인 의회, 교육기관인 도원(道院)으로 나누어

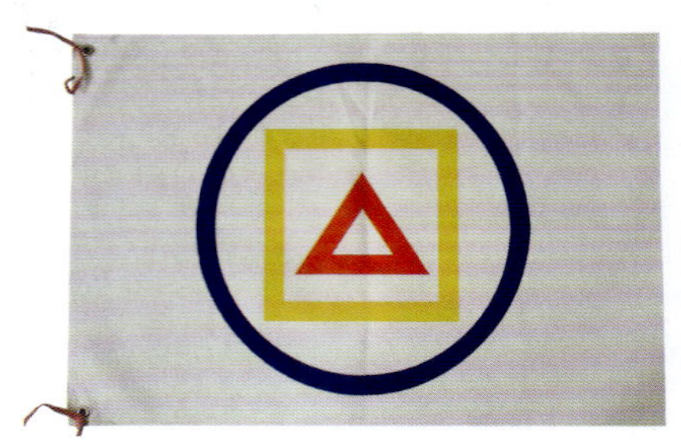

대종교 교기

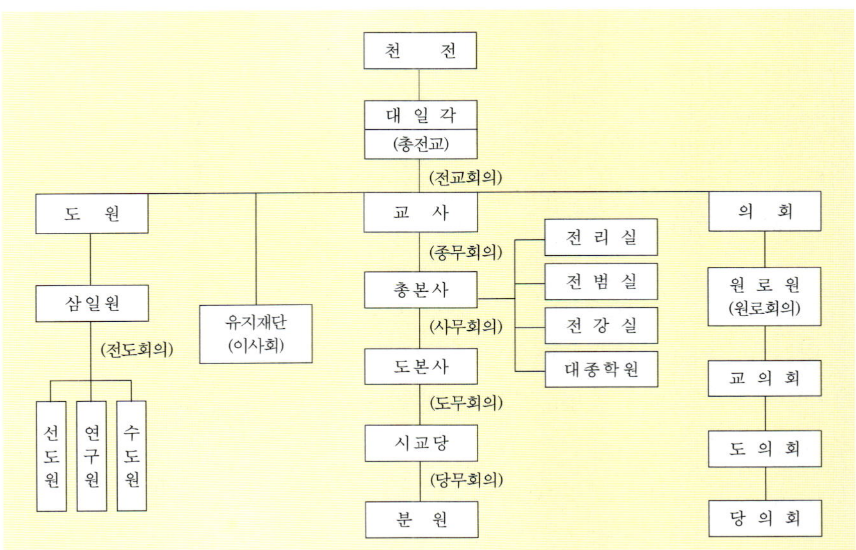

대종교 기구표

진다.

　교사기관으로는 총전교의 명령을 집행하는 총본사가 있고 총본사 아래 각 도에 도본사(道本司)가 있으며, 그 아래에 지사(支司), 또 그 아래에 시교당(施敎堂)이 있다. 도원은 삼일원(三一院)이라고도 하는데, 여기에는 수도원·선도원·종리원 등의 기구가 있어서 삼일원장은 각각 원주(院主) 한 명을 두어 소관사무를 통괄한다.

　그리고 종무행정을 위해서 종무원을 따로 두고 그 밑에 전강실, 전범실, 전리실을 설치하여 사무회의를 통해 종무행정을 처리한다. 원로원은 대종교 발전에 공로가 많은 사람을 추대하여 총전교의 자문을 하도록 하는 곳이다. 의회는 교의회(敎議會)라고도 하며, 대종교의 최고의결기관이다.

　교인은 다섯 등급으로 구분하여 이 등급을 교질(敎秩)이라고 하는데, 참교(參敎)·지교(知敎)·상교(尙敎)·정교(正敎)·사교(司敎)의 순서로 올라간다. 교인들끼리는 서로 형제·자매로 부르며 성직자로는 선도사(宣道師)·시교사(施敎師) 등이 있다. 교질의 구분은 다음의 표와 같이 정리할 수 있다.

대종교의 교질

| 교질 | 선발 조건 | 존칭 |
|---|---|---|
| 大宗師 | 大倧敎를 重光한 羅喆에게만 쓰는 칭호 | 神兄 |
| 宗師 | 性通功完한 사람 | 哲兄 |
| 司敎 | 정교된 지 5년 이상, 교단발전에 큰 공로자 | 道兄 |
| 正敎 | 상교된 지 5년 이상 | 大兄 |
| 尙敎 | 지교된 지 2년 이상 | |
| 知敎 | 참교된 지 1년 이상, 교리를 강술할 능력자 | |
| 參敎 | 입교한 지 6개월 이상, 모범이 될 만한 자 | |

　장하리의 대종교 신앙과 민족운동의 중심인물은 강석기(姜錫箕)와 그의 세 아들 강진구(姜鎭求), 강철구(姜鐵求), 강용구(姜鎔求) 등이었다. 강석기는 중광제현(重光諸賢)으로서 도형(道兄)의 이름을 받았고, 그의 세 아들은 모두 정교가대형(正敎加大兄)의 이름을 받았으며, 그 중 강철구는 임오교변(壬午敎變)에서 순교한 '임오십현(壬午十賢)'으로 추앙되고 있다. 임오교변은 일제가 "대종교는 조선 고유의 신도

중심으로 단군문화를 다시 발전시킨다는 표방 하에 조선민중에게 조선정신을 배양하고 민족자결의식을 선전하는 교화단체이니 만큼 조선독립이 그 최후의 목적"이라 규정하고, 1942년 11월 19일 제3세 교주 윤세복(尹世復)을 비롯한 만주와 조선에 있는 대종교 지도자 21명을 검거하여 가혹한 고문으로 10명이 희생된 사건이다.

따라서 대종교단에서는 이들 부자를 '일문이세(一門二世)에 사위원로(四位元老)의 영전(榮典)은 종문(倧門) 초유(初有)의 사실'로 평가하고 있다.[3] 뿐만 아니라 장하리 진주 강씨 가운데 독립유공자로 서훈된 인물이 많으며, 부여 지방 민족운동을 주도한 다른 성씨 가운데는 이들과의 인적 유대나 사상적 교감 하에서 민족운동을 전개한 경우가 적지 않다.

부여 지방에서 진주 강씨가 주도하여 전개했던 민족운동으로는 우선 강성구(姜星求, 일명 姜日)의 격문사건(檄文事件)을 들 수 있다. 이 사건은 1930년 1월 27일 부여 공립농업보습학교 학생들의 동맹휴학 때 이 학교에 강성구가 작성한 격문을 배달한 사건이 발견되어 체포된 것이다. 강성구는 강석기의 당질로서 광주학생운동이 전국적으로 확산되는 신문기사를 보고 동맹휴학을 주도함으로써 민족적 의기를 보여주어야 한다고 결심하였다. 1월 21일 그는 자택에서 무를 잘라 한글로 '광주사건, 조선학생만세, 강경'이라고 백지(白紙)에 인쇄하였고, "광주 일본학생 폭행사건에 의해 조선학생은 희생되었다. 학생은 분기하자. 조선학생 만세"라고 묵서(墨書)한 문서와 일본에 대한 요구사항을 작성하였다.

그는 다음 날인 22일 자신이 작성한 문서 중 하나는 부여공립보통학교, 또 하나는 부여농업보습학교에 배포하기 위해 조선일보 지국으로 가져와서 신문배달인 유복윤(柳福潤)으로 하여금 교실에 투입하게 하였다. 이 격문을 본 생도 우제홍(禹濟弘) 외 15명은 문서의 취지에 공명하여 동맹휴교를 결의하고 27일부터 동맹휴교를 감행하였다.

강성구는 이 격문 작성으로 부여공립농업보습학교 생도의 맹휴를 주도한 이해 비밀결사 화성당(火星黨)의 조직계획과 장정야학의 의식화교육 등 부여 지방 민족운동의 전면에 나서게 되었다.

화성당 사건은 조선일보 대전지국 기자 서진(徐震)과 강성구, 그리고 유기섭(柳基

燮) 3인이 비밀결사조직인 화성당을 조직하여 투쟁하기 위하여 며칠 동안 계획하다가 중도에 포기한 것이 전말(顚末)이다. 1931년 1월 21일 서진이 강성구와 유기섭을 찾아가 공산주의 비밀결사를 조직할 뜻에 합의하였다. 이들은 화성당의 강령과 행동역할 등을 정하고, 1월 26일 규암면 합송리 농민학원에서 결당식을 거행하기로 하고 동지의 포섭에 나섰다. 행동강령을 '노동자 농민층에 들어가 의식을 조장하고 당원을 모집함' 이라고 정하였고, 비서부(강성구)·계획부(서진)·조직선전부(유기섭) 등의 조직을 두고 책임자를 정하였다. 그러나 이들의 동지 포섭은 실패하고 말았다. 서진은 1월 23일 자신이 거주하고 있던 홍산면 북촌리 박성일(朴成一)의 집으로 김동진(金東眞)과 박주완(朴周完)을 불러 화성당 가입을 권유하였고, 강성구는 같은 동리에 살던 강병무(姜秉武)에게 가입을 권유하였으나 모두 거절당하였다.

일제는 화성당에 대해 부여를 거점으로 충남 남부 일대에 걸쳐 조직하고자 했던

### 장하리 출신 독립유공자

| 성 명 | 생몰연대 | 활동구분 | 추서내용 | 전 거 |
|---|---|---|---|---|
| 강병국<br>(姜秉國) | 1915. 10. 11~ | 국내 항일 | 대통령표창(86)<br>건국훈장<br>애족장(90) | ●형사사건부<br>●판결확정증명<br>●동아일보(1933. 12. 9) |
| 강석기<br>(姜錫箕) | 1862. 6. 29<br>~1931. 2. 13 | 만주 방면 | 대통령표창(77)<br>건국훈장<br>애족장(90) | ●호석문집<br>●독립운동사(국가보훈처) 8권<br>154·728·749·754·794·802면 |
| 강성모<br>(姜聖模) | 1915. 11. 19<br>~1940. 8. 6 | 국내 항일 | 대통령표창(86)<br>건국훈장<br>애족장(90) | ●형사사건부<br>●판결확정증명<br>●동아일보(1933. 9. 29, 12. 9) |
| 강일<br>(姜日, 星求) | 1911. 3. 25<br>~1950 | 학생운동 | 대통령표창(77)<br>건국훈장<br>애족장(90) | ●독립운동사(국가보훈처) 9권 611면<br>●동아일보(1930. 2. 9)<br>●조선일보(1930. 2. 7, 2. 14) |
| 강철구<br>(姜鐵求) | 1894. 2. 9~<br>1943. 10. 21 | 군자금<br>모집 | 건국훈장<br>독립장(63) | ●국외용의조선인명부(총독부경무국) 109면<br>●한국독립운동사(문일민) 86면<br>●한국독립사(김승학) 하권 73면<br>●동아일보(1932. 4. 1)<br>●독립운동사(국가보훈처) 8권 797·800<br>·802면 |

공산주의 단체라고 과장하였고, 4월 4일 강석기의 동지연합장에 부여군 사회단체 대표들이 모두 모이는 기회를 이용하여 사전에 정보를 입수하고 이들을 체포하였다. 그러나 체포되었던 이들은 증거불충분과 무죄판결로 석방되었다.

1933년에는 장정의 야학교사를 중심으로 조직된 칠모회(七晦會)의 전모가 밝혀지게 되었다. 칠모회는 강성구의 제자로서 야학교사가 된 자들이 생도들에 대한 교과목과 교과재료를 선정 협의하기 위하여 1933년 4월경 조직한 결사로서, 종족마을의 야학이라는 공간을 매개로 공산주의라는 이념적 공감대를 지닌 교사들이 결성한 혈연과 지연 및 사회공동체적 결사였다. 이상에서 살펴본 민족독립운동을 전개한 인물 중 장하리 출신으로 독립유공자에 등록된 사람은 5명이다.


## 장하리 출신 인물[4]


**강신발**　강신발(姜信發, 1839~1882)은 자(字)가 자중(子仲)이고 호는 임하(林下)로, 강태희(姜泰熙, 1801~1865)와 인동 장씨의 둘째아들이며, 대종교를 중광(重光)했던 강석기(姜錫箕)의 아버지이다. 도덕과 문장이 당세에 드러났으나, 물욕이 없어 산림으로 들어가 서옥(書屋)을 짓고 '임하'라고 자호하였다. 그는 도의경학(道義經學)을 강구하고 후진을 양성하는 것을 자신의 책임으로 생각하고 수백 명의 제자를 배출하였다.

당시 장하리와 인근의 진주 강씨들은 초수야부(樵叟野夫)라도 경의(經義)를 담론(談論)하고 서찰을 능히 썼는데, 이는 모두 그가 사람들 가르치는 것을 게을리하지 않은 결과였다. 그가 세상을 떠난 지 50년이 지난 1930년대에도 장정마을 인근의 60세 이상 노인들은 그의 학덕을 존경하고 칭송하였다고 한다. 그의 아들 강석기와 손자 강진구가 학교를 건립하고 장정마을에서 야학이 지속된 것은 그의 영향을 받은 것이라고 할 수 있다. 그의 묘소는 부여읍 가증리 봉동산에 있다.

**강석기**　강석기(姜錫箕, 1862~1932년)는 자는 순서(舜瑞), 호는 호석(湖石)이고, 강신발과 창원황의 장남이다. 진구(鎭求)·철구(鐵求)·용구(鎔求)의 세 아들을 두었

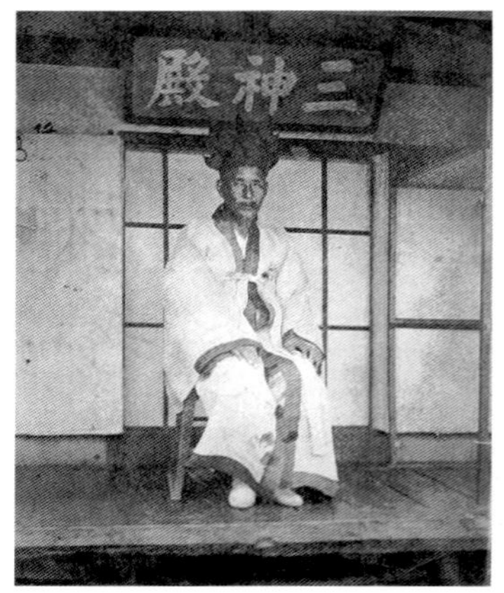
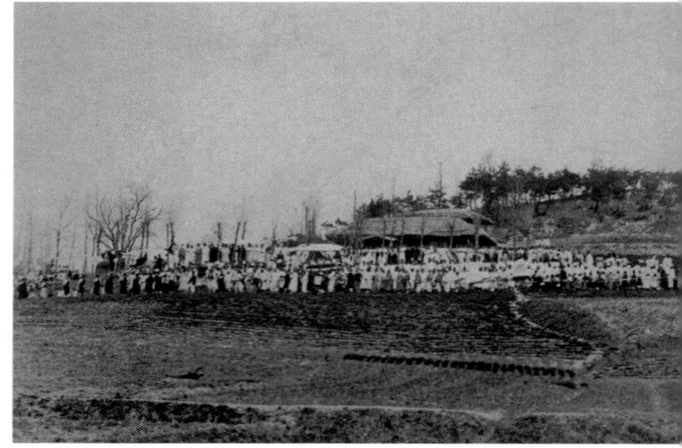

강석기        강석기 장례식 광경

는데, 모두 정교(正敎)와 대형(大兄)이란 호를 받았다.

그는 어려서부터 한학을 공부하였고, 향리에 천영학교(天英學校)를 설립하여 인근 자제를 교육하였다. 1895년부터 9년 동안 함경북도 성진·길주·경원 등 세 곳의 감리서 주사(監理署主事)를 역임하였는데, 1909년 나철(羅喆)과 단군신위(檀君神位)를 경성 가회동(嘉會洞) 취운정(翠雲亭)에 봉안하여 대종교를 중광하였다. 1911년 지교(知敎), 1914년에는 상교(尙敎)로 승진되어 총본사의 총전리(總典理)로서 5년 동안 교문의 최고행정책임자의 업무를 수행하였다.

1916년 정교(正敎)로 승질(陞秩)됨과 동시에 대형의 호를 받았으며, 1918년에는 교주 아래의 최고위 직책인 사교(司敎)에 임명되었다. 1921년에 남도본사(南道本司)를 복설(復設)하고 대종교남도본사도사교위리(大倧敎南道本司都司敎委理)가 되어 조선 내에서 대종교의 대표적인 인물이 되었다. 특히 신앙생활에 있어서, 1914년 교주인 나철을 대신하여 백두산 상봉에 올라 혈서로 제천하였고, 1920년에는 구월산 삼성사(三聖祠)에서, 1924년에는 마니산 참성단(塹城壇)에서 제천수도하는 등 교문의 사표가 되었다. 1919년 북로군정서(北路軍政署) 고문으로 임명되었고, 무오독립선언서 사건으로 간도 주재 일본영사관에 잡혀 장정마을로 강제 귀환된다.

그의 사회적 영향력은 그의 사거(死去) 때 언론과 지역사회가 보여준 관심이 반증

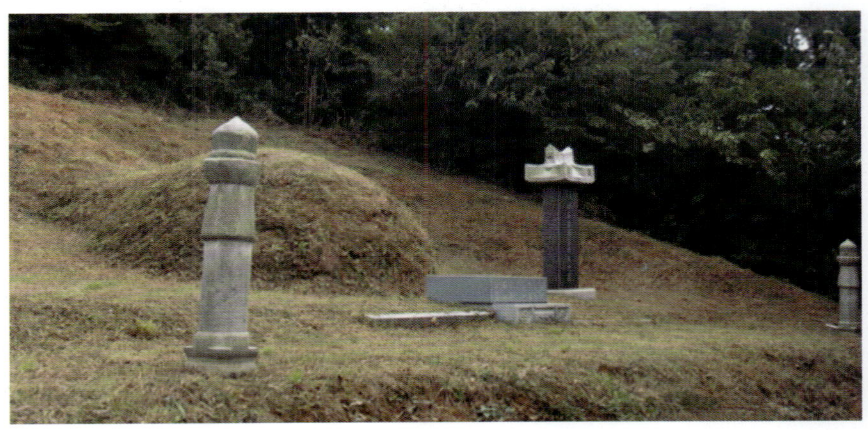

강석기 묘소

한다. 그는 1932년 3월 30일 장정의 자택에서 사거하였는데, 당시 언론은 '대종교 거두의 별세'를 연일 보도하였다. 그의 장례는 규암리에 있는 동아일보 지국에 장의사무소를 두고 진행되었고 4월 4일 동지연합장으로 치러졌는데, 강경과 홍산청년회 등지에서 천여 명의 조문객이 운집하였다. 이때 부여경찰서에서 경부보 이하 7~8명의 정사복 경찰이 출동하여 엄중히 경계하였다. 한편 그의 장례 때 사용한 부여군 청년일동 명의의 '봉도천일거사(奉悼天一居士)' 등의 만가(輓歌)와 대종교총본사 등에서 초한 조문(弔文) 등이 전한다.

그의 묘소는 부여읍 가증리 34-1번지 봉동산 기슭에 서남향으로 있고, 봉동산 너머에 그의 아버지 강신발과 동생 강용구의 묘소가 있다.

교리연구에도 진력하여 『종리문답(倧理問答)』, 『천산도설(天山圖說)』, 『제천혈고사(祭天血告辭)』, 『일삼경(一三經)』, 『천부경해설(天符經解說)』, 『애오가(愛吾歌)』 등의 유저가 있다. 1950년 5월에 규범개정으로 도형(道兄)이란 호가 추증되었다.

정부에서는 그의 공훈을 인정하여 1990년에 건국훈장 애족장(1977년 대통령 표창)을 추서하였다.

**강진구** 강진구(姜鎭求, 1884~1957년)는 대종교 중진 중의 한 사람이며, 자는 문옥(文玉), 호는 소석(小石)이다. 사교(司敎) 강석기와 담양 전씨의 장남이고, 대종교 임

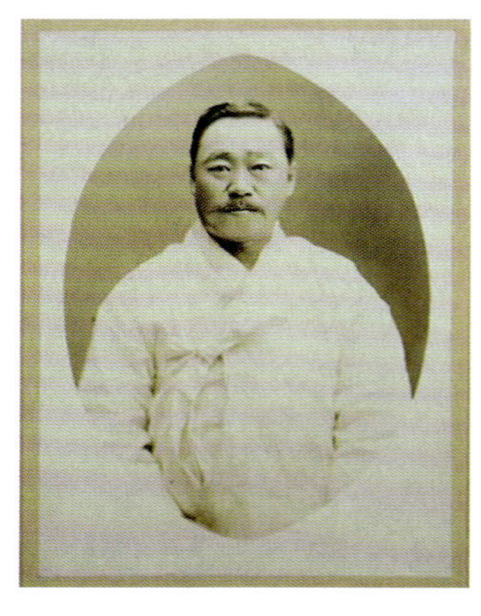

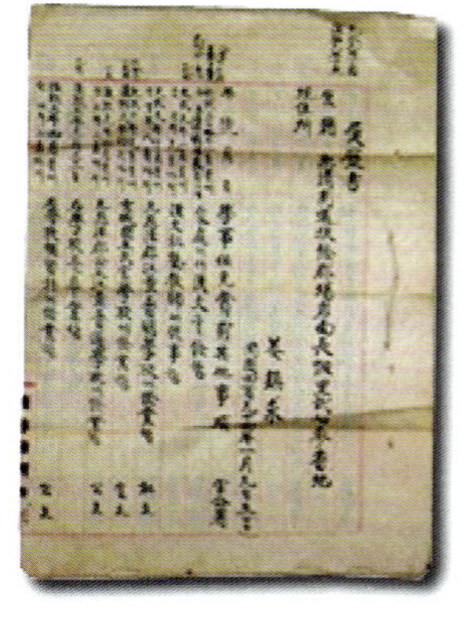

강진구(위)와 그의 이력서(아래)

오십현 중 한 사람인 강철구(姜鐵求)의 큰형이다.

어려서부터 한학을 공부한 이후 강경공립보통학교를 졸업하고, 1907년 한성사범학교(漢城師範學校)에 입학하였으나 병으로 중도에 퇴학하였다. 1909년부터 대종교를 신봉하였으며, 1910년경 부여군 소양학교(蘇陽學校)와 석양학교(石陽學校)의 교원을 지냈다. 1919년 만주로 건너가 부친이 세운 천영학교의 교사로 잠시 일했으나 얼마 후 고향으로 돌아왔으며, 1922년에는 참교(參敎)로 임명되었다.

1920년대 후반 부친인 강석기가 몰래 간직해 오던 단군 진영(眞影)을 물려받았으며 광복 후 단군전 복원건립과 포교에 기울였다. 1946년 지교(知敎), 같은 해 8월에 상교(尙敎)로 승질하였다. 1948년과 1949년에 걸쳐 고향인 부여에 천조궁(天祖宮)을 건립하여 단군의 영정인 천진(天眞)을 모셨다. 1950년 정교(正敎)로 승질함과 동시에 대형(大兄)의 호를 받았다. 1954년 부여지사(扶餘支司) 전무(典務)로 피임되어 4년 동안 시무하였고, 1955년에는 남이도본사 전무로 추천되어 1년 동안 겸임하였다.

강진구는 1919년 이후 표면적으로는 일제의 관치질서에 적응하여 논산군 채운금융조합평의원(1919)·부여공립보통학교 학무위원(1920)·부여군농회평의원(1925)·부여군학교평의원·부여군산업조합평의원(1927)·부여군삼림조합평의원(1930)·장암면장(1931~36) 등을 역임하였다. 그러나 내면적으로는 부친과 동생의 독립운동을 지원하였으며, 마을개발사업과 교육운동에도 진력하면서 부여 지역의 지도적 인물로 활동했다. 해방 직후에는 건국준비위원회의 부여군 위원장을 맡기도 했다.

**강철구**　강철구(姜鐵求, 1894~1943)는 독립운동가로서 1917년 대종교 신도로 만

주에 건너가 동간도의 천영학교(天英學校) 교사가 되어 제2세 민족교육에 정열을 쏟
았다.

1920년 1월 북로군정서 총재 서일(徐一)과 뜻을 같이하여 북로군정서에 가입하여
총재비서로서 활동하였다. 이 해 4월 재무국장 윤정현(尹廷鉉)의 명령으로 국내에
잠입, 부여의 갑부 박창규(朴昌奎), 박남규(朴南奎), 강석민(姜錫民) 등으로부터 많
은 군자금을 조달해 가지고 돌아와 서무부 김택(金澤)에게 전달하였다.

1922년 6월에는 사관연성소(士官練成所) 확충자금을 마련하기 위해 대한민국 임
시정부에서 발행한 공채 3만 5,000원을 가지고 입국하여 함경북도 회령에서 김동진
(金東鎭), 청진에서 김동순(金東純), 서울에서 문용섭(文龍燮), 부여에서 문장섭(文
章燮), 김재설(金在卨) 등의 동지를 포섭하는 데 성공하였다. 공채처분을 마치고 만
주로 건너가려고 준비 중에 일본경찰에 체포되어 1923년부터 3년 동안 옥고를 치렀
다. 출옥 후 다시 만주로 건너가서 대종교를 통해 교포의 지도 및 계몽에 진력하였다.

1942년 만주 동경성(東京城)에 천전(天殿)을 세우기로 계획하고 준비하던 중 재만
항일거물로 지목되어 그해 11월 19일 미형하던 일본경찰에 체포되었다. 그 뒤 혹독
한 고문을 당한 나머지 1943년 무단장성(牡丹江省) 자무쓰형무소(佳木斯刑務所)에
서 순국하였다. 1963년 건국훈장 독립장이 추서되었다.

**강용구**   강용구(姜鎔求, 1896~1970년)는 대종교 중진 중의 한 사람으로 호는 단
야(檀野)이고, 임오교변에서 순교한 강철구의 아우
이다.

1916년 수원농림학교를 졸업하고 홍산공립보통
학교에서 3년 동안 근무하면서 '부여공산주의자협
의회사건'의 주모자 이호철을 가르쳤다. 24세 때
만주로 건너가 간도성(間島省) 화룡현(和龍縣)의 동
명학교(東明學校)에서 교편을 잡았다. 1920년에는
북로군정서 경신국장(警信局長)으로 활약하였다.

1921년 9월 참교(參敎)가 되었으며 남일도본사
(南一道本司) 계리감정(計理監正)(1922년)과 계선

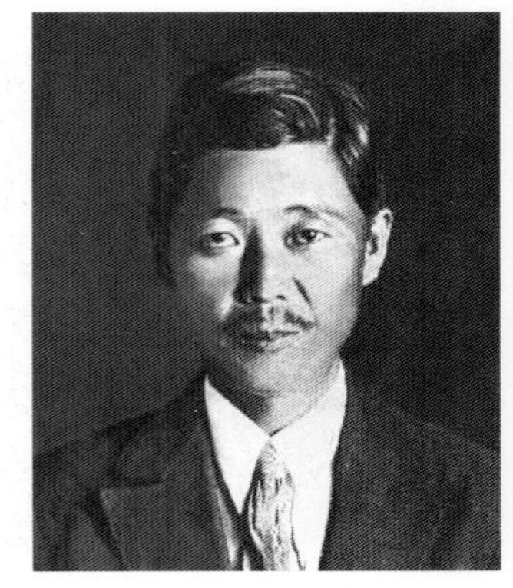

강용구

시교당(桂善施敎堂) 찬무(贊務)(1923년)를 역임하였다. 1946년 2월에 지교(知敎), 3월에 상교(尙敎)로 승진되어 총본사 전강(典講) 등 요직을 지냈다.

1955년 정교(正敎)로 승질되면서 대형(大兄)이란 호를 받았으며, 그 뒤 원로원 참의(參議), 삼일원(三一園) 대덕(大德)(1959), 대일각(大一閣) 전교(典敎)(1961년) 등 중책을 맡아 교단발전에 공헌하였다.

**강성구** 강성구(姜星求, 일명 姜日, 1911~1950년)는 법호가 정명거사(晶明居士)이며, 1897년에 의금부도사를 지낸 강석하(姜錫夏)와 평산 신씨의 장남이고, 강석기의 당질이다.

그는 평소 일본의 식민지교육에 반대해왔는데, 광주에서 학생운동이 발발하여 전국으로 확산되는 신문기사를 보고 동맹휴교를 주도함으로써 민족적 의기를 보여주어야 한다고 결심하였다. 1930년 1월 21일 격문을 작성하여 부여공립보통학교와 부여농업보습학교에 배포하여 동맹휴교를 감행하게 하였다. 그 이후 비밀결사인 화성당 조직계획과 장정야학의 의식화교육 등 부여 지방 민족운동의 전면에 나서게 되었다(장정야학과 대종교 참조).

1977년에 건국공로 대통령표창을 수상하였고, 1990년 건국훈장 애족장을 수상하면서 독립유공자로 지정되었다.


## 장하리의 유적

### 천진전과 소장 유물

천진전은 향토유적 43호로 지정되었고, 장하리 450번지 퇴인봉의 서쪽 자락에 서남향으로 위치하고 있다. 강진구가 1949년에 천조궁(天祖宮)을 건립하여 1920년경 부친 강석기로부터 물려받은 단군의 영정인 천진(天眞)을 모셨다. 천진전이라는 명칭 이외에 천조궁, 단군전, 단군사당 등의 이름으로 부르기도 한다. 1949년 10월 3일(음력) 제1회 천제식(天祭式)을 올린 이후 1950년 2회부터 5회까지 한국전쟁과 그 후 시국의 혼란으로 천제식이 중단되었다가, 1954년부터 다시 천제식을 올려 지금까지

제 1회 천제식 참석자(1949년 음력 10월 3일)

| 氏名 | 儀員名 | 現職名 | 住所 및 經歷 |
|---|---|---|---|
| 李圭悅 | 主祀 | 博士 | 서울 李副統領 子舍 |
| 嚴柱天 | 導式 | 倧門正敎大兄 | 京城府 |
| 姜鎭求 | 典儀 | 倧門正敎大兄 | 長亭里 |
| 姜中求 | 奉香 | 士人 | 同里 |
| 趙南善 | 奠穀贄 | 士人 | 下黃里 |
| 朴昌和 | 奠絲贄 | 李副統領秘書 | 京城府 |
| 趙東弼 | 奠貨贄 | 서울大學敎諭 | 京城府 |
| 宋榮震 | 獻天水 | 士人 | 恩山面 新垈里 |
| 具益會 | 獻天果 | 士人 | 沙山里 |
| 文相龜 | 獻天來(밀) | 倧門知敎 前敎官 | 北皐里 |
| 閔泳胄代 | 獻天飯 代 | 文廟直員 | 扶餘面 中井里 |
| 方潤德 | 獻天飯 | 倧門知敎 右代理 | 石東里 |
| 姜賢求 | 獻天菜(고사리) | 倧門知敎 | 長亭里 |
| 姜穆求 | 獻天湯 | 倧門參敎 | 長亭里 |
| 趙東浩 | 獻天餠 | 士人 | 長蝦里 |
| 姜鳳求 | 奏由 | 前訓導 | 長亭里 |
| 姜銀求 | 奏天樂 | 南山校長 | 長亭里 |
| 雅樂隊 9名 | 奏樂 | 서울樂府 | 京城市 |
| 申達泳 | 願禱禮員 | 倧門尙敎 | 亭岩里 |
| 參祀人 | 江景商業高校生徒 800여 명 쉬 萬餘人 來集也 | | |

천제식 진설도

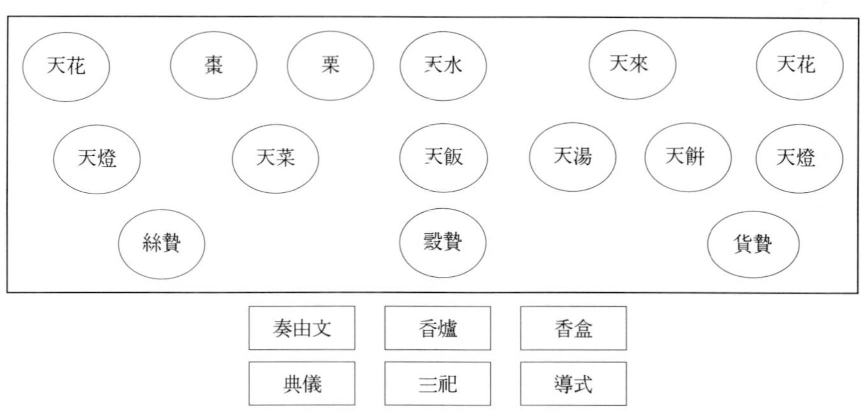

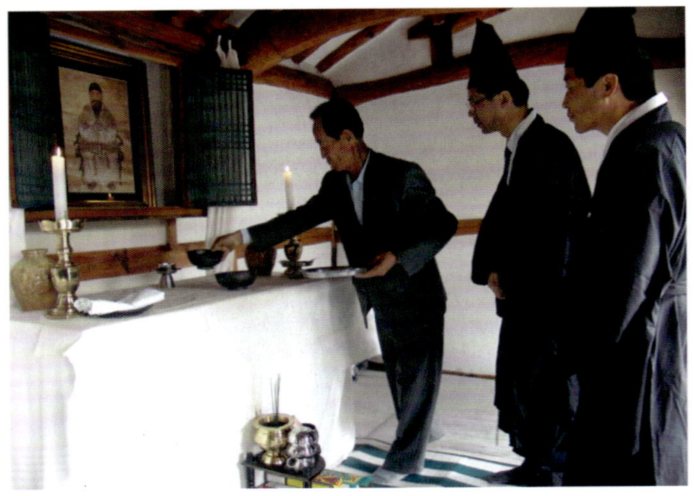

천제식 광경(2005.10.3)

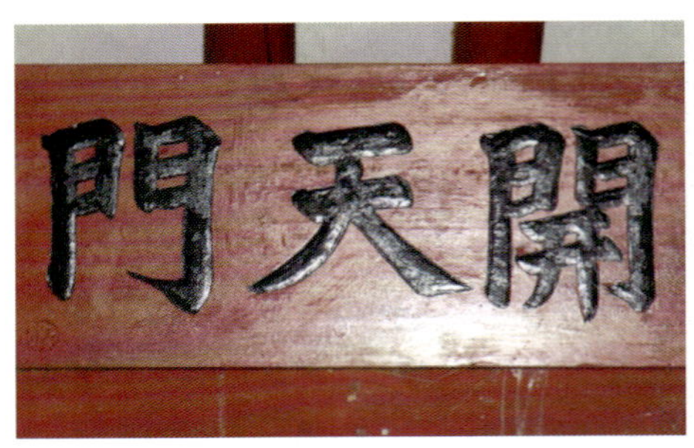

단군사당 정문 현판

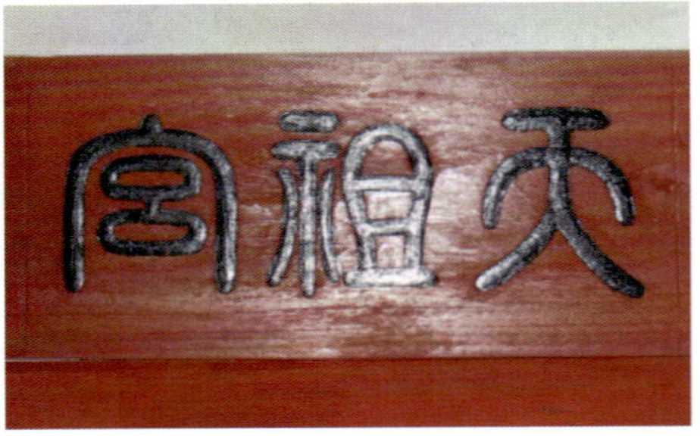

단군사당 현판

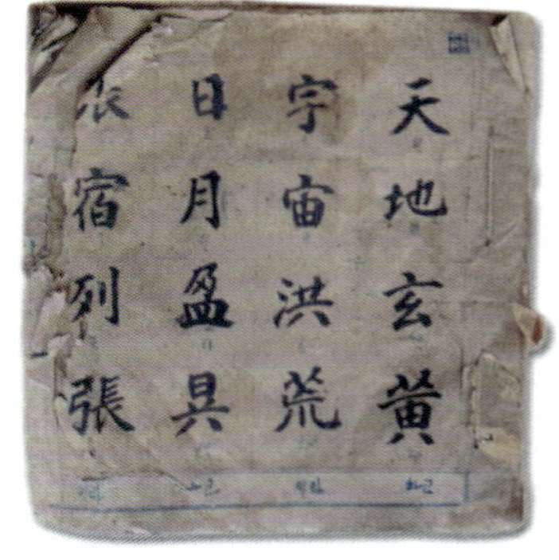

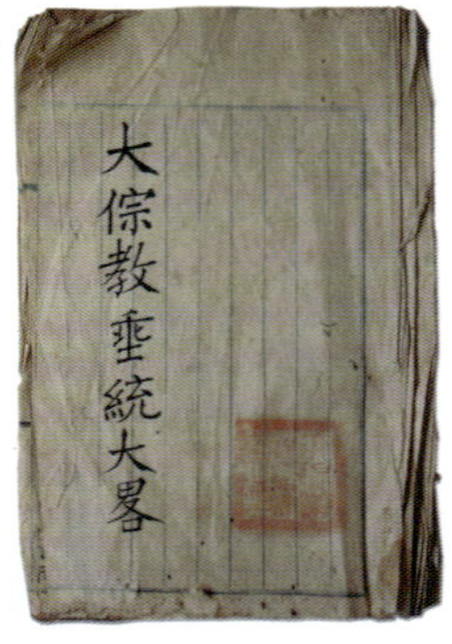

대종교 야학 교재(왼쪽)와 대종교 관련 유물(가운데, 오른쪽)

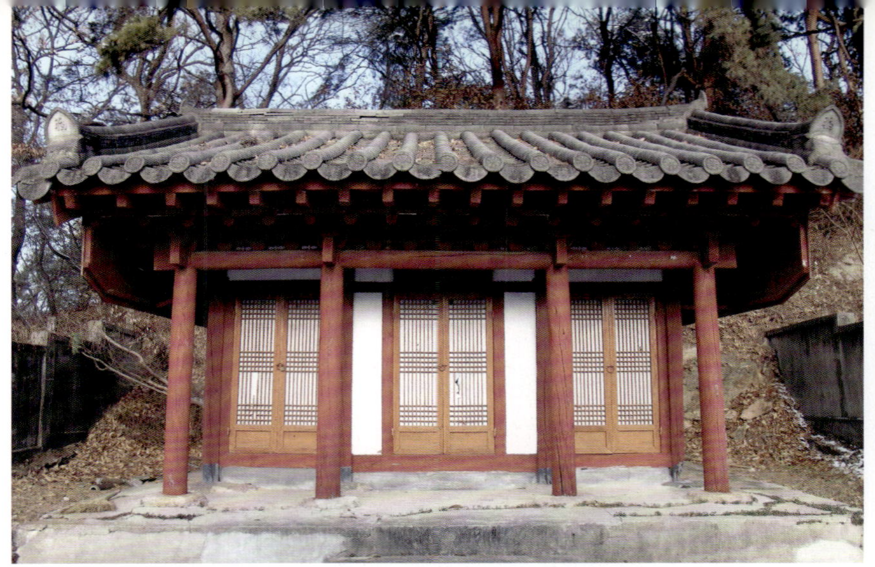

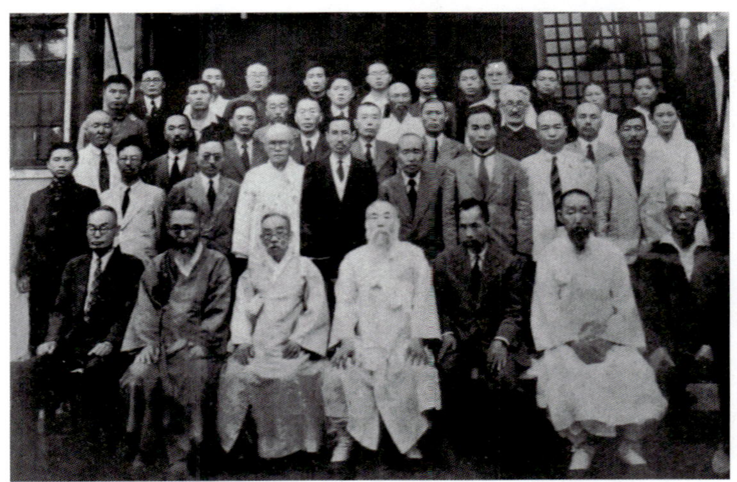

단군사당 전경(위)
대종교 총본사(왼쪽)
환국기념 사진으로 앞에서 두 번째 줄 오른쪽 끝에 서 있는 이가 강용구, 맨 앞 왼쪽에서 세 번째 줄의 맨 뒤에 선 이가 강진구이다.

계속되고 있다. 현재는 부여군의 지원을 받고 있으며, 2003년부터 양력 10월 3일에 거행하고 있다. 천조궁 앞의 공간은 일제 강점기에 장정야학의 건물이 있었던 자리이나 수년 전 건물이 퇴락하여 허물고 현재는 빈 터로 남아 있다.

천조궁은 단군을 배향하는 사우로서 외문에는 붉은 바탕에 검은 해서(楷書)로 '개천문(開天門)' 이라고 쓴 현판이 걸려 있고, 사우에는 붉은 바탕에 검은 전서(篆書)로 '천조궁(天祖宮)' 이라고 쓴 현판이 걸려 있다.

## 마을회관 앞의 비석들

마을회관의 서편에 6개의 비가 북향하여 서 있다.

### 강석기 추모비

비의 전면에 큰 글씨로 '倧門都司教聖師 湖石姜公諱錫箕 追慕碑(종문도사교성사 호석강공휘석기 추모비)'라고 새긴 강석기의 추모비이다. 비문은 비의 오른쪽에서 시작하여 뒤쪽과 왼쪽까지 해서체의 한글로 새겨져 있고, 비문 끝에 '대교중광 예순 네해(일천구백칠십이년) 삼월 보름'에 건립하였고, 말학 강상모가 짓고 강현성이 썼다는 사실을 새겼다.(강석기의 행적에 대해서는 '장하리 출신 인물' 참조)

### 강성구 기념비

비의 전면 중앙에 '場岩面長蝦里區長姜聖求記念碑(장암면장하리구장강성구기

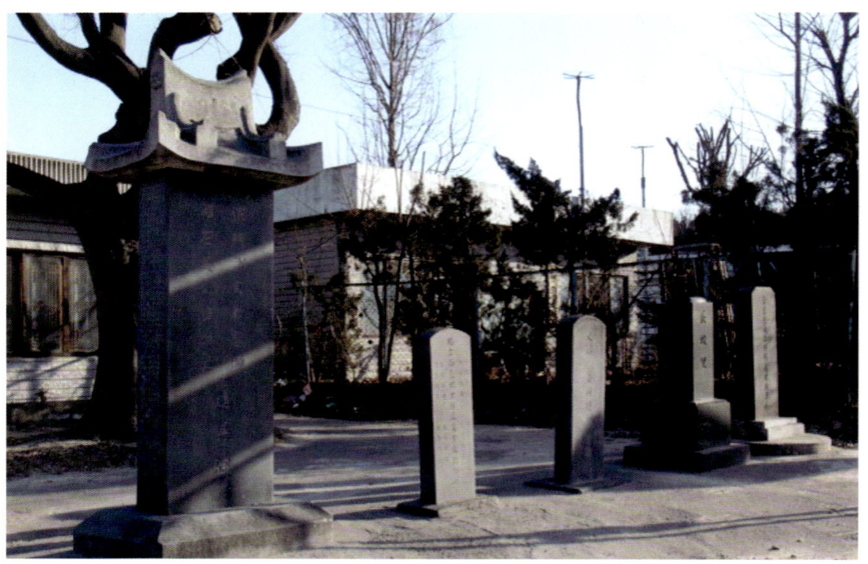

**마을회관 앞의 비석들**

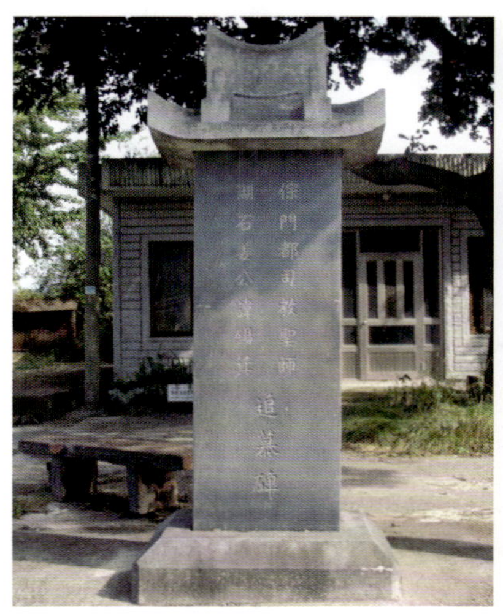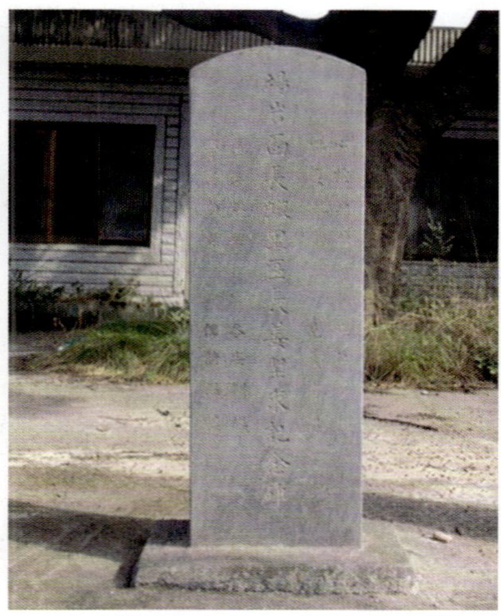

**강석기 추모비**  전체 높이 250cm, 비신 높이 164cm, 비신 너비 60cm, 비신 폭 27cm(왼쪽)
**강성구 기념비**  비신 높이 109cm, 비신 너비 35cm, 비신 폭 13cm(오른쪽)

념비' 라는 큰 글씨와 좌우에 그의 행적을 칭송하는 4자의 시 8구가 작은 글씨로 새겨져 있고, 비의 뒷면에 을유(1995)년 7월에 건립하였음을 새겼다.

강성구는 강진구의 사촌으로 장하리장을 지내면서 강직한 성품으로 풍속의 진작, 경제적 안정, 학업 권장으로 세간에 칭송이 많았다. 규암면 외리에도 기념비가 있다.


### 강병모 기념비

비의 전면 중앙에 '又石 姜丙模紀念碑(우석 강병모기념비)' 라고 큰 글씨를 새겼고, 좌우에 강병모의 행적을 칭송하는 4자의 시 8구를 새겼다.

강병모(1906~1973년)는 강진구의 둘째아들로, 우석(又石)은 그의 호이고 1950년대에 장하리 이장을 역임하였다. 이장을 역임할 때 미국의 원조물자를 끌어들여 하곡에 제방을 축조하여 저수지를 조성함으로써, 천수답 농사의 어려움을 해결하였다. 또한 이웃에게 온정과 덕행을 베풀었다.


### 강환모 포적시혜비

비의 전면에 큰 글씨로 '靑雲姜大德煥模布績施惠碑(청운강대덕환모포적시혜

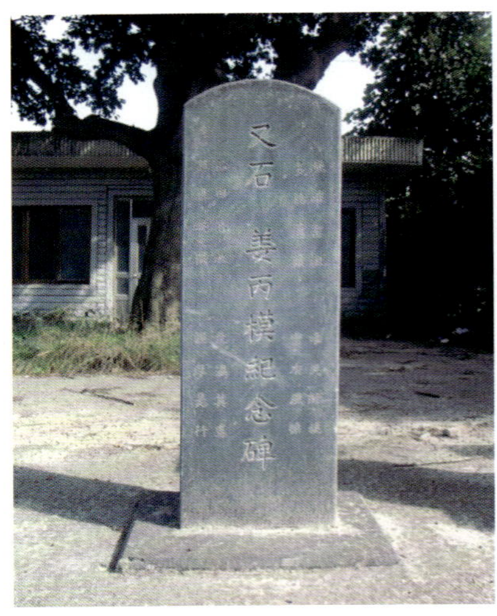
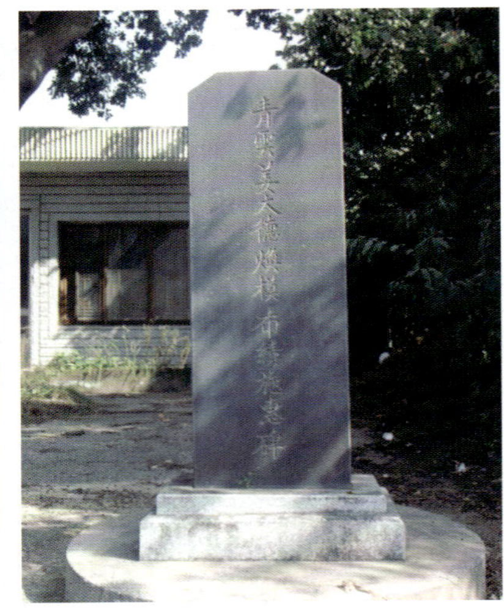

**강병모 기념비**  비신 높이 120cm, 비신 너비 40cm, 비신 폭 15cm(왼쪽)
**강환모포석시혜비**  비신 높이 134cm, 비신 너비 42.5cm, 비신 폭 16cm(오른쪽)

비' 를 새겼고, 뒷면에는 '서기 일구팔오년 칠월 십삼일 회관준공기념 수 장정주민 일동' 을 새겼다.

강환모(1936년~현재)는 강선구의 아들로, 1985년 자비(自費)로 마을에 단층 슬레이트 지붕(양식 건물) 마을회관을 지어주었는데 마을회관 준공기념으로 장정 주민들이 7월 13일에 비를 건립하였다. 그 후 1990년대 후반 도비(道費)와 군비(郡費)를 지원받아 현재의 2층 벽돌건물인 마을회관을 건립하여, 1985년에 건립된 마을회관은 비어 있는 상태이다.

## 장하리비

장하리의 마을비로 가로와 세로의 길이가 같은 돌의 전면에 마을 이름 '長蝦里(장하리)' 3자를 새겼다. 비의 왼쪽부터 뒷면까지 진주 강씨의 입향조 강치손이 청양 정산으로부터 장하리에 정착하는 과정과 장하리의 유래가 새우가 길게 누운 지형(地形)에서 비롯되었음을 밝혔다.

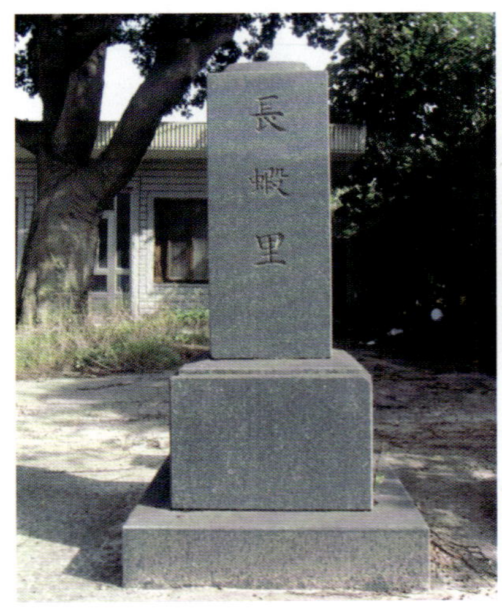
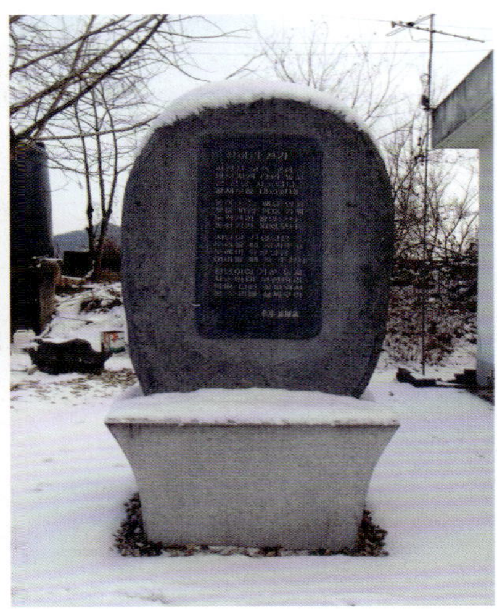


**장하리비**  비신 높이 113cm, 비신 너비 31cm, 비신 폭 31cm(왼쪽)
**장하리 찬가비**  전체 높이 206cm, 비신 높이 150cm, 비신 너비 42.5cm, 비신 폭 16cm(오른쪽)

## 장하리 찬가비

뒷줄의 마을 찬가비는 타원형 자연석의 중앙에 오석(烏石, 63×89센티미터)을 박아 마을의 찬가를 새겨서 2004년 칠석날에 세웠다. 비에 새겨진 4연시는 장정마을 출신 강현성(長亭 姜顯誠)이 지었고, 찬가의 내용은 다음과 같다.

장하리 찬가

파진산 오색 구름        쌍무지개 다리 놓고
큰 강물 치솟더니        왕새우를 내리셨네


동이 트는 해를 안고      젖줄 따라 옥토 가꿔
노적가리 쌓았으니        동상기가 되었구나


서낭당 신령님은         두려울 때 지켜주고
두레미 유왕님은         어려울 때 복 주셨네

천년 이어 가꾼 둥지　　자손만대 보전하리

복된 터전 꽃피워서　　온누리를 살찌우리

### 효자 이욱 정려비

장하리에서 상황리로 넘어가는 고개의 오른편 숲에 서 있다. 둥그런 자연석의 돌 전면에 '孝子 李郁 旌閭碑(효자 이욱 정려비)' 라고 새겨져 있다. 그러나 조선시대 임천 또는 부여 지방의 읍지 어디에도 효자 이욱이라는 인물이 확인되지 않는다.

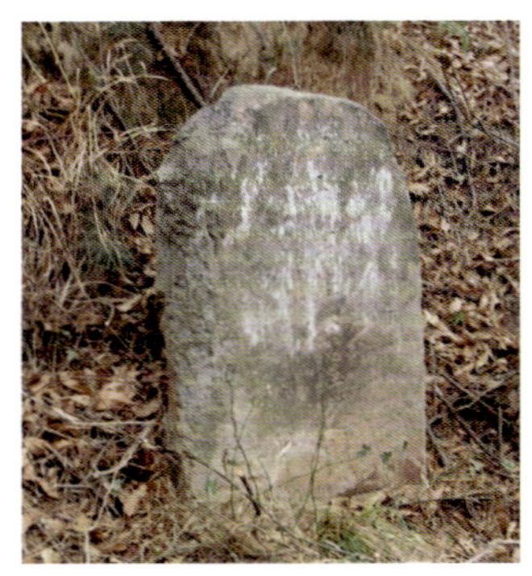

이욱 효자 정려비

### 장하리 3층석탑

장하리 536번지 한산사(장하리 마을비에는 '定山寺' 로 기록) 터로 알려진 탑골에 있는 고려시대의 석탑으로, 높이는 4.85미터이고 보물 제184호로 지정되었다. 이 탑은 일반형 석탑의 형식을 따라 기단부 위에 탑신부와 상륜부(相輪部)가 건립되었는

데, 기단은 일반형 석탑의 건축기단이 아니고 거칠고 장대한 판석재(板石材)로 지대석(地臺石)을 깔고 그 위에 같은 여러 장의 석재로 규격을 줄이면서 3단을 쌓았으며, 이 위에 다시 1단의 굄대를 마련하여 3층의 탑신을 받고 있다.

이 석탑은 탑신이 고준한 데 비하여 옥개석이 지나치게 넓어서 오히려 안정감을 잃고 있으며, 전체적인 양식은 가까운 거리에 있는 부여 정림사지 5층석탑(국보 제9호)의 양식을 모방하고 있으나 조형감각이나 결구수법에 있어서는 그에 미치지 못한다는 평가를 받는다. 또한 탑 안에서는

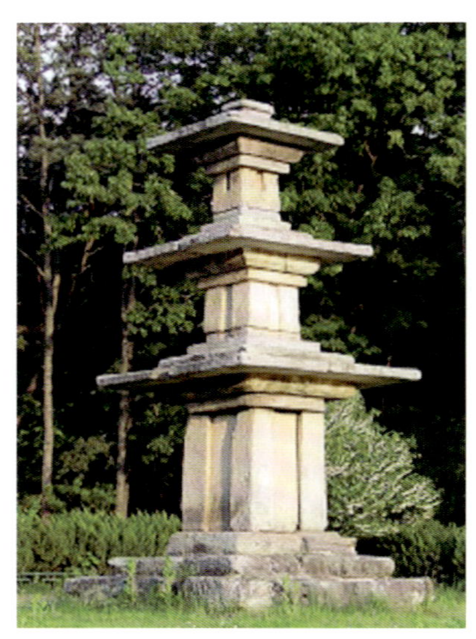

장하리 3층석탑

그동안 많은 유물이 발견되어 1931년에 초층 탑신에서 범문다라니경(梵文陀羅尼經)
단편과 은제합·목제합·상아제불상·목제 소탑(小塔)·수정·옥·은제환(銀製環) 등
이 발견되었으며, 1962년 8월의 해체 수리 때에는 2층 탑신석 상면 중앙의 둥근 사리
공(舍利孔)에서 사리 41과와 금동제 외호(外壺)와 은제 내호(內壺) 등의 사리장치가
발견 조사되었다.

탑의 각 부재의 돌 다듬기 수법이나 구조, 탑 안에서 발견된 여러 유물들에 의하여
볼 때 이 석탑의 조성 연대는 고려 중기로 추정된다.

(곽 호 제)


## 주(註)

1) 『여지도서(輿地圖書)』에는 임천군 전체의 여자 인구수가 8,594명으로 기록되어 있다. 실제 계산상의 인구수 8,587명과 차이가 있다.

2) 장세옥, 「일제하 부여지역 동족마을의 농민운동 연구」, 『호서사학』 33, 90쪽.

3) 대종교총본사, 『대종교중광육십년사』, 1971, 812쪽.

4) 장하리 출신 인물과 그들의 독립운동에 대해서는 박걸순, 「부여 장정 진주강씨 문중의 대종교 신앙과 민족운동」, 『한국근현대사연구』 제34집(2005. 9)을 많이 참조하였다.

# 농업 생산과 노동

## 농업의 터전을 갖추기까지

장정마을은 현재 경제력에서 장암면 내에서뿐 아니라 부여군 전체에서도 손꼽히는 마을로, 주민들의 근면한 생활력과 집단적 협동심이 돋보인다. 그러나 장정마을이 오늘날의 모습을 갖추게 된 것은 그리 오래된 일이 아니다.

장하리 주변의 금강은 이른바 사행천으로 물길이 장하리 쪽으로 깊숙이 들어와 있었기 때문에 20세기 중엽까지만 해도 이용 가능한 농지가 많지 않았다. 또한 여름철이면 태성산에서 흘러내린 토사 때문에 홍수가 나면 농지가 침수되어 한 해의 농사를 망치는 일이 자주 있었다. 이렇게 불리한 자연조건을 극복하기 위한 마을 주민 간의 협동심, 특유의 근면성과 강한 생활력은 오늘날 장정마을의 터전을 일구는 중요한 원동력이 되었던 것으로 보인다.

마을의 열악한 자연조건을 극복하기 위한 노력은 20세기 벽두부터 시작되었다. 이 마을 출신 강석기의 주도 하에 1908년 포플러 묘목 3,000주가 마을 하천부지에 심어졌는데, 시간이 지남에 따라 포플러의 수는 늘어나게 되었다. 특히 1945년 마을에 대홍수가 나면서 경지 전체가 침수되었고 이에 따라 하천부지에서 경작을 포기한 주민들이 하천부지 전체에 포플러를 심게 되었는데, 이러한 마을 모습은 1960년대 중반까지 지속된 것으로 보인다. 이 시기까지 마을 사람들은 포플러의 가지와 잎을 땔감으로 이용하였고, 정기적으로 간벌하여 얻은 목재를 성냥공장과 목상에게 판매해 마을의 공동자산을 확대하여갔다. 결국, 방사림이자 방풍림의 역할을 하였던 포플러 덕택으로 모래땅이었던 하천에는 무려 수만 평에 이르는 경지가 조성되었다. 1960년대 중반 이후부터 마을 사람들은 여기에 밀, 호밀, 땅콩을 재배하여 소득을 얻기 시작하였다고 한다.

1970년대에 접어들어 가장 중요한 마을의 변화로는 무엇보다도 제방 축조를 꼽을 수 있다. 장정마을은 마을 주민들의 강한 단결력, 특유의 근면성과 경쟁심으로 1970년대 초반에 있었던 전국적 퇴비증산운동에서 우수한 실적을 내어 국무총리상까지 받게 되는데,[1] 이러한 사업에 쏟은 노력과 실적이 계기가 되어 마을의 오랜 숙원사업이었던 제방 축조와 민둥산이었던 태성산의 치산녹화사업을 달성할 수 있었다고 한다. 마을의 제방은 1969년 130미터를 쌓았다가 공사가 중단된 상태였는데, 1973년에 공사를 다시 재개하여 1976년경에 완공된 것으로 추정된다. 1998~1999년에는 약 2미터 가량 제방을 높이는 공사를 하여 현재의 제방 모습을 갖추게 되었다. 이리하

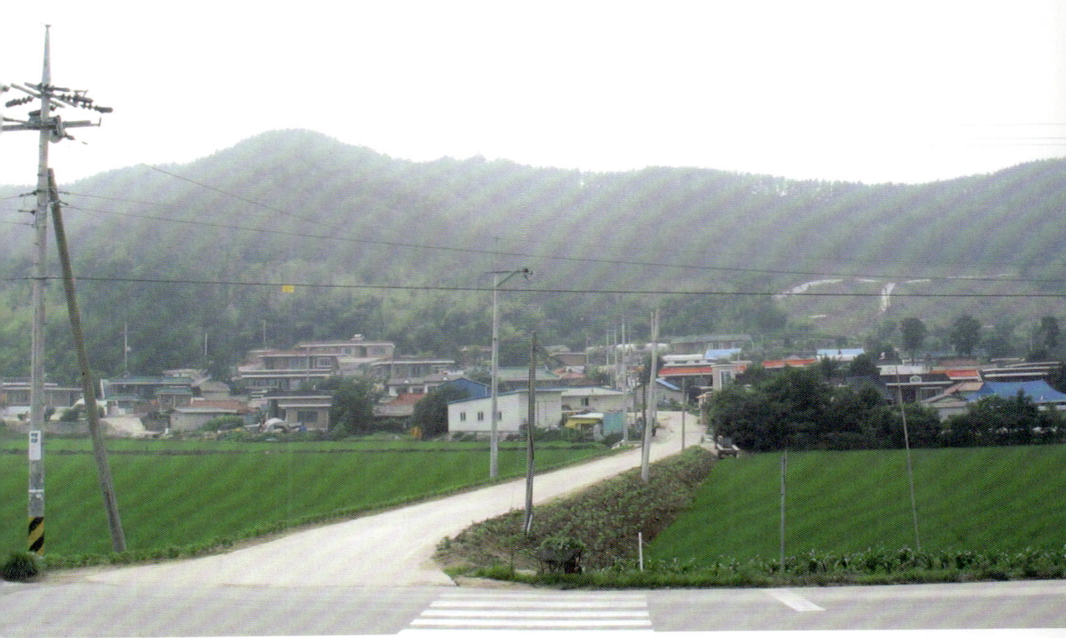

마을회관에서 본 장정마을

여 장정마을은 비로소 안정된 삶의 터전과 함께, 현재와 같은 탄탄한 농업기반을 마련할 수 있었다.[2] 제방이 축조된 초기에는 주로 참깨를 경작하였고, 이후 시설을 통한 수박 재배를 통해 마을은 급속히 부촌으로 탈바꿈하게 되었다.

　장정마을은 지리적으로 부여 읍내에서 그리 멀지 않음에도 불구하고 여전히 농업이 압도적인 비중을 차지하고 있다. 그러나 그 구체적인 모습은 여느 농촌과는 다른 면이 많다. 이 장에서는 농업 생산과 노동에 초점을 맞추어 현재 시점을 중심으로 마을의 경제생활을 살펴보고자 한다.


## 영농 환경과 경작 형태


　장정마을 주민의 가구별 경제활동 상황을 살펴보면 총 79가구[3] 중 시설 영농을 하는 농가가 61가구, 시설 영농 없이 논농사 또는 밭농사에 종사하는 농가가 15가구, 비농가가 3가구로, 마을 주민의 96퍼센트가 농업에 종사하고 있다. 이 중에는 가구주가 임금노동자인 농가가 1가구 있고, 국민기초생활수급에 의존해 사는 가구가 5가구 있는데, 5가구 중 3가구는 비농가이고 나머지 2가구는 영세농이다.

　장정마을에서 시설 재배를 하는 농가는 61가구로, 마을 전체 농가의 80퍼센트에 이르고 있다. 마을에서 재배되는 주요 작물은 벼, 수박, 단무지용 무, 멜론, 감자, 토마토, 호박, 복숭아(1가구) 등이다. 이들 중 다수가 일 년 기준으로 수박 및 기타 특수 작물, 벼, 단무지용 무를 연속적으로 재배하는 복합영농의 형태를 유지하고 있다.

　시설 영농 가구를 중심으로 마을 사람들의 연간 경제생활 주기를 살펴보면, 12~2월에 수박 모를 기르고(60일 정도), 2월 초·중반부터는 정식(定植, 모종을 밭에 옮겨 심는 것)을 시작하고, 5월 중순~6월에는 수박을 출하한다. 6월부터는 멜론을 정식하거나 수박의 두 번째 파종을 시작한다. 멜론은 6~10월까지 재배한다. 벼를 경작하는 가구의 경우 6월부터는 모를 심고, 7~10월까지 벼를 재배한다. 8월부터는 단무지용 무 재배를 위한 준비에 착수하고, 8월 15~20일경에 파종을 하여, 11월 초에 수확한다. 12월에는 다음 해 경작을 위한 준비작업을 한다. 봄철에 작목을 넣기 위해

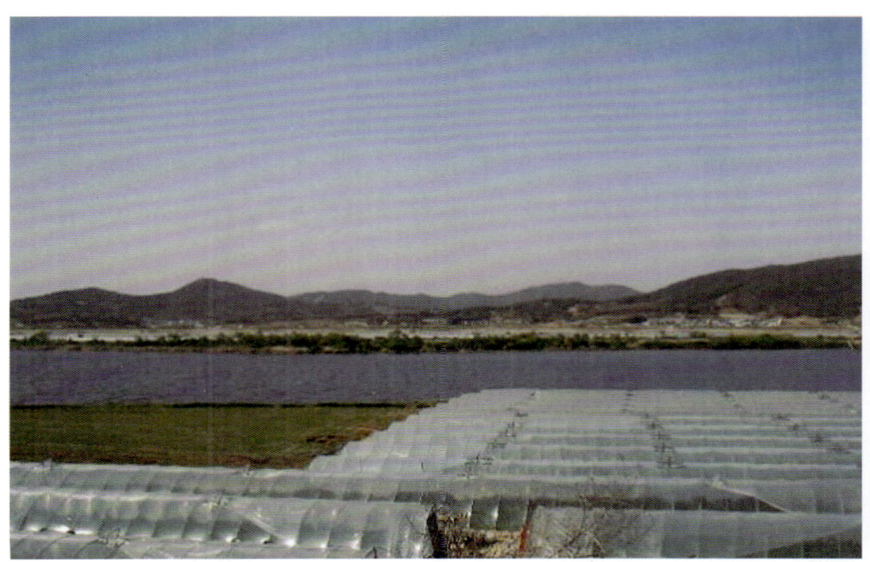

**제방에서 바라본 하천부지와 금강**

서는 미리 하우스를 설치하여 땅을 보온해놓아야 하기 때문이다. 이처럼 장정마을 사람들은 농한기가 없고 사계절 내내 매우 근면하게 일하여 불리한 조건들을 극복하고 삶을 개척해가고 있다.

### 경작지 특성

마을 경작지는 크게 제방을 중심으로 하여 제방 안쪽의 원장지(原帳地, 토지대장에 정식으로 등재되어 있는 땅)와 바깥쪽의 하천부지 등 두 부분으로 구성되어 있다. 원장지는 다시 개인의 재산권 행사가 가능한 개인 소유지와 진주 강씨 대종중 소유의 '호망토지(약 1만 4,000여 평)' 및 여러 소종중 소유의 종중토, 그리고 군유지(1만 3,900여 평)가 포함된다. 장정마을 경작지의 특성 중 하나는 종중토가 많다는 점인데, 대종중과 여러 소종중들을 포함한 종중토는 원장지 전체 경지의 40퍼센트 수준에 이르고 있다.[4] 종중토와 군 소유 토지는 마을 사람들이 임차하여 경작하고 있는데, 개인 소유지를 임차하여 경작하는 경우에 비해 저렴한 임대료(1/3)를 지불하고 있다.[5] 이밖에 일부 마을 사람들이 임차한 토지의 소유주는 부재지주라기보다는 이 마을에 연고를 둔 사람들로, 그들은 직장 및 교육 문제로 이 마을을 떠나게 된 사람들이다. 이들은 주로 마을에 거주하는 친·인척이나 이웃에게 자신들의 토지를 임대하는 경우가 많다.

하천부지를 제외한 원장지의 전체 규모는 약 80헥타르(약 24만 평) 수준에 이르고 있다. 마을에서 원장지 내 경작지가 가장 큰 2가구의 경작 규모를 살펴보면 첫 순위가 1만 600평, 그 다음 순위가 9,000평 수준이다. 가장 적게 경작하는 가구의 경작 규모는 600평이고, 가구별 평균 경작 규모는 약 4,000평 수준에 이르고 있다.[6] 이들 경작지는 대개 임차지를 포함하고 있지만, 대체로 경작 규모가 큰 주민들일수록 토지 소유 규모도 큰 것으로 나타난다. 다만 제방 바깥의 하천부지를 경작하고 있는 주민들의 경우는 예외이다. 하천부지를 경작하는 L씨는 현재 1만 7,000평을 경작하고 있지만 경작지 대다수가 임차지이다. 하천부지는 개인 소유의 토지가 아니라 국유지이기 때문에 하천부지를 경작하는 주민들의 경작 규모는 크지만 토지 소유 규모는 작을 수밖에 없는 것이다.

'원장지'는 중앙 배수로를 중심으로 사질토, 점질토, 황토로 구분되는데, 사질토가 절반 이상을 차지하고 있다. 마을 사람들 대부분이 거주하고 있는 '큰마을' 쪽의 논과 채소밭(배추, 무, 나물 등을 재배)의 토양은 황토로 물이 잘 빠지지 않아 다양한 작물을 재배하는 데 어려움이 있다. 이에 비해 사질토나 점질토로 이루어진 다른 경작지에서는 하우스를 통해 특수작물과 벼, 단무지용 무 등을 재배할 수 있다. 하천부지와 제방 가까운 쪽의 토지는 '사질토'로서 단무지용 무의 경작에 특히 적합하다.

장정의 영농 규모가 다른 마을에 비해 큰 이유 중 하나는 마을에 '하천부지'가 있기 때문이다. 장하리에 있는 하천부지는 총 15만 평에 이른다. 하천부지는 건설교통부 소속의 토지이다. 10년 전까지만 해도 하천을 개간한 개인이 하천의 토지를 소유했으나 홍수 방제를 위한 4대강 유역정비 사업을 시행하면서 정부가 이 땅을 사들였다. 이에 따라 오래 전부터 하천부지를 개간하여 경작을 하던 주민들이 10년 전부터는 군에서 점용허가권을 받아야 법적으로 경작권을 얻을 수 있게 되었다. 군에서 발급하는 '하천부지점용허가권'은 5년 간격으로 재발급되며, 허가권을 갱신하지 않을 경우 경작권을 유지할 수 없다.

장하리 전체에서는 21가구가, 장정마을에서는 19가구가 이곳에 경작권을 가지고 있다. 장정마을 주민의 하천부지 점용허가견적 현황을 살펴보면 가장 큰 규모가 4만 2,715제곱미터(12,936평), 가장 작은 규모가 1,362제곱미터(142평)이다. 점용허가규모 분포를 보면 1만 평 이상이 3명, 5,000~1만 평 미만이 6명, 1,000~5,000평 미만이 8명, 1,000평 미만이 2명으로 전체적으로 점용허가면적이 큰 편이다.

하천부지 점용허가면적

| 허가면적 | 1천 평 미만 | 1천~5천 평 미만 | 5천~1만 평 미만 | 1만 평 이상 | 합계 |
|---|---|---|---|---|---|
| 인원 | 2 | 8 | 6 | 3 | 19 |

* 출처 : 면사무소 자료(2005)

이곳에서도 주로 수박과 단무지용 무가 재배된다. 개간 당시에는 노지에서 터널식으로 수박을 재배하다가, 10여 년 전부터는 시설 재배를 하고 있다. 이곳 경작자들은 경작권에 대한 일정한 임대료를 군(郡)에 지불하는데, 임대료는 대략 1만 평당 50만 원 미만으로 상당히 저렴한 편이다.

하천부지의 경작권은 판매되기도 한다. 권리금은 부지의 위치에 따라 차이가 있으며, 과거에는 평당 5,000원 수준이었는데 최근에는 평당 6,000~1만 원까지 상승하였다.

하천부지 경작권을 소유한 장정의 주민 중 2가구를 제외하고는 원장지의 토지 일부를 경작하고 있다. 이는 하천부지가 다른 곳에 비해 홍수로 인한 피해가 높고 또한 홍수 피해가 날 경우 피해 규모가 크기 때문에 수확에 대한 불안함을 감소시키려는 방안의 하나이다. 하천부지 1만 2,000여 평을 경작하는 L씨는 하천부지 경작의 어려움을 이렇게 호소하고 있다.

……하천부지는 좋고 나쁜 곳의 구별이 없어. 하천부지와 원장지의 차이는 하늘과 땅 차이지. 제방 안쪽 원장지, 개인 소유의 땅이 최고 좋아. 원장지는 비가 500밀리미터 와도 침수하지 않지만, 하천부지는 사질토라서 200밀리미터의 비만 와도 해안바닥처럼 침

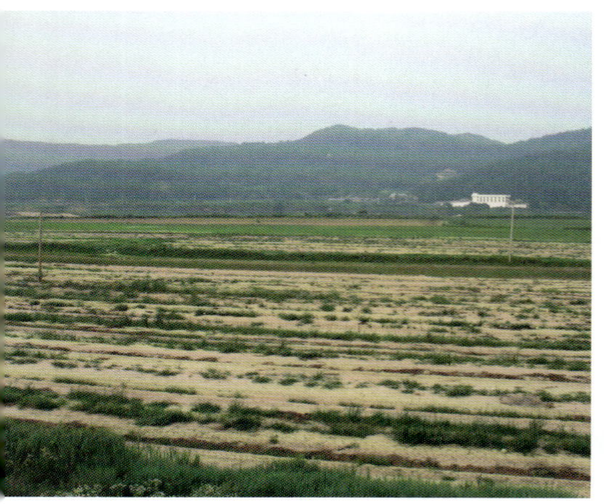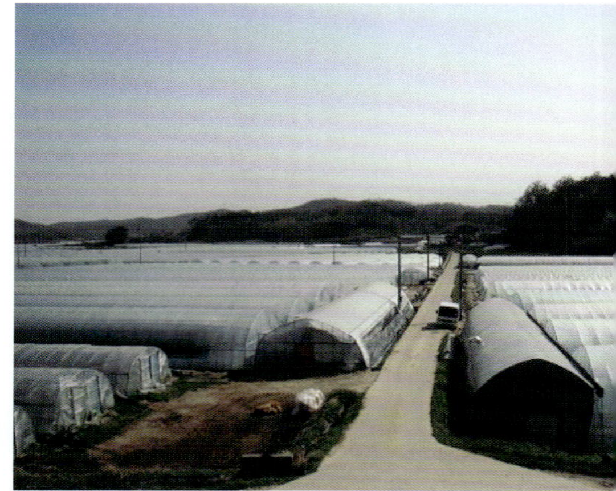

비닐하우스를 걸은 하천부지(왼쪽)
제방에서 바라본 원장지(오른쪽)

수해버려. 몇 년 전에 홍수 피해 나서 싹쓸이했고, 한 해 벌어서 한 해 망치면 2년은 죽을 맛이지. 한번 피해 보면 복구하기 힘들고 보상은 없어. 근데 몇 년에 한 번씩은 피해를 보지. 완전 투기이고 모험이야. 몇 천만 원씩 투자하고 싹 쓸어가면, 어디 가서 하소연도 못해. 하천부지는 8~9월의 홍수, 태풍이 제일 무서워. 그것만 아니면 부담이 없는데, 그게 최고 문제지. 또 하천 땅을 많이 갖고 있으면 남들보다 평수가 많으니까 씨앗값, 비료값이 많이 들어가. 남들 비료값 10만 원씩 들어갈 때 몇 백만 원씩 들어가는데, 싹 쓸어가면 코가 쑥 빠지는 거지. 하천부지 말고 원장지 5,000평을 짓고 있는데, 내 땅은 없고 형, 사촌 꺼야. 5,000평을 연간 600만 원 정도를 임대료 주면서 짓고 있어…….

최근 4~5년 전부터 대청댐의 수위조절을 통해 하천부지의 홍수 피해는 줄어들고 있다고 한다. 또한 2004년 폭설 피해를 계기로 하천부지 경작자들은 경작상의 문제를 적극적으로 해결하고자 하천부지 경작자들의 모임을 결성하였는데, 이 모임은 홍수나 폭설 피해를 가능한 한 예방하고, 사후에는 적극적인 보상을 받기 위한 활동을 목적으로 구성된 부여군 차원의 조직이다.

## 경작 형태

장정마을은 대다수 농가가 벼를 재배하면서 동시에 시설을 이용한 특수작물을 재배하고 있다. 특수작물의 종류는 가구에 따라 차이를 보이지만, 수박은 오랫동안 장정마을을 대표하는 주 재배 작목이었다. 마을 사람들은 봄(여름)에 비닐하우스에서 수박을 수확한 이후 비닐을 걷어내고 그곳에 모를 심거나 무를 재배하는 경작 형태를 유지하고 있다. 대다수의 시설 재배 농가는 봄(여름)에 수박을 수확하고(1~2회), 수확 후에는 시설을 걷어 그곳에 모를 심거나 단무지용 무를 재배한다. 특히, 제방 가까운 쪽의 토지와 하천부지에서는 수박을 1회 출하한 후, 단무지용 무 재배를 한다. 사질토인 이곳의 토양이 단무지용 무 재배에 적합하기도 하지만 침수 위험이 높은 하천부지의 경우 여름철이 지나 재배할 수 있는 작목이 단무지용 무뿐이기 때문이다. 하천부지의 비닐하우스에서는 수박을 1회 출하한 후, 침수 위험 기간에 땅을 잠시 휴경하다가 무를 파종하고, 원장지에서는 대개 수박을 2회 출하한 후 무를 파종한다. 원장지에서는 수박을 3회 연속 재배하거나, 수박을 1회 출하한 후 나머지 기간에는 멜론, 감자 등 다른 작목을 경작하기도 한다.

이러한 경작 형태는 시설 재배를 하는 다른 농촌에서는 흔히 발견하기 어렵다. 장정에서처럼 시설을 설치하였다가 다시 뜯고 하는 이러한 독특한 경작 형태는 경작지의 특성과 이에 적극적으로 대응하며 도전하는 마을 사람들의 강인한 생활력이 만들어낸 산물로 볼 수 있다.

그러나 최근 장정마을의 경작 형태는 약간의 변화를 겪고 있다. 2004년 3월 폭설 피해 때 정부가 고정식 비닐하우스에 우선적으로 지원을 했기 때문에[7] 마을 사람들은 과거의 경작 형태를 바꾸어 가능한 고정식 비닐하우스를 유지하려 하고 있다. 2004년 이후 마을 전체에 300동 정도(6만 평)가 고정식으로 경작 형태를 바꾸었다고 한다.

J씨의 경우 올해부터 고정식 비닐하우스의 유지를 위해서 30동으로 하우스의 경작 규모를 줄였다. 고정식 비닐하우스를 유지하기 위해서는 지력(地力) 향상을 위한 보다 적극적인 노력이 필요하기 때문이다. 사질토 경작지의 경우 점질토 경작지에 비해 영양분이 적어 지력을 향상시키려는 노력이 더욱 요구된다고 한다. 이러한 맥

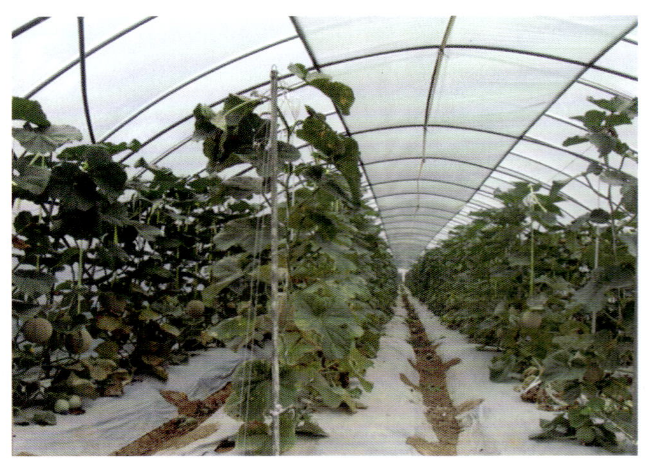

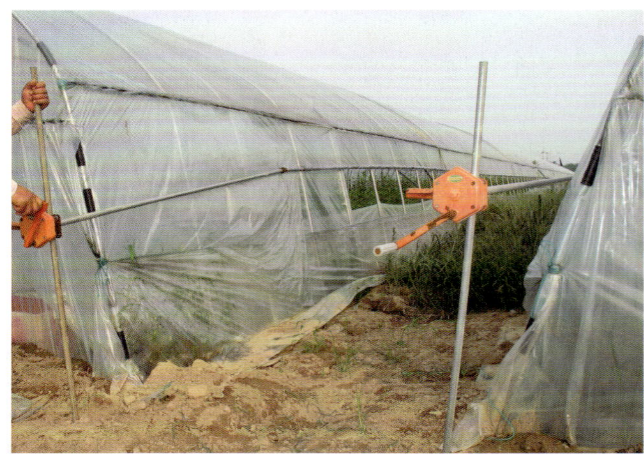

**수확기의 멜론(위)**
**고정식 비닐하우스(아래)**
반영구적 환기창이 보인다.

락에서 마을 사람들은 수박 출하 이후 대체 가능한 작목 개발에 좀더 관심을 갖기 시
작하였고 이에 따라 주 재배 작목이 다양해지고 있다.

　J씨는 하우스 안의 지력을 개선시키기 위해 퇴비 사용에 주력하고 있으나 다른
사람들은 하우스 경작 규모를 줄이고 남는 경작지를 휴경하였다가 일정한 시기 후
에 땅을 옮겨 경작을 한다. 또 다른 사람들은 일정 기간 동안(약 5년) 고정식으로 하
우스를 유지하다가 휴경하고, 대신 그곳에 벼를 심는 방식을 고려하고 있다.

　　K씨는 비닐하우스에서 수박을 2회 출하한 후, 하우스를 걷지 않고 그 안에서 일반적으로 벼를 심는 시기보다 늦게(7월 15일경) 모를 심어 가을에 추수한다. 하우스에서는 노지에서보다 벼를 키우는 기간을 단축시킬 수 있다. 그러나 하우스에 벼를 재배하기 위해서는 보통 하우스와는 조금 다른 조건이 필요하다. 가령, 10미터 파이프를 써서 하우스를 크게 설치해 벼 경작에 필요한 농기계(콤바인, 이앙기 등)의 출입이 가능하도록 해야 한다. 보통 규모(200평)의 하우스에서는 수박을 1회 출하한 후 하우스를 걷어내고 벼를 심는 데 반해, K씨의 경우 수박 재배를 1회 더 연장할 수 있다. 또, K씨는 2004년 이후부터는 하우스 내에 단무지용 무도 심었다. 노지에서 무 재배를 할 경우 8월 15일쯤 파종해 11월 10일쯤 수확을 하는데, 하우스에 무를 경작하면 좀 늦게(9~10월) 파종하고도 11월 초쯤에 수확할 수 있다고 한다. 과거에 비해 이러한 경작 방식이 늘고 있는 추세이다. 이는 고정식 비닐하우스를 유지하면서 동시에 지력을 향상시킬 수 있는 방안의 일환이다.

　　하천부지에서 대규모 경작을 하고 있는 L씨는 노동력 부족에 대응하고 경작지를 효율적으로 활용하기 위해 수박 출하 후 하우스에 복숭아, 감자를 재배하고 있다. 수박은 2월에 파종하여 5~6월 초경 수확해야 소득을 올릴 수 있는데, 현재는 노동력이 부족해서 30~40개 동을 동시에 재배하기가 어려운 실정이다. 따라서 한쪽에는 복숭아, 감자를 심는데, 이는 한 시기에 집중되는 노동을 분산시키기 위함이다. 현재는 상시적으로 노동력을 동원하기가 쉽지 않아 겨우 노동력 3~4명을 고용하여 경작을 해야 하는 상황이므로, 작업이 동시에 집중되는 현상을 피하려고 이러한 작목들을 선택하여 재배하는 것이다. 감자는 4월 말에 캐기만 하면 되므로 수박 노동이 집중되는 기간에 노동 중복을 피할 수 있게 된다. 그리고 감자를 재배할 경우 하우스의 지력을 개선시키는 효과도 있다.

　　M씨의 경우에도 몇몇 동의 하우스는 2~8월 초까지 수박을 재배(2회)하고 8월 초에는 단호박을 경작한다. 또한 몇 동의 하우스에서는 수박(1회)을 출하한 후 단무지용 무를 파종하는데 그 전에 참깨, 고추를 심어 수확한다.

　　이처럼 변화하는 조건에 대응하면서 결과적으로 제한된 경작지를 최대한 효율적으로 활용하려는 장정마을 주민들의 적극성은 다양한 경작 형태로 표출되고 있다.

# 작목별 경작 실태

## 벼농사

현재 마을에서 벼를 재배하고 있는 농가는 64가구로, 농가 대부분이 벼와 특수작물을 경작하고 있으며 벼만 경작하는 가구는 8가구에 불과하다. 이들 가구는 모두 가구주 연령층이 70~80대이며, 벼 경작 규모 역시 1,000~1,400평 수준으로 다른 농가에 비하면 영세한 수준이다. 이들은 마을 내 농기계를 소유한 가구에게 일부 경작 과정을 위탁하고 있다.

장정마을 논농업직불제 신청 현황

(단위:㎡)

| 규모 | 5천<br>미만 | 5천~1만<br>미만 | 1만~1만5천<br>미만 | 1만5천~2만<br>미만 | 2만~2만5천<br>미만 | 2만5천~3만<br>미만 | 3만<br>이상 | 합계 |
|---|---|---|---|---|---|---|---|---|
| 가구수 | 14 | 24 | 13 | 9 | 3 | 0 | 1 | 64 |
| % | 21.8 | 37.5 | 20.3 | 14 | 4.7 | 0 | 1.5 | 100 |

출전 : 면사무소 자료(2004)　＊1평 = 3.3025㎡ (백분율은 소수 둘째 자리에서 절사하였음)

논농업직불제 신청 현황을 통해 벼를 경작하는 가구의 경작 규모를 살펴보면, 약 80퍼센트가 1만 5,000제곱미터(4,542평) 미만이고, 약 59.3퍼센트가 1만 제곱미터(3,028평) 미만이다. 마을에서 가장 큰 규모로 벼를 경작하는 가구는 3만 제곱미터(약 9,000평) 수준이다.

장정마을의 영농에 농기계가 활용되기 시작한 것은 15년 전쯤으로 추정된다. 농가의 농기계 소유 여부를 살펴보면, 콤바인 소유 가구가 4호, 트랙터 소유 가구가 약 20호, 이앙기 소유 가구가 30호 정도 된다. 가구주 연령이 50대 미만인 가구에서는 거의 대부분 트랙터를 소유하고 있으며 한 가구에서 대형과 중형, 두 대 이상의 트랙터를 소유한 경우가 있어 마을 내의 트랙터 수는 25대에 이르고 있다. 트랙터, 이앙기, 콤바인 등 농기계를 보유하고 있는 가구 중 3~4가구는 마을과 마을 인근의 이웃이나 친척, 그리고 노인 가구의 요구가 있을 때 부분적인 작업을 위탁 받아 해주고 있다. 이들은 주로 자신이 소유한 트랙터를 활용하여 경작지를 갈아주고(일명 '로타

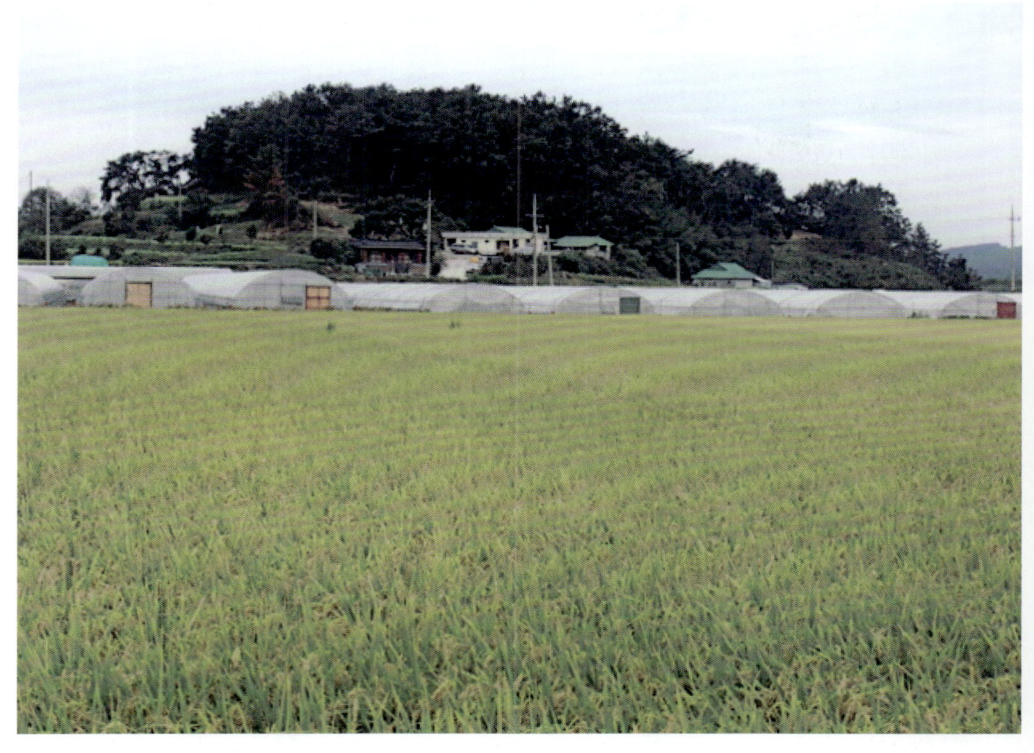

**추수기의 황금들판**

리 치기'), 이랑을 파주고, 씨를 뿌려주기도 한다. 이앙기로는 벼를 심어주고 콤바인으로는 벼를 베고 탈곡하는 등 수확 작업을 도와준다. 이들은 이러한 작업에 대한 대가로 200평당 3만 원, 2만 원 수준의 돈을 받는다. 농기계를 소유한 농가들은 위탁경작의 대가로 받은 소득을 취하여 농기계 유지에 드는 비용, 가령 농기계 구입시 차용한 융자금의 이자를 지불하고 농기계를 수리하거나 유지하는 데 필요한 비용을 충당하고 있다. 그러나 다른 마을에 비해 가구별 경작 규모가 크기 때문에 전문적으로 위탁을 맡아 하는 가구는 없다. 그나마 농기계를 소유한 농가의 위탁경작은 점차 줄어들고 있는 추세인데, 이는 6~7년 전 정부에서 대농들에게 지원하던 농기계 지원이 없어지면서 농기계 구입과 유지에 드는 비용 부담이 증가했기 때문이다.

　결과적으로 농업의 기계화가 진전되면서 벼농사는 상당한 노동력을 절감할 수 있게 되었고, 농기계 소유자에게 경작 과정 일부를 맡길 경우 경작자 본인은 모판(못자리), 방제, 제초 등의 관리만 하면 된다. 따라서 벼를 경작하는 대다수의 가구가 시설재배를 병행하는 것이 가능하게 되었다. 정부는 벼를 경작하는 가구에 대해 경작 규모에 따라 '직불제' 혜택과 비료, 못자리용 상토 등을 지원하고 있지만, 벼는 다른 작목에 비해 이미 소득이 감소하고 있고, 향후 정부의 추곡수매가 폐지되면 쌀값이 현재 수준보다 더욱 낮아질 가능성이 있어 마을 사람들은 벼 경작지를 줄이는 대신 하우스 시설을 통한 특수작물 재배를 확대하고 있는 추세이다.

　마을 전체로 볼 때 2004년 이후 벼의 경작 규모가 뚜렷이 감소하고 있다. 그러나

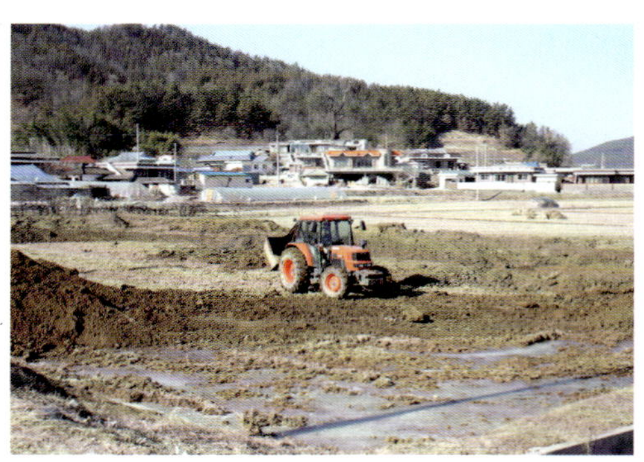

트랙터로 논을 가는 모습

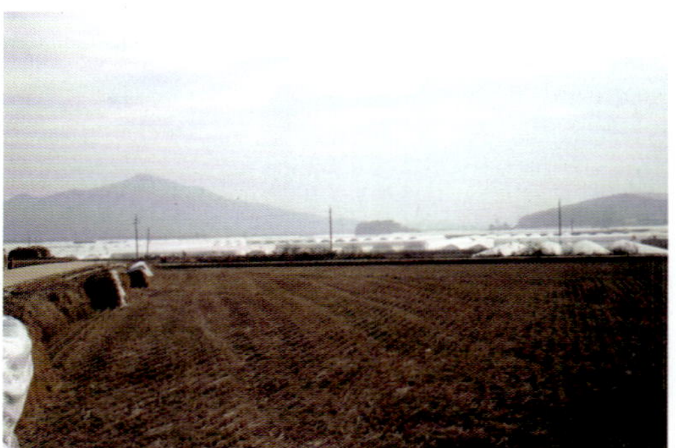

논 갈기가 끝난 논

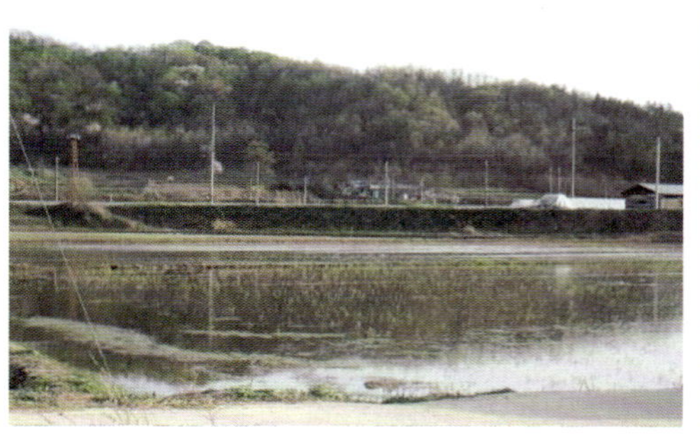

모내기 직전의 논

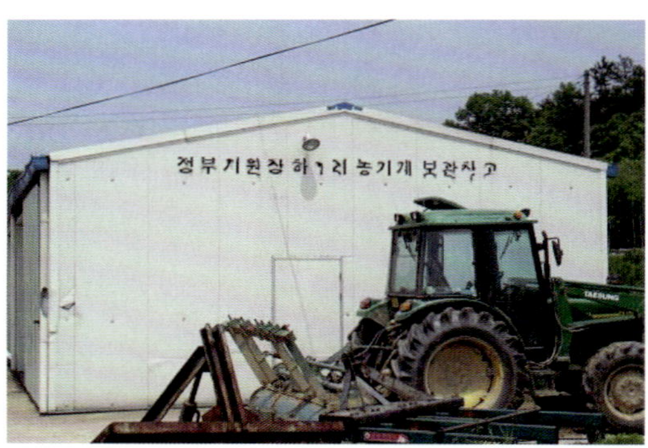

농기계 보관창고

하우스를 설치하여 특수작물 재배를 확대하려면 비용이 필요하고, 시설 재배에는 많은 노동력이 필요하기 때문에 논의 감소는 서서히 이루어지고 있는 실정이다.

### 특수작물 : 수박, 멜론, 기타

마을에서 비닐하우스를 이용하여 특수작물을 본격적으로 재배하기 시작한 것은 80년대 후반부터라고 한다. 장정에는 현저 총 1,200동에 달하는 비닐하우스가 있다. 61가구가 비닐하우스를 소유하고 있으므로, 가구당 평균 시설 수는 약 20동 수준에 이른다.[8] 가구별 시설 재배 규모를 살펴보면, 10동 미만이 15가구, 20~34동이 대다수, 35~50동이 5가구, 50동 이상이 2~3가구 정도 된다.

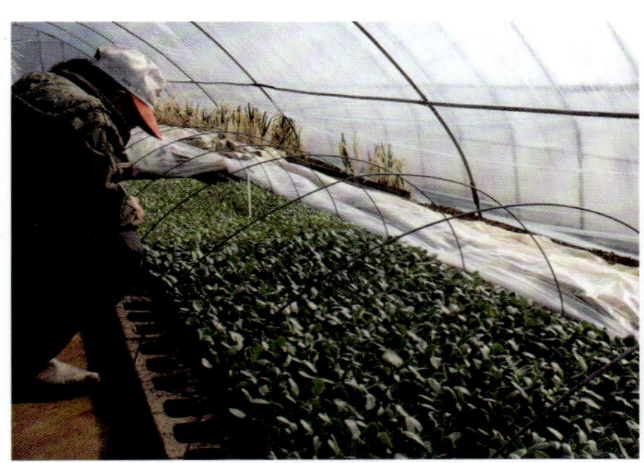

정식 전 수박 모종과 박 모종

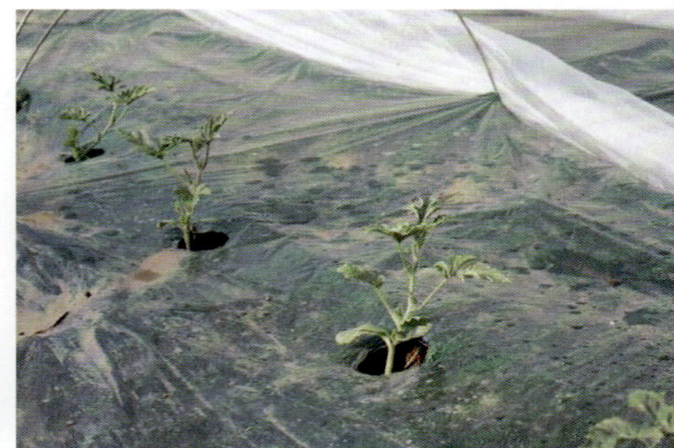

정식 이후 자란 모종

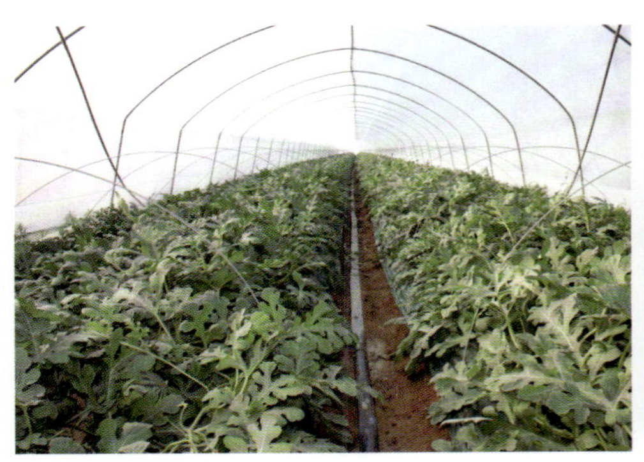

수박하우스 내부

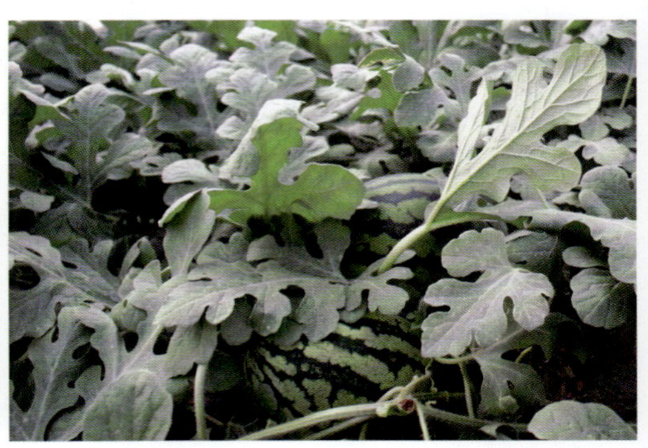

출하 직전의 수박

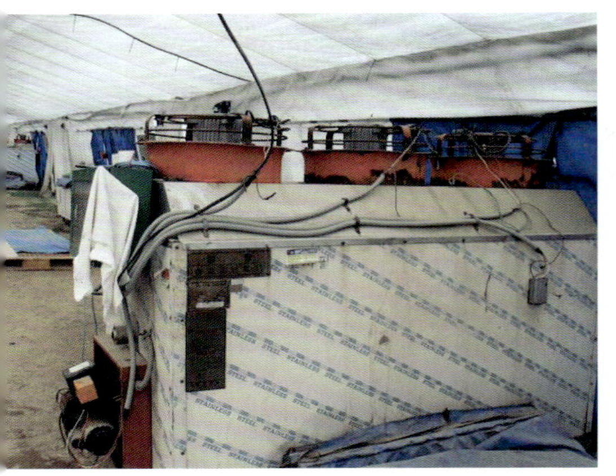

하우스 온도조절기계

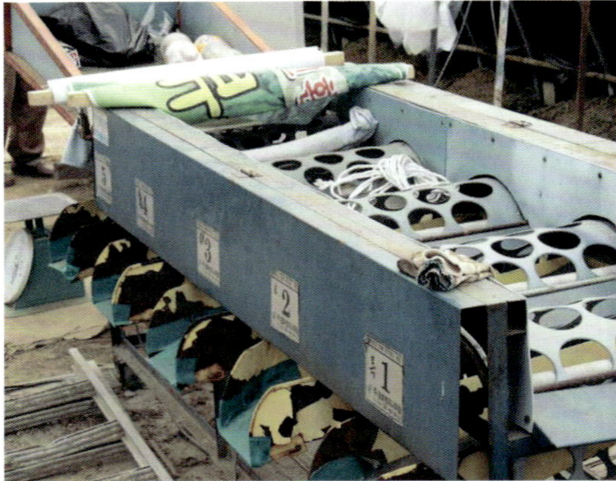

하우스 내부의 선과기계

비닐하우스에서는 주로 수박이 재배되고 있다. 시설 내에서 수박을 재배하는 데 걸리는 시간은 계절에 따라 차이를 보이지만, 대개 1회당 출하 기간이 3~4개월 소요되며 연간 최대 3회를 수확할 수 있다. 원장지에서는 수박을 3회 연속 재배하거나 수박을 1회 출하한 후 나머지 기간에는 멜론, 감자 등 다른 작목을 경작하기도 한다. 이모작, 삼모작으로 다른 작목들─멜론, 감자, 오이─ 을 재배하는 경우가 점차 증가하고 있는 추세이다.

작부체계(경작체계)는 수박→수박→멜론, 수박→멜론→수박, 수박→오이, 수박→수박→호박, 오이→수박 등으로 매우 다양하다. 이런 방식으로 윤작을 하는 것은 제한된 경작지를 효율적으로 활용하고 작물의 계절성을 고려하여 수확고를 높이기 위함이기도 하지만, 이는 지력을 향상시켜 병충해를 줄이고 작물의 생산성을 향상시키는 방법이기도 하다. 수박 외의 다른 작목의 재배는 2004년부터 증가하고 있는 추세이다. 현재 20가구 정도가 수박을 1회 출하한 후 멜론을 재배하고 있다.


무

마을 대부분의 가구에서 가을에는 단무지용 무를 재배한다. 가구별 무 재배 규모를 보면, 2만 평 이상 경작 가구가 2가구, 1만 평 이상이 5가구, 5,000~6,000평이 5~

6가구 정도 된다. 소규모 경작 농가는 대개 1,000~2,000평 미만 수준이다. 장정의 무는 달고 물기가 많아 전국적으로 인기가 높다. 무는 8월 15~20일경에 파종을 하여 9월 초에 솎는 작업을 하며 11월 초에는 수확을 한다. 무를 솎을 때와 수확할 때는 많은 일손이 필요한데, 특히 무를 솎는 작업은 일제히(하루 만에) 작업을 끝내야 하기 때문에 경작 규모가 클 경우에는 많은 노동력을 동원해야 한다. 무를 심을 때는 마을 내의 작목반 구성원들 간에 품앗이가 이루어지기도 하나, 무를 솎을 때와 수확할 때는 공동작업을 하기 때문에 품앗이를 할 수 없다.

장정에서 수확한 무는 조치원, 전주, 나주 등의 식품(단무지) 공장에 거의 전량 공급된다. 이러한 과정에서 이 마을에는 다른 마을과 달리 무를 경작하는 마을 사람들 간의 '공동작업' 전통이 현재까지 이어지고 있다. 5~6년 전까지만 해도 인근 마을까지 포함하여 마을 주민들 70여 가구가 공동으로 무 수확작업에 참여해 30일간 공동출하 작업을 수행하였으나, 마을 전체 가구에서 몇몇 가구가 분리되어 나가면서

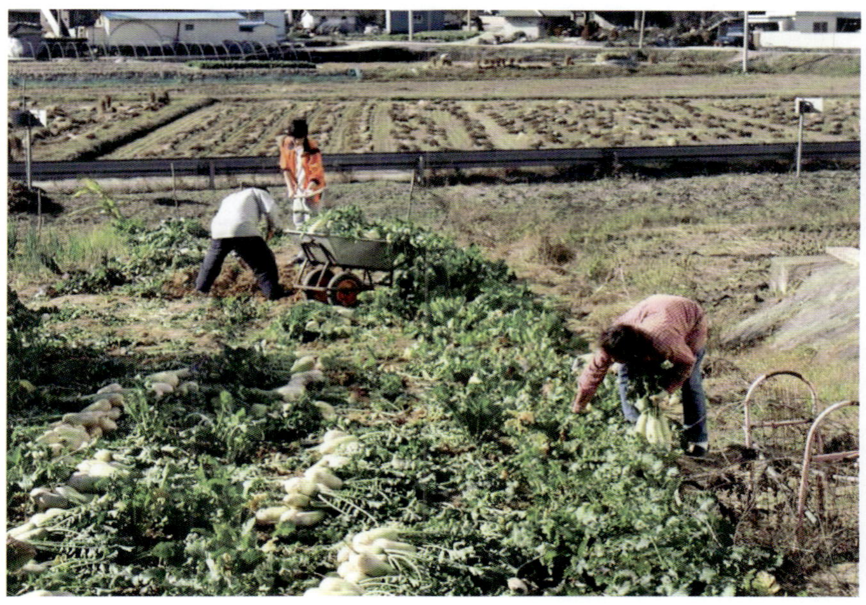

무 수확 모습

현재는 공급처에 따라 3팀으로 나누어 수확작업을 진행하고 있다. 전체가 공동작업을 하면 오히려 비용이 많이 들기 때문에 팀이 분리되었다고 한다.

장정마을의 토질에 적합하여 전국적으로 인기를 누려왔던 장정의 무 재배는 마을 전체 차원에서 무를 솎고 수확하는 공동작업의 전통을 세울 정도로 마을을 대표하는 작목이었고, 동시에 오랫동안 마을의 중요한 소득원이었다. 그러나 점차 외국 농산물의 수입개방에 따른 파고가 이 마을에도 직접적 영향을 미쳐 무 가격이 폭락하면서 마을 전체 차원에서 이루어지던 공동노동의 전통이 해체되는 양상을 보이고 있다.


## 노동 조직

### 품앗이

장정마을에는 아직 노동력 조달 방식의 하나로 품앗이가 남아 있다. 품앗이는 대개 작목반별로 이루어지는 경우가 많다. 대개는 5~10명 단위로 조를 짜서 품앗이를 한다. 마을의 품앗이는 농가의 노동력 조달에 일정한 역할을 하지만, 마을에 필요한 전체 노동력을 기준으로 보면 부분적이고 제한적이다. 이 마을에서 품앗이는 하우스 비닐을 씌울 때, 수박을 정식할 때, 수확할 때, 그리고 무를 심을 때 이루어진다. 또한 제초작업(풀매기)을 품앗이로 해결하기도 한다.

마을에 농기계가 도입된 이후부터 품앗이는 급격히 줄어들고 부부 노동이 주가 되었다. 또한 영농 규모가 큰 경작자는 품앗이에 참여하지 못하고 따라서 노동력을 개인적으로 조달하기도 한다. 종족마을인 장정마을이 갖는 강한 공동체성과 외부 마을에 대한 강한 응집력도 개인화되어 가는 오늘날의 추세 속에서 점차 약화되고 있는 것이다.


### 공동작업

단무지용 무를 수확할 때는 임금노동자를 동원하고, 경작자들이 협동하여 공동작

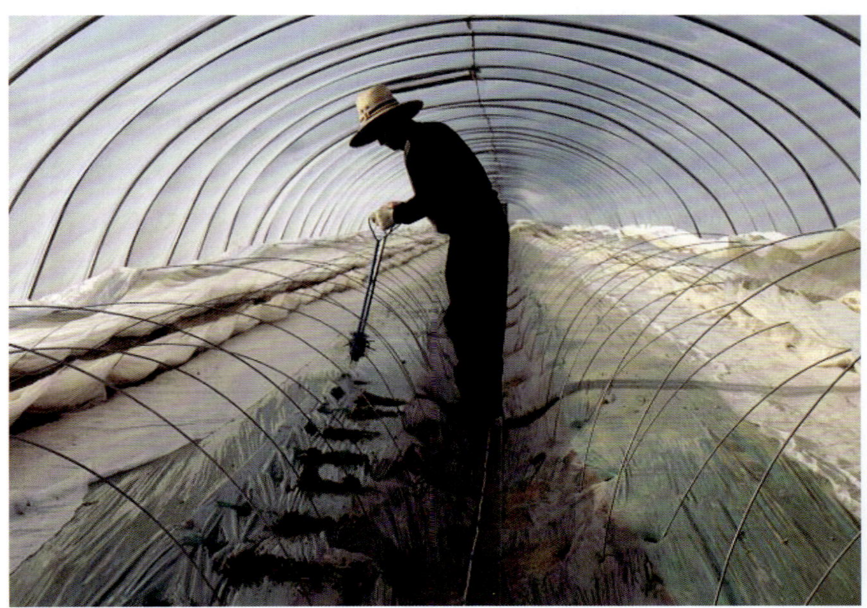

수박 정식을 준비하는 작업

업을 한다. 공동작업은 거래처가 같은 팀(작인)끼리 모여 3패로 진행하는데, 약 15일 동안 공동작업을 한다. 마을에는 각지 공장에 보낼 물량 확보를 담당하는 책임자(소개장이)가 2~3명 있어, 이들이 한시적으로 공장에서 일정한 보수를 받고 수확하기 전에 각 공장에 공급되어야 할 양 만큼의 무를 미리 확보해둔다. 이들은 무를 뽑을 인부(노동력)를 1일 100명 정도(여성이 대부분, 남성은 10명 정도) 고용하여 작인들과 함께 무를 뽑게 하고, 관(4.0킬로그램)으로 무게를 달아 500~600관 들어가는 큰 자루에 담고, 이를 5~8톤 규모의 트럭에 실어 공장에 보내는 일을 총괄한다.

### 작목반

장암면에 소재한 마을에는 수많은 작목반들이 있다. 정부에서 작목반 위주로 농가를 지원하고 있기 때문에 마을에서 작목반 운영이 필요하다. 장암면 내 작목반들은 단계별로 등급이 매겨져 있고, 상위 등급에 랭크되는 작목반일수록 인정을 받는다고 한다. 장정마을에 공식적으로 등록된 작목반은 현재 3개가 있으며, 각각의 작목반은 연령별, 작목별로 구성된 것으로 볼 수 있다. 마을에 있는 각각의 작목반은 반장과 총무를 두고 있으며 이들은 선거를 통해서 선출되기보다는 작목반원의 합의로 선출되는 경우가 많다.

하나는 50대 미만의 8명으로 구성된 '하림작목반'이고, 다른 하나는 50~60대층 15명으로 구성된 '한우리작목반', 또 다른 하나는 나머지 다양한 연령층의 32명으로 구성된 '장하리작목반'이다. 대개 작목반원 간의 이출입은 제한되고, 특히 입회는 제한된다. 사람이 많을수록 작목반 기금을 적립하기 어렵고, 단합도 잘 안 되기 때문이다.

'하림작목반'은 수박 작목반으로 2000년에 조직되었다. 이 작목반은 마을의 다른 작목반에 비해 경작 규모가 크고, 마을 주민의 평균 연령에 비해 상대적으로 젊은 층으로 구성되어 있다. 구성원의 연령 수준을 살펴보면 30대 1명, 40대 6명, 50대가 1명이다.

'한우리작목반'은 단무지용 무 작목반에서 출발하였다고 한다. 이 작목반의 총인원은 15명 정도이며, 구성원의 연령층은 주로 50~60대이다. 이 작목반이 구성된 지는 5년 정도 되었으나 쭉 지속된 것이 아니라 헤쳐모여를 반복하였다고 한다.

'장하리작목반'은 수박 작목반으로 1997년경에 결성되어 현재 7~8년째 지속되고 있으며 장정마을에서는 가장 오래된 작목반이다. 현재 조직의 총 인원은 32명이고, 구성원의 연령층은 매우 다양하여 30대부터 70대를 망라하고 있으나 60~70세의 노년층들이 절반 이상을 차지하고 있다.

각각의 작목반이 수행하는 역할은 대체로 작목반원끼리의 품앗이, 영농에 필요한 자재의 공동구입, 반원끼리의 친목 및 상호부조, 공동판매, 출하지에 대한 결정 등이다. 구성원 간 품앗이는 하우스에 비닐을 씌울 때, 수박 정식할 때, 수확할 때 주로 이루어진다. 무를 심을 때도 품앗이가 이루어진다.

작목반을 통해 농자재—비닐(필름), 비료, 씨앗, 거름, 거름 등—를 공동으로 구입할 경우 가격이 다소 저렴하다. 작목반원들이 특정 농약사에서 개인 및 공동으로 농자재를 구입하면, 농약사는 이들이 구매한 총액의 5~10퍼센트를 작목반 기금으로 돌려준다. 이 기금을 작목반의 기금으로 적립하여 활용한다. 작목반의 구성원에게 회비를 따로 갹출해서 작목반 기금을 만들기도 한다. 이러한 기금은 작목반의 공동 이익을 위한 사업에 사용된다. 가령 연작 피해를 예방하는 거름(액비) 제조, 혹은 구성원 간 친목을 도모하는 정기적인 여행 비용으로 사용되기도 한다.

한편, 반원들끼리 정기적인 모임으로 친목을 도모한다. '하림작목반'이나 '장하리작목반'의 구성원들은 농사 규모가 커서, 혹은 구성원의 수가 많아 성원 간 결속력을 유지하기 어려운 부분이 있다. 또한 개인주의 경향이 강화됨에 따라 성원 간 공동체의식이 약화되어 작목반 운영은 어려움을 겪기도 한다. 각자 가지고 있는 토지 규모와 경작방식이 다르기 때문에 작목반을 중심으로 한 농업기술 및 정보교류는 그리 활발하지 않은 편이다.


## 노동력 동원

시설 재배는 대체로 일반 영농(쌀과 과수)에 비해 많은 노동력을 필요로 하나, 필요노동력의 규모는 작목과 규모에 따라 다양한 차이를 보인다. 또 작목의 경작 시기에 따라 차이를 보인다. 일반적으로는 부부가 주 노동력으로 동원되지만 비닐하우스에서 수박 10~15동을 경작하는 가구의 경우 부부 노동력으로는 항상 일손이 부족하고, 필요할 경우에 한정적으로 품앗이를 활용한다.

하우스의 수가 15동을 넘어서는 규모이견 불가피하게 다른 노동력을 동원해야 한다. 수박 재배 가구 중에는 고정 인부를 쓰는 가구가 많다. 필요한 고정 인부의 수는 경작 규모에 따라 차이를 보이나 보통 3~5명의 인부를, 수박을 파종하여 수확할 때까지 약 2달 동안 사용한다. 이들의 임금은 출퇴근을 위한 교통편과 점심 제공을 조건으로 1인당 2만 5,000원 수준이다. 2005년에는 이들의 임금수준이 2만 6,000~3만 원으로 인상되었다고 한다.

멜론을 재배하는 가구에서는 수정 단계에서 한 달 동안 집중적인 노동력 투입이 필요하다. 여름에 작물 재배를 하기 때문에 속성으로 재배되고, 따라서 새순 정리를 해주어야 한다. 13동 기준으로 1일 노동력 4명을 20일 동안 사용한다.

단무지용 무의 경작은 수박 경작에 비해 인력을 덜 필요로 한다. 비료를 주고 밭을 매는 일들은 경작자 부부가 직접 한다. 그러나 무를 솎을 때와 수확할 때는 많은 일손이 필요하다. 특히, 무를 솎을 때는 경작 규모에 관계없이 일제히(하루 만에) 작업을 끝내야 하기 때문에 경작 규모가 클 경우에는 많은 노동력을 동원해야 한다. 솎음 작업에 필요한 노동력은 1만 평을 기준으로 20명 정도이다. 무을 뽑을 때에도 다른 노동력이 필요하다. 이 작업에 동원되는 노동력의 임금은 2004년 기준으로 2만 6,000원, 이밖에 점심식사, 1일 2회의 간식을 제공하여야 한다. 또한 관광버스를 동원하여 이들의 출퇴근을 도와주고 있어 1인당 실질 인건비는 3만 5,000~4만 원 수준인 셈이다.

농촌 지역의 고령화로 농업 노동력의 조달은 점차 어려움을 겪고 있다. 1997년까지만 해도 노동력 조달에 어려움이 없었기 때문에 노동력 7~8명을 고용하여 60동 이상의 수박 재배가 가능하였다고 한다. 현재는 노동력 부족에 대응하기 위해 주민들은 하우스에 수박뿐 아니라 복숭아나 감자를 재배하고 있다. 수박은 2월에 심어서 5월 말~6월 초에 수확해야 가격이 좋은 편인데, 노동력이 부족해서 30~40개 동을 한꺼번에 재배하기가 어렵다. 수박 꽃은 사람이 일일이 손으로 수정을 해야 하는데, 요즘은 기껏해야 인부 3~5명밖에 구할 수 없기 때문이다. 따라서 어떤 주민들은 노동 집중도를 분산시키기 위해 일부 하우스에 다른 작목을 재배하는 것이다. 또 하우스 전체 동에 한꺼번에(일제히) 수박을 심지 않고, 몇 동씩 나누어 시기적인 차이를 두어 심기도 한다.

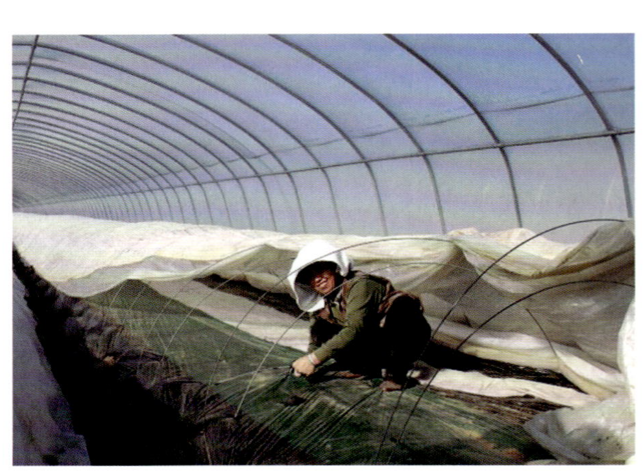

**시설에서 일하는 여성**

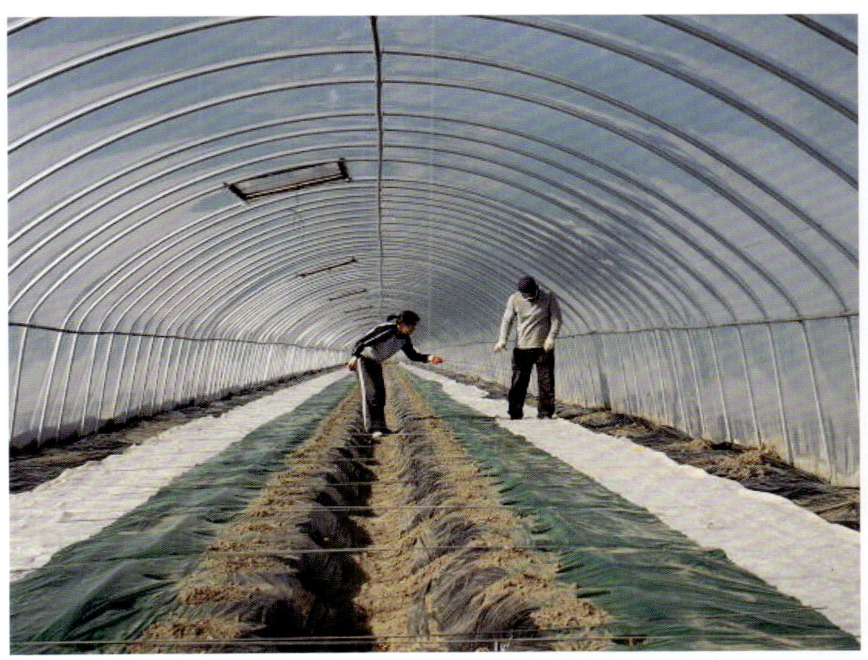

정식을 준비하는 젊은 부부

　　노동력 조달은 주로 마을 외부에서 하며, 부여군 내 직업소개소(임천)나 한산, 홍산 등지에서 소개로 이루어진다. 노동력은 주로 여성들이다. 여성노동력은 남성노동력에 비해 꼼꼼한 작업에 적합할 뿐 아니라 남성에 비해 임금이 저렴하다는 이유로 대다수의 농가에서 여성노동력을 동원한다. 과거에는 수박 일손이 집중적으로 필요한 시기에 노동력 3~5명 정도를 단골로 조달하였으나, 단골 인력이 고령화됨에 따라 2003년부터는 그때그때 조달하고 있다. 동원되는 노동력의 평균 연령은 65~70세 수준이며, 80세의 노인까지 동원되는 경우도 있다. 50~60대의 비교적 젊은 노동력은 주로 식당 등에 소개되기 때문에 조달하기 어렵다고 한다.

　　최근 노동력 부족 현상에 따라 마을 인근에 위치해 있는 임천군 직업소개소에서는 외국인 노동력을 조달해준다. 2004년 3월 폭설 피해 때 하우스의 복구 작업에 많은 인력이 필요하여 일부는 외국인 노동력을 동원하였다. 이들의 임금은 국내 청장년의 임금(1일 10만 원)에 비해 저렴(6~7만 원 수준)한 편이다. 이들의 임금은 한국인에 비해 싸다는 장점이 있지만 얼마간 상시 고용해야 하는 문제와 노동력 질의 미검증 등의 문제를 안고 있다고 한다.

대규모 하우스 재배를 하는 농가는 일손 부족을 가장 큰 어려움으로 호소하고 있다. 이들 농가들은 점차 심해지는 노동력 부족 현상에 대해 농촌인구의 감소와 고령화 현상을 지적하고 있지만, 이밖에 정부에서 시행하는 공공근로사업은 일손이 필요한 농가의 노동력 조달에 어려움을 가중시키는 요인이라고 생각하기도 한다. 이들에 따르면 공공근로사업은 임금수준이 높고 노동강도도 느슨하기 때문에 많은 잉여 인력들이 농사일보다 공공근로를 선호하게 되고, 이러한 현상이 농가에서의 노동력 조달을 더욱 어렵게 한다는 것이다. 어떤 이유에서든지 대규모 농가에서 농번기 노동력 조달에 겪는 어려움이 커져가고 있는 실정이다. 장기적으로 장정마을에서 계절적인 노동력 수급은 풀어야 할 과제가 되고 있다.


## 판로와 경제적 전망

### 판로

수확물의 판매는 작목반별로 공동으로 하기보다는 개별적으로 판매한다. 판매는 위탁판매, 포전(圃田)매매(밭떼기), 자가출하(공판장에 가서 직접 파는 형태) 등이 있다. 위탁판매에는 농협 위탁과 개인상회(중매인) 판매가 있다. 종전의 수박 판매는 포전매매 방식이 일반적이었다. 포전매매의 바이어들은 주로 경상도, 전라도, 그리고 부여 인근에서 온다. 최근에는 위탁판매 방식이 우위를 점하는 추세이다. 이처럼 마을의 수박 영농 기술이 향상되면서 수박의 판매 방식에서도 변화가 일고 있다. 이 마을의 수박 중 상품(上品)은 부여 명품수박의 브랜드인 '굿뜨래 수박'으로 판매된다. 굿뜨래 수박 작목반과 3개 농협(부여, 규암, 장암)이 주가 되어 연합판매(마케팅)를 하고 공동계산을 한다고 한다. 현재 이 연합마케팅 모임에는 부여군에서 300가구, 장암에서는 89가구, 장하리에서 16가구가 참여하고 있다. 이 판매에 동참하기 위해서는 수박의 상품성이 일정한 수준 이상을 유지해야 하는 요건이 필요하다. 나머지 가구는 자유판매를 하고 있다.

멜론 판매는 농협에 위탁하는데, 농협에서 멜론을 수집하여 서울 가락시장에 판매한다. 멜론의 수익은 수박에 비해 좋은 편이다. 수박에 비해 1동당 50~60만 원이 높게 거래될 뿐 아니라 수확량도 많다. 수박의 조(粗)수입이 동당 200~250만 원 정도라면, 멜론은 동당 250~350만 원 정도 된다. 수확량에서도 수박에 비해 단위면적당 4배 정도가 높아, 수박이 1동 기준으토 450개 수확을 하는 데 비해 멜론은 1동에 2,000여 개를 수확한다. 가락동에서 '부여 멜론'은 점차 유명세를 타고 있으나, 멜론은 천안을 중심으로 하여 북쪽 지역에서는 소비가 있는 편이나 남쪽 지역에서는 판매고가 빈약하여 수박에 비해 판로에서 한계를 안고 있다.

단무지용 무는 정해진 거래처에 판매한다. 주로 전주, 조치원, 나주 등에 있는 식품 공장에 납품을 하는데, 관(4.0킬로그램)당 가격을 정한다. 2003년에는 1관당 가격이 1,300원 수준이었으나 2004년에는 500원대 수준으로 급락하였다. 중국산 무의 유입으로 단무지용 무 가격이 급격히 하락하였기 때문이다. 이러한 이유로 점차 무를 대신할 작목에 대한 주민의 관심이 높아지고 있다.


### 경제적 전망

일반적으로 농촌경제가 빈곤하다 하지간, 장정마을 주민들은 1980년대 말부터 시설 재배에 눈을 돌렸고, 근면하고 강인한 생활력으로 부를 일구어 도시에 비해 갖는 농촌의 불리함을 상당히 극복해내고 있다. 앞에서 살펴본 바와 같이 장정마을의 가구별 시설 재배 평균 규모는 약 20동에 육박하여 다른 농촌에 비해 영농 규모가 큰 편이며, 농한기 없이 사계절 내내 분주하게 생활하고 있다. 이에 따라 마을 주민 중 상당수는 도시근로자 소득을 훨씬 상회하고 있고, 따라서 마을 전체적으로 '부촌'이라 칭하는 데 손색이 없다.

마을 주민의 소득은 연령과 경작 규모, 경작 형태 등 다양한 변수에 따라 차이를 보이지만, 대개 30동 이상의 시설에서 수박을 재배하는 농가의 경우 연간 7,000만 원 이상의 소득이 가능하다. 더욱이 대다수의 농가에서 벼농사 및 단무지용 무의 경작

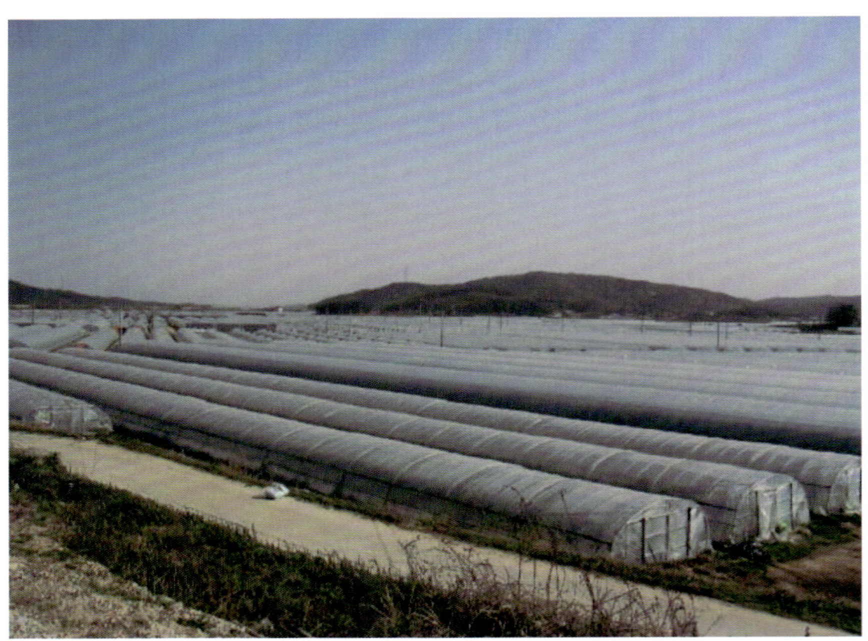

비닐하우스 시설

을 병행하고 있기 때문에 연간 소득은 이를 상회할 가능성이 있고, 실제로 1억 이상의 소득을 올리는 가구도 상당수 있다. 그러나 향후 벼농사의 전망이 어둡고, 이를 극복하기 위한 대안으로 시설 재배 농가가 전국적으로 확대되는 추세 속에서 특수작물의 가격경쟁이 심화된다면 마을 주민들의 근면성만으로 향후에도 현재 소득수준을 유지하거나 혹은 더 나은 소득을 기대할 수 있을지는 장담하기 어렵다. 이러한 상황 속에서 마을의 조건에 맞는 경쟁력 있는 대체작목의 개발과 상품성 향상을 꾀하기 위한 영농 기술의 개발, 좀더 안정적인 판로의 구축은 향후 마을 주민들의 소득 향상을 위한 과제로 다가오고 있다.

　　마을 주민들의 부채도 많은 편이다. 부채는 토지 구입, 농기계 구입, 폭설 피해 지원금, 영농 자재 구입 등으로 발생한 것으로 영농을 위한 투자의 성격을 띤다. 하우스(시설)는 초기 투자가 많은 편으로, 비닐하우스를 설치하는 비용은 규모에 따라서 다르지만 대개 200평 1동을 짓는 데 파이프, 비닐, 인건비로 500만 원 정도의 비용이 든다. 몇 년 농사를 지어야 투자비를 뺄 수 있다. 또한 대다수의 농기계가 매우 고가(高價)여서 농기계를 구입하면서 부채를 얻지 않을 수 없다고 한다. 30~40대 농민후계자들의 부채는 특히 많은 편으로 기본이 수천만 원에서 많게는 1억 원을 상회하는 가구가 상당수 있다. 이들은 대부분 농협에 부채를 지고 있다. 그러나 이들이 모두 부채를 갚을 능력이 없어서 부채를 안고 있는 것은 아니다. 여전히 농협 자금은 조건이 좋은 경우가 많아서, 농가에서 어느 정도 부채가 있는 것은 당연시되고 있기 때문이다.

주민들의 저축 또한 다른 마을에 비해 많은 편인데, 이는 소득수준이 높기 때문에 당연한 것이기도 하다. 장암마을의 지가 역시 생산여건, 영농조건이 양호해 좋은 편이다. 마을 토지의 가격을 보면 논이 평당 3~4만 원 수준이고 밭은 평당 4만 5,000원 수준인데 매물은 거의 나오지 않는다.

오늘날 농촌 전체가 침체를 벗어나지 못하고 많은 농촌마을이 해체의 길에 접어든 가운데, 일부 농촌은 국책사업의 시행에 따른 지가 상승이나 관광 개발 등 비농업적 소득의 증대에서 활로를 찾고 있다. 그런 방식의 '발전'이 바람직한 농촌(어촌) 발전의 길인가에 대해서는 의문도 제기되고 있지만, 대다수의 농촌이 운 좋게 그런 꿈이라도 꿀 수 있기를 희망하고 있는 것도 사실이다. 그만큼 농촌의 현실은 절박한 것이다. 이에 비하면 장정마을이 거둔 성공은 상당히 예외적인 것이고, 주민들의 남다른 노력의 결과라는 점에서 그만큼 값진 것이기도 하다. 그러나 오늘날 장하리가 맞고 있는 안팎의 도전을 생각할 때, 이러한 성공이 앞으로도 이어질지는 낙관하기 어렵다. 이 점에서 장하리는 한국 농촌의 미래를 가늠할 하나의 '시금석'이 되고 있다.

(유보경)

# 주(註)

1) 주민 간의 강한 단결력과 승부근성을 소유한 장정 사람들은 일제 강점기와 새마을사업이 한창이던 시기까지 다양한 지역별 경쟁 사업에서 자주 1~2위를 차지하곤 했다고 한다. 이를테면 일제 강점기에 있었던 가마니 짜기, 솔방울 줍기 등이 있다. 이러한 마을 주민들의 적극성과 단결력이 새마을운동기에 일어난 퇴비증산운동에서도 표출된 것이다.

2) 전 마을 이장 강홍모 씨에 따르면 1973년 장정마을의 숙원사업 중 하나인 태성산의 치산녹화사업과 제방 축조 사업은 1971~1972년경 추진된 퇴비증산운동에서 장정마을이 도내 2등을 하게 된 것을 계기로 이루어진 것이라고 한다. 또 퇴비증산운동에서 보인 우수한 실적으로 기관장들이 앞 다투어 장정마을을 방문하게 되었고, 이를 계기로 하여 마을에 좀더 일찍 전기가 들어오게 되었다고 한다.

3) 마을의 가구 수는 조사 시점마다 약간의 차이가 있다. 이 수치는 2005년 1월을 기준으로 한 실거주 가구 수로, 외지에서 들어와 일시 거주하고 있는 사람들(가구)은 뺀 수치이다.

4) 강왕구 씨의 증언에 따르면 원장지 안의 토지 중 개인 소유 토지가 60퍼센트 수준이고, 종중 소유의 토지가 40퍼센트 수준에 이른다고 한다.

5) 종중 토지의 임차료는 저렴하다. 땅을 구분하지 않고 한 필지(4마지기)에 무조건 쌀 2가마 수준으로 종중토의 임차료는 개인 토지의 1/3 수준이다. 개인 토지의 임차료는 논 200평당 소출된 벼를 기준으로 해서 하우스 땅은 80킬로그램 3가마를 지불한다(1마지기당 쌀 소출량은 4~5가마 정도).

6) 마을의 가구별 평균 토지 소유 규모는 약 3,302평 수준.

7) 2004년 기준으로 비닐하우스 한 동당 건축 비용은 500만 원이 소요되었다. 2004년 정부에서는 비닐하우스 한 동당 220만 원을 지원하였다고 한다. 이러한 지원으로 마을 전체적으로 비닐하우스의 수가 증가되었다.

8) 보통 비닐하우스는 200평 규모를 1동으로 칭하지만 이 규모보다 작거나 큰, 소형 및 대형 하우스도 있다. 소형 하우스는 150~180평, 대형 하우스는 대개 300~350평 정도의 규모이다.

# 사회생활과 문화

## 인구와 가족 구성

### 인구 구성과 변화

2005년도 『부여통계연보』에 의하면 장하 1리에는 93가구에 238명의 주민이 거주하는 것으로 되어 있다. 이 수치는 주민등록표에 의한 것으로, 마을에 실제로 거주하고 있는 주민 수와는 다소 차이가 있다. 연구단에서 2005년 5월 마을에 실제로 거주하는 가구와 인구를 조사해본 결과, 장하 1리에는 모두 84가구에 221명이 살고 있는 것으로 나타났다. 이러한 차이는 주민등록은 되어 있지만 실제로 거주는 하지 않는 가구도 있고, 실제로 거주하지만 동일 가구 내에서 명목상 세대분가를 한 경우도 있기 때문이다. 주민등록이 장하 1리로 되어 있는 가구 중에는 이장도 전혀 모르는 사람들도 있었는데, 이는 전입신고를 하는 데 있어 예전과 달리 이장의 확인절차를 필요로 하지 않기 때문이다.

어쨌든 이러한 마을의 인구수는 과거에 비해 크게 줄어든 것이다.[1] 1980년대 이후의 인구 변화를 통계연보를 통해 살펴보면, 가구 수는 별 변화가 없는 데 비해 인구 수는 현저하게 감소하고 있음을 알 수 있다. 인구 변동은 특히 1980년대에 극심했지만, 1990년대 이후에도 꾸준히 줄어들고 있다.

이렇듯 인구수가 크게 감소한 것은 다른 농촌마을과 마찬가지로 주민들의 외지 출향이 계속되었기 때문이다. 출향에는 일시적 출향과 완전 출향이 있다. 일시적 출향은 주민등록은 마을에 두고 일시적으로 상급학교 진학이나 직장을 얻기 위해 외지로 이주하는 경우이고, 완전 출향은 일시적으로 외지에 거주하다가 주민등록까지 옮기는 경우와 마을에서 가정을 이루고 살다가 가족 전체가 삶의 근거지를 외지로 옮기는 경우가 있다. 이 중에서 인구 감소를 주도한 것은 역시 진학을 위해 도시로 나갔다가 그곳에서 직장을 얻어 완전 출향으로 이어진 경우라고 할 수 있다.

그러나 1990년대 들어 비닐하우스에서 수박 재배가 이루어지고 영농 소득이 높아지자 외지에 살다가 마을로 귀환하는 가구도 일부 나타났다. 또한 완전한 귀환은 아니더라도 외지에 나가 있던 젊은이들이 돌아와 짧게는 1~2년, 길게는 2~3년 열심히 수박농사를 지어 도회지 생활자금을 마련한 뒤 다시 장정마을을 떠난 경우도 생기게 되었다. 형제가 많은 경우에는 차례로 군대를 제대한 후 이런 식으로 자금을 마련하여 외지로 나갔는데, 이런 경우를 장정마을 젊은이들은 '임무 교대'라고 표현하기도 한다. 비록 소수이긴 하지만 마을에 다시 돌아와 농사를 지으면서 완전히 정착을 한 젊은이들도 있다.

다음으로 2005년 5월 현재 마을의 실 거주자의 연령별 분포를 살펴보면, 장정마을 인구 중 가장 큰 비중을 차지하는 것은 60대 이상으로, 전체 인구의 거의 절반(48.4퍼

### 장하리의 인구 변화

| 연도 | 가구수 | 한국인 인구 | | | 외국인 인구 | | |
|---|---|---|---|---|---|---|---|
| | | 총계 | 남 | 여 | 총계 | 남 | 여 |
| 1980 | 103 | 624 | 325 | 299 | | | |
| 1983 | 98 | 463 | 240 | 223 | | | |
| 1990 | 90 | 333 | 169 | 164 | | | |
| 1995 | 93 | 338 | 172 | 166 | | | |
| 2000 | 93 | 288 | 153 | 135 | | | |
| 2001 | 92 | 281 | 148 | 133 | | | |
| 2002 | 91 | 277 | 140 | 137 | 2 | 1 | 1 |
| 2003 | 90 | 269 | 139 | 130 | 2 | 1 | 1 |
| 2004 | 89 | 247 | 128 | 119 | | | |
| 2005 | 93 | 238 | 121 | 117 | | | |

출처 : 『통계연보(부여군)』. 1980, 1983, 1990; 『부여통계연보』. 1995, 2000~2005.
* 이상 각 연도 통계는 모두 주민등록상의 인구를 나타낸다.

## 장하 1리의 연령집단별 인구 분포(1)

(2005년 5월 말 기준)

| 연령집단 | 장하 1리 인구 | | | | 연령집단별 구성비 (%) | | | |
|---|---|---|---|---|---|---|---|---|
| | 남 | 여 | 합계 | (%) | 전국 인구 | | 면부 인구 | |
| 90세 이상 | 1 | | 1 | 14 | 1.1 | | 2.7 | |
| 80~89세 | 4 | 9 | 13 | (6.3) | | | | |
| 70~79세 | 18 | 22 | 40 | 93 | 3.3 | 10.2 | 8.2 | 23.2 |
| 60~69세 | 24 | 29 | 53 | (42.1) | 6.9 | | 15.0 | |
| 50~59세 | 16 | 20 | 36 | 55 | 9.4 | 24.5 | 12.5 | 25.2 |
| 40~49세 | 10 | 9 | 19 | (24.9) | 15.1 | | 12.7 | |
| 30~39세 | 15 | 7 | 22 | 32 | 18.0 | 35.3 | 12.9 | 25.9 |
| 20~29세 | 7 | 3 | 10 | (14.5) | 17.3 | | 13.0 | |
| 10~19세 | 5 | 8 | 13 | 27 | 14.7 | 29.0 | 12.1 | 22.9 |
| 0~9세 | 9 | 5 | 14 | (12.2) | 14.3 | | 10.8 | |
| 합계 | 109 | 112 | 221 | (100.0) | 45,985,289 명 | | 5,600,788 명 | |

## 장하 1리의 연령집단별 인구 분포(2)

(2005년 5월 말 기준)

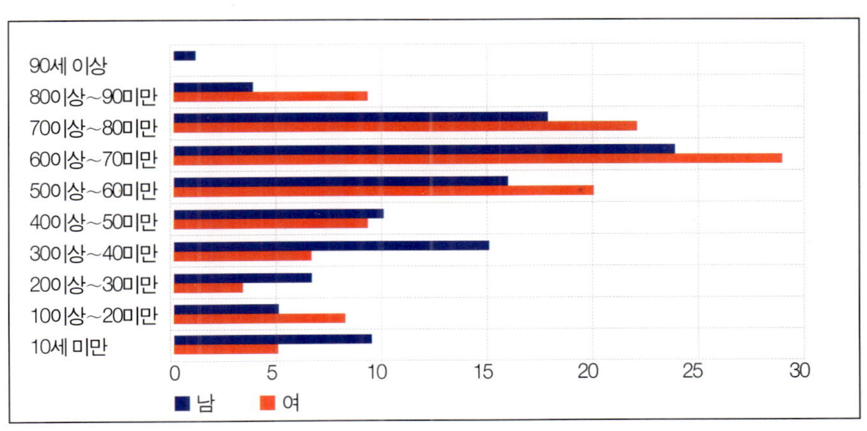

센트)을 차지하고 있다. 반면에 2000년의 '인구주택총조사' 결과에 따르면, 60세 이상 인구는 전국적으로는 11.1퍼센트를 차지하고 있으며, 농촌인구[면부(面部)]만 따지더라도 그 비율은 25.9퍼센트에 그치고 있다.[2] 이러한 비율은 전국은 물론 일반적인 농촌마을보다 훨씬 높은 것으로, 장하리 인구의 고령화 정도가 얼마나 높은지를 잘 알 수 있다.

인구 구조에서 허리에 해당되는 40대와 50대 연령집단의 구성비는 전국 인구 및 면부 인구의 비율과 비슷하다. 그러나 40세 미만 인구의 구성비는 전국은 물론, 면부 인구와 비교해보더라도 매우 낮게 나타난다. 60대 이상 노령층 인구의 비율이 높은 데 따른 당연한 결과라고 할 수 있다.

인구 구성을 성별로 보면, 노령층에서는 여성의 비율이 높은 데 비해 50세 미만의 청장년층에서는 남성의 비율이 좀더 높게 나타나는 것이 흥미롭다. 특히 30대의 경우 남자는 15명인 데 비해 여자는 7명에 불과하다. 이것은 아직 미혼의 30대 남성이 몇 명 있는 데다가, 초등학생을 둔 가정에서 자녀를 부여 읍내의 초등학교에 보내기 위해 어머니의 주민등록을 부여로 옮겨놓고 실제로 어머니가 그곳에서 주로 거주하는 가구들도 있기 때문이다. 더 나아가 현재 장정마을에는 결혼하여 자식 낳고 살고 있는 젊은 부부 가운데 자식교육 때문에 부여나 외지로 나가려고 하는 사람들이 있다. 이들은 완전한 출향은 아니고, 거주는 부여 읍내에서 하면서 생업을 위해 장정마을로 출퇴근하려는 계획을 갖고 있기도 하다. 만약 이러한 그들의 계획이 이루어진다면 장정마을 청장년층과 그들 자녀의 유출은 더욱 늘어날 전망이다.

### 가족 규모와 구성 형태

장정마을의 각 가정에서 함께 살고 있는 식구 수는 다른 농촌마을처럼 얼마 되지 않는다. '농촌에는 식구가 많다'는 말은 옛날 얘기가 된 지도 한참 되었다. 실 거주자를 기준으로 한 장정마을의 평균 가구원 수는 2.6명이고, 주민등록상의 가구원 수의 평균은 2.8명(2004년)이다. 이는 2000년도의 전국 가구 평균 3.2명에 비해 상당히 낮은데 그만큼 가구원의 외지 유출이 많음을 보여주는 것이다. 그러나 이 수치는 '2004년 농업기본통계조사'에 나타나는 농가 가구원 수의 전국 평균인 2.75명과 비숫해서,[3] 장정마을의 가족 규모는 한국의 평균적인 농촌마을의 모습에 근접한 것이라고 보아도 좋을 것이다.

이러한 특징은 가족 구성에도 나타나고 있다. 장정마을은 특수작물 재배로 부자마을이 되었지만, 청장년층의 도시 이농 현상은 여전하여 부부만 거주하는 가구가 42가구이다. 이들 부부 가구는 대체로 노인 부부이므로, 주로 독거노인인 1인 가구 12세대와 합하면, 노인 가구만 50가구가 넘는 셈이다. 다음으로 2세대 가구는 모두 19가구인데, 부부와 자녀로 이루어진 가구가 11가구이다. 과거 농촌가족의 전형을 이루었던 조부모, 부부, 자녀로 이루어진 3세대 가구는 겨우 11가구에 불과하다.

장하 1리와 전국으 가구유형별 구성비

| 분류 | 장하 1리 가구<br>(2005년도 조사)<br>실수와 비율(%) | 전국 가구<br>(2005년도 추계치. %) |
|---|---|---|
| 부부 | 42 (50) | 13.8 |
| 부부+자녀 | 11 (13.1) | 47.1 |
| 편부+자녀 | 1 (1.2) | 1.5 |
| 편모+자녀 | 7 (8.3) | 6.4 |
| 3세대 이상 | 11 (13.1) | 7.3 |
| 1인 가구 | 12 (14.3) | 17.0 |
| 비혈연, 기타 | 0 (0) | 6.9 |
| 합 계 | 84 (100) | |

마을에 실제로 거주하는 84가구 중에 진주 강씨는 67가구로 전체의 79.8퍼센트를 차지하고 있다. 진주 강씨 가구 중 8가구는 진주 강씨 집안의 배우자로서 배우자가 죽고 자식은 외지로 나가 혼자 살고 있는 경우이다. 반대로 진주 강씨 여자로, 결혼 후 배우자와 마을에 들어와 살다가 혼자된 독거노인 가구가 있고, 결혼하여 남편과 함께 친정인 장정마을에 와서 살고 있는 가구도 있다. 후자는 진주 강씨 가구에 포함되지는 않았지만, 진주 강씨 가구로 간주해도 무방한 경우라고 할 수 있다.

한편 부모와 한집에 살면서 주민등록상으로만 같은 주소 내 세대분가한 가구가 7가구 있는데, 이들은 대체로 차남으로 작목반이나 조합원 가입을 위해 그렇게 하고 있다. 즉 농협 조합원 가입이나 작목반 가입 자격이 가구당 한 명이고, 이장 선거권도 가구당 한 명이기 때문에, 조합이나 작목반에 가입하기 위하여, 또는 자신들이 독립적으로 마을 운영에 참여하거나 기타 사회생활을 영위하기 위하여 주민등록상 같은 주소 내 분가를 하고 있다. 또한 이들은 대부분 부모 세대와 별산제로 가계를 운영해가고 있어, 거주만 부모 세대와 함께 하고 있다고 할 수 있다.


## 친족관계와 문중조직

### 친족관계

위에서 살펴본 대로 장정마을은 현재 가구의 79.8퍼센트가 진주 강씨이고, 다른 성씨 가구는 17가구에 불과한 전형적인 종족마을이다. 다른 성씨 가구 중에는 부인 또는 어머니가 진주 강씨인 경우가 여럿 있고, 본인이 진주 강씨 여성으로 다른 성씨 남편과 결혼한 뒤 마을에서 살다가 혼자된 독거노인 가구가 있다. 또 과거 진주 강씨의 산소를 돌보는 일을 하다가 남편은 사망하고 부인만 현재 거주하고 있는 경우도 있다. 이처럼 다른 성씨 가구로 분류된 이들도 대부분 진주 강씨와의 인척관계로 인해 입향했거나 본인(여성)이 진주 강씨로서 결혼 전부터 마을에 거주했던 사람들이다. 따라서 장하리 주민들 대부분은 친족관계로 서로 얽혀 있다고 해도 과언이 아니다. 이 때문에 마을 사람들 간의 호칭은 나이를 기준으로 하는 '아저씨', '아주머니'가 아니라 항렬을 기준으로 하는 '대부', '형님', '조카', '아저씨', '아주머니' 등으로 불리고 있다. 장하리 주민들의 단결력의 원천이 어디에 있는지 읽을 수 있는 부분이다.


### 대종중

장정마을의 진주 강씨는 종족마을을 형성하여 종족원의 밀집도가 상당히 높을 뿐만 아니라 여러 문중조직이 겹쳐서 존재한다. 우선 장하리 강씨들이 입향조로 간주하는 강치손(14세)을 파조(派祖)로 하는 '남계공파(南桂公派)' 종중이 있다. 남계공파는 마을에서 보통 '대종중(大宗中)'으로 불린다. 장정마을은 마을 주민 대부분이 강씨와 그 인척들로 이루어진 종족마을이기 때문에, 문중 운영과 마을 운영이 크게 구분되지 않고, 문중 행사가 곧 마을 행사로 치러지는 경우도 없지 않다. 원래 대종중의 종회(宗會)는 음력으로 매년 2월 또는 3월에 열렸다. 그러나 요즘은 마을총회와 같은 날(보통 양력으로 12월 중)에 종회를 갖고 있다. 장하리 출신의 진주 강씨들은 외지에 거주하더라도 자동적으로 대종중의 성원이 되지만, 정기적으로 열리는 종회(대종계)에는 주로 마을의 종원들만 참석한다. 대종중의 주된 일은 시향 준비와 묘소 관리 정도로 비교적 단순한 편이고, 따라서 문중조직도 그다지 체계화되어 있지 않다. 대종중에서는 인근 상황리의 화림(花林)마을에 있는 강치손, 강위(渭, 15세), 강맹종(孟宗, 16세) 3대의 묘소와 장하리 기암동에 있는 강수견(壽堅, 17세)과 소철(素哲, 18세)의 묘소를 관리하고 있다. 화림 선영은 음력 10월 1일에, 기암동 묘소는 음력 10월 10일에 각각 시향을 올린다.

대종계는 '호망계(虎網契)'라고도 하는데, 이는 대종계에서 하는 주된 일이 호망토지라고 불리는 대종중 소유 토지의 운영에 관한 것이기 때문이다. 호망이란 하천변에 새로 생겨난 땅, 다시 말해 하천부지를 가리키는 표현이다. 장하리 주민들은 일찍부터 금강변의 하천부지에 포플러를 심었는데, 포플러는 방사림 역할을 하면서 안쪽의 농경지를 개간하는 효과를 가져왔다. 장하리 주민들은 이렇게 생긴 땅을 한때는 서로 분배하기도 했지만, 검신들에 인공제방을 쌓은 뒤에는 포플러를 캐낸 땅을 종중토지로 만들었다. 진주 강씨는 이 종중토지 약 1만 4,000평을 관리하기 위해 호망계를 결성했던 것이다. 현재 종토인 호망토지는 22명의 진주 강씨들이 빌려 경작하고 있는데, 호망계는 매년 유사를 두고 유사가 도조(賭租)를 받는 동시에 화림 선영의 시향을 위한 제수를 준비한다. 호망토지의 도조는 일반 토지에 비해 매우 저렴하다. 한편 대종중은 호망토지 외에도 화림마을에 약간의 종토를 갖고 있다. 이 종토는 화림종토라고 불리며 호망계에서 일괄해서 관리를 하고 있다.

호망종토와 화림종토는 도조가 매우 저렴함에도 불구하고 면적이 적지 않아서 호망계의 수입은 매년 수백만 원에 이른다. 반면 대종계의 정상적인 지출은 시향 준비나 묘소 관리, 드물게는 재실 보수 정도에 머물고 있어서 종중 재산(농협 예금)은 최근 빠르게 증가하고 있다. 예금은 2005년 현재 약 4,000만 원에 이르는데, 특기할 것

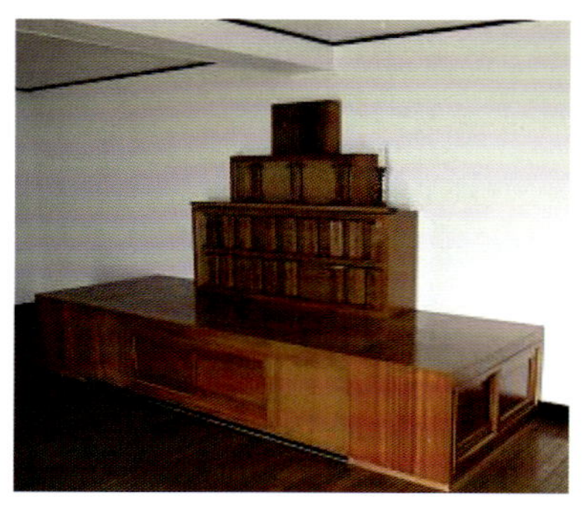

**내동댁 종중의 사당 안에 있는 제단과 위패**

은 종중 재산이 때때로 마을 운영에 필요한 특별 자금으로 사용되어 왔다는 점이다. 대종계에서는 1997년 노인회관 신축 보조금으로 800만 원을 내놓은 것을 비롯하여 노인회관의 운영비 일부(유류비)를 부담해왔다. 또 많은 액수는 아니지만 경로당 앞 도로부지 구입비를 내놓기도 했고, 2000년에는 상당액의 경지정리정산금 미수액을 탕감해주기도 했다. 이러한 사실들은 마을과 종중이 사실상 분리되지 않는 종족마을(그것도 강고한)의 한 면모를 보여주는 것이라고 할 수 있다. 반면 다른 문중에서 흔히 있는 것처럼 선영을 치장하거나 문중의 세를 과시하기 위한 사업 등은 벌이지 않고 있다. 큰 사업을 벌일 만큼 재정이 넉넉하지는 않은 것도 이유가 되겠으나, 더 큰 이유는 명분이나 의례보다는 실질을 중시하는 합리적 생활태도가 장하리 강씨들의 몸에 배어 있기 때문이라고 여겨진다.

### 소종중과 택호

대종중 아래의 문중조직(소종중)은 19세 태명(泰命), 태봉(泰鳳), 태호(泰昊) 대에 이르러 재실파(齋室派), 기암파(奇巖派) 및 호암파(虎巖派)로 나누어진다. 오늘날 장정마을과 인근 북고리에 거주하는 사람들은 모두 재실파와 기암파이다. 재실파와 기암파는 각각 '아랫말파'와 '웃말파'라고도 하는데, 이것은 과거 그들의 주된 거주지가 장정마을 중 아랫말과 웃말에 각각 분포했기 때문이다.[4] 호암파는 일찍이 장정마을에서 이탈하여 부여군 남면 호암리로 나간 분파인데, 이후 장하리 강씨들과는 거의 교류가 없다.

재실파 아래에는 다시 공재(工字)[5] 종중(姜如周, 20세), 신양파 종중(姜溫, 21세) 등이 있다. 이들 소종중은 각각 종중전답이 따로 있어 도조로 시향의 제수 비용을 충당하고, 소종중계 모임을 갖고 있다. 공재 종중과 신양파 종중은 문중 재산의 규모가 대종중에 비겨보더라도 손색이 없는 소종중들이다. 시향 일정을 보면, 음력 10월 1

일 화림 시향을 시작으로 10일은 기암동 시향으로 아랫말파와 웃말파가 함께 지내고, 12일은 아랫말파의 북고리 재실(齋室) 시향, 15일은 북고리 공재 종중 시향, 17일에는 신양파의 시향을 지낸다. 그리고 이후는 각 소종(집안)별로 20일 넘어서까지 시향을 지내고 있다.

시향은 대부분 소종중별로 해당 조상의 산소에 가서 지내지만, 아랫말파의 신양종중은 납골묘를 만들어 신양파의 모든 시제를 17일에 함께 지내고 있다. 한편, 아랫말파의 내동댁은 종중전답을 팔아 사당을 겸한 재실을 짓고, 그곳에서 시제를 지내고 있다. 내동댁은 기제사의 경우에는 부모 세대만 방 안 제사를 지내고 조부모 이상은 재실로 모시어 시제로 지내고 있다. 이처럼 이들 소종중들은 제례와 장례의 현대적 변화를 수용하고 있다.

또한 특이한 것은 장정마을 진주 강씨들은 집안별로 택호를 사용하고 있다는 점이다. 택호는 한국적인 집(宅)의 성격과 위상을 잘 나타내는 칭호이다. 택호는 일차적으로 처(부인)의 출신지 명칭이 사용되며, 다음으로 집주인(또는 조상)이 관직에 있었던 경우에는 관직명이 택호가 된다. 이 경우 관직명 택호는 그 집의 가격(家格)을 높여주는 것이기 때문에, 수대가 지나더라도 그대로 사용하는 것이 관례이다. 또한 처의 출신지(촌락명)도 반촌(班村)인지 민촌(民村)인지, 반촌이라면 어떤 격의 반촌인지에 따라 자연히 통혼권과 함께 그 집의 가격을 드러내주는 결과가 된다.

그런데 장정마을의 택호는 대부분 부인(할머니)의 출신지 자연마을의 이름이나 지명을 붙인 것이다. 택호는 한번 붙여지면, 그 후에는 대가 바뀌어도 고정되어 오늘에 이르고 있다. 택호가 붙여진 시기는 각 집안마다 달라 정확히 언제부터 택호를 사용하였는지 알 수 없지만, 여러 가지 정

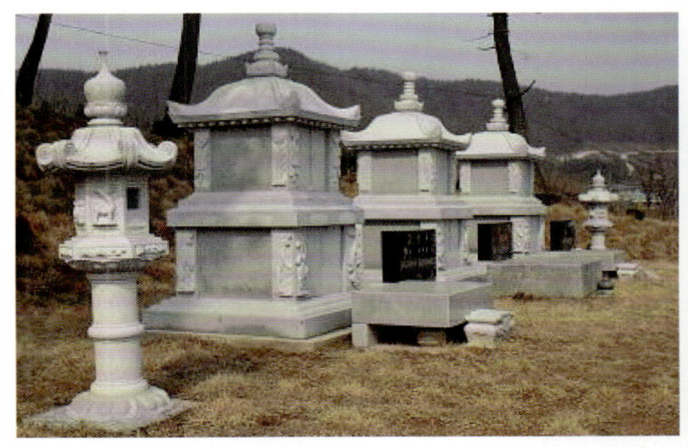

신양파 종중에서 최근 조성한 납골묘

황으로 보아 19세기 후반에서 20세기 초에 집중적으로 택호가 만들어졌던 것으로 보인다. 1980년에 장하리 강씨들은 『중정공가보(中正公家寶)』를 만들면서, 그 당시 마을에서 통용되는 택호들을 일괄 정리한 바 있다. 오늘날 택호는 대부분 당내친(堂內親) 정도의 집안에 대해 붙여진 것으로, 일종의 소종중 역할을 하고 있는 셈이다. 다음의 표는 현재 장정마을과 북고리에 살고 있는 소종중과 택호를 정리한 것이다. 여기에서는 다른 곳으로 이주해 나간 집안은 제외하였으므로 같은 줄에 배치된 가계(家系)가 반드시 장손으로 이어진 것을 의미하는 것은 아니다.

장정·북고리에 거주하는 집안의 택호

| | 19세 | 20세 | 21세 | 22세 | 23세 | 24세 | 25세 | 26세 | 27세 | 28세 | 29세 | 30세 | 31세 | 32세 | 택호 | 현거주지 |
|---|---|---|---|---|---|---|---|---|---|---|---|---|---|---|---|---|---|
| 아랫말파 | 泰命 | 弼周 | 涵 | 彦碩 | 逢昌 | 載孝 | 堯熙 | 信仁 | 錫玄 | 南求 | 壹模 | 顯天 | | | 금산댁 (금산) | 상황리 |
| | | | 濆 | 彦甲 | 企昌 | 載元 | 殷熙 | 信弘 | 錫東 | 貞求 | 율모 | | | | 옥구댁 (전북 옥구) | 북고리 |
| | | 師周 | 泂 | 彦邦 | 世昌 | 載欽 | 彝熙 | 信哲 | 錫樂 | 纘求 | 順模 | | | | 백호실댁 (부여 양화면) | 북고리 |
| | | 如周 | 灘 | 彦經 | 之玉 | 載文 | 胤熙 | 信泰 | 錫文 | 弼求 | 洵模 | 顯時 | 明圭 | | 연산댁 (논산 연산면) | 장정/강경/서울 |
| | | | | | | 載泓 | 仁熙 | 信謨 | 錫璜 | 憲求 | 敬模 | 顯寬 | | | 옥실댁 (부여 임천면) | 북고리/대전 |
| | | | | | | | 勳熙 | 信周 | 錫斗 | 鴻求 | 一模 | 顯萬 | | | 개오댁 | 강경/북고리 |
| | | | | | 繼昌 | 載旭 | 膺熙 | 信吉 | 錫範 | 永求 | 哲模 | 顯光 | | | 내동댁(장암면 정암리 안골) | 장정/부여 |
| | | | | | | 載敬 | 恒熙 | 信肅 | 錫光 | 仁求 | 亨模 | 顯善 | | | 갈리댁 | 장정 |
| | | | | | | 載重 | 興熙 | 信常 | 錫和 | 千求 | 潤模 | 顯官 | | | 지암리댁 | 장정 |
| | | | | | | | 成熙 | 信慶 | 錫祚 | 賢求 | 鳳模 | 顯直 | | | 지암리댁 | 장정/서울 |
| | | | | | 大昌 | 載益 | 忠熙 | 信甫 | 錫九 | 正求 | 俊模 | 德善 | | | 탑골댁 (부여 가탑리) | 장정 |
| | | | | | | | | 信浩 | 錫八 | 忠求 | | | | | 나루미댁 (세도면) | 장정 |

| | 19세 | 20세 | 21세 | 22세 | 23세 | 24세 | 25세 | 26세 | 27세 | 28세 | 29세 | 30세 | 31세 | 32세 | 택호 | 현거주지 |
|---|---|---|---|---|---|---|---|---|---|---|---|---|---|---|---|---|
| 아랫말파 | | | | | 廈昌 | 載基 | 啓熙 | 信恪 | 錫智 | 月求 | 秉鎬 | | | | 합하골댁<br>(장암면 합곡) | 장정 |
| | | | | | | | | 信明 | 錫魯 | 營求 | 秉春 | | | | 한실댁<br>(서천 운산면) | 장정/<br>강경 |
| | | | 溫 | 彦器 | 晋昌 | 載俱 | 夏熙 | 信奎 | 錫金 | 廷求 | 相模 | 顯烈 | | | 동주메댁<br>(양화면) | 장정 |
| | | | | | 潤昌 | 載成 | 耆熙 | 信龜 | 錫鎭 | 孔求 | 賢模 | | | | 팔충댁(충화면) | 장정<br>/의정부 |
| | | | | | | | | 信正 | 錫判 | 王求 | 秉瑞 | | | | 나말댁(부여읍<br>염창리) | 장정 |
| | | | | | 壽昌 | 載喜 | 瓘熙 | 信鳳 | 錫箏 | 忠求 | | | | | 다방골댁<br>(홍산면) | 장정 |
| | | | | 彦元 | 漢裕 | 載益 | 鼎熙 | 信七 | 錫俊 | 穆求 | 鍾模 | 顯丙 | | | 새태골댁(장암<br>면 지토리) | 장정 |
| | | | | | | | 聖熙 | 信萬 | 錫朝 | 治求 | 徹 | | | | 검진애댁<br>(임천면 검리) | 장정 |
| | | | | | | 載東 | 重熙 | 信三 | 錫敬 | 銅求 | 秉模 | | | | 새집댁<br>(새로 지은 집) | 장정 |
| 웃말파 | 泰鳳 | 以周 | 泓 | 彦協 | 運昌 | 載大 | 文熙 | 信會 | 錫老 | 麟求 | 秉燮 | 顯文 | 圭哲 | 孝鍾 | 장급댁<br>(논산 채운면) | 장정 |
| | | | | | | | 有熙 | 信厚 | 錫朋 | 正求 | | | | | | 장정 |
| | | | | | | | | 信德 | 錫鉀 | 萬求 | 根模 | 顯哲 | | | | 북고리 |
| | | | | | | | 元熙 | 信壁 | 斗錫 | 炳求 | 永模 | 顯一 | | | | 북고리 |
| | | | | | | | 武熙 | 信忠 | 錫珎 | 敞求 | 胤模 | 顯植 | 圭榮 | | 삼산댁(논산<br>성동면) | 북고리 |
| | | | 浚 | 彦彬 | 善昌 | 載復 | 胤熙 | 信晦 | 錫明 | 山求 | 濟模 | | | | 성북댁(장암면<br>지토리) | 장정 |
| | | | | | | | | 信曜 | 錫址 | 印求 | 順模 | | | | 저동댁(내산면) | 장정 |
| | | | | | | 載老 | 敏熙 | 信鶴 | 錫壹 | 勳求 | 都錫 | | | | 표빈댁(서천) | 장정 |
| | | | | | | | 文熙 | 信鵬 | 錫弼 | 裕求 | 秉坴 | | | | 상리댁<br>(논산 성동면) | 장정 |
| | | | | | 基昌 | 載璜 | 纘熙 | 信鳳 | 錫達 | 昇求 | 曾模 | 潤錫 | | | 화산댁<br>(청양 장평면) | 장정 |

## 마을의 공적 조직

### 마을총회와 이장

마을총회는 마을 주민 모두가 참여하는 마을 운영의 최고기구이다. 마을총회는 '대동회'라고 부르기도 하는데, 정기총회는 매년 말에 날짜를 잡아 열린다. 마을총회에서는 예산과 결산을 심의하고, 기타 마을의 중요한 일을 의결한다. 총회는 이장이 주관하고, 정기총회 외에 중요한 사안이 있으면 임시총회를 열거나 반장, 개발위원, 새마을지도자 등과의 회의로 대체하기도 한다.

장정마을 이장은 그동안은 보통 추천제로 사전 합의하여 만장일치로 뽑았고, 임기를 2년으로 하였다. 그러나 현 이장 선출 때부터는 선거로 뽑았다. 이장 선거시 선거권은 1가구당 1표씩 주어진다. 현 이장인 강현면 씨는 검신들 대구획정리 과정에서 그리고 환경운동 과정에서 마을 사람들의 신임, 특히 청년층으로부터 두터운 신망을 얻어 이장 후보로 추대되었고, 투표 끝에 이장으로 선출되었다. 기존의 이장들에 비하면 연령이 꽤 젊어진(45세) 셈이다.

역대 이장은 장하리가 1리와 2리로 나누어지기 전인 일제 강점기에는 강일구 → 강성구 씨가 역임하였고, 해방 직후에는 강난구 → 조남석(하곡) 씨가 역임하였다. 한국전쟁 무렵부터 장하리가 1리와 2리로 나누어졌는데, 그 이후에는 강병모 → 강홍구 → 강일모 → 강치구 → 강홍모(72~76) → 강상모 → 강청구 → 강현규 → 강술모 → 강현백(98~99) → 강술모 → 강현면(현 이장) 씨 등이 이장을 맡아왔다. 이처럼 장정마을은 한 사람이 오랫동안 이장직을 수행하는 경우가 별로 없었다. 그것은 사전합의 하에 추천하여 만장일치로 이장을 뽑는 선거방식으로 인해, 마을 장년층이나 지도적인 위치에 있는 사람들이 교대로 이장직을 수행해왔기 때문이다.

이장에 대한 대우는 과거 마을에서 모아 주는 이장조로 벼 2말, 보리 2말이 있었으나, 강술모 씨 이장 재임시부터 없어졌고, 다른 마을에서도 전반적으로 이장조가 없어지는 추세이다. 그러나 일부 마을에는 이장답이 있는 경우도 있다. 현재 면에서 지급하는 이장 수당은 월 20만 원, 보너스 1년에 2번 20만 원, 회의수당 월 2만 원이며, 농협에서 영농회 회장 자격으로 월 6만 원을 받는다.

　장정마을의 공동재산으로는 마을회관이 있다. 처음 마을회관은 최재봉 씨가 희사한 땅에 지었는데, 지금은 헐리고 없다. 그 자리는 일제 강점기에 마을 야학당이 위치해 있었던 곳으로, 지금은 천진전 주차장으로 이용되고 있다. 그 다음 마을회관은 구 청운불교당 옆에 있는 것으로, 그 부지 중 일부는 매입하고 일부분은 강환모 씨가 희사하여 지었지만, 새 회관 건축 후 현재는 사용하지 않고 있다. 현재의 마을회관은 동네기금으로 부지를 매입하여 지은 것이다. 1층은 마을회관 겸 경로당으로 사용하고 있고, 2층은 청년회 사무실로 사용하고 있다.

　이밖에 마을 공동재산으로 새마을창고(교회 주변, 현재 농기계보관창고 주변)가 있는데, 이것은 새마을사업을 할 때 동네 주민들이 출력해서 지었다. 그런데 농협창고를 짓게 되자, 이 창고는 사용하지 않게 되었다. 또한 농산물간이집하장은 강현규 씨 명의로 되어 있지만, 작목반(장년층)이 정책사업 보조금을 받아 지은 것이다. 지금은 마을 공동창고로 사용하고 있다.

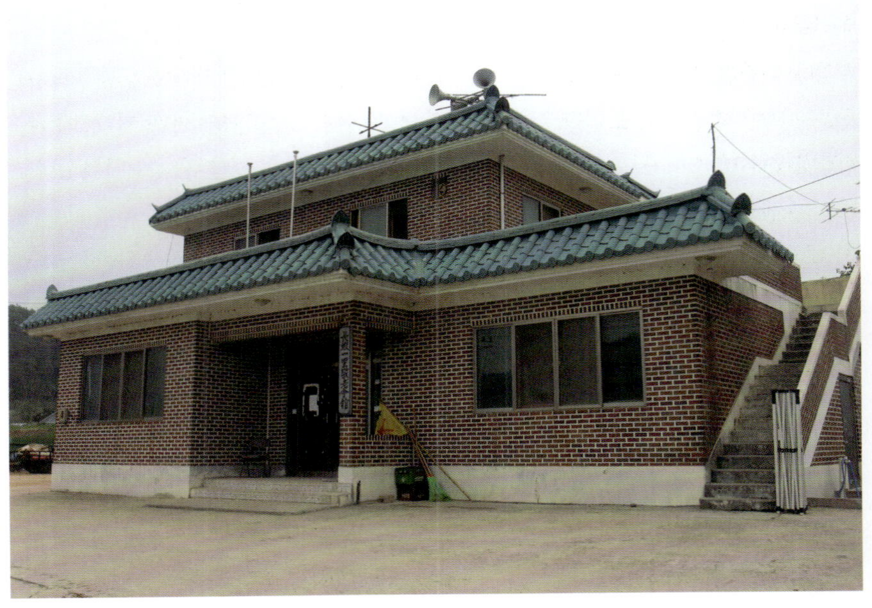

**현재 마을회관 모습**

## 반 조직

장정마을은 자연마을을 기준으로 총 7개 반으로 구성되어 있다.

장정마을 반별 분포표

| 반 | 자연마을 명칭 | 세대수 | 반장 |
| --- | --- | --- | --- |
| 1반 | 탑산골, 굿뱅이 | 9호 | 강현본 |
| 2반 | 경굴 (기암동) | 11호 | 서승구 |
| 3반 | 웃말 | 11호 | 강현두 |
| 4반 | 중뜸 (웃말) | 10호 | 강현민 |
| 5반 | 아랫말 | 13호 | 강현순 |
| 6반 | 가잿골 | 10호 | 김용선 |
| 7반 | 후포 | 20호 | 강도석 |

장정마을에서 반의 단위와 역할은 1980년대 중반까지만 해도 중요한 의미를 가졌다. 즉 두레, 품앗이를 반 단위로 하여 칠월 칠석에는 '반두레 먹기' 를 하였다고 한다. 이런 풍습으로 인해 지금도 칠석날 마을 잔치를 열고 있다. 마을에서는 이날 먹고 마시는 비용을 '먹메' 라고 부른다. 이밖에 과거에는 보리심기, 모심기, 벼베기를 반별로 일정을 정하여 하였다. 이러한 습속 때문에 현재 마을의 규모가 작아졌어도 반이 잔존하고 있다. 그러나 반은 잔존하지만 농업이 기계화되면서 반별로 하는 것이 점차 없어졌고, 반두레도 없어지고 말았다.

현재 장정마을에서는 반상회를 하지 않고 있다. 연락사항이나 중요한 문제가 있으면, 반장이 가가호호 다니며 알리고 의견을 수렴하는 방식으로 반상회를 대체하고 있다. 최근 40대 이장의 탄생에 따라 반장들도 30~40대를 주축으로 구성되었다. 청년층에서 마을 이장직과 반장직을 수행하면서 마을이 더 활기차게 움직이고 있다. 그러나 노년층 중에는 젊은층 중심의 마을 운영에 대해 기대와 함께 다소 걱정스러워하는 분위기도 없지 않다. 큰 문제가 될 정도는 아니지만, 세대통합은 앞으로 풀어가야 할 과제의 하나라고 할 수 있다.

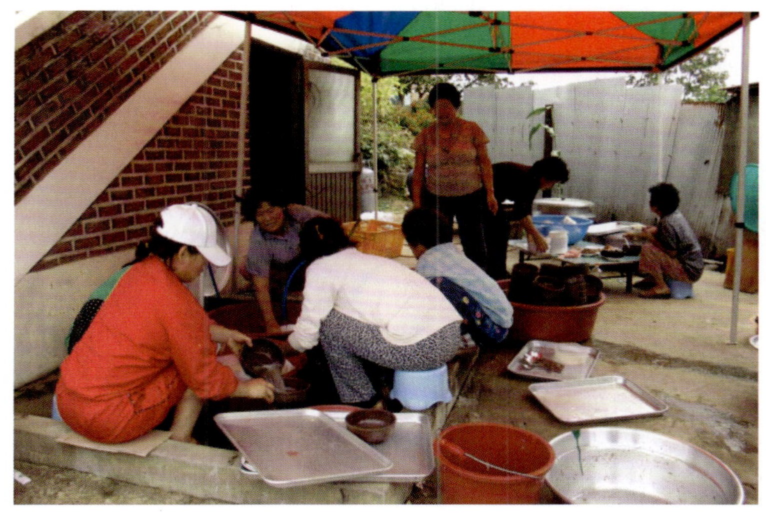

부녀회원의<br>활동 모습

## 부녀회

부녀회는 20세부터 64세까지의 여성으로 구성되는데, 가구당 1명씩을 회원으로 하여 현재 회원은 40명 정도 된다. 정기적인 모임은 1년에 2번 열리는데, 여름에는 6월에 겨울에는 12월 말에 갖는다. 부녀회의 회비는 별도로 없고, 모임 당일에 다과와 음료는 부녀회 회장과 임원들이 갹출하여 준비하고 있다. 정기모임 외에 비정기적으로 마을에 행사가 있을 때 모이며, 청년회와 함께 체육대회 등의 행사를 주도하거나 도와주고, 쓰레기 재활용 수거 일을 한다. 이처럼 부녀회는 마을의 갖가지 궂은일에 행동대원으로 활약하기 때문에, 마을 운영에서 빼놓을 수 없는 조직이다.

## 청년회

청년회는 마을마다 조직되어 있지만, 농촌의 고령화 추세에 따라 구성 연령층이 점차 높아지고 있는 실정이다. 현재 장하리 청년회는 20세에서 50세 사이의 연령층으로 구성되어 있다. 고령화가 심한 지역에서는 청년회를 조직조차 못할 정도인데, 장하리는 비록 청년층이 많은 편은 아니지만 활동은 활발한 편이다.

장정마을 청년회는 매우 독특한 구조를 갖고 있다. 청년회는 현재 장정마을에 거주하고 있는 청년들로 조직된 청년회와 장정마을 출신으로 외지에 거주하는 청년들로 이루어진 상조회 형태의 이원적인 조직으로 운영되고 있다.

장정마을 청년회 조직표

| 구분 | 장하리 청년회 | | | (외지 거주) 청년회 | | |
| --- | --- | --- | --- | --- | --- | --- |
| | 1조 | 2조 | (장년부) | 1조<br>(수도권) | 2조<br>(대전·청주권) | 3조<br>(부여 일원) |
| 명단 | 강현면<br>강현구<br>강현민<br>강도석<br>강현학<br>강덕선<br>강병복<br>김선정<br>강현본<br>(9명) | 강두모<br>강덕구<br>강구모<br>강국모<br>김용선<br>강남규<br>강선모<br>강영규<br>강현영<br>(9명) | 강중구<br>강응구<br>강다구<br>강규옥<br>강왕모<br>김길중<br>서승구<br>강현백<br>김주달<br>강현순<br>(10명) | 강내모 · 강철호 ·<br>강 철 · 강현철 ·<br>강범모 · 강현억 ·<br>강재모 · 강현빈 ·<br>강현돈 · 강태완 ·<br>강효종 · 강현재 ·<br>김한중 · 박승철 ·<br>한용식 · 강규황 ·<br>강윤모(17명) | 강현삼 · 강의모 ·<br>강형덕 · 강현신 ·<br>강병호 · 강승렬 ·<br>강병윤 · 강진수 ·<br>강대성 · 강현각 ·<br>강권모 · 강현철 ·<br>강규성 · 강현관 ·<br>강병관 · 강병성<br><br>(16명) | 김주승 · 강현배 ·<br>강 열 · 강무성 ·<br>강병용 · 강병서 ·<br>강 수 · 강진모 ·<br>강현송 · 이병현 ·<br>강현태 · 강군모 ·<br>서권식 · 양노준 ·<br>장성익 · 신승복 ·<br>강병민(17명) |

우선 장정마을 내의 청년들로 이루어진 청년회는 2개 조 총 18명으로 구성되어 있다. 현재 회장은 강덕구 씨이고, 총무는 강현본 씨가 맡고 있다. 특이한 것은 50세 이상 60세 미만으로 청년회에서 은퇴한 사람들이 장년부를 구성하여, 청년회와 함께 친목을 도모하면서 후원 역할을 하고 있다는 점이다.

청년회의 활동은 마을 내 애경사에 상조회로 활동하는 것 외에, 남산초등학교 가을운동회의 부락 잔치와 면체육대회를 각 마을(지토리, 상황리, 하황리, 북고리, 장하리) 청년회와 함께 주관하는 역할을 하고 있다. 또한 칠석날 두레 먹는 행사도 주관한다. 마을이 클 때는 반별로 반두레를 먹었으나, 지금은 청년회에서 주관하여 마을 전체 행사로 한다. 또 어버이날에는 부녀회와 함께 어른들 식사 대접을 하고, 개천절에 단군제를 지낼 때나 재활용 쓰레기 수거를 할 때도 함께 돕는 역할을 한다. 청년회의 정기모임은 추석과 설 전날 연 2회 마을회관에서 갖고, 회비는 1회당 2만

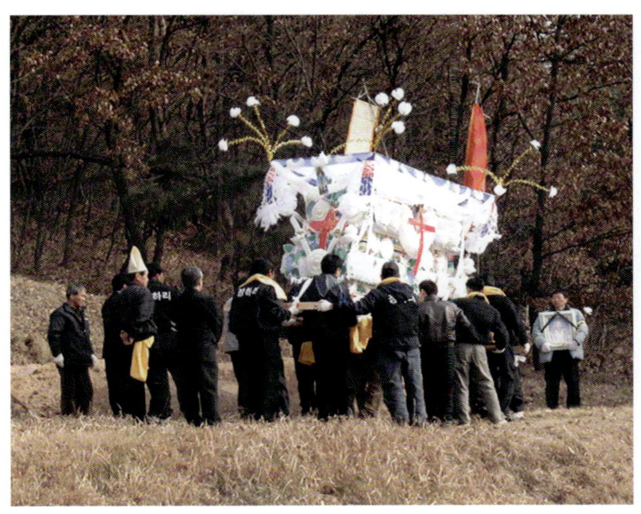

**청년회의 운구활동**

원씩이다.

　다음으로 외지에 나가 있는 청년들로 구성된, 상조회 식으로 운영되는 청년회는 2003년도에 처음 공식적으로 결성되었다. 최근 들어 점차 고향에 대한 인식이 약해지고, 초상 때도 마을 내 청년들이 줄어들어 상여 운구에 어려움이 생기게 되자, 애향의식도 고취하고 상여 운구의 어려움도 해소하자는 취지에서 새롭게 조직되었다.

　이 청년회는 약간의 강제성을 띠고 있는데, 장하리에 부모가 거주하는 가구라면 (외지에 나가 있는) 20세 이상 50세 미만의 아들 중에 1명은 무조건 청년회에 가입할 것을 의무화하고, 그럴 경우에만 나중에 부모님이 돌아가실 때 장례를 함께 치러준다는 것이다. 외지 거주 청년회의 조직은 거주 지역별로 3개조로 이루어져 있다. 1조는 수도권 지역에 거주하는 청년들이고, 2조는 대전·충남북 지역에 거주하는 청년, 3조는 장하리를 제외한 부여군 일원에 거주하는 청년들로 구성되어 있다.

　이들은 마을에 초상이 날 때마다 조별로 돌아가며 의무적으로 참석하여 상여 운구를 하고 있다. 현재 회원들은 각 조가 16~17명씩으로 되어 있고, 장하리에 거주하는 청년들(18명)은 상시 회원으로 이들과 함께 장례 준비를 한다. 외지에 사는 회원들도 자기 조가 당번일 때는 만사 제쳐두고 참석하는 것이 의무로 되어 있다. 직장인들은 연가를 내서라도 참석해야 한다. 단 형제가 여럿 있을 때는 형제 중 누가 오더라도 상관없다. 외지의 청년회원들은 또한 명절(설과 추석) 때는 귀향하여, 마을 청년회 모임에 참석하는 것을 원칙으로 하고 있다. 장례식은 물론 명절 때 참석하지 못

하는 회원들에게는 벌금―장례식 불참시 5만 원, 총회 불참시 2만 원을 징수하며, 장
례식 불참이 거듭되면 아예 자격을 박탈하는 규정을 두고 있다.

### 노인회

마을의 60세 이상 남자 노인들과 65세 이상 여자 노인들은 노인회를 조직하고 있
다. 현재 남자 회원은 40명, 여자 회원은 30명 정도이다. 초대 노인회장은 강상구 씨
로 10여 년 동안 일했고, 현재 회장은 강경구 씨, 총무는 강덕모 씨이다. 처음 회원으
로 등록할 때 1인당 1만 원의 회비를 받고 있다. 노인회에서는 마을회관, 쓰레기장과
매립지 관리(청소)를 당번을 정해서 순서대로 하고 있다. 정부로부터 유류비 등 관리
비로 1년에 100만 원의 지원을 받고 있고, 마을의 호망계에서도 지원금을 받고 있다.
노인회 주최로 정월 보름에 윷놀이 대회를 여는데, 상품은 삽이다.

노인들은 일상적으로 마을회관에 모여 어울린다. 특히 밤 시간에는 할머니들의
마실문화가 꽃피는 장소이기도 하다. 따라서 마을회관에는 '장하리 경로회관'이라
는 간판이 함께 붙어 있다. 현재 마을회관에는 정부에서 설치해준 온열치료기가 있
다. 그러나 이것을 이용하는 사람은 많지 않고, 마을의 할아버지 5~6분은 부여의 경
로의료원에 매일 다니며 물리치료를 받고 있다.

## 마을 안팎의 비공식 조직

### 마을의 친목 모임

과거에는 마을 내에 여러 비공식 모임들이 친목계 또는 자발적 결사체의 형태로
조직되어 있었다. 동갑 또는 동년배의 모임, 부녀자들의 친목계, 마을 발전을 도모하
기 위한 젊은이들의 결사체 등이 그것이다. 그러나 최근에는 농촌인구의 감소로 마
을 안에서만 이루어지는 친목 모임은 거의 사라졌다고 해도 과언이 아니다. 다만 생
산 조직이면서 연령층이 어느 정도 비슷한 3개의 작목반들이 정기적으로 친목 모임
을 갖고 있고, 부녀자들의 친목 모임이 몇 개 있는 정도이다.

현재 장하리 내에서 모이는 한 친목 모임은 50~60대 여자들의 모임으로, 현재 16명으로 구성되어 있는데, 정식 명칭은 없다. 1년에 1번 12월에 모이며 회비는 1인당 5만 원이다. 이렇게 모은 돈으로 회원당 1명의 자녀가 결혼할 때 50만 원씩을 지원해 주고 있다. 그리고 70~80세 할머니들의 윷놀이계가 있는데, 이 모임은 15명 정도로 회비도 없고 한가할 때(보통 밤 시간) 수시로 마을회관에 모여 윷놀이를 하는 모임이다.

## 마을 범위를 넘어서는 친목 모임

요즘 들어 가장 많은 친목 모임이 바로 동갑 친목계이다. 이 동갑계는 농촌인구의 감소로 인해 주로 면 단위로 이루어지고 있으며, 회원은 남성 위주로 구성되어 있다. 비록 회원은 남성 위주로 구성되었으나, 참석은 부부 동반으로 하는 경우가 많다. 일례로 범띠 모임이 있는데 매월 9일마다 모이고 회비는 한 가정당 3만 원이다. 모임 회원의 지역 범위는 북고리, 장하리, 상황리 등 몇 개 마을로 구성되어 있다. 모이면 주로 식사를 하고, 앞으로 회갑기념일에 중국여행을 갈 목적으로 계금을 적립하고 있다. 또 신사생 동갑계, 정축생 동갑계 등이 있는데, 이들 모임도 장암면 일대나 장하리, 하황리, 상황리, 지토리 마을 사람들을 대상으로 하고 있다. 모임의 취지와 목적은 애경사에 상호 방문 및 부조하고, 정기적으로 회식을 하며 친목을 도모하는 데 있는데, 역시 부부 동반으로 참가하고 있다.

그리고 다음으로 많은 것이 학교 동창계이다. 초등학교, 중학교, 고등학교 등 학교 동창 중 거주권이 비슷하고 마음에 맞는 동창끼리 계 형식으로 모임을 가지고 있다. 이 동창계 특히 초등학교 동창계는 거의 졸업 기수별로 하고 있어, 동창회가 활성화되고 있는 요즘 세태를 반영하고 있다.

이러한 동년배의 개인 친목계와 다른 모임으로, 마을 단위를 넘어서는 면 단위, 군 단위의 모임들이 있는데, 이들 모임에 마을 사람들이 각각 1~5명 정도 참석하고 있다. 예컨대 부여 읍내 경로의료원 내 외래환자 모임은 2004년 결성되었으며, 총 37명의 70세 이상 할아버지들의 모임인데, 장정마을에서는 5명이 참가하고 있다. 이들은 마을 내 의료시설이 없는 관계로 부여 읍내의 경로의료원에 물리치료를 받기 위해 거의 매일 출퇴근할 정도로 다니면서 결성된 모임이다. 이 모임은 농촌 지역의 부족한 의료시설의 현실을 반영하고 있는 모임이라고 할 수 있다.

한편 부림(扶林)동지회는 부여군 전체를 대상으로 각 면별로 60대 회원이 2~3명 정도 참가하는 지역 유지들의 모임이다. 장정마을에서는 강상모 씨가 주요 멤버로 참가하고 있다. 이 모임이 결성된 지는 15년여 되었고, 회원은 결성 당시는 50명이었으나 지금은 24명인데, 부여 지역사회의 발전을 위한 의견을 나누면서 친목을 도모하는 모임이다. 비록 명시적이고 적극적으로 움직이는 것은 아니지만, 일종의 정치적인 결사의 성격도 갖고 있는 모임이라고 볼 수 있다.

40대로만 구성되어 있는 장암면 지역발전 애향회는 장암면 전체 마을에서 각각 1~4명 정도의 리더십 있고 활동적인 사람들이 참가하고 있으며, 현재 회원은 43명이다. 장하리에서도 이장인 강현면 씨 등이 주요 회원으로 참석하고 있다. 이 모임은 장암면 지역발전을 위하여 결성된 모임으로, 과거의 강호동지회와 비슷한 성격의 모임이라고 할 수 있다.

이렇게 장정마을 사람들, 특히 청장년층은 마을 내의 작목반 같은 모임 외에 면 단위나 군 단위로 모이는 개별 친목 모임이 많다. 참가하는 모임이 많은 사람은 한 달에 15일 내지 20일 정도는 저녁시간에 모임에 참석하기 위해 외출을 한다고 한다. 이들은 낮에는 열심히 농사일을 하고, 저녁시간이 되면 주로 부여 읍내로 친목 모임을 하러 나가는 것이다. 이처럼 농촌 지역에서는 작목반 같은 농사와 직접 관련이 있는 모임이나 동창회, 동갑계 등 각종 친목 모임이 도시 지역보다 오히려 활성화되어 있다. 이는 농사일 자체가 사람들 사이의 관계망 속에서 이루어지는 작업이 아니라 개인, 부부, 가족 단위의 작업이기 때문에, 사회관계에서 소외될 우려가 있으므로 더욱 이런 모임에 열성적인 것이라고 생각된다.


### 강호동지회

친목 모임이지만 마을 간의 특수한 역사적 배경 때문에 마을 간의 연대를 도모하고, 나아가 지역사회의 발전에 힘을 모으는 일종의 정치적 결사의 의미를 갖게 된 모임으로 강호동지회(江湖同志會)가 있다. 강호동지회는 1964년에 결성되었는데, 그 배경에는 장하리 강씨들과 하황리 조씨들 간의 가슴 쓰린 과거가 있다.

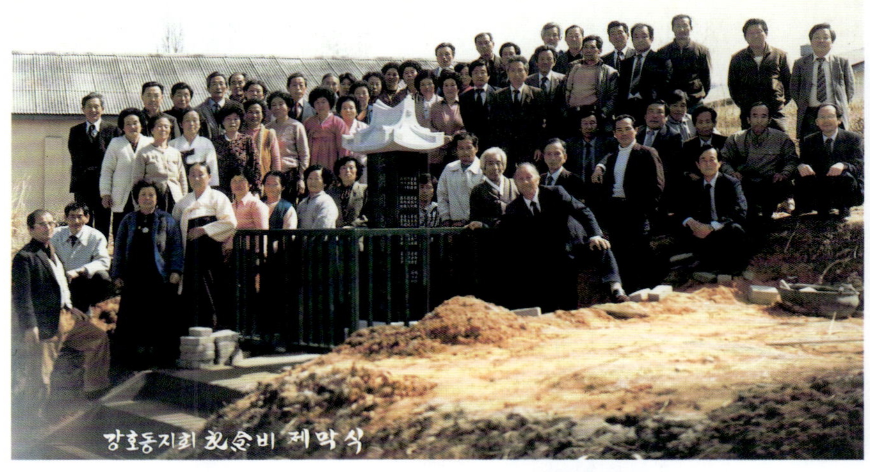


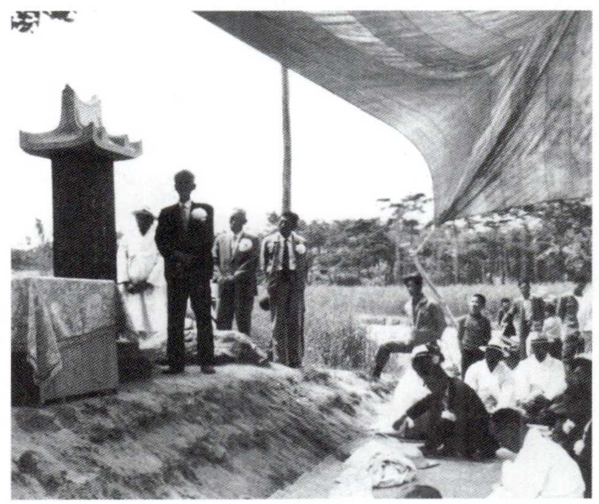

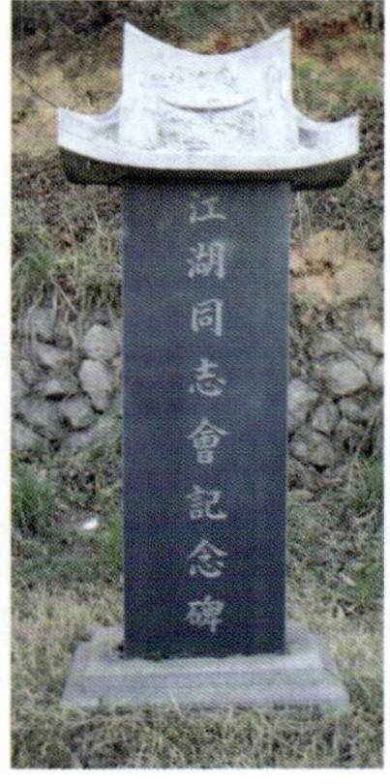


강호동지회 기념비 제
막식 기념촬영(위)
강호동지회 기념비 제
막식 사진(왼쪽 아래)
강호동지회 기념비(오
른쪽 아래)

조선 후기 이래 장하리의 진주 강씨와 하황리의 풍양 조씨들은 사이가 좋지 않았
다. 조씨들이 자신들을 명문 양반이라 자부하면서, 강씨들을 업신여기는 경향이 있
었기 때문이다. 이런 상태는 일제 강점기에도 이어져서, 양자 간에는 반목과 갈등이
계속되었다. 특히 20세기에 들어와 강씨들이 교육에 힘을 쏟고 경제적으로 힘을 기
르는 한편, 독립운동에 투신하거나 면장을 맡는 인물이 나오는 등 지역 내 사회적 위

상을 향상시켜감에 따라 양자 간의 경쟁과 갈등은 오히려 고조되어갔다. 동시에 일제 말 해방 후 장하리 강씨들 중에서는 좌익 성향의 인물들이 일부 활동하였는데, 이로 인해 종래의 신분적, 감정적 갈등에 이데올로기적 대립 양상이 새롭게 얽히면서 한국전쟁 동안 양측에 다수의 희생자를 낳게 되었다. 특히 인민군 점령기의 일부 강씨들의 활동이 문제가 되면서, 수복 후에 장하리 쪽의 피해가 컸다.[6]

전쟁 이후에도 오랫동안 장하리 사람들은 당시의 반공적 이데올로기 상황에 의해 억눌린 상태로 지낼 수밖에 없었고, 경제적으로도 큰 시련을 겪게 되었다. 두 마을이 항상 긴장상태에 있었음은 말할 것도 없다. 예컨대 정월 대보름날 마을 청소년들은 두 마을의 경계가 되는 논두렁 양쪽에 서서 '전쟁이나 다름없는' 치열한 쥐불놀이를 했다. 또한 남산마을(하황리)에서 부여에 있는 학교에 가기 위해서는 장정마을 앞을 가로질러 두래미나루에서 강을 건너야 했는데, 남산마을 학생들이 마을 앞을 제대로 지나가지 못할 정도였다고 한다.

그러나 10여 년간 계속된 이러한 갈등과 긴장관계는 풀지 않으면 안 될 과제이기도 했다. 그러던 중 1963년 장정마을의 강동구 씨는 남산마을의 친한 친구인 조남찬 씨에게 두 마을의 관계를 회복하기 위한 친목 모임을 결성하자는 제안을 했으나, 처음에는 성사되지 못하였다. 그러나 두 사람의 설득으로 이듬해(1964년) 두 마을 13명의 사람들(진주 강씨 5명, 풍양 조씨 8명)이 처음으로 군산에 놀러가게 되었다. 이 자리에서 두 마을의 화해 모임을 만들기로 하고, 조성열 씨의 제안에 따라 모임의 이름을 '강호동지회'로 삼기로 했다. 군산에 다녀온 뒤 마을에서 첫 모임이 강용모 씨 집들이 때 이루어졌고, 이후 모임에 들어오려는 사람들이 늘어났다고 한다. 초대 회장은 신창선 씨였는데, 그는 연령이 많았을 뿐더러 남산마을에 살면서 그의 외가는 장정의 진주 강씨였기 때문에 두 마을, 두 성씨를 중재하기에 적당한 위치에 있다고 하여 회장에 선출되었다.

강호동지회의 회원은 평소 행동거지가 바르고, 강가와 조가를 나누려는 의식이 없고 화해할 마음이 있는 사람만 가입시켰다고 한다. 그러나 나중에는 강씨와 조씨 이외의 사람들도 참여시켰고, 점차 하황리와 장하 1리를 넘어서 상황리, 북고리 사람들도 모임에 가입하기 시작하여, 회원수가 50여 명에 이르게 되었다. 이로써 좀 더

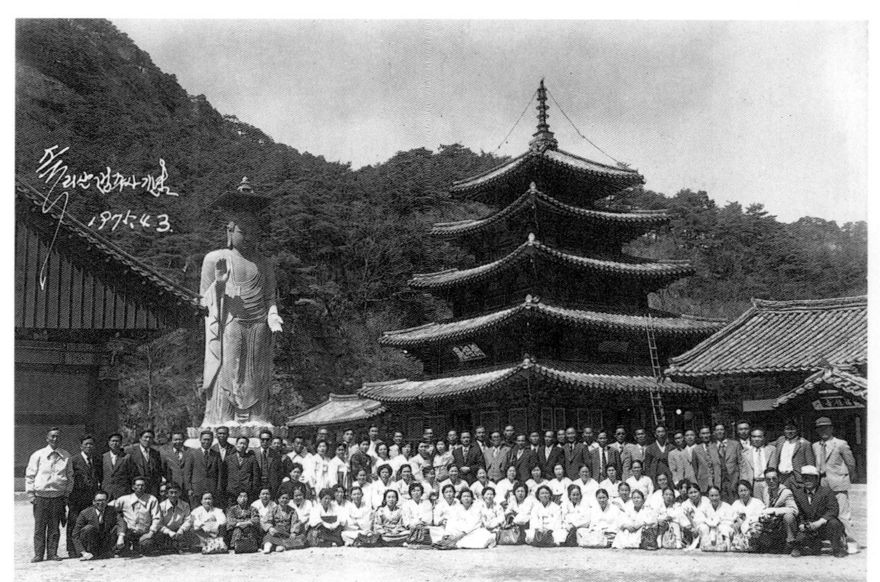

강호동지회 회원 부부 동반 속리산 관광 기념사진(1975. 4. 3.)

넓은 마을간 연대의 틀이 만들어진 셈이다.[7]

강호동지회는 두 마을 간의 화해 분위기를 조성하기 위해 노력하는 한편, 두 마을 공동의 과제였던 금강변 제방 축조를 위해 제방축조추진위원회를 구성하게 되었다. 추진위원회는 행정기관과 정치인(국회의원 김종익)을 방문하면서 제방 축조를 위한 청원활동을 벌였다. 그 결과 1970년대 초·중엽 제방이 축조되는 성과를 거두었다. 강호동지회에서는 제방 축조 당시 쌀 10가마를 기증하였고, 남산초등학교에 찬조금도 주는 등 지역사회에 영향력 있는 단체로 자리 잡았다. 회원들은 1985년 강호동지회의 뜻을 기리기 위해 하황리 입구에 강호동지회 기념비를 세워놓았다. 기념비에는 강호동지회 결성의 취지와 과정 그리고 뒷면에 회원 명단이 기록되어 있다.

2005년 현재 생존해 있는 회원은 장하 1리에 8명, 하황리에 13명, 북고리에 2명이 있다. 이 모임은 매년 두 번(봄, 가을) 친목 모임을 가졌고, 70년대에는 부부 동반으로 관광도 다녔으나, 지금은 모임은 하지 않고 회원 사망시에 쌀 5말을 주고 있다. 다만 조씨 2명, 강씨 3명이 만나 계문서만 작성하고 있을 뿐이다. 즉 강호동지회는

1964년 결성된 이래 제방 축조, 장학금 조성 등 이 지역에서 꽤 영향력 있는 모임이었으나, 회원들 다수가 사망하고 연령이 높은 관계로 앞으로 모임의 존속이 어려운 실정이다. 따라서 강호동지회의 후손들이 모임의 뜻을 계승하고 명맥을 이어가고자 장하 1리 이장을 중심으로 준비하고 있다.

### 향우회

장정마을 출신 인사들의 향우회는 지역별로 3개가 있다. 수도권은 장정일가회, 대전은 화림회, 부여는 청산회란 이름을 갖고 있다. 장정일가회와 화림회는 진주 강씨들로만 구성이 되어 있어, 향우회이자 종친회의 성격을 띠고 있다. 화림회에는 30여 가구가 등록되어 있는데, 2003년에 관광버스를 대절하여 마을에 와서 화림 선영에 성묘를 하고 주민들에게 식사 대접을 하는 행사를 가졌다. 부여의 청산회는 장정마을에 살던 50세 미만의 젊은이들로 구성되어 있다. 여기에는 진주 강씨뿐 아니라 다른 성씨들도 참여하고 있어, 순수한 향우회라고 할 수 있다. 장정일가회는 서울에 거주하는 사람들로 40여 년 전 결성되었고 한때는 진주 강씨 여성들도 참가하는 등 활발했지만, 지금은 활동이 뜸하다고 한다.

### 환경사랑 주민협의회

'환경사랑 주민협의회'는 5개 마을(장하 1리, 장하 2리, 북고리, 상황리, 하황리) 전체 주민들이 참여하고 있는 5개 마을의 연대조직이다. 이 주민협의회는 1998년 장하2리(하곡)에 폐기물처리장(전진산업)이 들어온 뒤 주변 마을의 대기오염과 토양오염이 심각해지자, 이에 조직적으로 대응하기 위하여 1999년 6월에 장하리 주민들의 주도 하에 조직되었다. 특히 2000년에는 5개 마을 주민들이 연합하여 오염을 야기하는 전진산업의 영업에 반대하는 대규모 시위를 벌였다. 그 결과 전진산업은 1년에 4회 이상 수질검사를 받아야 한다는 정부의 조치를 받아낸 것이 주민협의회의 첫 성과라 할 수 있다.

환경사랑 주민협의회의 조직은 공동의장체제를 갖추고 있다. 즉 각 마을 이장이 공동의장을 맡고 세 개의 분과로 나누어 운영하는데, 이 분과는 청년회장, 부녀회장

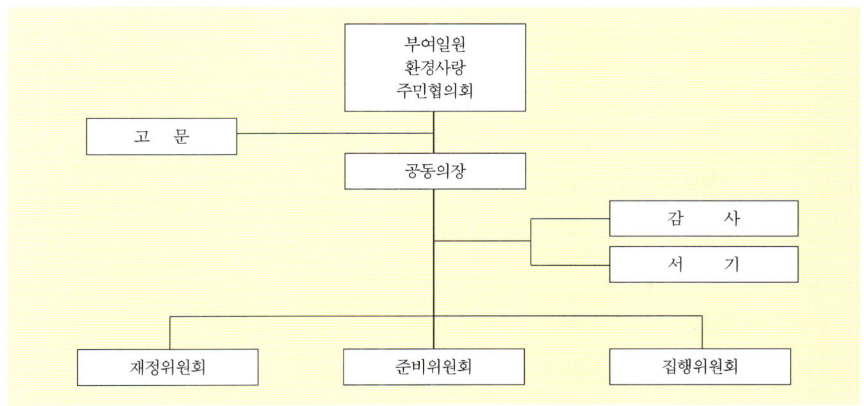



부여일원 환경사랑 주민협의회 조직도

등 마을 조직을 이용하여 분과를 편성하였다. 이것은 사람이 바뀌어도 마을 행정조직은 사라지지 않기 때문에 분과 운영에 차질이 없도록 하기 위하여 마을 행정조직을 조직 구성에 이용한 것이다. 위에 제시한 조직도에서 공동의장은 각 마을의 이장으로, 고문은 노인회장으로, 재정위원회는 새마을지도자, 준비위원회는 청년회, 집행위원회는 반장들로 구성되어 있다. 감사와 서기는 총회에서 선출한다.

최근 주민협의회는 북고리에 들어설 예정인 대규모 양돈업체에 대한 북고리 주민들의 반대활동을 간접적으로 지원하고 있고, 금강의 모래 채취로 인한 문제에 대해서도 대응을 하고 있다. 이처럼 주민협의회는 5개 부락의 공동현안에 직면하여 활발한 활동을 벌이고 있는데, 최근에는 이 협의회를 좀 더 넓은 지역에까지 확산시키고자 하는 의도에서 이름을 '부여일원 환경사랑 주민협의회'로 바꾸었다.


## 교육과 종교, 문화

### 초등 및 중등 교육

장정마을 사람들이 처음으로 근대 교육의 세례를 받은 것은 1906년 강석기가 세운 천영학교(天英學校)를 통해서였다. 천영학교의 교육 내용이나 학교의 지속 기간에 대해서는 잘 알려져 있지 않지만, 오래 지속되지는 못한 것 같다. 그러나 강석기의 장남 강진구는 1929년 광일의숙을 설립했고, 광일의숙은 1930년대에 들어 마을의 젊은 세대들에 의해 장정야학당으로 개편되어 민족·민중교육의 전통을 이어갔다. 이들 야학에서는 주로 학령을 넘긴 청소년, 청년들을 대상으로 보통학교 4년 정도의 초보적인 교육과 함께 민족의식과 사회의식을 고취하는 계몽적 교육을 실시했다고 한다.

한편 장정마을의 아동들이 정규학교 형태의 근대 교육기관에 처음으로 다닌 곳은 1929년에 개교한 장암심상소학교였다. 이후 1943년 9월에 장하간이학교가 개교하자, 장하리 아동들은 장하간이학교에 다니게 되었다. 이 학교는 이후 남산국민학교를 거쳐 현재 남산초등학교로 이어진다. 남산초등학교는 장하 2리의 남산사와 홍학당 옆에 자리하고 있고, 학구역은 장하 1, 2리와 지토리, 북고리, 하황리, 상황리를 포괄하고 있다. 남산초등학교에는 장학답이 3,000여 평이 있는데, 일부는 풍양 조씨가 희사한 것이다.

남산초등학교 개교 후 초대 기성회장은 강진구(1943~1946년)가 맡았고, 그 후 강병모(1951~1956년)가 부회장을 역임한 바 있다. 이후 기성회는 육성회로 명칭이 바뀌었고, 회장 조남시, 부회장 강용모, 남창우가 1967~1970년 동안 맡았다. 이들은 강호동지회 회원으로서 학교뿐만 아니라 지역사회에서도 함께 활발한 활동을 하였다. 대체로 풍양 조씨가 후원회장, 육성회장을 주로 맡았는데, 진주 강씨로 해방 이후 처음 학교 후원단체의 회장을 역임한 것은 강홍모였다. 그는 1978~1984년까지 대교육가족운동회, 교육총화협의회, 협찬위원회장을 역임하였다. 이 후원단체는 기존의 육성회와 같은 성격을 지닌 것이었다. 오늘날 남산초등학교는 여느 농촌 학교처럼 학생수가 많이 줄어들었고, 장하 1리에서 이 학교에 다니는 아동들도 한두 명밖에 안 되는 실정이다.

장정마을 청소년들은 과거 부여중학교나 백제중학교를 다녔다. 부여중학교는 부여읍 동남리에 소재하며 1946년에 개교한 공립중학교이고, 백제중학교는 규암면 반산리에서 1957년 3월 개교한 사립중학교이다. 장정마을에서는 두래미나루에서 배를 타고 강을 건너 부여중학교에 다녔고, 일부는 자전거를 싣고 도강하여 자전거 통학을 하기도 했다. 그 후 1972년 3월 장암면 정암리에 장암중학교가 개교함에 따라 대부분의 학생들은 장암중학교를 다니게 되었다. 그러나 장암중학교가 설립되는 해에도 높은 교육열과 경쟁의식이 작용하여 부여중학교에 입학한 경우가 있었다.

현재 장하리에서 남산초등학교를 다니는 학생은 한두 명에 불과하고, 많은 경우 부여 읍내로 주민등록을 옮겨놓고 궁남초등학교 등을 다니고 있다. 부여까지 통학 방법은 버스를 타고 다니거나 부모가 태워다 주고 있다. 이러한 현상은 교육열이 높은 부모들이 남산초등학교의 학생수가 워낙 적기 때문에 아이들의 사회성이 떨어질 것을 염려해서 벌어진 현상이다. 자연히 중학교의 경우에도 부여에서 학교를 다니는 것이 이제는 주류를 이루고 있고, 고등학교 이상은 어차피 부여나 다른 지역으로 나가야 하기 때문에 중학교 이상의 자녀를 둔 가정 중에서는 아예 부여에 집을 마련해두고 두 집 살림을 하는 경우도 있다.


### 종교

장정마을의 특징 중 하나는 다양한 종교 경관들이 공존하고 있다는 점이다. 마을 내에는 여러 종교 시설들—대종교, 기독교, 청원불교, 점집 등—이 있는데, 이것들은 대부분 이 마을 출신 강씨들이 세운 것으로, 지금도 마을 내에서 활동하고 있다. 그러나 종교 시설이 다양하고 또 설립자가 마을 출신인 것을 생각하면, 신자 수는 상당히 적은 편이다. 각 종교시설이 설립된 시기 순으로 마을의 종교를 살펴보기로 한다.

**무속신앙**　장정마을 사람들은 오래 전부터 마을 신앙으로 성황제를 지내왔다. 과거 마을 뒷산인 태성산 정상에는 태사각이 있었고, 여기에 고려의 개국공신인 유금필 장군과 그의 부인 및 부실(副室)의 목상이 모셔져 있었다. 그리고 태사각에서 음력 정월 20일이 되기 전의 정일(丁日)을 골라 제사를 모셨다. 무당들이 제를 주관하기 시작하면서 '성황제(유황제)'로 불렸으나, 그 이전의 제의 명칭은 분명치 않다. 이 제사는 마을에서 공식적인 마을제로 지냈고, 인근 마을에서도 많은 사람들이 참여할 정도로 유명했다. 원래는 태사각 뒤에서 산제를 모시고 태사각에서 유금필 장군 제사를 지냈는데, 언제부터인가 유 장군 제사만 지내게 되었다. 그러나 1974년에 태사각이 불에 타 없어지면서 이 제사마저 중단되었다.

　　지금은 이 마을의 총각점쟁이로 불리는 강청호(63~64세) 씨가 주관하고 부녀자 몇 명만이 참여하여 성황제를 지낸다. 강청호 씨는 음력 정월 보름에 신굿을 3일 정도 한다. 이때 동네 전체 주민들 각각의 이름을 쓴 소지(燒紙)를 태워 일 년 신수를 봐준다. 소지를 태울 때 잘 안 올라가면 1년 운세가 안 좋다고 사람들은 믿고 있다. 동네 사람들 90퍼센트는 쌀 1되를 가지고 순서를 기다리다 점을 본다. 이제 장정마을 주민들은 마을 단위의 성황제는 지내지 않고 각자 소원을 빌며, 집을 새로 짓거나 초상이 나면 강청호 씨에게 굿이나 점을 부탁한다. 가끔 새 차를 살 때도 그런 부탁

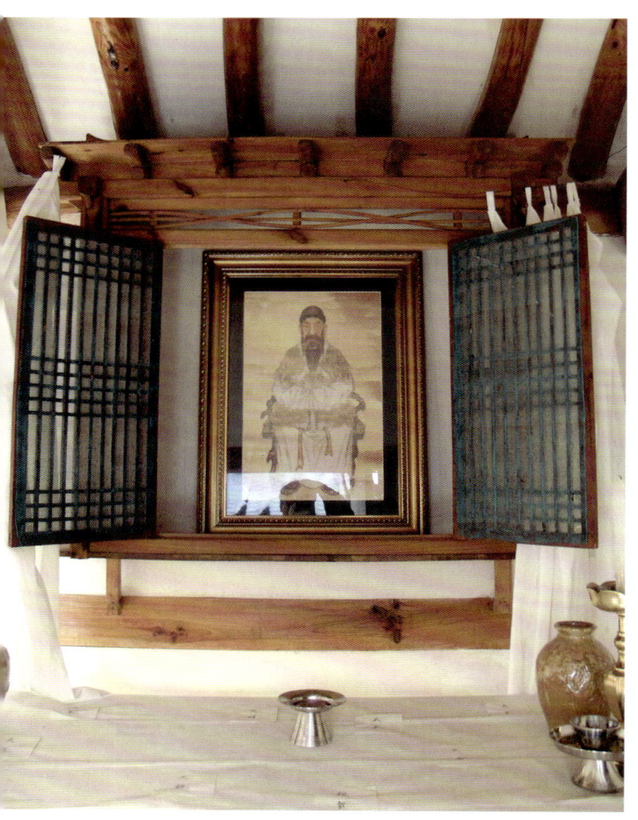

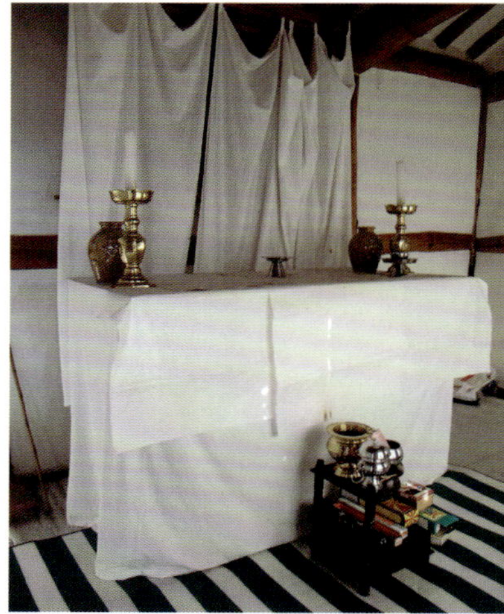

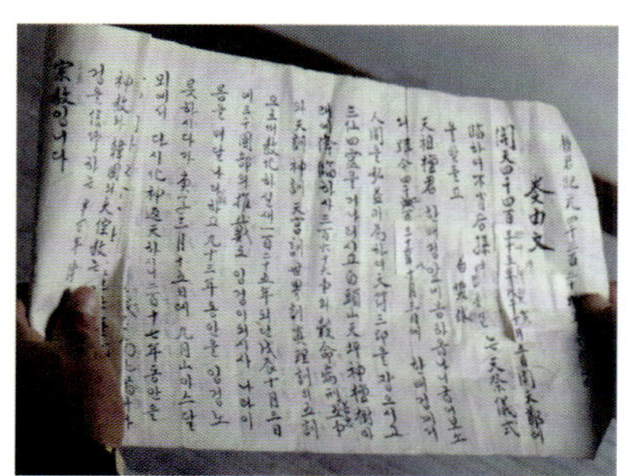

천진전(왼쪽, 오른쪽 위)　10월 3일 이곳에서 천제를 지낸다.
천제 주유문(오른쪽 아래)

을 하는 경우가 있다고 한다.

**대종교**  일제 강점기의 장하리는 대종교 창교 과정에서 핵심적인 역할을 한 강석기가 마을에 남이도본사(南二道本祠)를 세웠고, 이곳을 중심으로 민족운동도 전개한 역사적으로 의미 있는 곳이다. 강석기의 세 아들 모두 대종교 지도자로 헌신했으며, 그 결과 해방 직후만 하더라도 마을 주민의 다수가 대종교 신자였다. 1949년에는 강진구가 퇴인봉 기슭에 현재의 천진전(天眞殿)을 세웠다. 그러나 강진구 사후 대종교는 마을에서 급속하게 퇴조하여, 현재 대종교를 신봉하는 사람은 한 명도 없다. 그러나 전통의 계승 차원에서 지금도 10월 3일에는 천진전에서 천제(天祭, 단군제)를 지내고 있다.

강진구 사후 단군제는 강석기의 증손자인 강현기가 지냈다. 강현기는 대전에 살면서 한동안은 동네 주민들이 안 지내도 혼자라도 와서 지내고 갔는데, 기독교로 개종하면서 지내지 않게 되었다. 강현기 씨가 개종하면서 천제를 지내지 않게 되자, 마을에서 천제보존회를 만들었고, 현재는 천제보존회가 주관해서 천제를 지내고 있다. 마을에는 천제답이 300여 평 있는데, 이 땅은 마을 주민들이 벼 2~3되씩을 모아 그 이자로 마련한 것이다. 천제보존회는 부여군에 등록되어, 부여군에서 행사 비용으로 매년 100만 원의 지원을 받고 있다. 현재 천제보존회 회장은 강술모 씨이다. 지금은 천제답의 도조와 군 지원금으로 제사 비용을 충당하고 있다. 이처럼 천제는 천제보존회를 주축으로 지내고 있지만 마을 전체 행사로 치르고 있다.

**기독교**  교회는 이 마을 출신 강화숙 씨가 결혼하여 남산교회를 다니다가 양복석 씨와 함께 사택과 부지를 사들여 1972년도에 건립하였다. 건립 당시의 교파는 오순절 성결회였다. 교회 설립 당시 마을의 분위기는 마을 주민 전체가 성황제를 지내고 있었고, 점쟁이가 7~8명 있었으며, 게다가 마을 사람들이 보수적이고 유교적이어서 기독교가 자리 잡기에는 상당히 어려운 여건이었다. 그리하여 초창기에는 여자 전도사가 약 6년 정도 목회활동을 하였고, 그 이후 부임해오는 목회자들은 1~2년을 못 넘기고 떠났다고 한다. 그 이유는 당시의 마을 분위기에 목회자들이 적응을 하지 못하여 마을 사람들과 관계가 원만하지 못하였고, 목회자에 대한 경제적 대우가 열악했기 때문이었다고 한다.

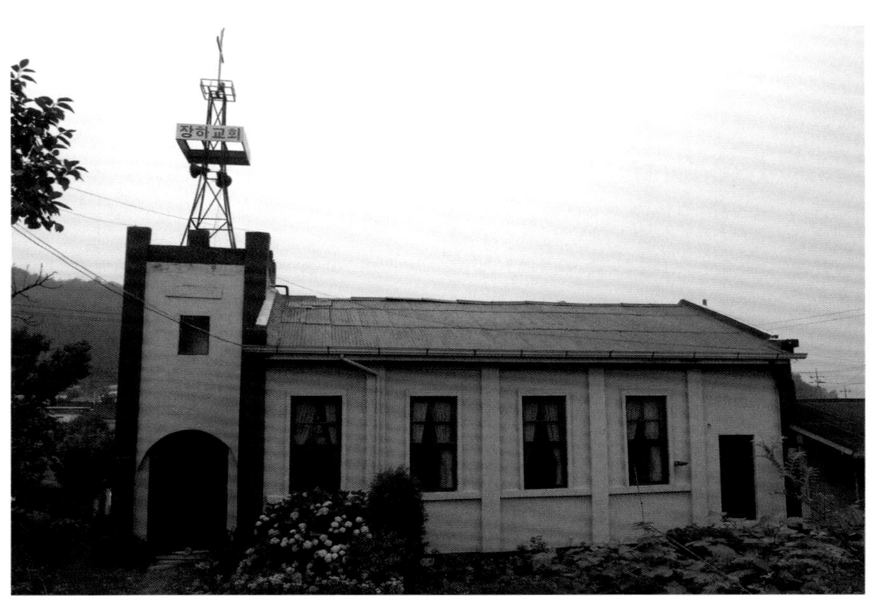

장하리 교회

지금은 김석암 목사가 1995년 7월 부임하여 10년째 목회활동을 하고 있고, 교파도 부임한 지 4년 뒤에 대한예수교 장로회로 바꾸었다. 김석암 목사는 마을의 길흉사에 적극적으로 참여하면서 마을 사람들과의 관계가 좋아졌다고 한다. 현재의 신자는 17~18명으로 모두 55세 이상의 여성들이다. 이들은 비닐하우스 농사에 매진하고 있기 때문에 수요일 저녁 예배 시간에 수박밭에서 일하다가 바로 오기도 하고, 새벽예배(오전 4시)에 참석하고 곧바로 밭으로 나간다고 한다. 더구나 70~80세 할머니들이 글을 못 읽고, 하루 종일 고된 노동으로 예배시간에 조는 것이 다반사라 목회활동에 많은 어려움이 있다고 한다.

**청원불교**　　청원불교는 이 마을 출신인 강환모 씨가 창종(創宗)한 것이다. 그는 1970년도에 입산수도를 시작했으며, 1980년도에는 법화종에 입문하여 활동하다가, 1982년 서울 양천구 신정동에서 독자적으로 청원불교를 창종하게 되었다고 한다. 그는 처음 서울에서 포교활동을 하다가, 1985년 귀향하여 구 마을회관 옆에다 청원불교당을 짓고 마을에서 포교활동을 시작하였다. 지금은 다시 마을 위쪽 민가를 개량하여 청운사를 설립하였다. 청운사는 개량 사찰로 미륵불을 모시고 있으며, 2005년 12월 현재까지 은둔수도 사찰로 포교활동을 하지 않고 있다. 강환모 씨는 청원불교의 종정(宗正)이고, 청운사의 주지는 따로 있다. 청원불교는 신앙은 정통 불교이지만, 예불 방식이 다르다고 한다. 청운사 경내와 불당 안에는 청력도(靑力導)가 수십 개 놓여 있고, 청색과 원이 청원불교의 중심이라고 한다.

청운사의 신자는 2005년 현재 종정이 은둔수도 기간이기 때문에 40여 명 정도 되고, 이 중 장하리에 거주하는 신자는 5~6가구이다. 그리고 외지인으로 두 가구가 신앙생활을 위해 마을에 들어와 살고 있다. 강환모 종정은 2006년부터 활동수도에 들어갈 예정이라고 한다

**종합** 장하리 주민들은 전통적으로 종교에 의지하는 면이 강했다. 마을 신앙으로 성황제를 지냈으며 한때는 마을에 점술, 굿하는 사람이 7~8명까지 있기도 했다. 그러나 이들 중 상당수는 단지 어려운 시기에 외지에서 흘러들어와 마을에 몸을 의탁하고 있던 이들이었다고 한다. 어쨌든 이러한 마을 분위기는 제방 축조와 근대적 관배수로가 도입되기 전까지 홍수로 금강이 범람하는 등 자연재해가 많았던 당시의 상황으로 설명될 수 있다.

한편 장정마을 사람들은 유교적 전통을 지키려는 경향도 강한 편이다. 장하리는 전통적으로 이름난 반촌(班村)이 아니었고, 따라서 유학(儒學)이 성한 곳도 아니었다. 그러나 밀집도가 높은 종족마을로서 종족적 단합을 실천해왔고, 가정의례 면에서도 유교적 전통을 유지하려고 노력하고 있다. 명절이나 기제사 때는 외지에 나가 있는 가족들이 모두 모여서 차례나 제사를 올리는 것을 흔히 볼 수 있고, 앞서 설명한 바와 같은 특색 있는 청년회 운영이 이루어질 수 있는 것도 이러한 마을 분위기를 반영하는 것이다. 주민들의 의식도 대체로 보수적인 편이다. 그러나 주민 대부분이 때로는 자연과 대결하고 때로는 적응하면서 생산활동에 종사해왔기 때문에, 유교적 전통을 존중하면서도 허례허식에 얽매이기 보다는 상당히 실용적이고 융통성 있는 모습을 보여주고 있다. 신양파에서 성묘하기가 어려워진 산소들을 정리하고 납골묘를 조성하거나 내동댁에서 사당을 지어 사당 제사로 시제를 대신하는 것 등은 이런

면모를 잘 보여준다.

## 마을 사람들의 의식과 마실문화

장정마을 주민들은 과거에는 토지도 좁은 편인 데다가 극심한 홍수 피해에 시달리는 등 어렵게 살아와서 생활력이 굉장히 강하다. 이러한 생활력과 부지런함은 제방을 쌓고 넓은 수리안전답을 확보하여 부자가 된 오늘날에도 지속되고 있다. 한창 바쁠 때는 새벽 4시부터 밤늦게까지, 경우에 따라서는 12시 정도까지 수박밭에서 일하는 사람이 있을 정도로 장정마을 사람들은 여전히 부지런하고 억세다. 이에 따라 경쟁심과 과시욕도 강한 편이다. 일례로 한 집이 집안에 토광을 만들면, 그것을 보고 빠른 시일 내에 다른 많은 집에서도 토광을 만든다. 개인 우물, 주택 신축, 전자제품, 자동차, 핸드폰 소유 등에서도 그런 양상이 자주 나타난다. 그 결과 천만 원대의 향나무장이 마을에 5~6개나 있을 정도이다.

장정마을 사람들은 승부욕도 강한 편이다. 매년 남산초등학교에서 열리는 부락대항 운동회에서 장정마을 사람들은 1등을 안 하면 돌아오지 않았고, 우승기라도 뺏어 와야 직성이 풀렸다고 한다. 또한 초등학교의 마을 대항 체육대회나 면민 체육대회에서도 장정마을 사람들은 스스로 작사한 응원가를 힘차게 부르며 응원을 열심히 해서, 응원상은 항상 도맡아놓고 탄다고 한다.

각종 체육대회에서 부른 응원가는 3가지 정도 되는데, 그 중 한 가지는 강상모 씨가 작사하고 고(故) 강완모, 강모 씨가 논산훈련소에서 배운 군가에 곡을 붙인 것이다. 아래의 응원가는 선수가 경기를 하러 나갈 때 힘을 실어주기 위해 부르는 응원가이고, 경기를 마치고 들어올 때는 "넓고 넓은 운동장을 뛰고 달리는, 우리 부락 선수는 용감하구나……"라는 가사의 노래를 불러 선수를 뜨겁게 맞이하였다고 한다. 또한 체육대회에 나갈 때는 마을에서 직접 유니폼을 만들어 입고 출전하였다고 한다. 최근에는 이 마을 출신 강현성 씨가, 시인으로 등단한 기념으로 장하리 찬가를 짓고 구 마을회관 옆에 자비로 찬가비를 세워 애향심을 북돋고 있다.

장하리 응원가

씩씩한 장하리 우리 선수들  용감한 깃발아래 달리는 선수
이심전심 다하여 맞이하리라  달려라 달려 어서 달려라
태성산 안개는 그윽한 향기  우리는 씩씩한 장정선수다
오늘도 내일도 힘차게 싸워서  굳센 전통을 지켜나가자

[후렴]
달려라 선수야 장정선수야  승리의 깃발이 솟아오른다.


  장정마을은 전형적인 농촌마을로 일과 후에 연령별로 모여 노는 마실문화가 아직
도 남아 있다. 1970년 후반에는 부인들이 부업으로 시보리(뜨개질로 짠 천이나 수건)
를 떴다. 시보리 틀은 작고 가벼워서 이동하기 쉬웠기 때문에 부인들은 연령별로 몇
몇 집에 모여서 시보리를 떴다고 한다. 한집에 모여 시보리를 뜨다가 밤에 출출하면
찬 보리밥에 열무김치를 비벼 먹기도 했으며, 때로는 밤낮을 가리지 않고 모여 시보

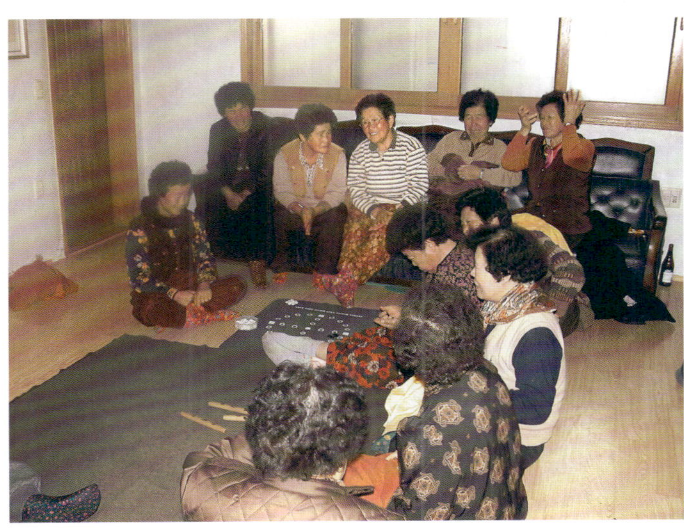

노인들의 마실문화

리를 뜨면서 얘기를 나누었기 때문에 마을의 정보교환이나 소문이 다 여기서 날 정도였다. 당시 시보리 작업을 3~4년 정도 했는데, 이렇게 모여 일하며 놀던 습관이 시보리 작업을 더 이상 하지 않게 된 1980년대 이후에도 이어져 마실문화를 지속시킨 배경이 되었다고 할 수 있다.

지금도 장하리 여성들은 일이 끝나고 저녁식사를 한 후에 연령별로 마실을 다니며 윷놀이를 하거나 농사일에 관한 정보를 주고받는다. 65세 이상 되는 할머니들은 저녁시간에 마을회관에 모여 윷놀이를 한다. 윷놀이는 거의 일 년 내내 이루어진다.

그러나 예나 지금이나 마실을 다니는 사람들은 육아의 부담에서 벗어난 연령층이다. 그 중에서도 특히 며느리를 본 시어머니 세대들의 밤마실이 한창이다. 장정마을 여성들은 낮에는 하루 종일 비닐하우스나 밭에서 일하고, 저녁식사와 설거지, 일일연속극까지 끝나는 밤 9시가 되면 하나 둘 마을회관으로 모여 이야기꽃을 피우거나 윷놀이를 하고 있다. 이것으로 하루의 피로를 푸는 셈이다.

한편 밤마실은 할머니들뿐만 아니라 청장년 남자들도 자주 다닌다. 이들은 단순한 마실이 아니라 작목반, 청년회 혹은 각종 친목계를 하러 하루 일을 마치고 부여읍내로 나간다. 한편 요즘 젊은이들은 어른들 세대와는 달리 여름휴가(바캉스)도 즐기고 있다. 이들은 비닐하우스 관리를 서로 대신해주면서 교대로 여름휴가를 다녀오고 있다.


## 마을과 주변 지역 환경의 변화

### 지역 개발과 환경 변화

**제방 축조**  장정마을이 좁은 농토에 상습적인 수재(水災)를 겪는 평범한 마을에서 오늘날 특수작물을 재배하는 부자마을로 변모하게 되는 과정에는 인공제방 축조라는 결정적 계기가 있었다. 제방 축조는 1968년 강변에 심어놓았던 포플러를 베어내고 '제방축조추진위원회'가 결성되면서 본격적으로 추진되었다. 제방 축조는 국회의원 선거 때마다의 공약사항이었다고 한다. 그러나 제방축조추진위원회가 결성되

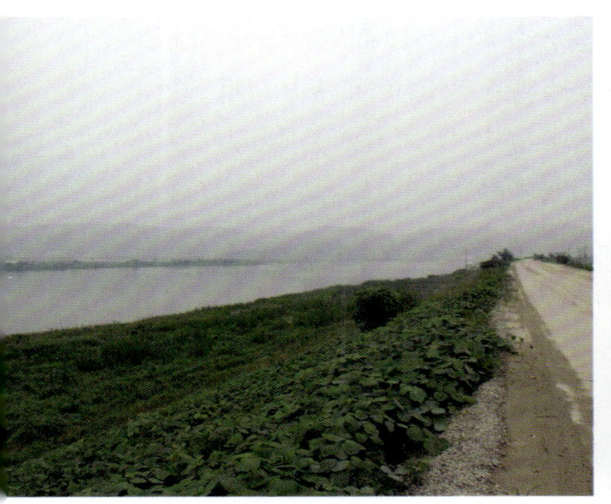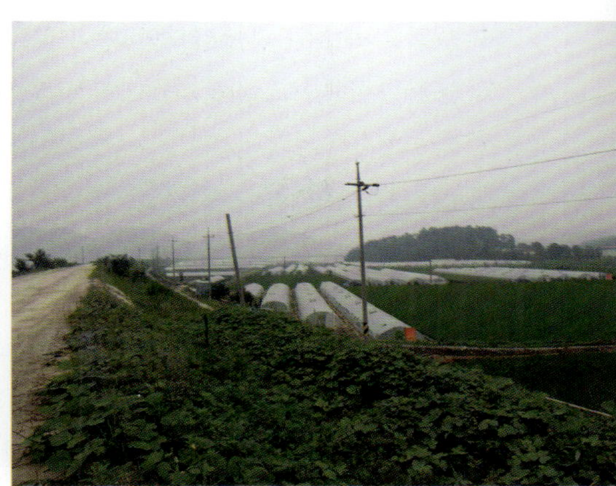

**제방 바깥쪽(왼쪽)과 안쪽(오른쪽) 모습**

어 활동에 들어갔지만, 정치권에서는 이를 공약으로 이용만 하다가 1973년에 이르러서야 1차 제방공사 기공식을 하여 50여 미터를 쌓고 중단되었으며, 이후 2차로 조금 더 쌓고 다시 중단되었다가 3차로 1976~1977년도에 가서야 비로소 제방이 완성되었다. 제방을 쌓을 때 마을 주민들은 지게로 흙을 져다가 평띠기(1평 단위로)로 돈을 받으며 쌓았다고 한다.

제방을 쌓기 전에는 마을까지 침수되어 현재 강노구 씨 집 앞까지 물이 찼고, 지금 농경지로 나가는 길이 둑이었다고 한다. 제방이 완성된 뒤에는 포플러를 베어낸 곳에 호밀, 땅콩 등을 재배하다가 토질이 좋아진 이후에는 참깨, 단무지용 무를 재배했고, 이어 비닐하우스로 수박이나 멜론, 토마토 등을 재배를 해오고 있다. 그러나 1996년 대홍수로 큰 피해를 당한 뒤 제방 보수공사를 하여 1998~1999년도에 현재의 높이로 제방이 완성되었다. 제방 보수공사를 할 때 대구획 경지정리도 함께 해서 현재 검신들 농지는 3,000평 단위로 경지정리가 깔끔하게 되어 있다.

이렇게 해서 장정마을의 주요 농경지인 검신들은 1973~1977년에 이르는 1차 제방 축조와 1998~1999년의 2차 제방 보수공사를 거치면서 과거의 범람원에서 안정된 경작지로 탈바꿈했고, 주요 작목도 호밀, 땅콩을 거쳐 지금은 단무지용 무, 수박, 멜론 등 특수작물로 바뀌게 되었다. 금강 범람원의 넓은 침수지가 안전한 옥토로 바뀐 면적은 약 18만 평에 달하였다. 이렇듯 제방은 장정마을 사람들에게 새로운 삶의 터전을 마련해주고, 장하리를 오늘날 남부럽지 않은 부자마을로 변모시킨 하나의 결정적 계기가 되었다.

**퇴비증산운동** 한편, 장정마을 사람들의 강인한 생활력과 단결력을 보여 주고, 제방 축조 사업에도 촉진제로 작용했던 것이 1970년대 초의 퇴비증산운동이었다. 퇴비증산운동은 1973년 충청남도 민유동 도지사(재임기간 1971년 6월 12일~1973년 10월 20일, 2년 4개월)가 "농토는 퇴비가 보약이다"라는 구호 아래 퇴비증산을 장려하기 위해 '퇴비증산경진대회'를 개최하면서 활발해졌다. 당시 정찬경 부여군수는 하천을 끼고 있는 정암리, 북고리, 장하리, 하황리에 초지 조성을 권유하였고, 당시 허온 장암면장은 이장단협의회에서 공동퇴비증산을 협의하였다.

이에 따라 북고리는 개인별로 퇴비증산을 하였으나, 장하리는 공동으로 퇴비를 조성하기로 결의하였다. 당시 장하 1리에는 103호(농가 83가구, 비농가 20가구) 525명(남 249명, 여 276명)이 거주하고 있었는데, 마을에서는 한 집에 한 명은 퇴비증산운동에 의무적으로 참여하도록 하였고, 반별로 경쟁시켜 북고리쪽 하천의 초지에서 퇴비를 조성하였다. 이 해에는 유독 벼멸구가 심했지만 농약을 칠 겨를이 없을 정도로 퇴비조성에 매달렸다.

장하리의 이러한 퇴비증산 노력은 당시 모(某) 일간 신문 1973년 9월 14일자에 다음과 같이 보도될 정도였다.

퇴비는 땅의 보약. 퇴비는 산성화된 땅을 기름지게 하고 식량증산을 실질적으로 돕는다는 것은 두말할 필요가 없다. 땅을 기름지게 가꾸어 한 톨의 곡식이라도 증산하겠다고 땅의 보약을 마련하기에 땀을 흘리는 마을 주민들이 있다.

부여군 장암면 장하리 1구 103호, 502명의 주민들. 이곳 주민들은 지력증진으로 식량증산을 꾀하기 위해 퇴비증산 캠페인이 벌어지자 이장 강홍모(姜洪模) 씨(38)를 중심으로 전국에서 가장 많은 퇴비를 만들어내는 마을을 만들자고 결의하고 전 부락민을 7개 작업반으로 나누어 각 반별로 편성 퇴비증산에 힘을 기울였다. 이들은 퇴비를 효과적으로 증산하기 위해 마을지도자 15명으로 구성된 퇴비증산추진위원회를 구성하고 부락 앞을 흐르는 3만여 평에 달하는 금강제방을 각 반별로 나누어 지난 8월 10일부터 공동 풀베기 작업에 나서 하루 평균 92명이 동원 25일 만에 1,500톤의 공동퇴비와 1,097톤의 개인퇴비 도합 2,597톤을 생산했다. 이들은 당초에 1,167톤의 퇴비를 생산할 목표를 세웠던 것인데 2배가 넘는 양을 25일 만에 생산함으로써 앞으로 더 많은 퇴비가 생산될 것으로 기대되며, 산성화된 논의 지력 증진에 밝은 전망을 던져주고 있다. 부락 입구에 들어서면 12미터의 폭에 2.5미터의 높이 퇴비더미가 150여 미터에 쌓여 있는 것을 볼 수가 있다.

이와 같이 많은 퇴비를 생산한 장하리 주민들은 퇴비더미를 바라보며 곡식더미도 퇴비더미와 같이 늘어날 것이라고 희망적인 꿈에 부풀어 있다고 입을 모으며, 올 가을 추수가 끝나면 풀을 베어낸 하천부지 가운데 침수 우려가 없는 2만여 평에 땀 흘려 생산한 퇴비를 이용, 보리를 공동으로 경작, 268가마를 생산할 계획까지 세우고 있다. 또한 이것으로 얻어지는 107만여 원으로 공동기금을 조성, 한우를 구입하고 내년 봄 보리수확이 끝나면 한우를 방목, 80년대 잘사는 농촌상을 앞당겨 부각시키겠다고 다짐하고 있다.


장하리는 이 퇴비증산경진대회에서 국무총리상을 받았다. 국무총리상을 받자 민유동 도지사가 장하리 마을로 순시차 버스를 타고 오는데 길이 좁은 관계로 어려움이 많았다. 장하리 사람들은 이 기회를 이용하여 도로의 확·포장을 건의하였다. 또한 북고리 하천부지의 풀을 베어낸 자리에 식량증산이라는 목적 하에 반별로 보리를 심었다. 그러나 보리가 여물 무렵에 침수되어 수확을 거의 하지 못하였다. 그러자 민유동 도지사는 제방을 쌓아 장정마을 공동답으로 해준다는 약속을 했는데, 그가 도중하차하는 바람에 무산되었고, 퇴비증산경진대회도 중단되었다.

그러나 퇴비증산경진대회에서 국무총리상을 받은 것을 계기로 장하리에는 많은 변화가 일어났다. 마을에 전기가 들어왔고, 경굴에서 가잿골에 이르는 마을 뒷산(태성산)의 사방공사와 치산녹화가 이루어져 고질적인 산사태 위험에서 벗어날 수 있었다.

이처럼 장하리는 어느 날 제방 축조로 넓은 농경지가 확보됨에 따라 갑자기 부촌

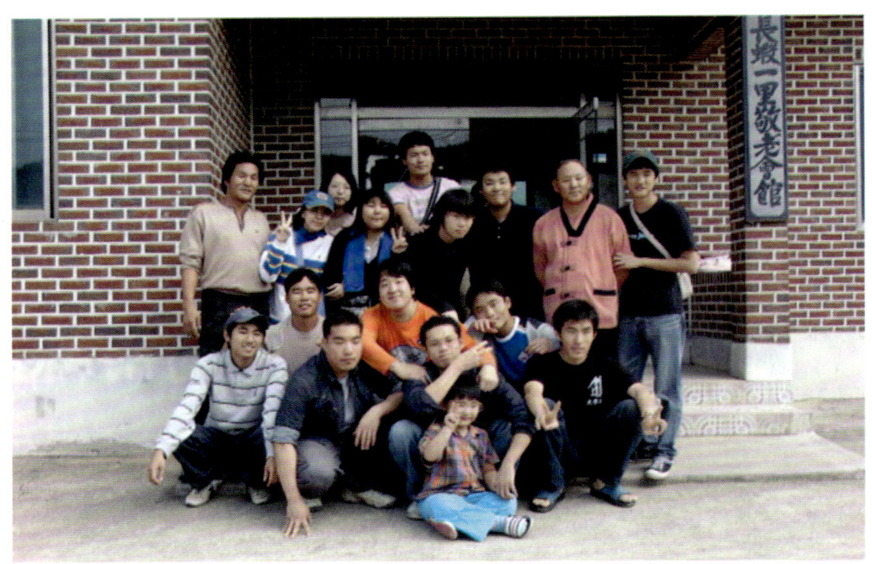

강현면 이장(뒷줄 오른쪽에서 두 번째)과 농촌봉사활동을 나온 대학생들

으로 성장한, 제방 축조의 혜택을 받기만 한 그런 마을이 아니었다. 장하리는 퇴비증산운동에서 보여준 것처럼 생활력 강하고 협동심이 강한 마을이었다. 이러한 근성으로 열악한 자연환경에서 최선을 다하여 일군 터전이 바로 오늘날의 장하리인 것이다.

**그 밖의 지역 개발 사업**　장하리에 외형상의 변화와 생활의 편리함을 가져다준 것 중의 하나가 바로 주택개량사업이다. 1976년경에는 2~3채만 초가집이고 거의 슬레이트집이었는데, 1990년대에 들어서면서부터 주택개량이 시작되어, 1995~1997년도에는 대부분의 집을 개량, 신축하였다. 또한 1998년도에는 집단 정화조 시설을 정부에서 지원해주어 설치하였는데, 정화시설의 관리는 군에서 하고 있다.

또한 장암~세도간 도로포장 공사는 노태우 정권 때 이루어졌는데, 장암면과 세도면에서 합동으로 도로포장추진위원회(세도면 사산리 구본일, 장암면 하황리 조윤구, 장암면 장하리 강홍모. 고문은 세도면 수거리 권오석)를 결성하고, 당시 민정당 부여지구당 위원장인 조남욱 씨(삼부토건 회장)를 찾아가 도로포장을 강력히 청원하여 이루어진 것이었다.

이러한 변화 속에서 장정마을은 오늘날 스스로 부촌으로 성장했을 뿐만 아니라, 다방면에 걸쳐 주변 마을과 적극적인 연대활동, 사회활동을 펼침으로써 발전의 성과를 주변 지역사회와 공유하려는 열린 마을로 더욱 발전하고 있다.

최근에는 주변 마을을 넘어선 외부 사회와의 교류·협력의 사례들도 나타나고 있는데, 2005년 6월 2일에는 농협에서 주관하는 '농촌사랑운동'의 일환으로 KT부여지점과 장정마을은 '일사일촌(一社一村)' 결연식을 맺었고, 2005년 6월 26일~7월 4일에는 명지대학교 농활대 17명이 마을에서 농촌봉사활동을 하고 갔다. 이러한 교류를 통해 장정마을은 외부 사회의 관심과 요구에 대한 이해의 폭을 넓히고, 외부 세계에 대해서는 마을의 사정과 원망을 좀 더 직접 알릴 수 있는 계기를 마련하고 있다.

## 생태 환경의 변화와 주민의 대응

금강 하구 둑이 생기기 전, 장하리 앞 금강에서는 재첩이나 황복, 우여(웅어), 은어, 칠어(끄리), 실뱀장어 등이 잡혔는데, 하구 둑이 생기면서 없어졌다. 실뱀장어는 희귀성 어종으로 민물에 산란하는데, 1마리에 25~50원으로 전량 일본에 수출하였다. 재첩은 민물과 해수가 교차하는 지점에 사는데 염도가 잘 맞아야 살 수 있다. 하구 둑이 없을 때는 조수가 부여 인근까지 올라왔기 때문에 재첩이 서식하기에 적합했다. 재첩은 약 10여 년 전까지만 하더라도 마을 주민들의 주요 단백질 공급원으로서, 마을 사람들은 재첩을 넣고 된장국을 끓여 먹었다. 그러나 정암리에 인분처리장이 생기고, 금강 하구 둑 공사로 생태계가 파괴되자 이러한 어종들은 자취를 감추게 되었다. 하구 둑에는 어도(魚道)가 있지만, 폭이 1미터 정도밖에 안 되어 생태계 보존에 도움이 되지 않는다. 다시 어도를 만들자면, 600억 정도의 비용이 들어가 실행하지 못하고 있다고 한다.

금강의 생태계 파괴는 하구 둑 공사로 시작하여 지금은 부여군의 금강 모래채취로 이어지고 있다. 지금도 마을 앞강에서 모래채취가 이루어지고 있는데, 생태계 파괴는 물론, 모래를 실어 나르는 대형 덤프트럭의 질주로 인해 교통사고 위험이 높아져 마을의 위험요소로 등장하고 있다. 실제로 2004년에는 진주 강씨 종손이 사고로

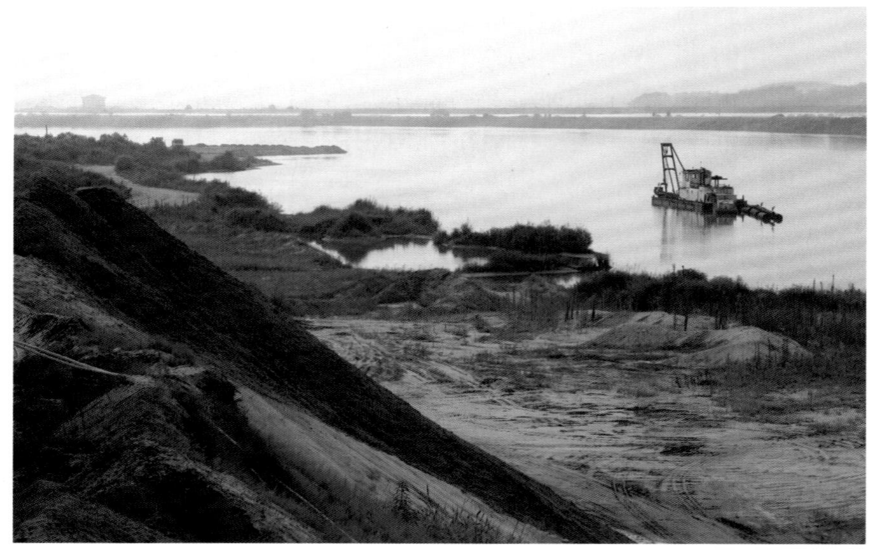

**부여군의 금강 모래 채취선**

목숨을 잃는 일까지 일어났다. 마을에서는 모래채취를 중단해줄 것을 여러 번 건의하고 신문사에서도 취재해갔지만 번번이 무산되었다. 군수가 교체될 때마다 모래채취를 줄이겠다는 공약을 내세웠지만, 모래채취는 부여군 재정의 13퍼센트를 차지하여 실행되지 않고 있다.

한편 1998년 장하 2리(하곡)에 폐기물처리장(전진산업)이 생기면서 주변 마을의 대기 오염과 토양 오염이 심각해졌다. 전진산업은 건축자재 재활용업체로 허가받아 입지하였으나, 당초 홍보와는 달리 수도권 5대 소각장의 소각재를 반입하여 그것을 원료로 삼는다는 것이 드러났다. 불법 매립한 폐기물의 침출수로 인한 토양 오염은 검신들에 직접적인 피해를 주게 되었고, 폐기물 처리과정에서 나는 냄새가 주변 마을까지(장하리는 탑산골까지) 나면서 대기 오염도 심각한 수준에 이르게 되었다. 따라서 이에 조직적으로 대응하기 위해, 1999년 6월 장하리 사람들의 주도 하에 5개 마을(장하 1리, 장하 2리, 북고리, 상황리, 하황리)의 주민들이 환경사랑 주민협의회를 조직하였다. 이 협의회는 2000년부터 본격적으로 활동을 개시하여, 5개 마을 주민들이 연합하여 영업을 반대하는 대규모 집회를 가졌다.

결국 전진산업에 대해 1년에 4회 이상 수질검사를 받아야 한다는 규제가 정부로부터 내려졌을 정도로 주민협의회의 활동은 적극적이었고 성과가 있었다. 최근에는 북고리에 설립 단계에 있는 대규모 양돈업체에 대한 설립 허가 반대 운동을 벌이고 있다. 2005년 4월에 1차 집회를 부여군청 앞에서 열고 '부여군민에게 드리는 글'을 공포했는데, 지금은 부여군청의 결정을 기다리고 있는 중이다.

이 밖에도 주민협의회는 주로 환경 문제를 중심으로 활동하고 있는데, 5개 부락의 공동현안인 모래채취에도 대응하는 모습을 보이고 있다. 북고리 모래채취로 인하여 하천부지의 농토가 많이 소실되었는데, 이에 문제를 제기하여 도랑을 메워 농토를 만들어주기로 약속을 받았다. 또 마을 앞 도로로 모래를 실은 덤프트럭이 통과함으로써 발생하는 위험에 대해서는 외곽도로 건설을 건의하고 있고, 현재는 우선 제방 상하도로를 이용하여 모래 트럭이 다니도록 조치를 취한 상태이다.

### 앞으로의 과제

장정마을을 둘러싼 자연환경은 개발이라는 측면에서는 많은 개선이 이루어져 경제적 이득과 함께 주민 생활에 많은 편리함을 가져왔다. 그러나 개발에 따른 생태환경의 파괴로 인한 문제점도 간과할 수가 없게 되었다. 특히 최근 일어나고 있는 몇 가지 변화는 마을 사람들의 생업과 건강에 직접적인 피해를 주고 있는 한편, 행정 당국으로서는 세수 확보란 현실적 이해관계가 직결되고 있어서 해결이 쉽지 않은 구조적 문제점을 안고 있다.

그러나 농촌 주민들의 의식의 성장은 과거와 같은 행정당국의 일방적이고 편의주의적인 정책이나 기껏해야 시혜적인 조치를 허용하거나 만족하지 않게끔 되었다. 물론 민주화 이후 행정당국의 주민에 대한 태도는 눈에 띄게 달라졌다. 그러나 한 걸음 더 나아가 행정당국의 개발과 환경에 대한 균형 잡힌 시각과 함께 주민의 생활상의 요구에 좀더 가까이 다가가는 봉사 행정, 주민들이 당면하고 있는 과제를 함께 풀어가려는 열린 행정이 더욱 절실하게 요청되고 있다.

다른 한편 농촌 주민들의 태도나 자세에도 변화가 요구된다. 오늘날 환경의 파괴는 생업에 종사하는 주민 자신들에 의해서도 이루어지는 경우가 많다. 특히 시설재배를 하는 경우에는 과거보다 훨씬 더 많은 폐기물들이 양산되고 있고, 거듭된 경지 이용과 비료 사용으로 인한 지력의 약화와 과도한 농약 살포로 인한 오염도 우려되는 점이다. 이런 과제들을 해결해가기 위해서는 농민들 스스로의 발상과 인식의 전환이 요구되고 있으며, 특히 지속가능한 농촌의 미래에 대한 젊은 세대의 확고한 비전과 실천이 요구되고 있다. 지금까지 남다른 개척정신과 근면함으로 성공을 거두어왔고, 이제 상대적 여유까지 가질 수 있게 된 장하리에 대해서는 앞으로 이런 방향에서의 수범(垂範)도 기대되고 있다.

(이 연 숙)

# 주(註)

1) 이장을 지낸 강상모 씨에 의하면, 1960년대 말 장하 1리의 인구가 가장 많았을 때는 약 790명에 이르렀다고 한다.

2) 2000년도 '인구주택총조사' 결과. 통계청 홈페이지의 통계DB(COSIS)의 분석 결과. 이하 같음. http://kosis.nso.go.kr/cgi-bin/sws_999.cgi

3) 역시 통계청 홈페이지의 통계DB(COSIS)를 참조하였음.

4) 지금은 이 구분이 흐려졌을 뿐만 아니라, 파에 관계없이 많은 사람들이 주변 마을이나 외지로도 나갔음은 말할 것도 없다.

5) 공재란 공자(工字)의 사투리식 발음인데, 산소가 있는 산의 모양이 한자로 '工' 자처럼 되어 있다고 해서 붙여진 이름이다.

6) 인민군 점령기에 하황리에서 2명, 수복 후 장하리에서 8~9명이 희생되었고, 동시에 장하리는 하황리 조씨들의 보복 습격으로 팽나무가 베어지고 재산을 약탈당하는 등 마을이 거의 풍비박산이 날 정도였다.

7) 강호동지회 기념비(1985년) 회원 명단에 의하면, 강씨가 20명, 조씨가 27명, 기타 성씨가 9명으로 총 56명이었다.

# 근대적 변화와 일상생활

금강이 크게 굽어 흐르는 호(弧) 안쪽에 위치한 장정마을은 이름난 반촌은 아니었지만, 주민들끼리 따뜻한 정을 나누는 진주 강씨 종족마을이었다. 금강변에 위치하여 여름이면 몇 차례 물난리를 겪는 상습 침수 구역이었고, 외부와의 교통도 불편하였기 때문에 장하리 주민들은 20세기 이후 열악한 자연조건을 극복하기 위해 남다른 노력을 기울였다. 1970년대 금강변에 인공제방이 축조됨으로써 마을 앞 범람원은 18만 평의 넓고 비옥한 농토로 탈바꿈되었다. 경작지의 증가와 더불어 통일벼의 보급으로 마을의 경제 사정은 향상되었고, 1980년대 후반부터 시작된 수박과 단무지용 무 등 특수작물 시설 재배를 통해 장하리는 드디어 부여군에서 손꼽히는 부유한 마을로 비약적인 발전을 이루게 되었다. 그 결과 거의 모든 주민들이 슬레이트 지붕의 현대식 주택에 살면서 영농 기계와 트럭 혹은 자가용을 구비하고, 도시에서와 별반 다를 바 없는 문화생활을 누리고 있다.

이렇듯 불과 100년도 채 안 되는 시간에 장하리는 전통사회와는 다른 여러 근대적 양식들을 경험하고 향유하게 되었다. 농업 생산은 쟁기와 호미로 대변되는 전통적인 영농 도구에서 트랙터와 경운기라는 기계 도구로 비약적 발전을 하게 되었고, 가마솥 밥을 머리에 이고 나가 밭두렁에서 새참을 먹는 풍습은 이제 인근 음식점이나 다방에 커피와 점심을 시켜 먹는 풍속도로 급변하였다. 이 장에서는 130년 전 중앙에서 시작되었던 근대의 물결이 어느 시기에, 어떤 형태로 장하리에 밀려왔으며, 그것이 마을 사람들의 일상생활을 어떻게 변화시켰는지 마을 사람들의 증언을 토대로 재현하고자 한다.

# 교통체계의 변화와 근대 문물의 유입

## 외부 세계로 이어주던 금강의 물길

자본주의 사회에서 근대 문물의 주요 이동 통로는 철도와 도로 및 신문과 방송매체라 할 수 있다. 철도는 농촌과 외부 세계를 연결해주는 주요 통로였고, 신문, 잡지 그리고 라디오는 농촌에 앉아 시공을 초월하여 아프리카나 미국의 뉴스를 들을 수 있게 하는 타임머신이었다. 일제 식민 권력이 효율적인 통치를 위해 근대 교통망을 확장함에 따라 도시민들은 근대 문물을 접하게 되었다. 그러나 일제 강점기의 장하리에서는 이 책 20쪽의 지도에서 볼 수 있듯이 외부 세계로 나가기 위해서 금강수로의 나룻배를 이용하여 부여나 강경으로 나가서, 다시 버스나 철도를 이용하여야 했다. 즉, 조선시대까지의 장하리는 금강 연안의 포구 마을로 강경, 부여, 공주, 연기까지 통할 수 있는 수상 교통의 요지였지만, 육로 교통으로 교통수송체계가 전환된 근대 이후의 장하리는 육로 교통의 미비로 고립된 마을로 인식되게 되었다.

일제 강점기에 마을 주민들은 나룻배를 이용하여 주로 강경, 부여 등지를 왕래하면서 쌀이나 마을의 특산품인 땅콩과 밀, 삼베 등을 판매하였고, 도보로 규암장과 임천장 등지를 왕래하면서 고무신, 성냥, 생선과 기타 생활필수품들을 구매하였다. 이 시기 금강 연안에는 15개소의 나루터가 있었는데, 장정마을에는 두래미나루터(현재 양수장 터)와 봉두정나루터를 통해 부여와 강경으로 연결되었다 한다. 이 두래미나루터는 근대 이전까지 주로 소금배, 새우젓배와 옹기배가 정박하던 곳이었다.

학생들이 통학하던(통학시간은 약 1시간 30분) 부여로는 아침부터 뱃사공이 노를 젓는 나룻배가 왕래하였고, 강경에는 아침과 저녁 조수간만의 차를 이용하여 하루 한 차례 배가 왕복하였다고 한다. 부여 나룻배의 승선시간은 약 10분, 강경 장배는 1시간에서 2시간까지 걸리는 장거리 여행이었다.

금강이 꽁꽁 어는 겨울이 되면 나룻배 사공의 고생은 이만저만이 아니었다. 강물이 얼면 장하리 사공은 밤새도록 나룻배 한 척이 지나다닐 정도로 얼음을 깨고 뱃길을 만들었다. 덕분에 사공은 밤에 제대로 잠을 자지 못했고, 하루 종일 추운 배 위에서 꼬박꼬박 졸아야 했다. 또한 사공이 피곤해서 뱃길을 만들지 못하는 날에는 아이

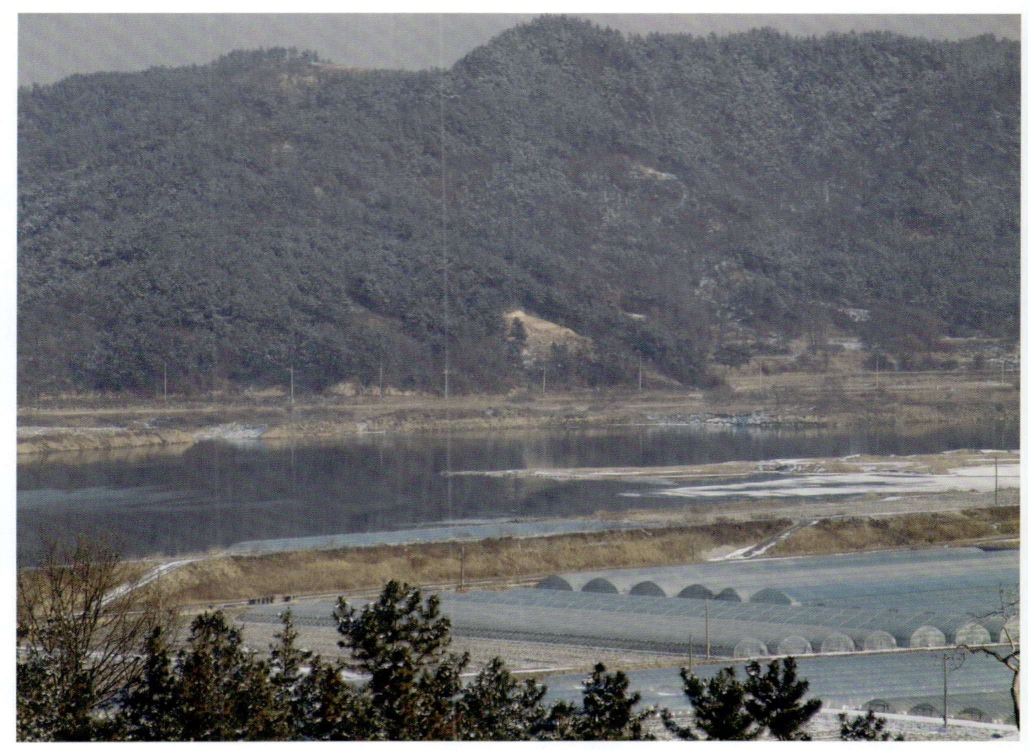

소금배가 정박하고 학생들이 통학하던 옛 두래미나루터 주변의 금강 모습

들이 모두 결석을 하거나 금강 위를 엉금엉금 걸어서 도강을 하였다는 에피소드가 전해진다. 부여로 가는 뱃삯은 1년에 2번, 사공이 집집마다 돌아다니며 수금을 하였 는데, 가구당 가을벼 1말, 여름보리 1말을 징수하였다. 학생이 1명 있는 집은 각각 3 말씩 받았고, 학생이 2명 있는 집은 각각 5말씩을 받았다고 한다.

### 시간을 벌어준 도로와 자동차

나룻배를 대신해서 장정마을을 외부 세계와 직접 그리고 신속하게 연결시켜준 것 은 바로 비포장도로를 덜컹거리며 신나게 달리던 시골버스였다. 1970년도 중반 마을 의 비좁은 '외작길'이 1차선의 도로로 확장되어 버스가 왕래하게 되었다. 당시의 버

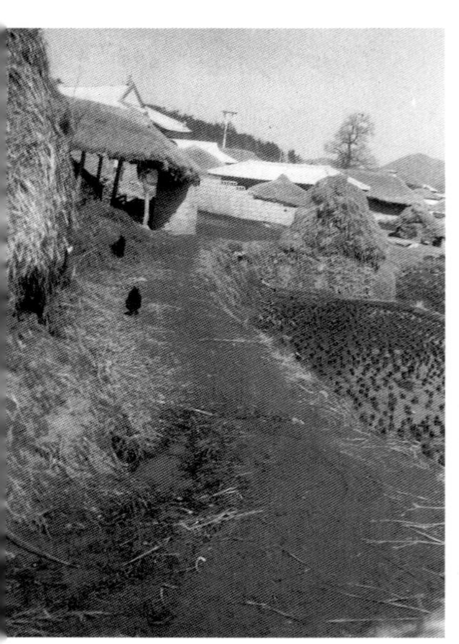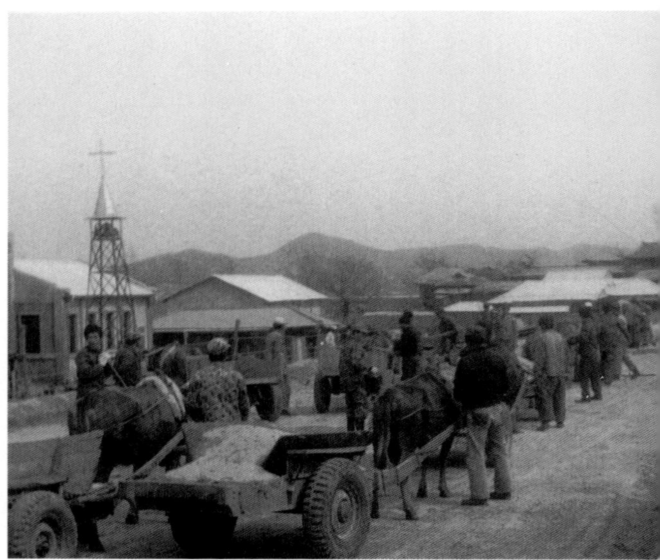

마을 안쪽 좁은 외작길의 옛 모습(왼쪽)과 마을 앞길을 확장하는 모습(오른쪽)

스 요금은 50원이었으며, 하루 한 번 부여에서 들어오는 금남여객은 장정마을 사람들을 수상 교통수단에서 육상 교통수단의 애용자로 승격시켜주었다. 비록 한 번에 100여 명씩 타는 콩나물 버스였지만 마을 사람들은 즐겁게 왕복하였다. 물론 당시 나룻배 사공 강석진 씨는 하루아침에 실직자 신세가 되었지만 말이다. 곧이어 금남여객은 부여－장정－하황에 이르는 차편을 아침, 점심, 저녁 하루 3번으로 증차하였다.

　마을 앞 도로가 현재와 같은 모습으로 확장·포장된 것은 1980년대 중반이었다. 보다 신속하게, 그리고 보다 편리하게 마을의 생산물과 인력을 외부로 수송하기 위해 세도면과 장암면의 3개 마을은 도로 포장을 위한 공사추진위원회를 만들었고, 장암에서 세도에 이르는 비포장도로를 확장·포장하는 계획에 동의하였다. 마을 주민들의 회고처럼 당시 주민들은 일치 단결하였고, 도로 확장시 편입되는 도로에 대해 전체 주민들은 추진위원회에 위임 사용 승낙서를 제출하였다. 추진위원회는 당시 민정당 부여지구당위원장으로 있는 삼부토건 회장 조남욱 씨를 움직여 정부 기금을 우선적으로 배정받아 마을 앞 도로를 포장하는 데 성공하였다. 이렇게 마을 주민들

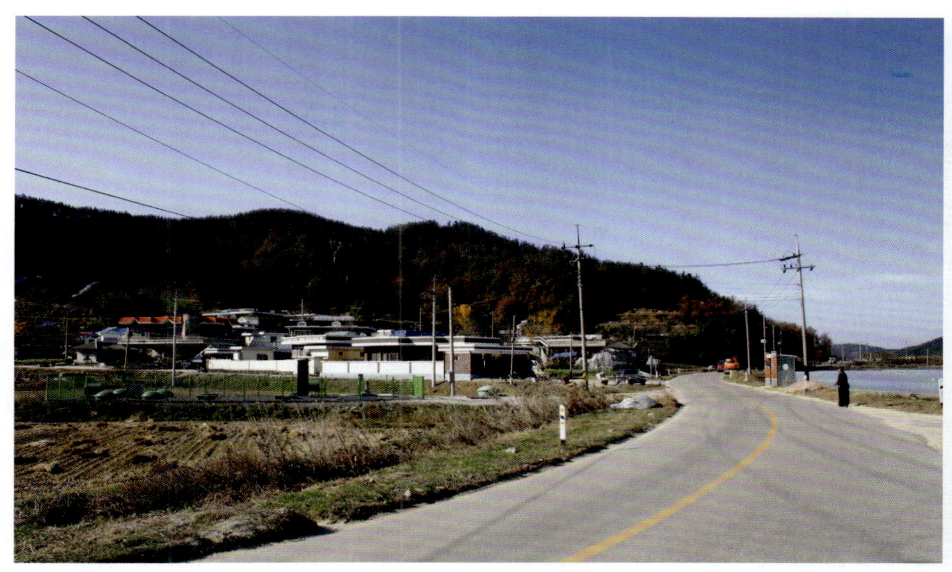

**2005년도 마을 앞 도로 모습** 마을 뒤로 태성산 자락이 보인다.

은 헌법이 보장한 선거권을 이용하여 자신들의 이권을 획득하는 지혜를 터득하였던 것이다. 사실 이 방법은 새로운 것은 아니었다. 장하리와 하황리 주민들은 이미 1970년대 중반 제방 축조시에도 이 방법을 사용하였다. 당시 세도에서 황산대교까지는 이미 포장이 되어 있었고, 강경을 거쳐 연무대로 빠지면 호남고속도로와 연결되므로, 이제 장암 주민들은 쭉 뻗은 아스팔트 위로 편안히 서울까지 갈 수 있게 되었다.

### 교통 혁명이 가져온 생활의 변화

도로의 확장과 교통수단의 발달은 마을 주민들의 시장권, 즉 지역특산물 판매망의 확대와 직결되어 부의 창출에 크게 기여하였다. 일제 강점기 주민들의 시장권으로는 금강의 최대 상권이었던 강경, 내륙 수로의 중간 기착지였던 규암, 부여군의 군청소재지인 부여와 석성 등이 있었다. 마을 주민들은 정성 들여 가꾸고 재배한 미곡, 땅콩, 면화 등을 배에 싣고 매월 4일에 열리는 강경장과 5일에 열리는 부여장에 가서 판매하고, 돌아올 때는 고무신, 성냥, 석유 등 생활필수품을 구매해왔다. 농민들이

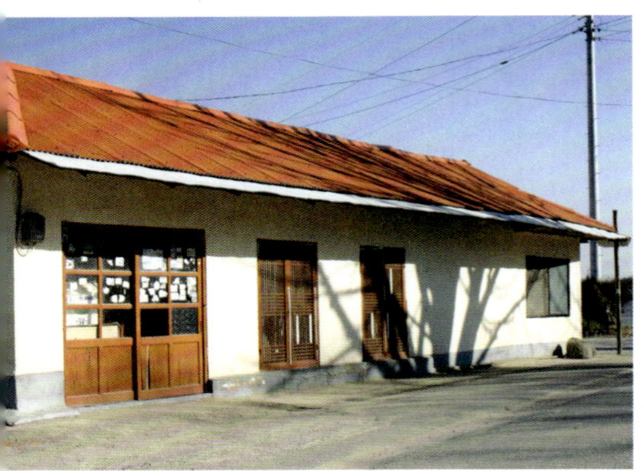
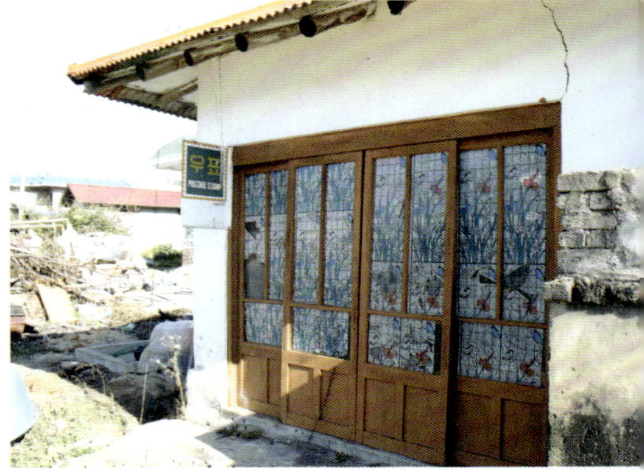

**강복구 씨가 잡화를 팔던 가게** 마을회관 오른편에
위치해 있다.

**장광모 씨가 운영하던 마을 가게**

의식하던 의식하지 않던 간에 장정마을도 일본 자본주의를 위한 식량과 원료의 생
산기지이자 상품 판매시장으로 편입되었던 것이다.

1970년대 이후 도로가 확장되고 버스 등이 운행할 수 있게 되자, 외지에서 농산물
구매상들이 트럭을 몰고 마을에 들어와 밭떼기로 농산물을 구입하여 전국 시장에
판매하거나, 마을 주민이 직접 농산물을 싣고 부여, 대전, 심지어는 서울 가락동 농
산물시장에까지 수송하여 직판하게 되었다. 바야흐로 장하리도 전국 시장권망에 편
입된 것이다. 현재 장정마을 주민들은 필요한 모든 생필품과 농업자재들을, 부여나
대전의 시장에 나가거나 혹은 전화로 주문하여 값싸게 구매하고 있다.

오늘날 장정마을에는 다른 마을에서 흔히 볼 수 있는 구멍가게나 슈퍼도 하나 없
다. 그러나 일제 강점기에는 어린아이들을 유혹하는 눈깔사탕과 잡화를 파는 '송방'
이라는 가게와 강홍구 씨가 운영하는 가게에서 옷감과 인두 등을 판매했다고 한다.
그러나 마을에는 문방구가 없어서 학생들은 남산초등학교 옆에 있는 문방구를 이용
하였다. 1968년 큰 강종모 씨가 정미소를 개업하여 마을의 벼와 보리를 도정하였고,
정월에는 흰떡을 뽑아주는 서비스도 하였다. 한편 1950년대까지 술집이 세 군데나
번창하였는데, 현재의 교회 옆, 마을회관 뒷집, 그리고 고개 넘기 전 창고 옆 자리에
있었다고 한다. 이 술집들은 마을 남자들의 사교생활의 중심지였다. 한편 한국전쟁

직후 개업한 마을 미용실에서는 미용사 최정자 씨가 동네 아주머니들과 처녀들의 머리를 예쁘게 자르거나 파마를 해주었다고 한다. 당시에는 숯불을 이용하여 고데와 파마를 했는데, 쇠로 만든 구리뿌(컬러) 속에 숯을 넣어 파마를 하였기 때문에 까딱 잘못하면 목까지 지지는 비운을 겪기도 하였다고 한다. 남자들은 안 동네 강석익 씨가 바리깡(이발기) 2대를 가지고 운영하는 속칭 '야매' 이발소에서 머리를 깎았다.

## 마을의 운명을 바꾼 제방

장정마을이 지금과 같은 부촌으로 바뀌는 데 중요한 전환점이 된 것은 바로 금강 제방의 축조이다. 장정마을의 가장 큰 고민거리는 금강 수계의 잦은 범람으로, 해마다 7월이 되면 강 수위가 평상시보다 8미터 가량 높아지기도 하여 마을 안 경작지뿐만 아니라 저지대 주택까지 연례적인 수해를 입는 것이었다. 그리하여 일찍이 1908년 호석(湖石) 강석기 선생은 금강변을 따라 하천부지에 포플러를 심어 강의 범람을 막고자 하였고, 총독부는 1930년과 1931년에 임천, 홍산, 세도 등지에 수리조합을 설치하여 홍수와 한발에 대비하고자 하였다. 그러나 이 구간이 금강 조류의 영향권에 있었던 것을 감안하면, 여름철과 가을철 우기 동안의 범람을 방지하기에는 한계가 있었을 것이다. 하천부지에 포플러 심기는 그 이후에도 거듭되었고, 그 결과 경지는 조금씩 확장되었지만, 사정이 근본적으로 나아진 것은 아니었다. 또한 금강 범람 외에도 민둥산이나 다름없던 태성산의 토사 유출도 심각한 문제로 지적되었다. 장마 때마다 시뻘건 흙이 마을의 경작지를 뒤덮는 것은 그

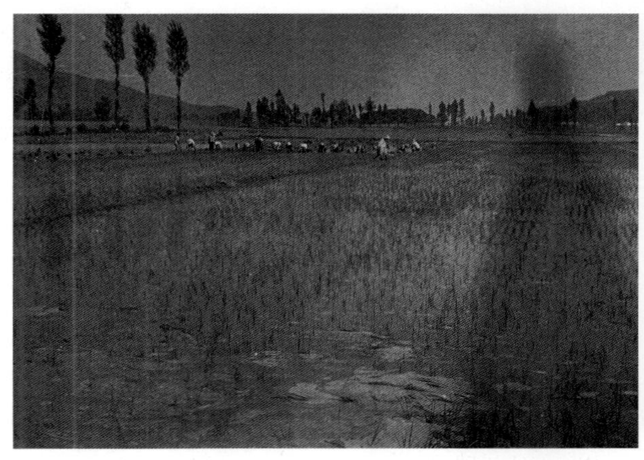

**1950년대 장하리 모내기**  주민들의 공동노동을 통한 마을 모내기 작업 모습이다.

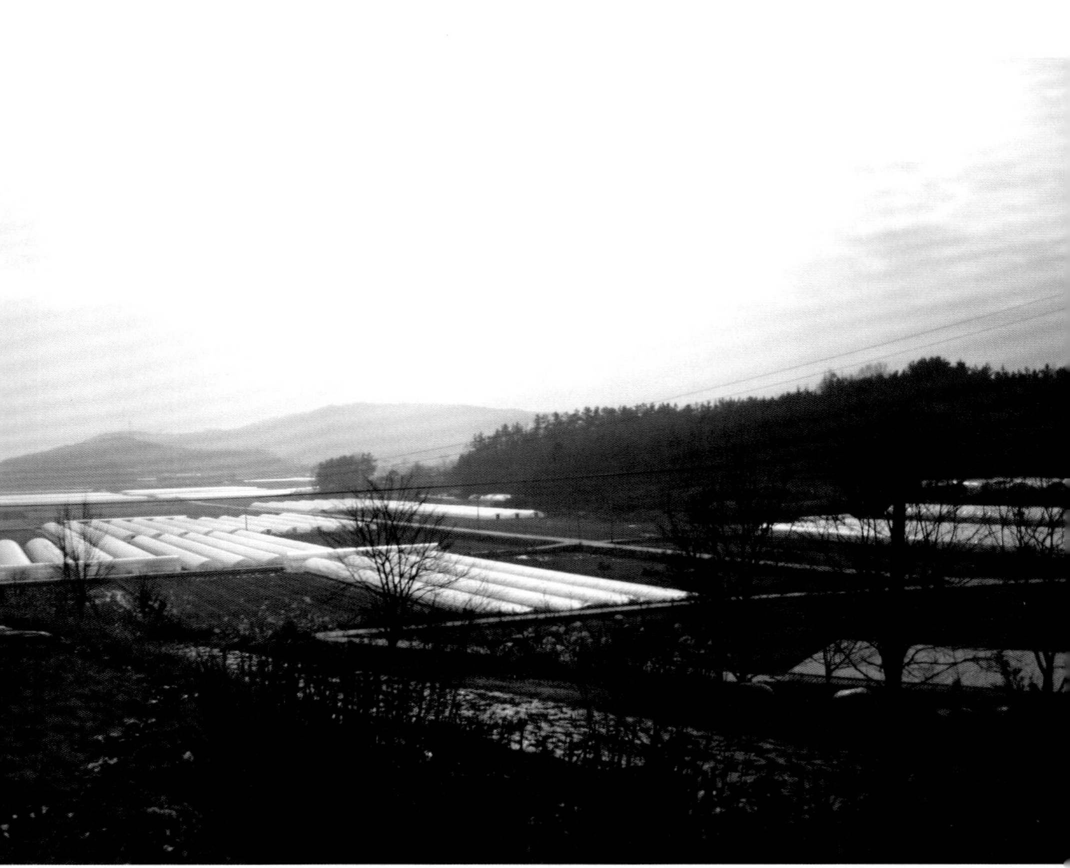

**제방 축조를 통해 변화된 검신들**  비닐하우스 농업을 통해 부자 마을로 변신하고 있다.

후 태성산의 사방공사와 조림으로 해결되었는데, 이렇듯 금강을 다스리는 문제는 1970년대에 들어와서야 해결될 수 있었다.

박정희 정부의 농촌근대화사업 중 핵심은 바로 치수사업과 간척사업으로 요약된다. 상습적인 침수 지역에 대한 제방 축조 사업이 진행되면서 장정마을에도 그 혜택이 돌아가게 되었다. 그러나 그 혜택이 거저 주어진 것은 아니었다. 이런 혜택의 이면에는 마을 주민들의 오랜 기간에 걸친 자연과의 투쟁과 정부 여당의 지배력을 강화하기 위한 공화당의 선거 전략이라는 두 측면이 개재해 있었다. 마을 주민들은 같은 처지에 있는 하황리 주민들과 힘을 합쳐서 제방공사라는 숙원사업의 해결을 위해 온 힘을 쏟았고, 정부의 농촌 개발 정책에 가장 모범적으로 참여하였다. 1973년 시행된 퇴비증산경진대회에서 뛰어난 단결력을 과시하여 국무총리상을 받은 것은 그 일례이다.

또한 마을 주민들은 당시 정권의 실력자이자 국무총리였던 김종필의 형이자 공화당 부여지구당 위원장인 김종익을 대상으로 줄기차게 청원운동을 전개했다. 그 결과 김종익은 주민들의 지지를 얻고 선거에 승리하기 위해 제방공사를 지원하게 되었다. 그러나 그것은 선거철만 되면 100미터씩, 200미터씩 쌓다가 중단되는 그런 공사였고, 인근 백제교도 수차례 기공식을 거듭해야 하는 운명에 처했다. 기약 없는 공사에 주민들은 결국 1973년 제방공사를 위한 마을의 추진위원회를 창설하여 다시금 정부에 압박을 가하게 되었는데, 그 결과 1976년이 되어서야 비로소 총 3.7킬로미터에 이르는 인공제방이 완성되었다. 인근 북고리의 제방이 1990년대 말이 되어서야 비로소 축조된 것을 생각하면, 이를 달성하기 위한 장하리 주민들의 노력이 얼마나 집요하고 간난에 찬 것이었는지는 미루어 짐작할 수 있을 것이다.

이제 마을은 고질적인 수재로부터 자유롭게 되었고, 약 18만 평에 달하는 제방 안쪽의 검신들은 옥토로 변하였다. 이것은 장하리가 부촌으로 일약 발전하는 계기가 되었다. 제방은 1990년대 말에 한 차례 보수공사를 거쳐 좀더 높아졌고, 둑길은 2004년도에 아스팔트로 포장되었다. 장정마을과 부여 군내 지역주민들의 현안문제를 해결해준 김종익과 김종필은 이후 최근에 이르기까지 선거 때마다 마을 주민들로부터 변함없는 지지를 받게 되었다.


## 근대 문명의 환희와 의식주의 변화

### 문명의 이기와의 만남

근대 문명의 상징처럼 간주되는 것은 전기와 전화이다. 1899년 진고개 가로등이 서울의 밤하늘을 환하게 밝힌 후 서울, 인천, 부산을 비롯한 대도시에 살고 있는 도시민들은 근대 문명의 혜택을 받고 있었다. 그러나 장정마을 사람들이 그 혜택을 받기까지는 70여 년을 기다려야 했다. 들기름에 심지를 박은 등잔이나 석유 등잔, 혹은 호야 램프를 사용해야 했던 장정마을 사람들은 1973년 한전 부여국장이 부여군 구룡 출신임을 이용하여 민원을 신청하였고, 그 국장의 활약으로 전봇대가 마을 도로에 하나둘씩 세워지면서 집집마다 전기가 들어왔다. 밤하늘과 마을을 환하게 밝히는 전기는 마을 주민들을 환희의 세계, 영상의 세계로 인도하였다. 전기가 들어오자마자 마을에는 각종 전기제품들이 들어오기 시작하였다. 여유 있는 주민들은 곧 텔레비전과 냉장고 구입을 서두르게 되었고, 마을회관과 마을 앞 세 군데에 확성기가 설치되어 이장의 안내방송이나 노래 등을 들을 수 있게 되었다.

한편, 기나긴 밤을 함께 밝혀준 라디오는 한국전쟁 직후 작은 강종모, 한상규와 강용모 씨가 동두천에서 처음 구입했던 것으로 전해진다. 배터리로 전기를 공급하는 이른바 광석 라디오나 트랜지스터였다. 서울이나 대전에 사는 사람들의 소식을 들으려면 빠르면 몇 주, 길게는 몇 달, 몇 해씩 걸렸는데, 라디오로 인해 편안히 방 안에 앉아 미국 대통령의 동정이나 아프리카 소식, 이미자의 노래나 라디오 연속극을 편리하고 신속하게 접할 수 있게 된 것이다. 시간이 더디 흘러가는 깜깜한 밤에 특별한 오락과 여흥거리가 없던 사람들에게 라디오는 바깥 세계와 장정마을과 이어주는 정보 매체이자 오락 기구였던 것이다.

강현규, 강왕구 씨가 1973년경 쌀 열두 가마니를 주고 텔레비전을 처음 구입하였으며 이를 필두로 강상모, 강용모, 강덕모, 김홍준 씨가 텔레비전을 구입하였다. 마을 사람들은 마당 멍석에 앉아 대청 무대 위에 놓인 텔레비전을 통해 서울 거리를 구경하고 가수들의 노래와 어여쁜 배우들의 연기에 쏙 빠져들 수 있었다. 이제 장정마을도 중앙의 대중문화와 정치권력의 홍보 속에서 자유롭지 못하게 되었고, 이에 따라 예부터 내려오는 전통오락을 하나씩 둘씩 잃어버리게 되었다.

전기 다음으로 마을에 들어온 문명의 이기는 바로 전화였다. 1902년 처음 공중 시외전화가 서울에 설치된 후, 무려 70년이 지난 1971년 장암농협 지소에 처음 전화가 가설되었고, 장정에는 1977년경 당시 이장이었던 강상모 씨 집에 행정전화가 설치된 것이 최초의 전화였다. 강상모 이장은 24시간 근무제인 고달픈 교환수 직을 겸임하게 되었고, 멀리 사는 주민들에게는 확성기를 통해 사연을 전달해주기도 하였다. 1983년 충남전화국 국장이 부여 출신인 것을 안 이 지역 사람들은 절박한 민원으로 전화 개통을 요청하였고, 그해 장정리, 상황리, 북고리, 하황리에 전화가설공사가 시작되었다. 정부가 대부분의 공사비를 부담하고 개인이 나머지를 부담하여 장정마을에 전화가 개통되었다. 전화선이 깔리자 마을에 48대의 전화가 1차 배정되었는데, 주민들은 약 2.5대 1의 제비뽑기를 통해 전화를 설치하는 당첨의 기쁨과 탈락의 슬픔을 맛보았다. 그 후 전화가입자 수는 빠른 속도로 증가하여 1990년대에는 거의 모든 집에 전화가 설치되었고, 현재는 이동전화에 가입한 수만 해도 주민의 약 70퍼센트에 달한다.

마을 사람들의 일상생활에 지대한 영향을 끼친 것으로 시계의 등장을 꼽을 수 있다. 번쩍거리는 금줄 시계는 지방 중소도시의 유력인사나 지주들의 재력 및 신분 과시품목이었지만, 일제 말기가 되면서 시계는 사치품에서 생활필수품으로 변하게 되었다. 시간을 매개로 자본주의적 사회관계망은 급속도로 확대되고 생활의 여러 부분들을 규제하기도 하였으나, 장정마을 내에서는 전통적인 시간과 근대적인 시간이 상호 공존하는 세월이 상당히 오래 지속되었다. 학교 수업시간에 맞추어 가야 하는 학생들이나 철도시간에 맞추어 기차를 타야 하는 마을 여행객들을 제외하고는 마을 사람들에게 근대적 시간의 개념은 내면화되지 못하였다.

일제 강점기에 강종구 씨 집과 야학당에 벽시계가 제일 먼저 걸린 후, 최재봉, 강동구, 강선구, 강하구 씨도 시계를 구매하였다. 그러나 대부분의 주민들에게 시계는 그림의 떡이었다. 시계가 모든 주민들에게 보급된 것은 1970년대 이후였다. 그 전까지 주민들은 대대로 내려오는 경험적인 방법을 이용하여 시간을 헤아렸는데, 가장 일반적인 것이 바로 해의 그림자를 보고 시간을 짐작하는 것이었다. 각 계절별로 마당에 드리운 그림자를 보고 시간을 어림짐작하였고, 흐린 날은 마당에 핀 분꽃을 보고 저녁이 되었다고 알고 저녁밥을 지었다 한다. 밤에는 북극성의 위치를 보고 시간을 알았고, 아침에는 첫닭이 '꼬꼬댁 꼬꼬' 새벽을 흔들어 깨운 후 세 번째 울음소리를 듣고서야 아침밥을 지었다고 한다.

## 베옷에서 나일론까지

이제 마을 사람들의 의생활에 대해 알아보기로 하자. 개항 이후 영국산 면제품들이 조선 면포시장을 잠식하고, 1900년 이후에는 일본의 오사카 공장지대에서 대량 생산된 면직물들로 인해 조선산 면포는 조선시장에서도 외면당하게 되었다. 도시 사람들은 이제 일본산 면직물이나 중국산 비단 등 수입품으로 만든 양복을 입고 다니게 되었지만, 산골 오지나 가난한 농촌 사람들은 1960년 초반까지도 직접 길쌈을 하여 옷을 해 입었다고 한다. 이는 일부 농민들이 여전히 자본주의적 생산관계에 포섭되지 못했다는 것을 의미하며, 역으로 농민들의 노동력이나 농업생산품이 제 가격을 받지 못했다는 것을 뜻하기도 했다.

장정마을에서도 이러한 현상은 동일하게 나타나는데, 대부분의 주민들은 가내수공업으로 만든 무명, 모시, 명주 등 옷감을 시장에 판매하기도 하고 자가 소비용으로 사용하기도 했다. 이들은 또한 의복도 직접 재단해서 만들어 입었는데, 시장에서 색색의 물감을 구입하고 물을 들여 아이들의 바지, 저고리, 혹은 일제 강점기에 들어온 노동복인 몸뻬를 만들어 입었다. 물론 시장의 양복점에서 기성복들을 판매하고 있었으나 가격이 비싸, 학생들의 교복조차 까만 물감을 들여 집에서 직접 만들어 입혔다고 주민들은 회고하고 있다. 대표적인 혼수 품목이었던 이불도 자가 생산한 무명에 검정 물을 들여 홑이불을 만들었고, 조금 넉넉한 집안에서는 둑이나 밭에 뽕나무를 심고 누에를 쳐서 생산한 명주로 혼수를 장만하였다. 한편, 부잣집에서는 광천이나 유구의 공장에서 생산한 인조견으로 혼수이불을 해주었다.

이와 같이 의복 생산 과정은 여성들의 손을 거쳐 완성되었다. 목화 재배에서부터 길쌈, 옷감 생산, 염색 과정, 그리고 바느질까지 모두 기계가 아닌 손으로 하였다. 일제 강점기에 논 2~3마지기를 팔아야 살 수 있었던 값비싼 일제 미쓰비시미싱이나 소련제 유니온미싱을 갖고 있던 가구는 매우 드물어 부자였던 최재봉 씨나 몇몇 집을 제외하고는 없었다. 1950년도에 이르면 재봉틀이 많이 보급되어 마을에는 48대의 재봉틀이 있었다 한다.

지리하고 고생스러운 의복 생산에서 한국 여성을 해방시켜준 것은 가볍고 질긴 나일론이었다. 한국전쟁을 계기로 미국의 구호물품으로써 첫선을 보인 나일론은 그

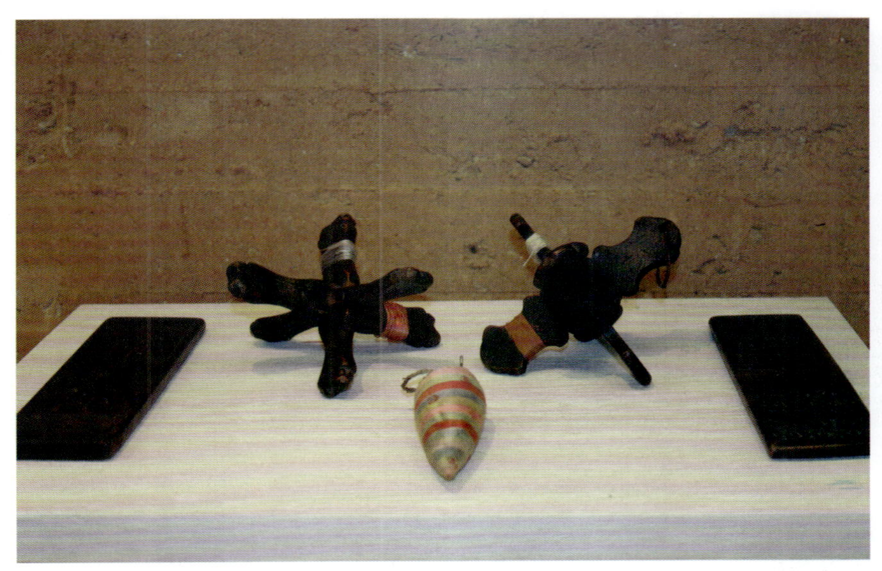

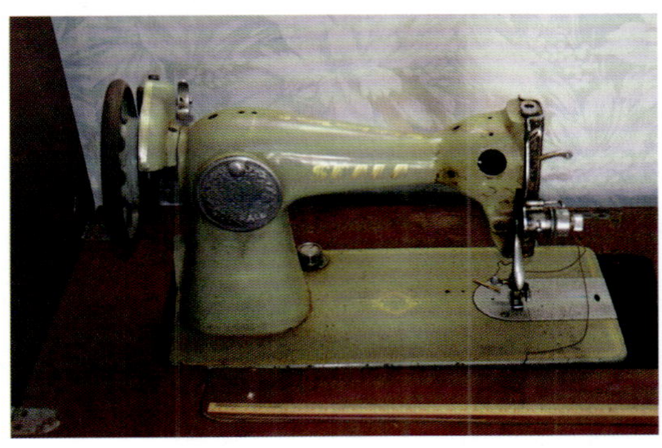

장하리에서 사용한 실패와 골무(위)
주민들과 함께한 구형 재봉틀(아래)

야말로 요술 옷감이었다. 가격도 쌀 뿐더러 질기고 가볍고, 세탁 또한 쉬우며, 다리미질도 필요 없이 툭툭 털어 입을 수 있는 나일론은 농촌 주민들에게 대단한 호응을 얻었다. 1950년대에는 낙하산 제작에 사용된 '나일론66'이라는 천이 가장 인기였으나, 수량이 많지 않아 도시에만 보급되었다. 1960년대에 들어서면서 선경과 동양 및 한국나일론과 같은 회사에서 나일론 옷감이 대량 생산되면서 장정 주민들도 값싼 가격으로 기성복을 구매할 수 있었다. 그 후 나일론은 여성들의 치마, 블라우스는 물

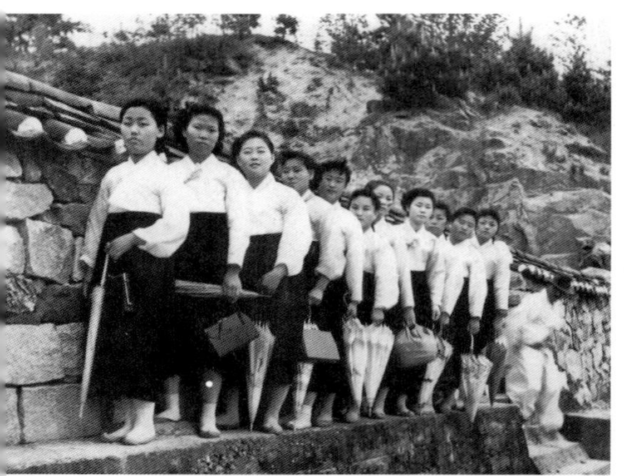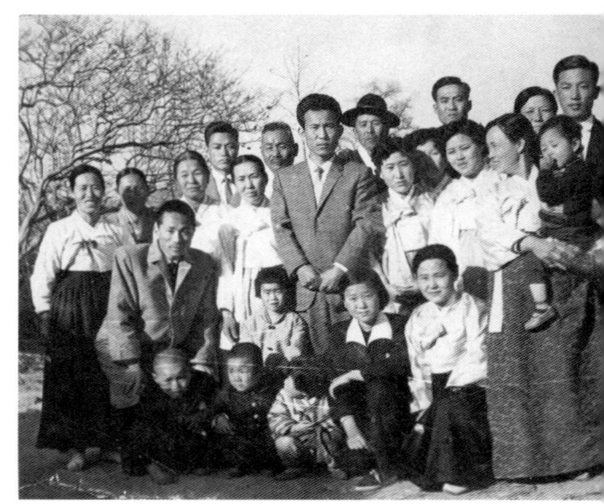

한복을 곱게 차려 입고 소풍을 나선 여학생들(왼쪽)
1960년대 초 장정마을 사람들의 옷차림을 엿볼 수 있다.(오른쪽, 강현술 씨 댁 가족사진)

론 속옷, 양말에 두루 사용되었고 장정 여성들을 의복 생산에서 해방시켜주었다. 머지않아 장하리 사람들도 도시 사람들이 즐기는 새로운 옷감과 패션에 큰 시차 없이 따라갈 수 있게 되었다.

### 검신들과 금강이 해결해준 먹을거리

1970년대 이전까지 대부분의 농촌 마을들은 끼니를 걱정할 정도로 궁핍한 생활을 했다. 특히 1930년대 말 대동아전쟁(태평양전쟁)이 시작된 이후 식량 및 기타 물자의 강제공출이 전 농촌 지역에서 광범하게 행해지던 시절, 장정마을의 식량 조달은 더욱 심각한 문제로 부각되었다. 일 년에 한두 차례 겪는 만성적인 수재로 인해 농산물 수확량이 적은 해에는 춘궁기에 식사를 거르는 농가가 속출하였다. 따라서 나물과 죽으로 연명을 하였는데, 봄에 나는 모든 풀들은 독성이 약하여 먹을 수 있었다고 한다. 커다란 무쇠 솥에 나물을 씻어 물과 함께 한가득 넣고, 쌀이나 보리는 한주먹 넣어 온 식구의 한 끼 식사를 마련했던 것이다. 그러자 동네 가까이에 있는 풀들은 일찍 동이 나서, 강 건너 멀리까지 나물 원정을 가기도 하였다.

이 시기 마을의 음식으로는 호박잎, 구기자잎을 쪄서 먹었고, 먹을 것이 모자라 강가를 따라 자라는 역구대 껍질까지 벗겨 먹었다 한다. 이 역구대는 독성이 있어 잘못 먹으면 얼굴이 퉁퉁 붓거나 임산부가 먹으면 태아가 사산이 된다는 그런 풀이었다. 당시 총독부는 식량을 공출하는 대신 밀가루와 콩깻묵을 배급하였는데, 이때부터 한국에 수제비와 칼국수 등 분식이 널리 퍼지기 시작하였다. 콩깻묵은 사람이 차마 먹기 힘든 것이라, 유효기간이 지난 시커먼 콩깻묵을 굶지 못해 억지로 목구멍에 밀어 넣던 것을 마을 사람들은 아직도 기억하고 있다.

초등학생이나 중학생 중에는 점심을 굶는 학생도 상당수 있었지만, 이 시기 학생들의 도시락 반찬은 보리밥에 고추장이나 된장을 옆에 '꾹꾹 찔러 넣어주는 것'으로 대신하는 경우가 태반이었고, 형편이 조금 나은 학생들은 무장아찌, 들판에서 뜯은 나물과 버섯 등을 싸오기도 했다.

그래도 추석과 설 같은 명절에는 마을에서 형편이 좀 나은 집 어머니들은 한과를 만들고, 술 솜씨를 뽐내었다. 당시는 술 만드는 것을 총독부령으로 금했으니 밀주였던 셈이다. 그 중 장정마을에서 술맛이 좋다고 자타가 공인하던 술은 강용모 씨 어머니 내동댁이 빚은 내동주와 강정구 씨의 부인 신천댁이 빚은 신천주였다. 내동주는 인기가 많아서 한 사람에 한 잔밖에 차례가 가지 않았고, 신천주는 장하리에서 성황리에 판매되는 밀주였다. 설날에 흰떡은 '고두밥'을 쪄서 각자 집에서 만들었지만, 큰 강종모 씨가 정미소를 열고 나서는 정월에 흰떡을 뽑아주는 특별 서비스를 한 덕분에 어머니들의 일손이 한결 가벼워졌다.

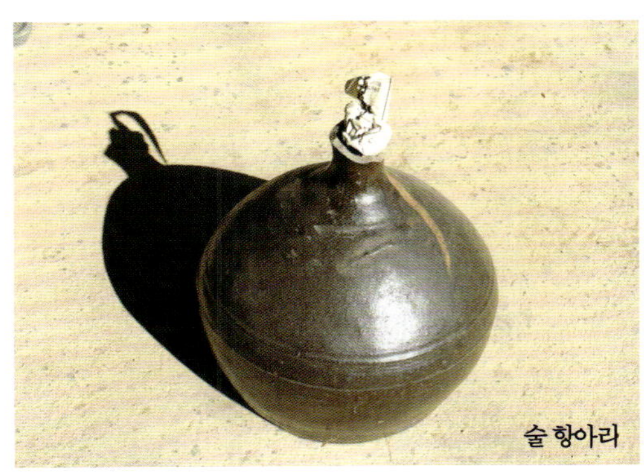

술 항아리

장하리는 금강변에 위치한 까닭에 강에서 나는 여러 민물고기들을 먹을 수 있었다. 서해안 군산에서 강경까지 밀물이 들어오는 까닭에 황복, 실뱀장어, 뱀장어, 숭어, 잉어, 조개와 재첩 등을 잡을 수 있었다. 금강 하구둑이 건설되기 전까지, 그리고 최근 금강의 모래채취선이 강바닥을 파헤치기 전까지 물고기와

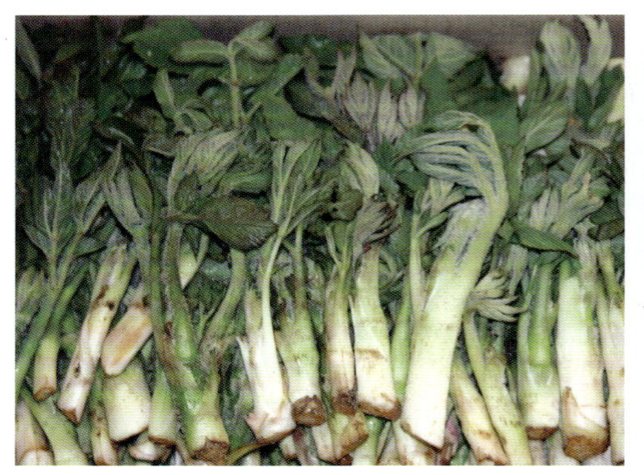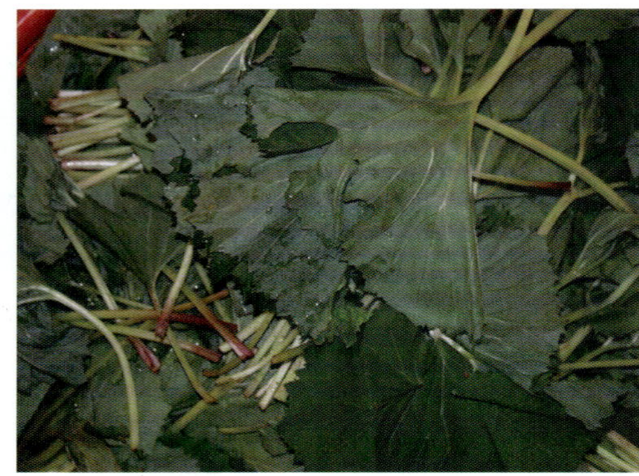

두릅(왼쪽)과 머위(오른쪽)

조개는 상당히 많이 잡혀서 마을의 큰 강종모 씨가 일괄 구매하여 직접 부여장에 내다 팔아 짭짤한 수입을 올렸다고 한다. 주민들의 회상에 의하면, 불과 10여 년 전만 해도 금강변은 모래 반 조개 반이었다고 한다. 호미로 모래를 긁으면 조개투성이라서 여자들은 고무 다라이(대야)로 한가득 머리에 이고 오고, 남자들은 지게로 한가득 짊어지고 왔다. 이 조개 없이는 국수와 된장찌개의 제 맛을 낼 수 없었다.

앞서 언급했듯이 약 20여 년 전 금강에는 황복어(황복)가 잡혔는데, 많이 잡힐 때는 수백 마리씩(일설에 의하면 800여 마리) 잡혔고, 이는 장하리 어부들의 짭짤한 수입원이 되었다. 10여 명의 임시직 장정 어부들은 풍어를 빌면서 '복쟁이 살 멘다' 라고 하는 살 메는 제를 지냈는데, 떡과 술을 강에 살고 있는 용왕에게 바치고, 메밀묵은 강에 사는 무서운 도깨비를 위해 올렸다. 조수가 밀려들어오면 '뻑뻑뻑' 소리내면서 떼 지어 올라오는 복어를 잡기 위해 싸릿대로 엮은 발을 강 중간에 설치했고, 썰물이 되면 발에 걸린 복어를 건지기만 하면 되었다. 이 황복의 명성은 널리 퍼져 복어 맛을 보기 위한 손님들이 줄을 이었고, 빈객 접대에 지친 여인네들에게서 '쌀만 축낸다' 며 빈축을 사기도 하였다. 복어에 얽힌 비극도 발생하였다. 당시 신문 지면에 가끔 오르곤 하던 일이지만, 복어 알을 잘못 처리하여 독 있는 복어를 먹은 사람들이 아깝게도 생을 마감한 일이 장정마을에도 있었다.

금강은 실뱀장어의 주요 놀이터이기도 했는데, 손전등으로 밤을 밝히면서 모기장

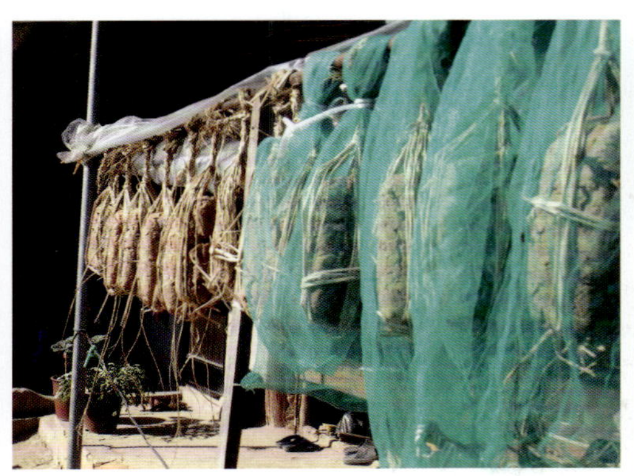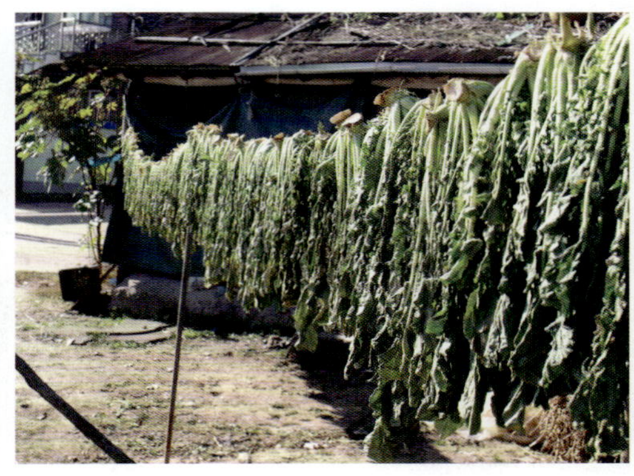

**가을 햇살에 띄우는 장하리 메주(왼쪽)**
**시래기 건조 광경(오른쪽)**  단무지용 무는 장하리 특산물 중 하나로 무를 베어내고 시래기를 만드는 모습은 장하리를 대표하는 가을 풍경 중 하나가 되었다.

으로 만든 뜰채로 신나게 뜨기만 하면 뜰채 가득 잡혔다고 한다. 이 뱀장어는 한 마리에 20~50원 정도 받으면서 전량 일본으로 수출되는 효자 상품이었다. 이외에도 마을 사람들은 참게와 잉어, 붕어를 잡아 겨울철 식탁을 풍성하게 하곤 했다. 그러나 금강 하구둑의 건설로 인해 회귀성 어종들이 사라지고, 이제 이런 이야기들은 할아버지들의 옛 추억담이 되어버렸다. 그렇지만 아직까지도 금강의 대표 음식으로는 황복어탕과, 오이, 쑥갓에 갖은 양념을 하여 얼큰하게 무친 우여회(웅어회)가 제일로 꼽히고 있다.

　장하리는 단무지용 무 시설 재배 지역이므로 가을에는 무청이 많이 나온다. 주변 음식점에서 무청을 얻으러 오기도 하고, 장하리 어머니들도 따스한 가을 햇볕에 시래기를 많이 만들어둔다. 시래기로 나물도 무쳐 먹고 된장국도 끓이는 것이다. 이리하여 최근에 부상한 장하리 음식이 바로 시래기 국과 무침이다.

　장하리 대표 음식을 들자면 돼지꼬치일 것이다. 그것은 살기 어려웠을 때의 잔치 음식으로 대꼬치 하나에 돼지고기 세 조각을 끼워 갖은 불고기 양념을 하여 숯불에 구워내는, 말하자면 장하리식 돼지고기 바비큐인 것이다. 그러다 비닐하우스 농사가 보편화되면서 장하리를 대표하는 음식은 이른바 '영양탕'으로 변하였다. 일 년 내내 통풍이 안 되고 후덥지근한 비닐하우스에 쪼그리고 앉아 하루 종일 노동을 하다 보면 기운이 달려서 하늘이 노랗게 보이기 마련이다. 그래서 영양탕 없이 농사를 지을 수 없고, 결혼식과 장례식 또한 치를 수 없게 되었다. 그래서 그런지 마을에는 다른 어느 마을보다 우렁차게 짖어대는 불쌍한 견공들이 눈에 많이 띤다.

## 민속촌은 슬레이트 마을로 바뀌고

이제 마을의 주거문화에 대해 살펴보자. 일제 강점기만 해도 50~100평의 대지 위에 초가 3칸짜리(건평 약 15평) 집을 짓고 사는 주민이 대다수였다. 대부분이 '一' 자형의 2~3칸짜리 집이었고, 조금 넉넉한 사람들은 'ㄱ' 자형의 4~6칸짜리 집을, 마을의 지주로 꼽히는 최재봉 씨는 'ㄷ' 자형의 집을 갖고 있었다. 집 구조는 방 2칸, 부엌, 대청마루, 외양간, 그리고 창고로 구성되어 있었다. 당시 마을에서의 유일한 기와집은 종갓집 재실(齋室)이었다. 새마을운동 때에도 몇몇 집만 슬레이트 지붕과 벽돌 집 및 블록 담을 쌓을 수 있었고, 대다수는 지붕 개량조차 할 수 없었던 형편 때문에 1980년경 마을의 애칭은 '초가 집성촌', '부여의 민속촌' 으로 불렸다. 그러다 수

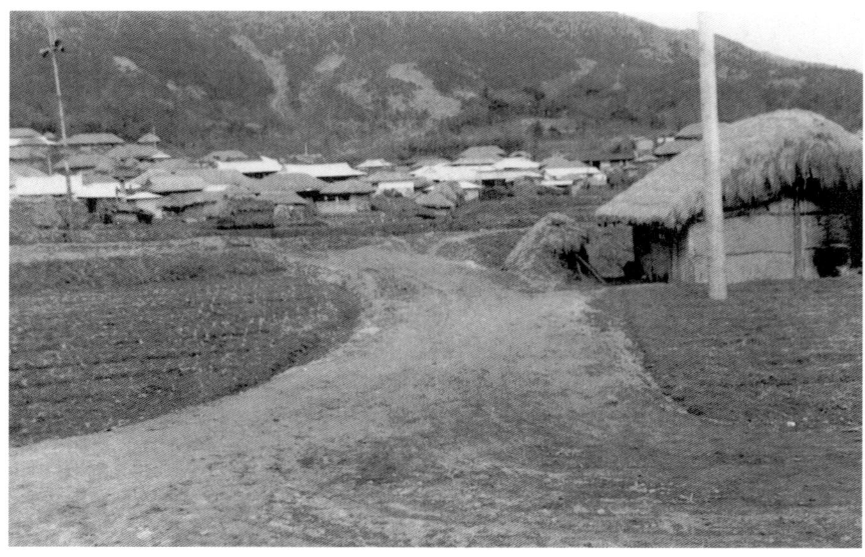

**1970년대 마을 전경**  지붕이 개량되지 않은 초가집이 많았던 관계로 부여군의 '민속촌' 이라는 별명을 얻었다.

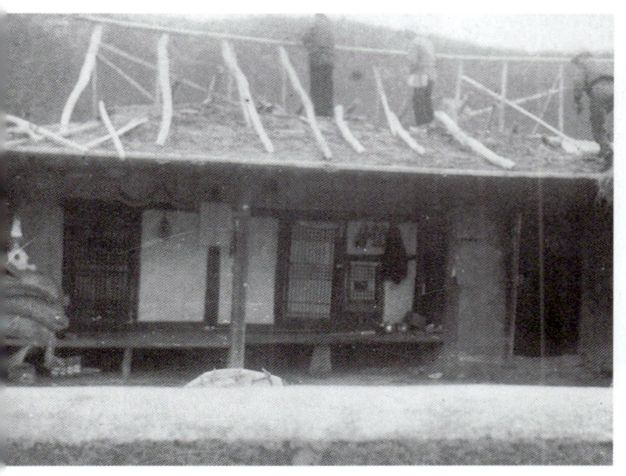

지붕 공사 과정

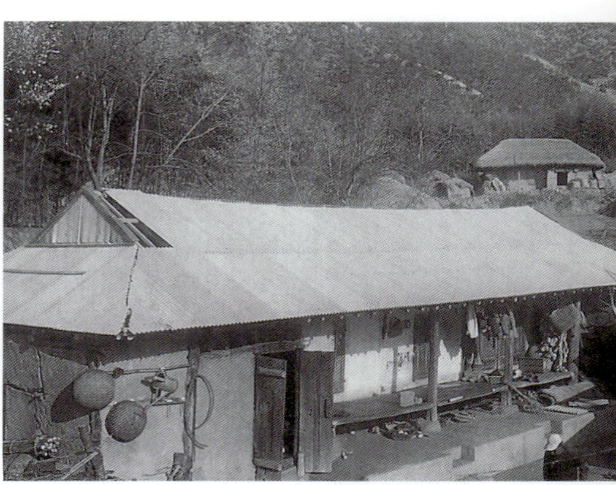

슬레이트 지붕으로 말끔히 바뀐 초가집

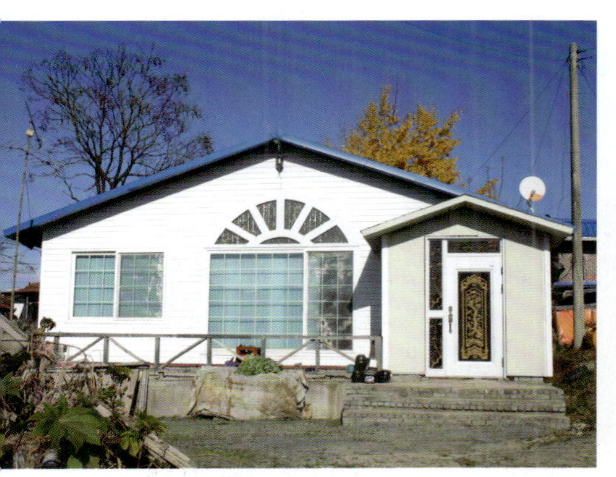

1990년대 중반부터 건설되는 최신식 주택

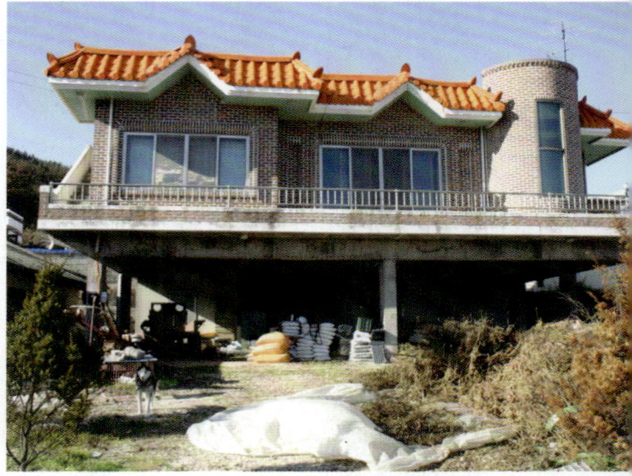

**농가 주택** 1층은 농기구와 수확물들을 넣는 창고로 쓰이고 2층은 살림집이다.

박 농사로 가세가 피게 되자, 1990년대 중반경 하루아침에 민속마을은 역사 속으로 퇴장하고 현재 마을 경관에서 보이는 멋진 현대식 집들로 개조가 된 것이다. 비록 5년 거치 15년 상환의 4퍼센트 저리 주택융자금을 가구당 1,600만 원 정도 받아 지은 집들이지만, 입식 부엌과 화장실, 목욕탕이 완비되고, 심야 보일러와 가스 불이 켜지는 그런 도시형의 넓은 양옥집들이었다. 집 내부에는 도시 중산층 아파트에서 볼 수 있는 대형 텔레비전과 대형 냉장고, 가스오븐렌지와 김치냉장고가 비치되어 있고, 고가의 향나무장을 갖춘 집도 여럿 있다.


## 민간요법과 여가생활

### 무면허 명의들의 활약과 민간요법

근대 의학이 한국에 도입된 지 120년이 지난 지금에야 비로소 농촌에서는 제대로 된 의료혜택을 받을 수 있게 되었다. 하물며 일제 강점기나 한국전쟁기에는 근대적인 의료 시술을 기대할 수조차 없었다. 1960년대 이후에도 병원 문턱은 여전히 높아 마을 주민들은 아프면 참고 참다가 민간요법이나 동네 무면허 한의사에게 의지할 수밖에 없었다.

특히 유아 사망률이 높았기 때문에, 아이들의 출생신고를 1~2년 늦추는 것이 관행이었다. 마을 여성들이 출산을 할 때는 시어머니나 동네에서 경험이 많은 사람들이 산파 대신 아이를 받아 주었다. 다행히 장정마을에는 강경의 무면허 의사 박찬식 씨가 거주하게 되면서, 주민들이 아플 때 양약을 지어 주었고 간단한 시술도 하였다고 한다. 한편 그가 사망하자 대전에 살았던 무면허 의사 강현규 씨가 농사를 지으면

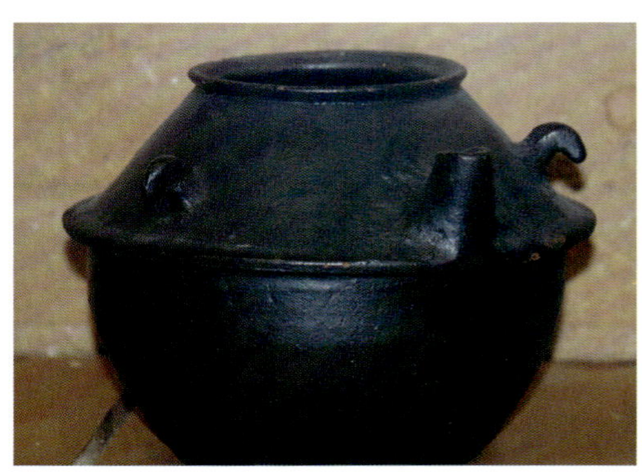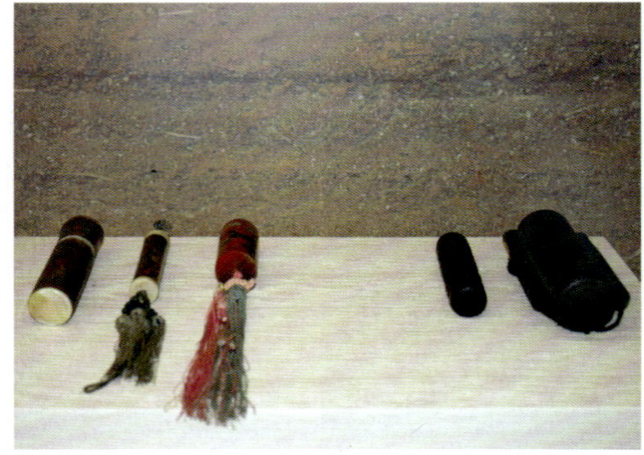

약탕기(왼쪽)와 약통(오른쪽)

서 양약을 지어 주었다. 이들 의사들은 동네에 장티푸스가 발병하면 눈부신 활약을 하였다. 그밖에 한의사 신덕수 씨가 마을에 거주하고 있었고, 남산초등학교 옆에 강용모 씨가 오남당 약방을 운영하였다. 그 역시 무면허 약사였다고 한다.

집안 어른들은 살면서 경험으로 터득한 민간요법 몇 가지를 알고 있었고 사관혈(四關穴) 정도는 딸 수 있었다. 마을에서 흔히 이용했던 민간요법 몇 가지를 사례로 들자면, 홍역에는 토끼 똥을 볶아서 삶은 물과 가재를 잡아서 삶은 물을 먹이면 열을 내리는 데 큰 효험이 있었다고 하며, 감기에는 엉겅퀴와 주저리 콩이라는 까만 콩을 볶아 삶은 물을 마시면 효과가 있었고, 또한 지렁이와 밤송이를 함께 삶아 그 물을 먹으면 틀림없다고 하였다. 기침이 심하면 배를 삶아 그 물을 먹고, 은행도 볶아 먹으면 기침이 싹 가라앉는다고 하였다. 살이 곪으면 느릅나무를 쪄서 곪은 부위에 붙이면 바로 효과가 나타났고, 가볍게 배가 아플 경우에는 소금이나 소다 등을 먹고 침으로 손가락을 따는 방법을 사용하기도 했으며, 설사를 할 때는 아궁이에 생긴 그을음을 긁어 먹었다고 한다.

몇 십 년 전까지는 주술 요법도 사용되었다. 하루거리에 걸리면 사람 얼굴을 문 앞에 그려놓고 칼을 박았고, 소 멍석에 사람을 둘둘 말아서 소가 그것을 넘게 하는 것으로 치료를 하였다고 한다. 아이들이 급체할 경우, 아픈 아이 머리에 바가지를 씌워서 콩 한 주먹을 던지고 "이것 먹고 귀신은 썩 물러가라"고 하면서 끓인 장국을 싸리문 바깥에 버리는 것으로 액땜을 하였다.


### 시름을 달래는 여러 여가생활

마지막으로 마을 사람들의 문화생활에 대해 살펴보자. 예나 지금이나 농촌 지역에는 변변한 문화시설 하나 없는 실정이다. 기나긴 겨울밤 마을 여인들은 길쌈을 하면서 글을 아는 아낙네가 읽어주는 책 속 이야기에 귀를 기울이거나, 말주변 좋은 사람의 옛이야기를 듣는 것으로 문화생활을 하였다. 특히 1970년대에 마을의 부인들이 부업으로 하던 시보리 뜨기는 마실을 다니면서 돈을 벌 수 있는 일석이조의 활동이었다. 연령별로 몇몇 집에 모인 부인네들은 시보리를 뜨며 고달픈 시집살이를 토로하거나 각종 정보를 교환했고, 장화홍련전이나 심청전처럼 좋아하는 이야기를 듣기

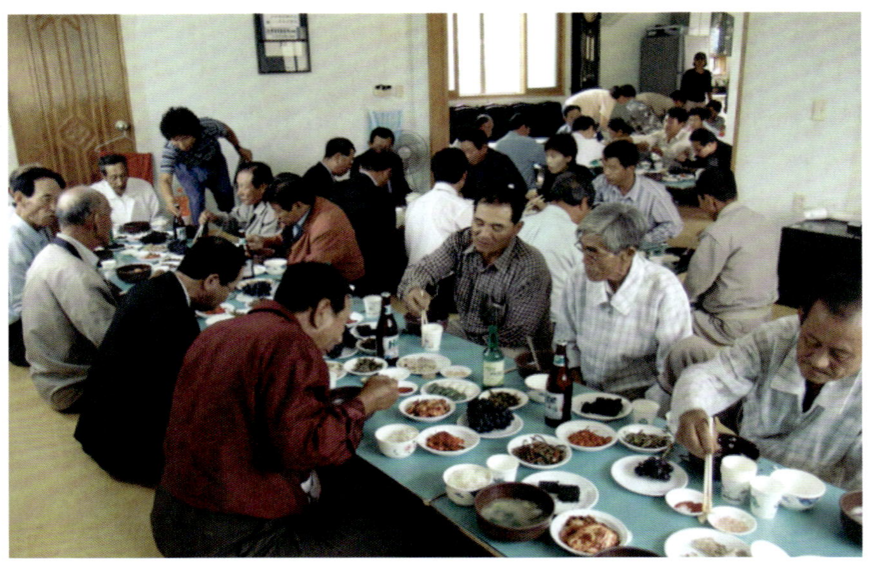

음식을 함께 나누며 우애를 돈독히 하는 주민들

도 하였다. 마을 어부들이 직접 금강에서 겪은 귀신이야기도 단골 메뉴였다. 하루에 두 번씩 금강에 조수가 밀려올 때 장정의 강태공들은 조업을 시작하는데, 대체로 새벽녘 달빛이 어슴푸레 비출 때, 금강 속에 살고 있는 물귀신들이 갑자기 여기서 쑥 저기서 쑥 올라오고, 억울하게 죽은 여자 귀신들의 청승맞은 울음소리는 강태공들의 등골을 오싹하게 만들었다고 한다. 또한 도깨비불도 강 건너 석성에서 장정 쪽으로 휙휙 지나다니기 때문에 가끔 메밀묵을 주어 달래야만 했다.

그밖에 주민들이 즐겨 하던 놀이로 남자들은 제기차기, 윷놀이, 연날리기, 화투치기 등이 있었고 여자들은 윷놀이, 널뛰기, 수건돌리기, 그네뛰기 등이 있었다. 그네뛰기는 강항모 씨 집 뒤에 있는 큰 홰나무에 그네를 걸어놓고 뛰는 것이었다. 인근 부락끼리의 씨름대회에서 장정의 장사 강석진 씨는 다른 마을의 씨름 장사들을 모두 제압하고 '외목' 씨름왕으로 등극하기도 하였다. 이때 하황과 마을 대항전 놀이도 벌어졌는데, 두 마을 간의 자존심 대결이었던 두레싸움과 쥐불놀이가 있었다. 두 마을 사이에 있는 둑에서 벌어지는 쥐불놀이는 진지를 뺏고 빼앗기는 소규모 전투였고, 생사를 건 젊은이들의 기싸움 현장이었다.

그 후 도시에서 업자들이 마을에 들어와 남산초등학교와 장정마을 사이에 있는 하천 백사장에 가설극장을 세우고 활동사진을 보여주기도 하였다. 당시 마을 사람들로부터 대단한 호응을 얻었던 것은 김일의 레슬링이었다. 그밖에 7월 칠석을 기하여 장하리 주최 노래 콩쿠르도 개최하였는데, 인근 5개 마을이 참가하여 성황리에 마쳤다고 한다. 또한 청년회 주최로 연극도 하였는데, 당시 총잡이로 무대에 올랐던 강종모 씨의 인상 깊은 연기 덕에 아직도 '총잽이 강종모'로 불리고 있다. 그런가 하면 바깥바람을 쐬고싶어 하던 1960년대 마을 젊은이들의 최대 문화생활은 부여로 나가 자장면을 먹고 부여극장에서 영화를 보는 것이었다.

지금도 고된 비닐하우스 일이 끝나면 장정의 젊은 남자들은 자동차로 부여나 강경으로 나가 친구들과 술 한 잔 하면서 피로를 풀고 있다. 한편 저녁 식사와 설거지를 끝낸 장정의 아낙네들과 할머니들은 마을회관에 모여 연속극을 보거나 윷놀이로 우애를 돈독히 하고 있다. 공동체 내의 화목한 전통의 일부는 생활이 나아진 오늘날에도 마을회관에 모이는 할머니들의 마실문화나 청년회와 부녀회가 주도하는 마을의 잔치로 이어지고 있다.

일제 강점기, 한국전쟁, 보릿고개, 경제 발전기를 굽이굽이 살아온 우리네 삶은 진저리치게 힘든 삶이었다. 그래도 서로 정을 나누고 보듬어 안으며 힘든 세월을 견디어냈고, 그 때문에 지나고 나니 어쩐지 그리워지는 그런 시절들이었다. 장하리 주민들도 희로애락을 함께 나누면서 어려운 시기를 훌륭히 이겨냈고, 그래서 돈독해진 마을 주민 간의 화목과 단결력은 주변 마을의 귀감이 되고 있다.

(김현숙)

# 마을 사람들의 삶과 애환

이 장에는 장하리 사람들 중 몇몇 개인이 살아온 길을 인터뷰해서 실었다. 인터뷰 대상은 마을 사람들의 추천을 받되, 다양한 유형의 인물들이 포함될 수 있도록 고려하였다. 비록 개인의 삶이지만, 장하리 사람들이나 동시대의 농촌 주민들 일반의 삶의 모습을 이해하기 위한 자료가 될 수 있을 것이다. 이 분들의 말투를 그대로 옮겼기 때문에, 맞춤법에는 맞지 않는 표현이 많다. 일부는 이해를 돕기 위해 괄호 안에 표준말을 적어두었다. (2005년도 인터뷰)

## 선거운동가 부녀회장, 윤명자 씨(73세)

일본에서 초등학교를 졸업하고 귀국 후 중학교를 다니던 도시 처녀가 한국전쟁 중 장정마을로 피난을 와 농촌 총각과 결혼하였다. 그 후 마을의 부녀회장으로 활약하였고, 공화당의 선거운동도 하였다. 1970년대 부녀회를 통한 농촌 여성의 활동과 선거의 일면을 엿볼 수 있는 귀중한 증언이다.

안녕하세요, 할머님. 소개를 받고 찾아왔어요. 할머님께서 일본에도 사셨고, 여러 활동을 많이 하셨다던데, 이야기를 들을까 해서요. 일제 강점기에 할머님이 어떻게 일본에 가시게 되었는지요?

아버님이 가셔서 따라갔지.

그럼 아버님께서 어떻게 해서 일본으로 가셨는지 그 이야기부터 해주시면 좋을 텐데요.

총각 때 갔대요. 결혼 허기 전에 갔대요. 거기에 중조할아버지가 일본서, 동경 어디 대학교를 나왔는데. 그러니께 우리 아버지에게는 작은아버지여. 그 할아버지를 믿고, 작은아버지 믿고 들어가셨다는 거야. 뭐 일본에 누가 있어유? 작은아버지가 조카를 거기다가 가리키고(가르치고) 출세시킬라구. 일본 가설랑은 마네끼(마이니치)신문사 서기로 있었다는구만요.

일본에서 생활하신 얘기 좀 해주세요.

그러니까 아버지가 조선 나가서 결혼을 하셨대. 부모들이 정혼해서 언능(얼른) 나와라. 지금 마땅한 색시감이 있으니께, 언능(얼른) 나와라. 인제 또 우리 엄마를 데리고 일본으로 가신거야. 그런디 내가 났는데. 오빠를 젤 첨에 낳고, 우리 언니 낳고 나를 세 번째에 낳았는데, 6개월 만에 엄마가 돌아가신 거여. 그러니까 일본서 식중독으로 돌아가신 거야. 엄마가 돌아가시고 나 여덟 살 먹어 재혼을 했어. 그러구 나니께(그런 후) 나를 학교에 보내야 하잖어. 여덟 살이니께. 그래서 할머니랑 언니랑 같이 일본으로 들어갔지. 학교를 다니다가. 대동아전쟁이 2학년인가 되니까 나더라고. 12월 8일날 일요일인디, 하와이 진주항을 쳐들어갔잖어. 일본 사람들이. 그러다가 차차차차 악화가 되니께, 폭격을 해대고. 그러니께 대판(오사카)을 폭격기로…….

할머님 사신 데도요?

그럼. 말을 못하지. 대판이 공업도시 아녀? 한국으로 말하면 인천이랑 같어. 왜냐면 굴뚝이, 굴뚝대가 뵈덜 안 해요. 그 연기가. 그 공장이. 그러니까 연기에는 아주 저기라고, 거기가…… 그러다가 도저히 있을 수가 없으니까, 아버지가 우리더러, 교토는 폭격을 안 했어요, 교토로. (아버님을 가르친) 작은아버지가 경도(교토)에 사시니까 글루(거기로) 피난을 보낸 거야. 그래 갖구서 글루 피난을 갔었지. 그리고 나중에 해방이 되니까 우리는 먼저 나왔지.

중학교 1학년까지 끝내고 나오셨어요?

그렇지. 그럼. 왜냐면 8월 15일이 해방 됐잖어. 그러니께 끝내질 못했지. 그 이듬해에 끝내야 되는디, 12월달인가 11월달에 나왔잖아. 해방되고 11월달에 나왔으니까 겨울에 나왔지. 그 뒤로 우리는 연락선을 못 타고 왔지. 왜냐면 전부 한국 사람들이야. 독립

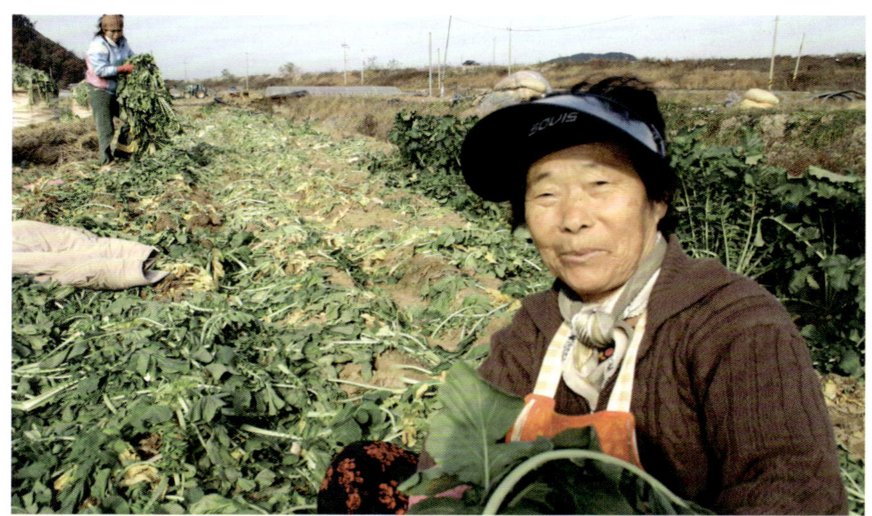

단무지용 무 밭에서 일하는 윤명자 할머니

만세. 아주 해방되니까 기분이 좋아서 다 고향으로 간다는 거야. 밀려 갖구서. 시모노세키는 돈도 못 내요.

사람이 너무 많아서 탈 수도 없었나요?

그렇지. 표를 끊자면 몇 달 걸리게 생겨서, 오사카에서 제주도 가는 야미배(불법으로 운행하는 배)를, 300명 타는 배를 돈을 많이 줘서 이렇게 온 거여. 태평양으로 해서 이렇게 해서 돌아 들어온 거여(손짓으로 일본 열도를 반 바퀴 돌며). 세상에 일본서 16일 만에 부산항에 도착했다는 건 말이 되야?

왜 곧바로 안 오고요? 왜 이렇게 빙 돌아왔어요?

일본놈들이 저기에다가 폭격을…… 겨란이라고 배에 터지는 거(기뢰) 그거를 바다에다가 던져 놔가지고서는, 그 길을 그것도 다 알대? 그걸 비켜 오느라고.

그래도 시모노세키에서 부산까지는 연락선이 왔다 갔다 하잖아요. 그게 야매선이라서 그런 거예요?

예. 못 가지. 거기로는, 붙잡히니까. 그러니까 엉뚱한 데로 가거나, 대마도로 가다가. 인저 그게 쓰시마야. 쓰시마로 가다가, 오키노시마로 가다가, 이렇게 와가지고서

16일 만에 마산에 도착했는데, 마산에서 안 받아주는 거야. 일본서 나온 사람 못 받게 돼 있다고 부산으로 가라 하데.

왜 못 받는다고 했어요?

저기 바꿔야 하니께. 일본 돈 하고 조선 돈하고 바꿔야 하니께. 우리들은 못 허니께 안 된다고. 부산 가서 바꾸라고. 지금 있는 대로 얼마 다 바꿔야 하는 거야. 거기서 돈을 다 바꿔가지고서는.

아버님은?

아버님은 일본 계시고. 그거 다 인저 집이니 뭐니 다 팔고 청산하고 오신다고, 오빠하고만 둘이 남고. 인저 우리는 (새)엄마 따라서. 엄마가 애덜(아이들)을 둘을 나셨었지. 저기 여동상(여동생)하고 남동생이 위여. 고려대, 서울 고려대 나오고 다 그랬거든. 경북고등핵교(학교) 나오고. 젤로(제일로) 일류 고등핵교 나오고 그랬지. 그랬는데, 그래서 우리가 다섯 식구가 나왔잖아. 나왔는데. 세상에 일본에서 오는데, 태평양에서는 파도가 안 셔요(안 세요). 이렇게 배가 기우뚱도 아녀. (그러나) 일본에서 여기 부산으로 건너오는 데는 나가덜(나가지도) 못해. 파도가 세서. 겨울이라도 씨지(세지). 이렇게 쓰러지고 저렇게 쓰러지고. 아구구구……

그 작은 배에 300명이 탔다고 했죠? 그럼 콩나물처럼 앉아 있었겠네요.

말도 못하지요. 잠도 못 자고, 다리도 못 뻗고. 그냥 이렇게 허고 자는 거지.

잡숫는 건 어떻게 했어요?

그러니께 집이서 막 좋은 음식만 고로고로 해서(골고루), 찰밥이니 뭐니 해서 가져왔지. 다섯 식구가 닷새 먹으니까 없더라구요. 그래서 섬이(에) 가서, 섬에 가서 찾아보는 거여. 후쿠시마랑 대마도 같은데 있잖아. 돈이 있응께 사다가. 밥은 못 사 먹고, 김밥 같은 거 사다가 먹고. 똥물까정 기니까(토하니) 먹덜(먹지를) 못혀. 배가 막 이러니께(흔들리니까). 못 먹는겨. 파도가 세니까 배가 올라갔다 내려갔다 막 하는 거여. 선장이 정신 차리라고. 죽을 수가 있으니까, 고기밥 되니께. 그저 호랭이가 물어가도 정신 차리라고 막 아우성치니까, 선장이 하는 얘기여. 또 섬이로(에로) 왔다가 가고, 또 왔다가 가고. 나흘을. 말이 그렇지, 말이 돼요? 부산서 바꿔 타고서 논산으로 왔어.

기차 타고 오셨어요?

그렇지. 기차 타고 왔지. 화물차(칸). 짐승 같은 거 싣고 다니는, 아주 냄새가 고약한 그런 놈의 차를 타고서. 대전서 논산으로 직접 못 왔을 거여. 대전서 또 논산으로 갈아타고 왔는데. 그때 돈 150만 원을 주고 집을 샀어.

150만 원? 150만 원이면 굉장히 큰 돈인데……

그때는 겁나게 큰 돈이지. 역전앞에 다리 건너가 있어. 거기다가 집이 빈집인데 거기서 살았어요. 그러다 예산으로 간 거야, 자기(새어머니) 아버지네 집이러(으로), 외갓집으로 갔지. 가니게 놀래는 거여. 이모도 공주사범 나와서 선생질 하지. 예산중핵교 선생이여. 막내 이모는 또 국민학교 선생이지. 아! 아버지가 훌륭하니까 다 잘 가리킨(가르친) 거여. 그래 가지고서 내가 밤에 야간으로 다녔지. 왜냐면 가나다라를 모르니 어칙혀(어떻게).

그럼 예산중학교?

응. 밤에. 우리 이모가 공짜로…… 나는 (자기가) 선생이니게 가르치더라고. 기역, 니은부터 가르키(치)더라구. 그러니 금방금방 다 뵈지(배우지). 그래서 거기서 배운 걸로 조선 글을 다 배운 거여.

거기서 몇 년 사셨어요?

예산서 3년 있었나? 3년 있다가 아버지가 예산 식산은행인가? 상업은행인가? 아버지가 나중에 오셔 가지고 은행에 들어가 계시다가 또 진급돼서 서울 저축은행, 한국은행 옆에 저축은행으로 가서 가지고서 오래 계셨지. 그래 가지고 우리가 돈 갖고 온 걸로 다 서울 용산구 한천동(한남동) 공터에다가 집을 졌어요(지었어요). 살다가 6·25가 툭 터지니까 거기서 또 나왔지. 몇 년 살덜 못하고. 그렇게 고생을 했어. (아버님이) 우리 사촌을 가리켰어. 용산중학교서. 가리키니께 금방 따라오더라고. 애가 머리가 좋으니께. 2학년 되니께, 6·25가 탁 터지네. 그래서 관악산으로 해서 산으로 산으로 해서, 철도 따라서 굴포리 가다가 천안, 공주나 악산으로 들어가서 공주 유구로 해서 이렇게 정산으로 해갖구서 여기 나흘 만에 왔잖아. 개네(사촌) 집에 데려다 줘야 하니께. 그래서 피난을 여기로 왔잖아.

피난 오시는 도중에 어떻게 잡숫고 사셨어요?

어떤 집에 들어가지. 들어가서는 이렇게 피난민인데 밥 좀 달라고. 내가 혀야혀(해야 해). 걔는 남자가 허겄어? 오빠는 이짝이(이쪽에) 뒤이 스고(뒤에 서고), 나는 앞이 서고, 걔는 가운데 서고 해서 가는데. 치안대들이 서라우! 우리 오빠가 일본서 나와서 얼굴도 이쁘고, 안경 쓰고, 그러니께 도망간다고 치안대들이 쫓아와. 그게 아니라고. 일본서 나와서 조선말을 잘 못 배우고.

**치안대는 그럼 한국 국군들이에요?**

국군이간디? 인민군이지. 국군은 낙동강으로 다 밀려가서는 이런데 다 빨갱이가 다 쩔었지. 글갔고(그래서) 걔랑 나랑 막 사정을 하니께, 그때만 해도 남조선말을, 서울말을 쓰니까. 우리 동상이(동생이) 저기 충남 부여에서 살어서 간다고 했지. 그때 겁나게 더워서 고생했어. 가면은 밥은 수수밥. 쌀밥도 없어. 수수밥 이만한 거 막 줘요.

**그냥 공짜로요?**

그럼. 된장에다가, 여름에 된장에다가 주면은. 그것도 이렇게 후미진 데니께 주지, 번화한 데는 줘도 안 해요. 물도 못 먹게 해요. 피난민들이…… 고장 나서 못 준다고 물도 안 줘. 못 먹게 혀. 나는 개울물도 많이 먹었어. 그때는 깨끗허잖어. 그 바위틈에서 나오는 물. 여름이니께. 6·25가 얼마나 뜨거워. 6·25 터진 후로 한 20일인가 나왔으니 얼마나 뜨거워.

**죽은 사람들 다 보셨어요?**

사람 죽은 냄새는요, 맡덜 못해요. 송장 썩은 내는(냄새는) 여기서 저기 100미터 가도 막고 가요. 가보면 이렇게 있어. 엎어져 있고 인민군하고. 여름이니께 금방 썩지. 그래 가지고 천안으로 해 가지고서. 조치원으로는 안 갔죠. 서전리, 천안서 내려오면 서전리가 있어. 서전리로 가니께 여기 간다고 하데. 그 공주 유구를 간다고 하데. 그래갖고 거기를 들어갔더니, 그렇게 밥을 주더라고. 그래 밥을 아까워서 다 못 먹어. 셋이 이렇게 주는데 그것도 한 사발 받고서, 셋이서 싸는 거야. 가는데 먹어야잖어. 그니 지금마냥 비니루 종이가 있어요, 뭐가 있어요. 내가 광목을 20자를 갖고 왔거든. 광목을 막 찢어 갖고서. 깨끗하잖어? 막 산에서 나오는 깨끗한 물로 빨아갖고서, 꼭 짜서 요기다 싸갖고서, 요기다 먹는 거야. 조선에 뭐 와로바시(젓가락)가 있어 뭐여. 숟가락 하나 달라고 했지.

집도요 다섯 집이 있는데 네 집 갔는데 안 져워줘(안 재워줘). 인민군이 저녁에 인구

조사 나온댜. 그래서 큰일난데. 사람 몇 명 더 나오면 큰일난댜. 안 된다고. 그런데 한 집 남았잖녀? 다섯 집 중에 갔더니 머리를 길게 땋고 있는 아가씨가 있고, 아부지(아버지)도 없댜. 돌아갔고, 엄마가 애덜(아이들) 사남매를 키우더라고. 그래서 우리가 사정을 했지. 울어가며. 아주머니도 저 같은 딸이 있지 않으냐. 이렇게 딸이 있은께 따님으로 생각하시고서 하룻저녁 재워 달라고. 이 밤에 어딜 캄캄한데 가냐고. 하니께 사랑방으로 들어가라고 하더니. 인민군들이 인구조사 하니께 못 재워요.

인구조사 하면 어떻게 되는 거예요? 만약에 발각되면 붙잡혀 가는 거예요?

그렇지. 붙잡어 가지. 그런 사람들. 인저 왜냐면 형사니 그런 사람들이 도망가서 구론 디서(그런데서) 숨어 있는 줄 알고, 조사를 허는 거여. 그러니께 들어가라데. 쉬쉬 사랑방으로 들어가라고 하더니, 콩똥을 갖다가 사랑방 문에다 딱 붙이는 거여.

콩똥이 뭐예요?

콩 뚜드린 깍지. 그 나무. 막 이렇게 있는 놈을 갖다가 이렇게 치켜놓는 거야. 인저 사람 안 자고. 마냥 깜깜하잖어. 암껏도(아무것도) 안 보이잖어. 불이 있어요? 옆에서 뺨쳐도 몰라. 그러니 잠이 와요? 이러고 셋이 앉았죠. 우리 오빠랑, 6촌동상(동생) 남자동상(동생)이랑. 우리집에서 핵교 댕기니께. 중핵교 댕겼거든. 아이고, 막 기침 나올까 무섭고 인민군들이 나오면 어떻한댜. 조금 있으니께 우르랑 꽝꽝 막 천둥을 하는 거여. 번개가 번쩍번쩍. 여름이니께 소낙비도 오잖어. 그래서 다행히 그날 저녁에 인구조사가 빠졌대. 그렇게 살으려니께 이상하게 매일 오는데 인구조사가 안 왔어요. 우르랑 꽝꽝 막 번개가 번쩍번쩍 하니께 그 사람들도 소낙비 올께비(올까봐) 안 왔다는 거야. 살으려니께. 이상스럽게 그러더니 그렇고 있는데, "색시 색시" 그러더라고. 그 어무니(어머니)가. 나가 보니께, 남자들 하고 둘이 있는데, 내가 자니께 안 됐나(는지) "우리 집 애 딸이랑 같이 자라"고 그러더라고. 머리 긴 샥시(색시). 그런데 가을에 시집간대. 여름 아니여? 그때가. 6·25가…… 가을에 시집간다는데 같이 자라고 하대? 아이고, 자라고 하는데 어디서 자라고 하느냐면은 부엌에서 자라고 해요. 가마니떼기 깔고 자라는데, 앞에 문도 거적떼기로 엮어서 부엌문도 없어. 뭘로 엮어서. 아이고 모기는 크고, 산이라 못 자. (모기가 물면) 막 이런 디가 콩알만 하게 부어오르는 거야. 막 다 긁어싸서. 그런데 색시는 씩씩 잘 자는데, 나는 잠이 안 오는 거여. 잠을 못 자니 어뜩혀. 그랬더니, "색시 잠 안 와요?" 그러데. "안 와요" 그랬더니, 산에 가서 밤이니께 물이 나오는데 시원한 데 가서 바가지 두 개 가져가서 목욕하자고 그러데. 아 밤중에 가서 목욕하고서는 닦으니께 좀 낫더라구. 아이고 징그러워. 웬 밤은 길어 얼른 날이 새야 할 텐데. 어이구 샥시(색시) 참 운텄다네. 어제 저녁에 인민조사가 안 와서. 그러 더니 조밥을 이렇게 퍼서 주는 거야, 감자하고. 하지감자. 여름에 하지감자하고. 그래 서 내가 화장품을 이런 데다가 갖고 왔어. 인저 그래서 샥시 시집갈 때 갖고 가라고 거 울 달린 화장품 곽에다가 고루고루 이빠이(가득) 줬어. 그랬더니 하도 고마워서, 시집 갈 때 갖고 가라고 그런 걸 줬으니, 다 아리켜(가르쳐) 줬지. 젤 먼처(제일 먼저) 이걸 바르고, 이걸 바르고. 다 아리켜 줬지. 적어주고 했지. 내가. 샥시는 글도 모르고 아무 것도 모르는데, 그 동상이 국민핵교라도 댕겨서 아리켜주고 할 테지. 일등으로 바르는 거, 이등으로 바르는거. 이렇게 해 줬지. 그러니까 이십 리를, 그 어머니가 바래다 주는 거야. 너무 고마워서. 아이고 들어가세요 들어가세요 해도, 아니래. 내가 길을 더 아리 켜준다고. 하여간 산길로 산길로 얼마나 오나 몰라.

오는데 피난민들 만나지 않았어요?

깊은 산속이라 못 만났어.

그 전에는 만났고요?

왜 글루 들어갔으면 우리 친정아버지가 가다가 약도를. 어디서 자고 가고 하는 거를 다 적어줬어요. 적어줬는데. 그 송정리서 이렇게 이렇게 간 다음에 공주 유구로 갈라 믄, 50리를 걷는데. 이 짝(쪽)에서 대도로 갈려면 50리를 더 걷는데. 아이고 걷기가 징 그러워서 나 산속으로 50리 덜 걸으려고 갔더니만 그렇게 깊은 산속이 나오더라고. 그래 가지고서는 신풍리, 유구 신풍리 우리 외갓집이 있어. 누구한테 물어보니까 저 짝 집이래. 다리만 건너면 되는데, 아 폭격기가 와서 다리를 끊는 거라. 거길 건너가 쪼 금만, 한 3미터만 걸어갔어도 큰일 날 뻔했어. 막 되돌아오던 디(오던 데) 산으로 막 뛰 어 도망가느라고. 그때는 오빠도 동상도 나를 안 데리고. 인저 사람이 죽게 되며는 동 상도 오빠도 암 껏도 없어. 다 자기네들은 저짝으로 뛰어 도망가고, 나는 그저 막 넘어 지고 고꾸라지고 하는 거야. 뽕뽕뽕뽕 파편이 막 날라가. 머리 위로. 막 뽕뽕뽕 하는 소 리가 나는 거야. 그래서 외갓집에 못 들어갔어. 못 들어가고서는 천상 백공리로, 가는

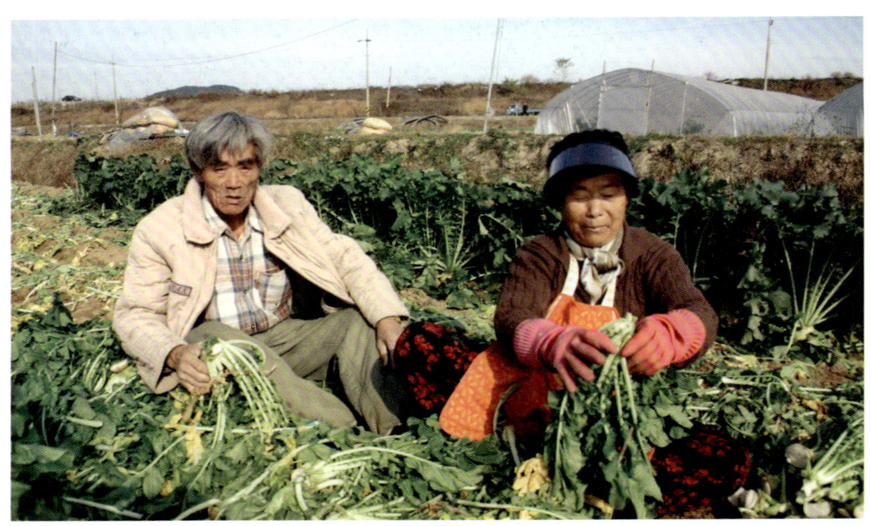

옆에서 일하는 강근구(남편) 할아버지는 일제 때 징용을 다녀온 경험이 있다.

디로(가는 데로) 갔네. 그래서 백공리 가서는 그 아무개를 찾았지. 이뭐시기(이○○ 씨)를 찾으니께, 세상에 얼마나 고생했느냐고 거기서 얼마나 잘 재워줘. 거기서 자고 서 인제 그 이튿날 여기 군수리, 배 타고서 요렇게 건너왔지. 그렇게 고생하고 왔어, 피 난 올 때.

이제 할아버님 만나서 결혼해서 사신 이야기 들려주세요. 시어머니께서 신식 며느리 얻으셨다 고 예뻐하셨다면서요.

아니 신식 며느리 얻었다고 이뻐하간디? 양반집이서 와갖고. 여기 면장 생일 있었어. 진구 씨라고. 그런데 거기서 족보를 본데요, 그래서 나를 데리고 오라고 해서 어머니 가 같이 갔네. 그러더니 내가 한문 이름, 친정아버지 한문 이름을 싹싹싹 다 외니께, 우 리 가문에 이런 훌륭한 양반집 딸이 어딨냐구. 족보상에 파평 윤씨는 최고라고. 인저 막 무릎을 치는 거야. 족보상에 하나라고. 아이고 아주머니는 참 양반집 며느리 얻어 서 좋겠다고. 그랬더니 노인 양반이 양반집 며느리 얻었다고 참 좋아하는 거야. 그때 는 뭐 양반이 어딨어. 아이고 세상에 우리하고 되딜 못하는 양반집이래. 그러면서 그 렇게 잘 해주대. 그래서 나는 버선 하나 꼬맬 줄 모르고, 저고리 하나 꼬맬 줄 모르고 양장만 하고. 명절 때만 한복 입었지, 양장만 하고. 댕기고 몰랐지.

글쎄 그런데 어떻게 바깥일을 하고, 농사일을 하셨어요?

막 배웠지. 어떡혀. 배울라면 힘들어 죽었지.

그런데 속상하지 않으셨어요?

에이. 속상하고 나갈라고 몇 번 보따리도 싸고 그랬어. 그니까 살 수가 없더라고. 보리 방아 찧을라봐. 여기가 이렇게 나오고, 두 손으로 찧고, 한 손으로도 못 찧고. 아이고 징그러워. 나 보리방아 때문에 징그러워. 지금도 여기가 이렇게 멍들었어. 보리방아 찧고, 길쌈하고, 젖 맥이고, 마당 쓸고. 그게 일과지. 물 길어다가 동이로 다 출렁출렁 하니까, 겨울이면 여기가 고드름이 막 주렁주렁 매달리는 거야.

부녀회장 하신 얘기 좀 해주세요. 그러면서 여기 마을 제방 건설할 때 참가하신 얘기 해주세요.

부녀회장은 선거할 때, 그때 호텔에 가서 자가면서 교육 받고. 새마을본부과에 가서 교육 받고. 어떻게 어떻게 하라는, 그런 거 자고 댕기면서 받았어.

그런 얘기 좀 해주세요. 30년 동안 부녀회장 하셨다면서요?

한 20년 넘게 했지. 그러니까 이승만 박사 생긴 대로(처럼). 지금은 부회장이지만, 그 때는 부녀회장이었지. 중간에서 부회장으로 바뀌었지. 그때 인저 허다가 박정희 때, 김영삼이 때까지 했어.

장기집권 하셨네요.

김영삼이 때까지 하고, 인저 내가 내놨지. 노태우니 전두환이 하고서 김영삼이 까지 하고서 내놨지.

그러면 인제 각 대통령 집권기마다 선거운동 했잖아요. 참여하셨어요?

아이고. 말도 못혀.

그러면 이승만 정권부터 그런 얘기 좀 해주세요.

이승만 정권은 그냥 선거도 없이. 그때는 무슨 선거가 있어? 그냥 양반이 훌륭하고 독 립투사니께, 그냥 앉았지. 그렇지만 그 다음부터는 선거가 있었지. 선거나 옛날에 했 간디? 무슨 뭐 우리네가 국민이 가서 선거를 했간디?

이승만 박사 때 국회의원 선거 했잖아요.

아니여. 자기네들이 국회에서만 했지, 우리네 국민은 선거 안 했어.

이승만 박사 때 부녀회장 했었을 때는……

가도 않았지. 그런데 여자가 가면 큰일 나는 줄 알고. 참 옛날이네. 참 저기 국회의원 선거 할 때. 그게 누구지? 조남수. 그때 조남수 국회의원 선거하는데 내가 안 한다고 했어요. 내가. 그때는 가면 큰일 나는 줄 알았거든. 고무신이 있어야 무엇을 신고 가지. 신이 있어야 신고 가지. 다 찢어진 거 꼬매서 신고 있으니까. 지아버지(남편)가 품을 팔아서 흰 고무신. 200전짜리. 군산 마누리라는데 그것도 한 켤이(켤레) 사오면은, 나는 안 신는다. 우리 웃짝에(위로) 형님이 계시는데, 어떻게 나만 쏙 신고 가요. 그랬더니 두 켤레를, 누구에다가 부탁해서 사왔더래요. 우리 형님 것 하고 내 것 하고. 그래서 그거 신고 조남수 국회의원 선거 때 한 번 갔네.

그때 처음 나가신 거예요?

처음 나갔네.

그러면 그게 어느 대통령 때에요? 박정희 때에요?

아니지. 이승만일 껄?

그 다음에, 그냥 생각나시는 거 쭉 얘기해 주세요. 박정희 대통령 때에는, 국회의원 선거할 때 고무신 같은 것 안 돌렸어요? 그러면 부녀회장님한테 관광도 시켜주고 돈도 얼마 주고 이런 것 없었어요?

없었어요. 그런 거. 나중에, 나중에서 국회의원 김종필이 할 때, 자민당 할 때는 부여군. 참 고향이 부여 양반이니께. 참, 구경도 시켜주고.

어디로 구경 가셨어요?

지리산으로 갔지. 산에서 운동이나 허간디? 그랬지. 김종필 사모님 허고도 겁나게 놀고, 막 춤추고 노래 부르고. 그때만 해도 젊고 하니까.

어디 가셔서 그랬어요? 지리산 놀러 가셔서요?

아니지. 지리산은 그 양반이 따라댕기덜 않고. 그냥 회장덜 구경시켜준다고 하지. 조합장도 가시고, 동장도 가시고. 같이 가서.

놀고, 먹고, 돈도 좀 쥐어주고?

돈은 안 줬어. 그냥 관광시켜주고.

그러면 춤추고 한 건 어디서 하셨어요?

그건 장암면 오니까. 강의하고 할 때, 끝나갖고서 조금 놀고 허지. 고향이니께. 그렇지 뭐. 뭐 사다가 먹으라고 주고.

뭐 사줬어요?

다 잊어버렸어. 빵도 사다주고. 지금이야 날짜 보고, 뭐 참 먹는 것도 따지지만.

그 다음에 김종필 씨 말고 또 기억나는 사람 없어요? 마을에서 선거운동은 어떻게 하셨어요?

어떻든 우리네 고향 사람이니께 밀어주자. 우리가 그래야 우리 부여도 발전되고, 내고향을 위헐 것 아니냐. 이렇게 허는 식으로 허지. 어떻든 아무리 사람이 내 고향 모르는 사람이 어딨어? 그러니께 어떻든 간에. 김종필 씨 이 양반이 쌀 개방 해줘서 우리가 어쨌든 먹는 데 지장은 없잖뇨. 그러니까 어쨌든 우리가 김종필 씨를 찍어주자 그랬지. 나와야지 웃음거리 되지 안 잖어? 충청도서. 경상도 사람들 박근혜 다 찍어주고. 지금 아무리 없다고 해도, 그게 아니더라고. 지역감정이 얼마나 심혀. 박근혜가 부산(대구)서 안 나오고 다른 데서 나오면 그렇게 나오나. 표가. 그렇게 지역감정이 심한데.

아직도 김종필 씨 좋으세요? 고마우세요?

아이고, 소용없어. 한물갔어.

한물갔어요?

응. 어떻든 간에 김종필이가 여기에 대해서는 별로 힘을……. 왜냐하면은 자민련이 많아야 하는데. 숫자가 많아야 하는데 너무나 적으니까. 자기가 국회 들어가서도 힘이 없나벼.

전에 김종필 씨가 국무총리 시절, 박정희 대통령 시절에 부여 쪽에 많이 안 왔었어요?

왜요? 많이 왔죠.

신경 많이 써줬잖아요.

신경 많이 써줬죠.

다른 것 또 뭐 안 해줬어요?

우리네는 이런 촌이야 혜택 많이 못 받지만, 다른 데 부여는 혜택 많이 받았다고 하데. 어쨌든 많이 받았겠지 안 받겄어? 사람이 고향을 모르면은 뭐 사람이여?

그 다음에 자민련 이후에 노태우 시절에는 어땠어요?

노태우 시절에는 난 노태우 찍었어. 왜냐? 그때 560밀리미터가 부여에 왔어요. 비가.

비가 왔는데 둥둥 뜨다시피 했거든. 농사지은 거 하나 없이 싹 쓸었는데. 정부미를 집 집마다 20푸대 30푸대씩 다 줬어요, 자기가 대통령 나오니께. 여기에 인심을 아주 푹 쓰는 거야.

선거할 때?

선거할 때. 아주 집집마다 그걸 쌓아놓으니까 아주 노태우 찍어야 한다고 다 찍었어. 쌀을 한 트럭을 싣고 왔는디. 조금 있으니까 또 한 트럭이 와. 하하하.

몇 트럭 싣고 왔어요?

두 트럭을 싣고 왔어. 아이고 그런데 안 찍어줄 수가 있어?

몇 킬로씩 받으셨어요? 한 집당?

그것도. 왜냐면 많이 절단난 사람 더 주고 그런 게 있지. 무조건 많이 주는 게 아니고. 근디. 어쨌든 다 노태우 찍어줘야 한다고 부여서 다 그랬지. 한 저기만 다 밀어줬지.

그 다음에 김영삼 때에는 어떻게 하셨어요? 누구 찍으셨어요?

김영삼이 때에는 뭐 다 자유지. 다 그러니께 선거를 해도 겉으로는 허라고 해도 속으 로는 다 틀리니께. 강력히 허라고는 못 하고, 자녀들에게나 마땅한 사람들 찍어라 찍 어라 이렇게 하지. 동네 사람한테는 건의 못하겠더라고. 이제 다 각각 선거가 누가 인 물이다 누가 저기 한다는 걸 아니까 건의도 못혀. 처음에는 시골 사람은 덮어놓고 이 사람 찍으라면, 네 하고 다 찍어서 밀어줬지만, 갈수록 사람들이 다 인텔리 되고 약아 지잖녀. 그러니께 건의를 못혀.

왜 그때 김종필 씨하고 김영삼 씨 합당도 하고 같은 편이었잖아요?

그때 그랬지.

근데 김영삼 씨 밀어주라고 안 그랬어요?

왜 안 그래요? 김영삼이도 많이 밀어줬었지.

뭐 받으신 거 없어요? 그때는? 김영삼 때는?

그때는? 아 신발값이야 조금씩 받지. 가면 한 2만 원씩 주지.

그거 부녀회장이니까 받으신 거죠?

네. 신발값이라고 통장 단위들은 절대 안 줘. 운동자들이나 주지.

반도호텔에 갔다는 건 어느 때였어요?

오래 됐지. 김종필이 때.

그 얘기 좀 해주세요.

반도호텔에 갔는데.

**김종필 국무총리 때요? 박정희 시대 때?**

그렇지. 그랬는데. 연장그릇 이런 곽에다가 고루고루 없는 것 없이. 연장그릇. 참 거기다가. 왜냐면 입으로 도는 것은 선거운동 할 때 줬는데, 내가 받으러 갔었지. 그것도 이틀 사흘씩 자가면서 교육 받어.

**선거 교육 받으신 거죠?**

그렇지! 그럼! 내내 선거. 근디 막 이런 데다가 이런 걸 하나씩 주는 것을 열어보니께, 우리 집에 없는 연장이 다 있는 거여. 일체. 아주 싹싹 다 있는데, 아주 일절 다 있는 거여. 하여간 망치니 뺀찌(펜치)니. 뭐 없는 거 없이 다 있는데. 그런 건 받아봤지.

**그런데 선거 운동 교육 시켜주는 데서 어떤 식으로 교육 받으셨어요?**

어쨌든 우리는 충남 태생들은 어떻든 내 고향이니까 밀어주자. 이런 식이지. 지역감정으로 그런 식으로 하지. 다른 식이 있간디? 고향이니까 발전이 되고 부여가 관광지로 발전을 시켜주고, 뭐 시켜주고. 그런다고 그러지. 그럼 어떡혀. 그렇게 한다고 좋아지니께 찍어드려야지. 지금은 아녀.

**그래서 반도호텔에서 주무시면서 구경도 하셨어요? 관광도 하시고?**

않지. 교육만 받고.

**그 다음에 부녀회장으로 활동한 일 없으세요?**

아이고. 그냥 마을 청소도 하고, 막 나오라고 하면 나와서 청소도 깨끗하게 해야 허고, 인저. 관광 가고 싶은 사람덜은 돈 없어서 관광 못 가잖어? 그럼 한 달에 2,000원씩 1,000원씩 걷어가지고 다 모시고 댕긴 거야. 일 년에 걷는 거야. 그것을…… 그래 갖고 모시고 다녔어. 그 전에 무슨 큰돈이 있어야지. 그렇게 해서 모시고 댕기고 모시고 댕기고 했지. 지금이야 뭐.

**새마을운동 기간에는, 부녀회에서 어떤 일 하셨어요?**

새마을운동 기간 때에는, 그때는 여가(여기가) 민속촌으로 있어서. 운동을 안 허니 뭐혀. 길도 넓히고 다 허야만은 다 나가서 일도 하고 그러는데. 순전 민속촌이여, 여기는.

다 초가집이고. 이렇게 된 게 얼마 안 돼요. 그러니께 뭐 허는 것도 없었지. 청소나 깨끗이 나와서 해달라고 사정해서, 그저 나와서 허고. 깨끗하게. 그렇게만 했죠.

민속촌이라서 관광객도 많이 왔어요?

관광객들이 뭐더러 와요. 그냥 웃지. 비웃지. 다른 데는 다 이런 초가집이 없는데 이렇게 여기는 초가집이 많다고 비웃더라고요. 그렇잖아요? 개발을 못하니까. 나중에 하우스 해 갖고서 돈을 벌어서 조합에서 대출을 받고 자기네 조금 못 한 거. 그걸로 다 집 진(지은) 것이죠. 자기네 집이 돈 대출을 안 받고는 안 짓지. 다 대출 받아서 20년 상환으로 다 갚아나가야 혀 지금. 가을이면 갚아나가고. 그렇게 해서 집 진 거예요. 그러니께 이렇게 다덜(모두들) 집을 짓지. 이젠 그만 허지.

할머님 장시간 감사합니다.


# 비닐하우스로 재산을 일군 50대 여걸, 김복순 씨(55세)


장하리의 특징 중 하나는 50대 우먼파워가 어느 세대보다 세다는 것이다. 이것은 아마도 그들이 억척스럽게 일을 하여 비닐하우스로 재산을 불렸다는 데 원인이 있을 것이다. 장하리의 활기차고 단결심 강하고 생활력 강한 특성은 바로 이들 여성들에게서 뿜어 나오는 힘에 기인한 것이다. 바로 20세기 후반 한국 여성들의 전형적인 모습을 보여준다고 하겠다.


실례지만 연세가 얼마나 되세요?

쉰다섯이고, 딸 셋에 아들 하나 있어요. 지금 딸 둘은 대학 나와서 서울에서 살고, 큰딸은 시집가서 대전서 살고. 시집가서 지금 아들 낳았어요. 지금 7개월째. 둘째딸은 지금 서울에서 회사 다니고. 우리 셋째딸도 회사 다니고. 아들도 대학 나왔어요.

아휴. 다들 잘 키우셨네요. 자제분 네 명 키우시면서 농사짓느라고 얼마나 고생이 많으셨어요?

그러니까 하우스 해서 가리키고 말았죠. 지금은 그런데 경제도 안 좋고. 지금은 힘들지.

시집오시기 전에는 뭐하셨어요?

시집오기 전에는 서울에서 직장 다녔어요. 초등학교 졸업 후 직장에 다녔는데, 그냥 서울 가서. 세타(스웨터) 만드는 거 검사하고. 공장은 서울의 신답십리에 있었어요.

회사 규모는 어느 정도 되었고, 몇 시부터 작업이 시작되었어요?

그때가 하도 오래되어서 다 잊어버렸지. 우리들은 그 회사 맨 처음에 들어가서 일차로 검사해서 올라가면, 그 미싱사들이 미싱하고, 세팅하고, 그렇게 해 가지고 그렇게 했지. 세타는 내내 외국으로 수출하는 거. 두꺼운 거. 그런 거 만들었지.

일하는 사람들의 나이는 몇 살 정도 되었나요?

그때가 우리네들이 열여섯, 열일곱, 열여덟.

그 당시 노동했는데 임금 안 주고, 그런 적 있어요?

우리는 없죠. 옛날에 다 있었는데……. 그 전에 임금 안 주면, 노동 신고하라고. 그거 다 있었는데, 그거 다 태워버리고…….

작업하는 데 힘든 건 없으셨어요?

그냥 하루하루가 다 재미있었죠. 그 지나가는 것들이. 그런데 수출을 할 양이 많으면 야근을 하고, 없을 때는 안 하고.

혹시 직업병 안 생겼어요?

그런 거 없었어요. 자취를 했는데 저녁 여섯 시면 나오구 그랬어요. 점심도 그전에는 우리네들은 싸 가지고 가서 거기서 먹고, 그 세팅실에다 놓고 먹고 그랬어요. 월급은 우리네들 그때가 쌀이 9,000원인가 할 땐데. 9,000원 받았던가? 그러다가 스물다섯 살 다 되던 해에 시집왔어요. 올해가 결혼한 지 30년이에요.

열아홉 살부터 스물네 살까지 5년 동안 일하셨네요. 그래서 돈은 많이 모으셨어요?

그때는 돈도 못 모았어요. 그냥 먹고. 그때만 해도 옷 사 입고. 그때 월급이라 해도 얼마나 되간?

시집오신 이야기 좀 해주세요.

우리 집은 원래 구려. 부여 관할이지. 구려면에. 거기서 살다가 일루 시집왔죠. 우리 친정엄마가 애기아빠를 잘 봐가지고 나(어머님) 아프다고 그래 가지고 빨리 와 가지고, 선보고서, 그래 가지고. 왜 지겹잖아. 직장 다니고 쳇바퀴마냥 왔다 갔다 하니까 지겹 더라구요. 그래서 에이 시집이나 가자 그랬죠. 선보고 그래서 왔지.

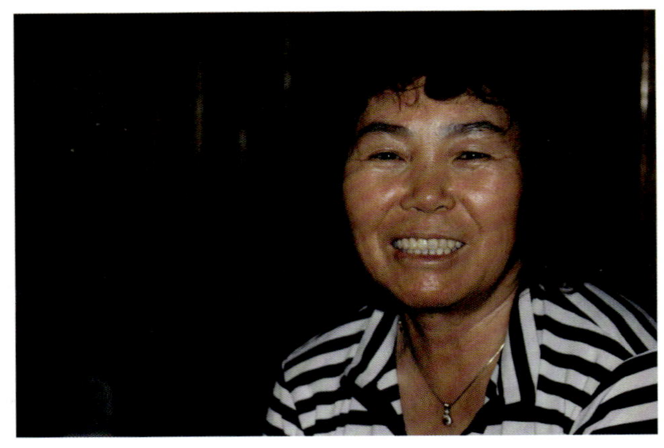

장하리의 50대 여걸,
김복순 씨

아저씨가 몇 남 몇 녀에 몇 째세요?

하나에요. 우리 시어머님이 중풍으로 쓰러지셔서 7~8년 고생하셨죠. 수발드느라. 젤 첫 번에는 병원에 모시고 다니다가 답답해서도 울고 그랬는데, 작년에 돌아가셨어요. 아버님은 먼저 돌아가셨어요. 나 시집오기 전에 돌아가시고. 그러구서 우리 애기아빠하고 둘이서 살다가, 내가 시집 와가지고 사시다가. 그냥 얼마 안 되셔 가지고 풍 맞으셔 가지고. 욕보셨어요.

75년도에 결혼하셨네요? 결혼하신 다음에 이야기 죽 해주세요.

그냥 사는 거죠 뭐. 처음에 오니까 그때 땅이 다 해서 일곱 마지기? 여기 젤 첫 번째 시집 왔을 때는 하우스 안 했어요. 벼농사만 짓고. 여기 오니까 좀 지나서 세 집인가 하우스를 하더라구요. 그 다음에 우리 애기아빠 꼬드겨 가지고 하우스 하자고 했지. 그때만 해도 하우스 해서 돈 많이 벌었죠.

하우스 하는 데 비용이 꽤 많이 들잖아요? 정부에서 보조를 좀 받나요?

그때만 해도 정부에서 보조는 없었어요. 처음에는 없고, 중간에만 있었죠. 시설 작업이라고 해서요. 받고 싶은 사람 받고, 쓰고 싶은 대로 하는데, 내내 그것도 가을에 가면 갚으니까. 그때만 해도 이자도, 뭐 농협이자니까 비싸지는 않죠. 일반 거시기보다는 좀 싸게.

맨 처음에 비닐하우스는 몇 동부터 시작하셨어요?

맨 처음에는 우리가 두 동 했어요. 두 동 하다가 그렇게 하다가 또 밭에다 하다가 자꾸 늘렸죠. 처음에 얼갈이 심고, 옥수수 하고. 얼갈이는 1월달에 심어가지고 한 3월달에 출하하고, 장사꾼들이 뽑아가고. 그 다음에 옥수수 심고. 그 다음에 수박 심을 사람 수박 심고, 옥수수 심는 사람들은 옥수수 심고.

연 수입은 어느 정도 돼요?

그때만 해도 옥수수는 한 달에 40만 원씩 했어요. 97~98년도에 40만 원 정도. 얼갈이 한 동 해도 30만 원씩. 수박 하면 100만 원, 80만 원. 우리는 바로 하우스를 석 동 늘렸 죠. 그래서 다섯 동 가지고 하다가, 그렇게 하다가. 왜냐면 이런 데서 계 들잖아요? 쌀 계를 들어 땅을 한 800평 샀죠.

쌀계는 어떻게 운영이 되나요?

일 년에 50가마 하면, 이자를 내지. 일 년에 한 사람씩 50가마를 타는 거야. 여섯이 구 성되어서, 그래서 50가마를 만드는 거예요. 그렇게 해서 그렇게 땅 사고. 우리도 저 위 에서 초가집 짓고 살았어요. 그래 가지고 시집오니까 답답하더라구요. 그때는 차들도 왔다 갔다도 안 하고. 그래서, 시집와서 하도 답답해가지고 패물 해준 거 다 팔아가지 고, 테레비(텔레비전)부터 사왔지. 이 동네서 테레비 몇 대 안 될 때, 우리집에 테레비 가 왔지. 우리집에 넘들이 테레비 보러 왔으니까. 애들이 테레비 보러 왔거든요? 그래 가지고 금반지니 뭐고 다 팔아가지고. 서울서 오니까, 답답해서 못 살겠더라구요. 그 래서 막 사오라고 해서 사오구. 그래가지고 어떻게 어떻게 해가지고…….

재산을 늘리신 이야기 좀 더 해주세요.

하우스 해가지고 벌었죠. 다섯 동 하다가 열 동 되고 넘의 선재(임대)도 사서 짓구.

선재(임대)가 뭐예요?

선재는요. 예를 들어서 남의 땅을 일 년에 얼마씩 빌려가지고 하는 거예요. 그렇게 해 가지고, 지어가지고 열 동, 이십 동 되게 했죠. 돈 좀 벌었지만, 지금은 인건비가 많아 가지고요. 그 전하고는 틀려요. 지금 일꾼들을 고정으로 네다섯 명 쓰면요. 인건비 제 하고 뭐 제하고 그러면 수납금이 고정적으로 준 거도 아니구. 지금은 농촌도 다 힘들 잖아요? 인건비는 하루에 3만 원씩이에요. 수박농사 지을 때. 3월달서부터 한 달 사이 에 인건비가 제일 많이 드는데, 일꾼들은 수박 순 따요. 젖순을 다 따야 해요. 넝쿨 뻗어 나갈라면. 수정시킬 때도 인건비 들고…….

**일손을 많이 두셨을 땐 몇 명이나 두셨어요?**

계속 아줌마들 넷이 와요. 매일 아줌마들 네 명을 실어와요. 저기 충학(충화) 근방(인근 마을)에서 오는데, 데리고 와가지고 데려다 주고. 점심은 우리가 다 해 먹이고, 새참 주고. 인건비가 꽤 들어요. 2만 5,000원 품삯 주고 밥값 3,000원. 많이 들어가요. 그래 우리 내외간에 부지런히 살았죠. 애들 넷 키우고 이 동네서 누구한테 도움 한번 못 받고. 형제간에 도움도 아무 것도 없으니까. 하여간 일은 엄청이 했죠. 여기서 벼농사 지어가지고는 못 가르쳤어요. 그래서 우리 큰딸만 2년 가르쳤어요. 충남 전문대. 그래서 개만 좀 껄쩍지근하드라구요. 여기 집 사가지고, 여기 이 동네서 몇 번째 안 졌을 때(집을) 지었어요. 이 집이 12년 됐나? 13년 되었나.

**집은 정부 보조 받아서 지었나요?**

아뇨. 그냥 졌어요. 사비로. 지금도 땅도 제법 많이 사고. 지금 한 4,000평 정도. 비닐하우스는 스물다섯 동 되죠.

**처음 일곱 마지기에서 재산을 많이 불리셨네요. 그래서 마을 어른들이 아주머님을 소개시켜 주셨나 봐요.**

이 동네 사람들 다 열심히들 살았어요. 다들 애들 가리키고 부지런히 살았죠.

**아침에 일어나서 애들 밥해주고 일터 나가시고 힘드셨을 텐데.**

그런데 여기는 인제 학교가 부여고등학교 다니고, 그래서 부여로 자취하고 그랬죠. 그래서 우리 아들은 일찌감치 부여부중 나오고 부여고등학교 나오고, 그런 과정이 있었죠. 부여 가서 많이 있었죠. 왜냐면 우리 아들이 하나니까 친구도 많이 새기라고 그러니까.

**비닐하우스 하면서 힘들었던 거나 기억에 남는 이야기 없으세요? 작년 폭설 내렸을 때 겪으신 거라든가.**

폭설 왔을 때 다 쓰러졌어요. 쓰러져서 그 놈을 내외간에 일으키고 눈 긁어내고 수박을 거기서 다 건져내고 그랬어요. 넝쿨이 시드니까. 수박 죽은 놈은 내비두고 살은 놈만 팔아 넘기구 그랬어요. 그 다음 정부에서 보조해가지고 다들 많이 졌죠(지었지요).

**전액 보상이 나왔나요?**

전액 보상은 아니구, 자재만 보상해줬어요. 활대만.

비닐은 몇 년에 한 번씩 갈아요?

2년에 한 번씩. 그 전에는 8메다(미터) 할 때는 일 년 하고 부시고 일 년 하고 부시고 그랬는데, 이번엔 10메다로 했죠.

그 안에서 작업하시는 게 힘들지는 않으세요?

힘들죠. 뜨겁고. 앉아서 하는 일이라 신경통, 관절염, 하우스병이 있죠. 제초제는 별로 쓰덜 안 해요. 수박 같은 거는 약을 별로 안 해요. 뜨물이나 있으면 그거나 할까 거의 안 해요. 그러니까 수박은 거의 무공해에요. 퇴비는 사다가 하죠. 자연 퇴비로. 돼지 똥 발효시킨 거 그런 거 사다가. 수박이 그때 시가에 비해서 많이 올랐어요. 씨도 한 봉에 2만 5,000원, 3만 원. 그렇게 받아요. 그러니까 수박금이 싸면 내려서 받아야 하는데 그게 아니에요. 비니루도 엄청 오르고.

충청도 수박의 주 생산지가 여기인가요?

여기는 거의 다 수박 해요. 여기서 부여 구뜨레 상표 해가지고 나갈 꺼예요. 여기서 쫌 내려가면 세도(세도면)는 도마도, 여기는 부여군 구뜨레 상표 해가지고 수박. 그렇게 나가요. 서울까지 올라가지요. 상품 좋은 거는 공동출하하고, 좀 저거한 거는 밭떼기로 팔구.

수박 한 동에 얼마나 받아요?

글쎄, 여기서 예를 들면 그게 만 원이면, 그걸 내가 다 갖는 게 아니잖아요. 작업하는 사람도 줘야 되고 조합에도 또 내야 하구. 그러다 보면 우리네 돈으로 돌아오는 건 얼마 안 돼요. 시세가 좋을 때는 200만 원 정도 되는데, 안 좋을 때는 180만 원도 하고 170만 원도 하고……

그거는 종자비나 인건비 안 따진 거죠?

그렇죠.

손익은 계산해보셨어요?

한 50프로 잡으면 돼요. 농사 잘 지어야지 농사를 잘 못 지으면 안 되는 사람도 있고. 그렇더라구요. 농사는 수입을 완전히 잡아도, 내년에 농사를 지을라면 또 들어가야니까. 50프로 수입을 잡아도 내년에 또 들어가니까, 그게 실수입이 아니라구요. 시골 사람들은. 여기서 객지에서 와가지고 투자해가지고 하는 사람들 있는데, 부도나고 그래요. 여기도 그래요.

위탁해서 돈 꽤 많이 버시는 분들 많던데요. 수입이 상당하다고.

위탁영업도, 뭐 그것도 다 조금 있으면, 과일이다 뭐다 힘들어요. 쌀부터도 4월달서부터 터진다고(개방된다고). 그래서 이제 해 먹고 살 게 없잖아요?

그러면 모여서 대책회의 같은 거 안 하세요?

대책회의를 해봤자, 정부에서 농민을 위해서 이렇게 이렇게 해주는 것도 아니고. 그러니까 힘들죠.

농협에서 기술 지도라든가 뭐 그런 건?

영농기업이 있지요. 일 년에 너댓 번 받아요. 수박 교육을. 친환경 쪽으로 농사짓는 것, 그 쪽으로 인제 많이 하죠. 인제 작목반에서 우리가 강사 초빙해서 우리가 하기도 하고, 그렇지 않으면 농협에서 초빙해서 할 때도 있고.

이 마을에 작목반이 몇 반이나 있어요?

세 반. 아주 어른 작목반, 중간 작목반, 어린 사람 작목반. 연령별로 나뉘어진 거예요. 근데 인제 그렇게 작목반도, 인제 작목반에서 저거 하는 거는 없어요. 그냥 물건들, 자재 단체로 구입하는 것만. 지금으로는 수박 묘 같은 거는 집에서 안 하고, 묘 매장으로 가는데, 단체로 가고 그런 거.

수박 묘는 인제 집에서 안 키우세요?

키우는 사람은 키우는데, 우리는 반은 키우고. 수박 묘 값도 엄청나요. 거기서 가지고 올라면, 돈 400이 넘어요. 거기 종자값도 비싸고, 그 사람들 인건비도 들어가고 그러니까 포기당 450원씩 하죠.

비닐하우스 젤 많이 하시는 분이 몇 동이나 하세요?

따져 보덜 안 했으니까. 한 삼사십 동 하나 봐요. 부부가 일꾼 두고 일하고. 얼마나 힘들었어요? 아침에 가서 열고, 세 시에 가서 닫아요. 요즘에는 그냥 열고 닫고 하다가, 이제 어느 정도 크면 일꾼들 데려다가 순도 따구, 수정도 시켜주고. 비료는 심을 때만 넣고, 퇴비랑 화학비료 좀 쓰고요. 퇴비는 많이 쓰죠. 스테비아 그런 거도 넣구요. 출하하죠.

당도 높이기 위해서는 어떻게 하세요?

스테비아 같은 거 넣구. 스테비아 같은 데서 스티커 붙여서 출하해요.

스테비아 같은 거 넣으면 당도가 높아져요?

그렇다고 하더라구요. 퇴비도 많이 넣구.

비닐하우스 하시면서 가장 보람 있는 순간이나 기쁜 순간이 언제에요?

지금은 모르고. 그 전에는 한 해 막 벌었는데, 집을 지었어요. 그 돈으로. 그때가 가장 재미있었던 거 같아요. 한 해 벌어서 집 진다는 것이 몇 천만 원 되는 집을 지을라면. 그때는 다들 괜찮았어요. 그때 우리 집 지을 때가 한 4,000만 원 되었으니까. 우리 딸이 고등학교 1학년 때 지었나 보네요.

지금 비닐하우스 하시면서 빚도 지세요?

조합에 몇 천씩 지지요. 농기계 같은 거 사고. 그러면 융자를 받아서, 시설 작업도 한 번 받으면 몇 년 거치니께, 다 빚이지. 쌀도 해와야 되고, 그러니까……

사시면서 언제가 가장 기쁘셨어요?

기쁠 때는 우리 애들 대학교 들어갔을 때. 그때는 기뻤는데, 그랬는데 지금은 졸업하고 나니까 취직문제가 머리 아프더라구요. 지 밥벌이덜은 하고 있으니까. 그렇죠.

시간 내주셔서 감사합니다.


## 대졸 출신을 이긴 국졸의 농협 부장, 강덕모 씨(74세)

가난한 빈농의 아들로 태어나 농촌 공무원으로 20여 년간 생활을 하였다. 국졸 출신으로 대졸도 떨어지는 공무원 시험에 합격하고 부장까지 승진한 성실, 근면한 사람이다. 농협 등지에서 근무하면서 사방공사를 담당하는 등 지방 공무원 사회의 한 측면을 엿볼 수 있다는 점에서 이번 인터뷰는 의미가 있다.

실례지만 연세가 어떻게 되시죠?

32년생. 지금 나이 74세.

어르신 아버님께서는 어떤 일을 하셨어요?

농사짓고 그러셨죠. 농사도 션찮았어요(시원치 않았어요). 아버지가 또 병석에 오래 계셔가지고 일찍 돌아가셔가지고……. 아버지 돌아가신 것이 나 16살에. 해방 되고서 졸업하고 나서 해방됐으니까. 그해 바로 그게 음력 4월 13일이 제사니까, 양력 5월달이겠구만. 내가 3월 20일날 졸업허고. 45년도, 장암초등핵교. 8월 15일날 해방되고.

동기간은 몇 남 몇 녀셨어요?

내가 5남매였는데 장남이여. 우리 아버님이 5년간 병상에 누워 있어서 재산을 있는 것도 다 팔고, 집안 덕으로 살았지. 그땐 머슴살이까지 했어요. 어머니가……. 내가 왜 못 컸냐면, 못 먹어서 못 컸어. 내가 6살 먹어서 천 자 배우고, 7살에 이천 자, 8살에 동몽서 계몽편 배우고, 인저 소학까지 배우고서 9살 먹어서 학교 들어갔죠.

그런데 기억력이 굉장히 좋으시네요.

그러면 일생을 살아온 걸 잊어버려? 날짜도 다 기억하지.

딴사람은 다 잊어버리는데. 그럼 몇 살 때부터 일하셨어요?

열여덟 살 때, 열아홉 살 때까지 남의 집 일하다가 2년간 하고, 군대 붙들려 갔지.

군대 붙들려 갔어요? 몇 년도에.

저기 사랑에서 몰래 숨어서 지내다가 김○○이가 와서 잡아갔네. 그때는 영장도 없이 피해 다녔어.

6·25 이후에? 몇 년도에 가셨나요? 그때도 영장 나오면 다 가야 하는 것 아니었어요? 피할 수도 있어요?

가야 되는데. 이제 집에서 생활이 곤하고 하니께. 식구들도 먹여 살려야 하니께. 그렇게라도 해서 식구들 봉양해 살려야지. 54년도에 갔어. 내가, 군대는. 대구. 5관구 사령부. 2군 사령부 밑에 바로 5관구 사령부가 있었는데 거기서 인사과에서 근무했지. 그때만 해도 글씨 잘 쓰고, 학벌은 없어도 배운 것은 있으니께. 그래서 내 특기가 칠칠칠이야. 주특기가 칠칠칠. 인사행정지도원이야. 우리가 행정지도 인사과에 서문계(서무계) 봤어.

그때 얘기 좀 자세하게 해주세요. 하루 일과라든지. 그때는 군대 가서도 고생이 심하잖아요.

아니지. 여기서 고생 하다가, 거기 가니까 호강스럽지. 잘 먹고. 그때는 군대 배치에 따라서 좋은 데가 있고 나쁜 데가 있었지. 우리는 고생을 안 했지. 왜냐하면 거기에다 후

방이고, 식사도 장교식당에 가서 했어. 아주 잘 먹고 기름칠 했지. 4년 8개월이었어. 중사로 제대했지.

그러면 그때 집에서 어머니랑 동생들은 어떻게 생활했어요?

내가 그때 군대에서 돈 조금 갖다 줘가지고, 수확기 논 두 마지기 샀었네.

세상에……. 그래서 논 두 마지기 사셨어요?

월급 받아 돈 쓸 데가 없지. 우리는. 그리고 장위선 대원가 그 사람이 나한테 잘 했어. 돈도 주고. 그 사람이 그렇게 잘 했어. 그리고 안 쓰게(썼으니까). 군대 갔다 온 후, 농사를 짓고. 논농사 졌지. 아버지가 재산이 361평 있었고, 여기 189평짜리 하고 96평짜리가 있었지. 나중에 가서, 내가 논을 저기 780평짜리 샀었어. 그리고 팔고선, 그렇게 하고서 나중에 있다가, 사방관리소에서 오라고 해서 사방관리소에서 2년간 사방사업을 했어. 그때 서무를 봤어.

농사지으실 때, 저녁 부업이나 농한기 때 뭐 하셨어요?

가마니 쳤어. 하루에 댓(다섯) 매 짜고 그랬지.

한 죽이면 열 매. 그러니까 다섯 매 짜신 거죠. 그러면 한 매면 얼마 정도 하죠?

그때 괜찮았어. 쌀 한두 되 값 됐지. 그 다음에 사방공사 한 2년 다니고. 그 바람에 저기 충남도 가고, 다 갔었지.

사방공사에서 어떤 일을 주로 하는지 설명해주세요.

사방공사는 산이 전부 사태 났을 때, 사태 나가지고 산을 이렇게 계단처럼 만들어가지고, 나무 심고, 씨 뿌리고. 임노동을 시켜가지고, 정부에서 노임을 줬지. 여자는 얼마, 남자는 얼마. 사팔공 사업이라고 해서 밀가루를 가지고서 인부들 노임을 줬어요. 인부들 데려다가 부리면, 넌 하루에 몇 킬로, 넌 몇 킬로. 일 나오는 대로 여자가 몇 킬로, 남자가 몇 킬로 주고서, 전표 맨들어주고 하는 거야. 난 그런 일 하는 거야. 앉아서, 그때는 한글로도 안 쓰고, 전부 한문으로 써야 해. 월급은 그때만 해도 많이 받았지. 그때 한 달에 쌀가마 한 가마 받았나? 그래. 그거 가지고 논 같은 거 샀을 테지. 그래서 우리는 논이 서쪽에도 조금 있고, 동쪽에도 조금 있고, 그런 식으로 돈 생길 때마다 조금 조금씩 사서 그래. 아주 지저분하게 있었어. 동서남북에 다 있었으니까. 오히려 차도 못 타고, 자전거도 못 타는 사람은 걸어댕기느라고.

그래서 거기 다니시고, 그 다음에 어디 다니셨어요?

농협을 다녔지. 70년대 때 내가 39살 먹어서 거기를 갔어. 섬(시험) 봐가지고 떨어지면 또 와야 혀(와야 해). 거기 연수원. 저기 고양, 중앙농협연수원이 저기 고양군(현 고양시)에 있었어. 그래서 거기서 2주간 교육 받고 시험을 치는데, 거기서 낙오되면 떨어져서 그냥 집으로 오야 혀(와야 해). 그런데 거기서 눈물 머금고 열한 명 떨어뜨렸다던데. 200명 교육했는데. 눈물 머금고 머금고 해서 열네 명 떨어진 데서 또 추려내고 열한 명 떨어졌는데. 그런데 거기도 학벌이 수두룩하지. 거의 다 고등학교 출

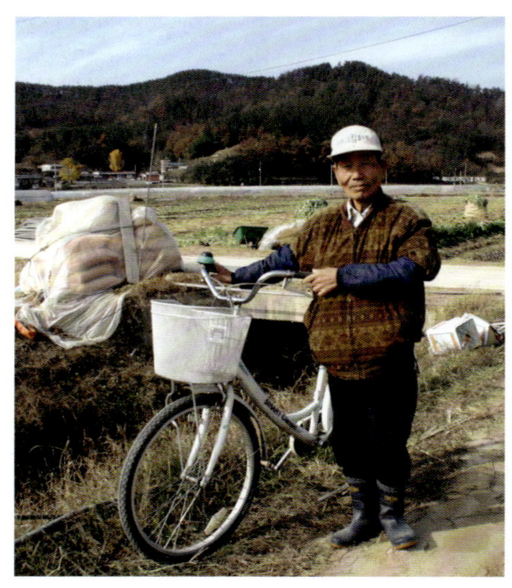

자전거로 집과 일터인 경작지를 오고 가는 강덕모 할아버지

신이지. 그런데 거기서 국민핵교 출신은 나 하나여. 거짓말 아니고. 명단을 딱 불러. 명단을 부르다가 "안 되겠구만" 그러더니, 울먹이더니 아무개 아무개 잠깐 나오라는 거야. 탁 데리고 가더라고. 거기서 딱 떨어졌다고 안 하고. 근디 몰라. 왜 데리고 갔는지, 그때까지도 몰랐어. 데리고 나가더니, 얘기하더라구. 나는 안 불러서 이상하다. 한 놈은 대학교 나오고, 선생질 하던 사람인데 떨어졌어. 근데 학벌 좋다고 되는 게 아니야. 거기서 점수표를 주더만. 나 잊어버리지도 않어. 83점. 다행이지. 60점 미만이 과락이여. 전국에 셋 있었어. 국민핵교 출신. 그 대학교 나와서 선생 했다는 사람은 나가면서 울더라. 그런디 어이구 인물도 잘생겼어.

그래서 농협에 들어가셔서 어떤 일을 해보셨어요?

처음에 가서, 연쇄점 창설돼가지고, 연쇄점 지배인이라고 해가지고, 그게 부장급이여. 그때, 처음에 가면서 부장급을 맺긴(맡긴) 거여. 그래서 78년도에 고령자 모가지 빌려고(퇴직시킬려고) 교육 들어오더라고. 교육을 갔는데. 78년도는 고령자 모가지를, 특히 부장급에서. 불러다가 2주 동안 교육 받는데, 그때 떨어진 놈들 많어.

그때 또 안 떨어지셨어요?

안 떨어졌지. 왜 그냐면 실력 없는 놈들은 열심히 공부하니께. 농협실무계획 허야지. 회계처리, 저기 세무관리. 아 책 갖다놓고 다 해야 혀. 낮에 교육 받으면 저녁 때 더 외워야 혀. 그래야 시험을 보지. 금요일날 시험 봐서 떨어지면, 토요일날 불러내. 아 그때는 마흔아홉이나 됐는데, 어렵더라구. 머릿속에 안 들어가. 그리고 잊어버려. 금방내. 어떤 사람들은 사비 들여서 교육 갔어. 76년도까지 연쇄점 부장 하다가. 연쇄점 지배인 격이었어. 76년도 3월에 들어가서 신용부장, 경제부장. 양화에 가서는 영농부장도 했어.

농협에서 일하시면서 보람 있었던 일, 기억나시는 것 있으세요?

내가 양화에 가니까 척박한 상태더라고. 노조 반장이라는 놈은 술만 마시고……. 양화가 가마니 고지여(고장이야). 가마니 쳐서 매상을 하는데, 가마니 검사를 한다고 막 그랬잖어? 그런데 그걸 양화농협에서 책임을 본다는 거야. 돈을 못 받아가지고서. 돈이 입금이 돼야 흑자를 내는데, 재정상 안 좋다고 하더라고. 그래서 내가 받아오지요. 그걸 왜 못 받아 오느냐고 했지. 주로 충북이 많더라고. 들어간디가. 군청으로 들어갔더라구. 영동, 옥천, 하계, 보은. 그 군청을 갔어. 갔더니 돈만 잘 주는 거야. 글(그것을) 못 받아 가지고서. 그래 가지고 흑자를 본 거지. 그러니까 조남훈이가 아이고 살았다고 하면서, 얼마나 좋아하더라고.

87년도 퇴직하신 다음에, 그때 땅이 제일 많았던 때가 몇 평이라고 하셨죠? 재산을 얼마만큼 불리셨어요?

논 열댓 마지기 됐었나?

비닐하우스는 안 하셨어요?

지금 8동 하지. 제일 많이 했을 때가 11동. 오래 안 했어. 할 능력도 없고. 주로 수박. 나중에 단무지 무나 짓고 그랬지.

(옆에 있던 친구)이 형님이 그저 아들이 없어갖고, 이 분이 사위여. 데릴사위를 해갖고. 왜냐면은 집안에 딸이 넷이야. 그러니께 셋째. 그 셋째사위를 맞이해가지고, 지금 아버님 코치를 직접 받아가지고, 젊은 사람이 지금 농사를 다 하고 있지.

사시면서 기뻤던 일 뭐 있었어요?

지금은 별로 없고. 참, 내가 대전에……. 농사 안 질라고 대전 가서 땅을 한 50평 샀었나? 그걸 83년도에 샀었어. 샀는데, 87년도에 퇴직하고 나니께, 그때 2,000만 원인가 한 50평 샀었어. 그랬더니 2,000만 원 달라니까 안 주더라고. 사는 놈이 없어. 지금 그 땅이 한 꽤 갈 껄. 지금 대전에 아파트 하나 있어.

장시간 감사합니다.


## 마을과 함께한 인생, 강상모 씨(68세)

장하리를 연구하거나 조사하기 위해 마을에 들어가면, 제일 먼저 찾아뵙고 인사 드리는 어르신이 있다. 바로 장하리와 평생을 함께하면서, 어려운 고비마다 남다른 애정과 열정을 가지고 마을의 발전 방향을 잡고, 해결하고, 뒷받침해주신 그런 마을 어른이다. 마을의 역사와 긴 인생을 함께하고, 마을을 대표하는 강상모 어르신의 생애사를 들으면서 장하리의 마을 역사를 더듬기로 하였다.

오늘은 어르신이 어떻게 살아오셨는지 얘기를 들으러 왔습니다. 그것을 통해 마을에서 사람들이 어떻게 생활했는지를 볼 수 있으면 좋겠습니다. 몇 년도에 태어나셨어요?
1937년도. 유복하게 지내지를 못했어도, 이 동네 분들이 아시는 대로 내가 뭐 큰돈이 있는 집안에서 태어나지를 못했지만은, 그 어려운 시기 뭐냐 태평양전쟁 일제시대, 그 때도 콩깨묵이라고 썩은 사료 같은 거를 먹고 살 무렵에 그런 거 나는 먹지 않고, 그때 풀뿌리 같은 거 초근목피 갖다가 (먹고)해서…… 사람들이 부황이 나고 막 그랬는데 나는 그런 것을 몰랐고, 단적인 예로 국민학교를 다닐 적에도 나막신 짚신을 신었습니다. 그래도 나는 유복하게 운동화를 신고 다녔습니다. 운동화 고무신, 그때 고무신도 상당히 귀했을 때여.
그렇죠.
생활을……. 그것이 45년도에 을유년에 뭐냐 해방이 됐는게 꼭 61년 됐습니다. 그때가 우리가 가장 어려울 때고, 학교 댕기는 조그만 코흘리개 학동들에게 관솔(소나무 가

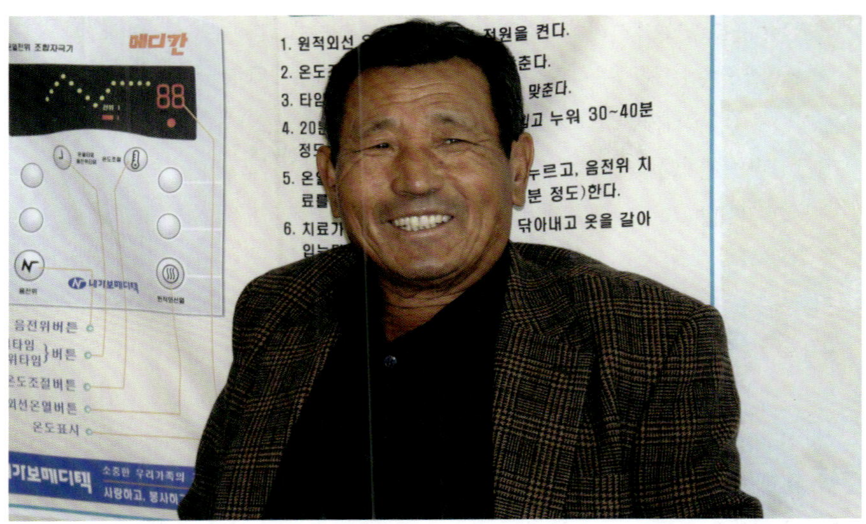


젊고 건강해 보이는 강상모 할아버지

지)를 따와라, 솔방울 줏어라, 방공호를 파러 나와라, 그래서 삽 가지고 가서 삽도 잃어버리고, 하다가 다치기도 하고…….

해방 직전 얘기죠? 그때 초등학생 1, 2학년이었을 텐데.

그렇죠. 2학년 때 해방이 됐어요.

2학년은 아직 어린인데, 데리고 나가서 일 시켰어요?

그렇지, 나이가 그때 댕기는 사람이 나보다 7년 연상도 있었어요.

초등학교에서?

초등학교란 게 없지. 20리 밖에서도 다니고 그때 그랬습니다. 우리 남산학교가 상당히 성적이 우수하다고 했는데, 거기 시험을 봐가지고 나는, 그때 부여군에 중학교 하나 있었으니까, 부여중핵(학)교, 가보니까 뭐냐 농과가 있고 인문과가 있어유, 근데 인문과는 4대 1이여, 들어가는 게. 농과는 뭐 2대 1이었고, 에……. 인문과에 무난히 세 사람이 남산학교서 됐어. 거기 내종숙이 부여중에 기성회장이었어, 지금 말로는 육성회장이라고 허지, 일단 연락을 해본 결과, 얘가 이렇게 공부 잘했다, 아주 그래가지고 여간 칭찬을 않더래요, 그래서 할아버지께서 당장에 멕이던(키우던) 소 하나를 팔아다가 학자금을 넣어, 그런데 그게 넣지를 않았어도 됐슈, 왜 그러냐면 6·25가 그 해 발발이 됐어, 발발이 됐는데 아 보니까, 나중에 수복 후 보니까, 낙제한 사람들도 합격부에 다 들어왔어, 그래가지고는 농과 인문과까지 150명밖에 안 됐는데, 근 300명이 됐어.

전쟁이 나는 통에 그렇게 다 받았다는 거예요?

그렇지, 예 그렇죠, 그리고 그 당시 징병을 피해서 들어온 사람들 수두룩해여, 나이 많은 사람들.

아버님은 무엇을 하셨나요?

인저 해방될 적에 이 동네에서, 지금으로 말하자면 방위산업체여. 일본 저, 비료공장이⋯⋯. 흥남 일질(일본질소비료)회사에 징병과 징용 안 갈라구 많이들 갔어요. 이 동네서도 머냐(뭐냐) 4~5명. 우리 외갓집 식구에서 아마 우리 집을 거쳐서 온 분들이 한 10여 명 돼. 지금 생존하는 분들은 몇 안 되고, 우리 숙부께서도 동갑들을 징용해가니까, 남양으로 다 간다고, 가면 죽는 거여. 그렇기 때문에 거가 피해 있었지.

아버님도 이 회사에서 근무하신 거예요?

아뇨, 그 저 어떻게 해서 됐나 하면, 우리 아버님께서는 장암보통학교 1회 졸업생이고, 심상소학교 16기 나와가지고, 걸루 가서⋯⋯. 아니 저 성암선생이라고 유학자로서는 유명한 조성암 씨가 있었어, 조준하라고⋯⋯. 그 사람한테 3년 간 한문수학을 했고, 그러다가 가서 자리를 잡아서⋯⋯.

어디로 가셨어요? 흥남으로 가셨어요? 아니면 임천으로 가셨어요?

처음에는 흥남에, 나는 흥남서 어려서 기억이 흐려, 어렸을 때고 우리 이모댁은 높은 초가집이었고. 내가 살던 데는 사택에서⋯⋯.

회사가 흥남 비료공장이에요?

비료공장이지. 42년도, 내가 만 5살에 (장하리로) 내려온 셈이여, 그것이 내 유년 시절 전부여, 기억에 남는 것은⋯⋯. 더러 있지.

그럼 아버님도 일질에서 근무를 하신 거예요?

그렇죠.

징용가시지 않기 위해서 가신 거예요?

밥 먹고 살기 위해서 간 거지 뭐, 그때 뭐 능력 있는 사람들은 일본 회사에도 취직 많이 했으니까, 능력은 인정을 받으신 거 같아, 우리 어렸을 때 보면은 와세다대학 뭐냐……. 강의록 같은 것도 보고 그러셨죠. 지식에 대한 욕망이 많으셨던 거 같아, 아버님도. 명함도 있고 했는데, 그때 명함이란 상당히 귀해서 선생님들 가정 방문 때 오면 이제 아버지에 대해 물으면 명함 내주고 어쩌고 했는데……. 그거 관리 잘못 해가지고 쥐가 뜯어서 또 버렸어.

그럼 아버님은 기술자나 기능공 계통이셨어요? 일반 관리나 사무 보는 계통이?

관리직 같어, 관리직이었는데 우리 어머니가 아침에 기상을 허시면은 해가 동향집 같어, 환해. 간다 말여, 가면은 국민체조 같은 걸 해여, 경방단 훈련이라고 있고. 그래서 거기 가서 여자들도 체조를 한 번 해야 혀. 허고 인제 집에 와. 그 동안 있으람 있고. 그러고 인저(이제) 아침 먹고, 나를 업고, 도시락……. 그때 벤또라 했어. 벤또를 가지고 가서 그 저 회사에 가서 이렇게 넣어, 사물함처럼 있어. 거기다 집어넣고 오고, 그랬단 말여, 그래가지고 그런 기억이 있고……. 어머님하고 이모님께서 김장을 헐 적에는 바닷가에 가면 거기가 큰 바위가 많이 얼었어, 그럼 배추를 갖다 바다에 담갔다가 숨 죽으면 바위 위에다 올렸다가 물 빠지면 가지고 와서 김장했던 거……. 내가 그거는 알어.

흥남 계시다가 43년쯤 돌아오셨다고 하셨잖아요?

못 돌아왔지. 나만 왔어요.

혼자 오셨어요? 아버님은 그냥 계셨고? 그럼 아버님은 언제 돌아오셨어요?

아…… 못 오셨지.

어머님은?

어머님이랑 같이. 뭐 거기 그렇게 사셨응게. 나만 왔지.

오실 땐 어떻게 해서 오시게 된 거예요?

공부시킨다고. 할아버지, 할머니집으로 왔지.

그러면은 아버님은 해방 이후에 내려오신다던가 다녀가시거나 이런 것도 없었어요?

해방돼가지고는 대전에만 내려오셨지. 왜 그런 거니, 우리 할아버님이 그해 환갑이었어, 환갑이어서 그때 수청을 해가지고 교장이 일본 사람인데, 교장도 오고 면장도 오고 굉장했어요…….

그건 해방 전이네요?

해방 전이요, 그해. 족보 보면 아시겠지만, 정월 몇일날이 생신이여, 그래가지고는 그때 잔치가 굉장했어, 왜 그런고 하니 배고플 때니까, 동네 사람들이 많이 오고 했는데……. 일본 교장이 초청해서 왔는데 총 메고, 칼 가지고 왔어. 검도한다고.

교장 선생님들은 총 메고 칼 차고 와요? 그때는 교원 대검 착용이 금지됐을 텐데……. 아, 전시라서 차고 다닌 거죠?

전시 아니래도, 덜걱덜걱 차고 있었어. 그래가지고 왔는데 떡국을 못 줬어요. 왜 그런고 하니, 만약에 이게 일본 교장인디. 내종숙이 면장이기 때문에 명함을 줘서 내 갖다 주고 있었는데, 떡국을 잡수면. 떡을 못 허게끔 돼 있어, 술도 못 하고, 근데 문제가 생길까 봐서 국수만 대접을 했지. 그래가지고 나중에 할아버지가 대단히 교장에게 우리가 미안하게 돼 있단 말야, 그래가지고 정월달에 복어가 인제 많았어, 복어……. 맛나지, 복쟁이를 네 마린가 여섯 마릴껴……. 상당한 거여, 그걸 갖다 드리라고 해서 갖다 줬더니. 아 교장은 못 만나고 사모님이 기모노 입은 참 그때 한국은 인제 항상 비녀나 꽂을 텐(때인)데, 참 키도 크고 예쁘고 했지. 아주 반가해 그걸 갖다 줬더니.

한국전쟁기로 다시 돌아가서 그때가 1학년 땝니까? 어떻게 됐습니까?

수업을 못 허죠, 못 허고서는 인저 부여로 교양이라고 해서 교양을 받으러 가요, 교양, 그게 수업이여 일종의 전시에…….

어디서 교양을 받으러 오라고……. 인민군 왔을 때 얘깁니까?

왔을 때 얘기지. 교양 받으러 간다고요. 그런데 무서운 것이 뭐냐, 도강하기가 어려워, 비행기(미군 비행기)가 항상 강을 시찰을 해가지고 총을 쏘기 때문에, 새벽이 아니면 밤중에 건너고 그랬다고, 그래서 도저히 못 다니겠다고 허니까는 우리는 그러면은 도강 허는 사람은 다니지 말고 임천으로 가라, 그래서 임천으로 다녔어.

교양 받으신 내용은 어떤 내용이었어요?

내용이라는 게 뭐 지금 기억할 수 있나. 첫째 노래. 노랜디 여자 인민군이 와서 노래를 가르쳐요.

주로 북에서 내려온 사람들이 가르쳐요? 여기 있는 인민위원들이 가르쳤어요?

아니요 거기서 온 사람들, 하도 밀려 내려오고. 이화 재학중인 사람들이야, 참 미녀들이야 우리가 봐도, 노래 잘하고 그거여, 순전히 노래하고, 사상학습 허고 시국에 대한 얘기, 곧 내일 모레면 부산 함락한다나? 그런 얘기, 그렇겠지 뭐.

하루에 몇 시간씩 교양 받으셨어요?

여섯 시간 정도. 아침에 해가지고 뭐 세 시까지……. 그런데, 무서운 게 뭐냐면은 재학생에서 좌우로 딱 갈라져 있어요.

중학생들인데?

예, 그래가지고는 그때는 좌파 학생들이 기가 셌잖아, 막 데려다가 고문하는 걸 봤어 우리들이…….

우파 학생들을? 어린데도?

어린애들끼리. 그때는 4~5학년이면……. 나이가 좀 든 사람들이 꽤 있었지. 그래가지고 그때 그걸 피해가지고 도망했다가 학도병으로 붙들려간 사람들도 있었어요. 그렇게 하고 나중, 그러다가 인제 우리가 임천서 오다가는 어디로 갔냐면, 수작골이라고. 장암면에서 이렇게 해서 이렇게 왔어, 산이 많고 막 오는디, 그 호적기라는 게 와서 총을 쏘고 하는데,

뭐가 와요? 호적기?

제트기여 제트기. 그래가지고는 막 배가 불나다시피 하고 그걸 내가 보았거든, 음악 선생이 김용구 선생이라고, 아! 이 분이 치안대한테 걸렸어, 걸려가지고는 꼼짝 못하는 걸 보고서는 선생님, 선생님 허니까는 김용구 선생님……. 참 챙피하게 됐지 제자들 앞에, 내가 걸어서 정읍서 왔는데 이 모양이 됐단 말이야. 우리가 사정을 했어, 선생님 풀어 주셔야 합니다. 그래가지고는 부여로 넘어가는디 좌파 학생들이 델러(데리러) 왔어. 벌써 연락이 가가지고. 그래서 대전형무소로 갔댜. 그렇게 좌우 이데올로기가 어린 학생들까지……. 어린 학생들까지도 죽이고 살리고 했어……. 그때, 그래. 인제 학도 대장이 학도보급단 단장이 남궁현이라고 참, 똑똑하고 컸지. 근데 그 사람도 뭐냐 대전형무소 갔다 거기 죽어버리고……. 고문해 죽었나, 총살을 시켰나 모르지만……. 거서 죽은 건 확실혀, 죽었다고 그러더먼……. 그 동생이 우리랑 핵교 댕겼어……. 남궁만이라고,

그 좌파 학생들은 그 전에 어디서 그런 좌파 사상을…….

그때는, 사변 전에는 에, 조선공산당, 조공 출신이 부여군에 많아가지고, 일본 시대에

대학을 졸업한 사람이 손이루(손으로) 꼽아야 햐, 근데 대부분 부여군에서 그 사람들이 공산사상에 물들었지. 이, 인제 다 거기서 돈 있던 사람이, 누군가를 거론치는 않지만 그래서 그러다가 휩쓸리고, 그러다가 그때부터 그렇게 됐지. 우리는 어렸을 때니깐 잘 모르고, 느낌으로 알고, 그래 9·18수복이 되니깐 또 우파 학생들이 좌, 그 학생들을 다 잡아다가 막 잡아 투드려 패고, 막 그래가지고는 거기서 싸웠어. 거기서 나간 사람들은 살지도 못하고, 그때 의용군에 간 사람들 소위 의용군(인민군 쪽)이지. 의용군. 인천 상륙하고 막으니깐 지리산으로 들어가고 대덕산으로 들어가다 죽은 사람. 행방불명 된 사람도 있고, 넘어간 사람도 있고.

그 당시 몇 명이나 교양 받았나요? 이 동네 사람들은 그쪽으로 갔었나요?

그래서 죽이고 한 거죠. 서로. 그것은 선생들도 좌우가 딱 갈라져서 벌써 금이 가 있었다고. 그래가지고, 그 선생님들 내가 대충 알지. 누가 누군지. 그런 아주 흉악한(흉악한) 일을 겪었고, 학생들이 공부를 했습니까? 공부를 못해요. 우리는 그래도 다행인 게, 뭐냐면 거기에 휩쓸려서 맞거나 한 사람은 없고.

9·18수복 이후에는 우파 쪽의 교양을 받으셨을 꺼 아니에요? 그때는 어떤 내용?

그때는 살벌허지. 살벌하고 교육 자체도 붉은 것이라는 것은 하지마끼라고 머리띠 있잖아요? 이것도 붉은 것은 없애버려. 청백전이여. 붉은 것, 홍백전은 없었어. 원래는 홍백이었는데.

원래 홍백이었어요?

원래 홍백이었어. 아니 홍청이었어. 원래 뭐여 홍을 백으로 대신했지. 그래 그렇게 했고, 어떻게 부역, 집안에 부역허던 사람이 있던가 하면, 쪼끔 말만이라도 막 몰아붙이는. 아주 그런 게 심했지. 그래가지고는 우리 민족이 참 어떻게 보면 야만스러워. 야만성이 그대로 나오는 거여.

그리고 나서 중학교 졸업은 언제 하셨어요?

중핵교를 그러니께 53년도. 그러다가 고등핵교가 생겼어. 고등학교 입학만 해놓고 다니진 못했구. 가정형편도 그랬구, 배움 자체에 흥미를 느끼지 안 했고. 그러고 그때 특이한 것은 45년도에 해방되었는데, 47년까지는 북하고 편지 왕래를 했습니다. 그래서 편지는 군정청에서…… 이렇게 벼요(베요). 비구서 테이프로 붙이고. 여기서 보내는 건, 거기서 보내는 건 비구서나 다 보고서(뜯어보기 때문에). 이제 중대한 얘기는 못하지. 못하고 안부만 잘 지내고 있다는 것 살아 있다는 것, 뭐 그런 것은 그렇구. 그때는 참 우스운 게 뭐냐면 우체국이 임천인디. 임천서 우체부가 와가서는 학생들을 소집을 해놓고, 아무개 하는 사람은 아무개 하는 사람에게 편지를 줍디다. 그게 참 그게 뭐여.

아, 이동네 사람들 것까지 학교에서 나눠 줘버린다는 말이에요?

네. 그래서 여(여기) 편지를 내가 더러 받아다가 집으로 가져오고 그랬어요?

중학교 졸업한 후에는 마을에는 계속 계셨죠? 야학을 하셨다고 했는데 언제 때 일입니까?

그것은 57년도 정도. 고 사이에는. 내가 여행을 좋아했지. 그때는 교통이 지금처럼 좋지는 않았지만. 말 타고 다녔습니다. 그래서 광주에 어떤 분이 가봐라. 전남 광주에. 가면 그때 목수학교라는 것이 있어요. 거기에 석 달 간만 거쳐 연수를 받고 나오면 일체의 연모. 연장을 다 줘. 빽에(가방에). 그래고(그리고) 나서 파견은 집 짓는 데 있어야 혀. 한 3년 동안을 그때 있었는데요. 가보니깐 내 적성에도 안 맞고 보니깐 안 되겠어. 그래서 내가 그만두고 왔지. 그러구선 우리 옛날에 인저(인제) 고서가 있었어요. 그저 심심하니깐. 책도 귀할 때니깐. 고서를 옥편 놓고 찾아가면서 했지. 그래가지 지금도 내가 고문진보, 그저 굴원이 그때 시대상도 생각해보고, 훈민정음. 지금도 외요. 도대체 임금이란 분은 어떤 생각을 가졌을까 이런 생각.

서당에서 배우질 않으시고 혼자 보셨어요?

혼자 배웠어. 혼자. 그래서 이상하거든. 내가 문학 방면에는 상당히 좋아했어요. 그래가지고 동네 있는 것도, 부여 가면은 책전(책방)이 있었는데, 강석규라고 그런 친구가 있는데 얘기를 해가지고 책을 많이 갖다 봤습니다.

제대하신 후 무슨 일을 하셨어요.

마을에서는 여전히 또 그런 생활을 했지. 농사는 안식구가 짓고, 돌아만 다니고, 50년대에는 내가 진흥회라고 조직을 해가지고.

그게 건설회 다음의 조직인가요?

그때 건설회는 자격을 부여 받고, 중학교 되면 건설회 회원이 되니까.

그럼 건설회부터 얘기 좀 해주시겠어요.

건설회라는 게 우리가 피폐해진 동네를 다시 건설하자. 이것을 하려면 식자층이라는 게 많이 해야 하는데, 시골에서는 식자층이라는 게 없어요. 별루. 중학교 입학하면 회원이 되는 걸로. 내가 입계한 것이 중학교 때는 52년도인가 그래요. 그때는 식수를 하고, 식수라는 건 나무를 심는다는 거고. 이 은행나무를 54년 4월 6일날 심었어요. 식목일날 다음 날 심었어. 하나 심으니까 고사를 해버려. 말라 죽어. 그래서 그 이듬해 또 심고. 은행나무는 그해 심고. 청소도 하고, 기상나팔에 따라 체조도 하고.

어느 분이 건설회 창립했나요.

그때는 강면구 씨가 초등학교 교사였는데, 강내구 씨랑 그렇게 했지. 강홍구 씨랑.

모두 교사에요?

강면구, 내구 씨는 교사였고, 홍구 씨는 경찰을 하다가, 나중에 개인사업을 했죠.

창신계는 더 뒤인가요? 강진구 씨가 직접 조직한 거예요?

그렇죠. 사랑에 오라고 그래가지고는 나도 갔었는데, 몇 세 이상 하기 때문에, 19세 이상이었는데, 20세 이상으로 처음은 했는데, 사람이 모자라. 19세 이상 했는데, 우리가 18세여서, 입계를 못했어요. 집의 나이로 18세.

18세이면 54년이네요? 이건 가입을 못하시고, 나이 많은 분들이. 그럼 여기는 건설회하고 겹쳤어요?

그렇죠. 겹치고, 건설회 회원으로 도서취급을 했지. 건설회에서는 도서를 쭈욱 놓아가지고, 대여해주고, 회수하고 그랬어. 그런 게는 난 그거나 맡았고.

학생들 연극도 시키고 하신 건 언제에요?

그것이 그 무렵입니다. 내가 50…… 언젠지 모르겠네.

그때도 야학 같은 거 했다고 하지 않았나요? 더 뒤인가요?

그랬죠. 문맹퇴치교육 위촉장이라는 게 교육청에서 나왔어요. 그 램프 키고, 그 저 기름, 램프 불, 기름을 대줬어. 교육청에서. 수령을 해다가 램프를 썼지. 밝습디다. 그거.

그럼 창신계에서는 무슨 활동을 했습니까?

그게 뭐냐면 그때 기우(기율)를 잡기 위해서여. 왜 그런고 하니 사변 직후에 참 도박 같은 게 심하고, 절도사건이 더러 생기고 말이지. 가축 같은 거 없어져버리고, 잡아먹고 하니. 예방차원에서 그런 건 안 된다는 거.

그럼 주로 이건 규율이네요? 자체 방범 겸……. 여기에서는 무슨 제방에 있는 거 하층부지 개간사업 같은 건 없었어요?

그것은 그 뒤요. 70년도 초에. 그래서 확실히 도둑 같은 건 근절이 되고, 도박은 은밀히 이 동네에서 못하고, 딴 데서 하고 그랬다고.

창신계가 얼마나 계속되었나요?

70년때까지 했을 거요. 다. 진흥회도 그렇고.

그 다음에 진흥회가 있었죠? 창신계 다음에. 어르신께서 주도하신.

내가 그냥 만들었지. 거기서는 내가 회장을 했고, 역시 뭐냐 술 같은 것도 먹고, 담배나 피우고, 화투나 하고, 그런 길로 못 빠지게 그거여.

이 진흥회에서 문맹퇴치운동을 한 건가요?

아니죠. 문맹퇴치는. 그건 가지고 있으면서 하게 됐어요. 그래서 그때가 우리가 동네가 살기 어려웠으니까…….

왜 살기 어려웠어요?

살기 어려운 것은 첫째, 흉년. 사변 직후 피폐한 인심. 재산상의 손해. 살기가 어려웠죠. 그 무렵에는 이 제방도 없었고, 비만 오면 여기가 하얀했어요(홍수났어요), 살기가 여간 어려웠어요.

지난번에 말씀하셨는데, 일제 강점기에는 이 마을이 웬만큼 살 만했다고 했죠. 부유한 편이라고.

그렇죠.

전쟁 후의 재산상의 손실이 많아서 그런 건가요. 아니면 어떻게 해서?

우선 팔아야지. 팔아야 견디지. 재산상에도 많이 뺏겼지만, 부동산도 팔아야 무슨 먹고살지. 논 한 마지기에 쌀. 팔고 그랬지. 그렇게 해서 먹고 산 거란 말이야. 그래서 가장 살기 힘들 때가 그때였고, 일제시대에는 부한 동네였다고, 3~4개 부락의 울타리까지 논을 차지하고 살았으니까. 전란을 겪고 나서는 먹고살기를 위해서는 팔아야 혀. 논 한 마지기에 쌀 세 가마 받고 판 사람도 있어. 이렇게 해서 600두락밖에 되지 않았어. 땅 소유가. 그러니 2,000부락을 갖던 동네가……. 살기는 그때만은 못하지만, 재산은……. 머슴이 한창때는 한 20~30명이 됐으니까. 6·25 전, 해방 이후에도 있었어요.

50년대 말인가, 야학하고 관련해서 동네 청년들하고 문맹 퇴치운동하신 거 이야기 좀 해주시겠어요. 학생들은 몇 명, 무슨 교과서?

한 30명이요. 여자도 있고, 남자도 있고, 초등학교 다니다 말고 했으니까, 자연히 20 전후. 많으면 20까지는 안 되고, 15세에서 20세까지 되겠네. 국문법 그거지 그때는, 산수도 좀 있고. 그러나 주로 국어요. 읽을 수 있는.

공부시간은?

매일 두 시간이요. 앉혀놓고, 끝나면 얘기 한마디 하고, 숙제를 주고 과제를 주고 하면 세 시간 잡아야 혀. 저녁을 먹고, 요새는 괜찮은데, 해가 짧기 때문에. 들에서 일하고 오면, 고달퍼요. 모기도 많고. 그래도 지금보다는 모기가 적었어.

공회당에서 했나요?

그렇지 거기. 학교. 교본 같은 게 더러 나왔어요. 교육청에서. 우리가 자작한 것도 없고, 그걸 쓰게 시키고, 자꾸. 몇 권 가지고 돌려서 쓰고, 읽게 시키고 그런 거죠. 일 년 내내. 한 2년 했죠.

그것으로 장정의 문맹은 많이 퇴치가 된 겁니까?

그랬죠. 많이 6·25직후 어디도 그런 걸 겪었지만, 그때 참 불행이여. 그 세대들이. 초등학교도 제대로 졸업을 못했어요. 그땐 사정이 그랬다고.

제방 쌓는 과정 좀 얘기해주시겠어요.

과정은 뭘, 정책이 그런 거여. 딴 데보다 빠르게 된 것은 여기 있는 두 동네 세 동네. 두 동네, 장하리와 하황. 장화집이라고 하지, 옛날부터 불편했지만, 합치자 해가지고, 몇 분들이 헌신해가지고. 강호동지회를 만들어 그때 이후로 그렇게 됐지. 난 반대했어. 지금은 유야무야여. 그래서 공화당 박정권 때인 게(때니까), JP형(김종필의 형, 김종익)을 쫓아댕기며 얘기해쌓고 하니께는 그 힘을 덕 봤지. 그래서 남면 같은 데 못살던 데가 부여군의 요지가 됐잖여. 그때 박 대통령 헬기콥터 들어오고 굉장했어. 백마강물을 이단 양수를 해서 모를 심고, 이걸 확 열으면 확 빠져. 비 오면은, 거기는 수해도 없고, 그 면이 면세가 대단히 좋아, 살기도 좋고. 여기도 역시 저지대인데, 그 덕으로 하우스도 먹고, 그래서 부자가 됐지.

강호동지회, 두 마을의 활약 때문에 더 빨리 제방이 쌓아졌네요?

그렇지. 15~16년 앞섰어. 여기가 빨리 된 거지. 시대에 잘 맞추면, 서로 말 않고, 힘을 합하면은 더 친절하고.

이 마을 사람들이 단결하게 된 계기나 힘은 어디에서 나왔다고 보세요?

그것은 여러 가지여. 인문지리. 지리상으로도 난관이 많아가지고, 지금 사람들은 무슨 일 있으면 구경이나 하는 사회지만은, 이것은 씨족사회라는 것이, 혈연을 맺어놓으면은, 때로는 목숨까지도 담보할 수 있는, 인정이 생기는 거여. 그래서 그렇게 된 거지. 그렇게 됐고, 또 가족사를 둘러봐도 우리가 그렇게 하지 않으면 안 된다는 것이 나와 있고. 또 조상으로부터 물려받은 것이 그렇게 하지 않으면은 곧 망한다는 위기의식을 극복한다는 것이고……. 여러 가지입니다.

그럼 제방 쌓은 다음에 마을이 구체적으로 부촌으로 발전하게 된 것은. 수박 농사, 단무지 무 농사를 짓고 나서부터. 어르신은 언제부터 수박 농사를 지셨어요?

수박 농사는 10년도 안 되지만……, 20년 넘겨 됐을꺼요. 그때는 1,000평에다가 수박을 심다 보면은, 그 수입이 넉 달 농사해서, 1,000평을 또 살 만한 돈이 잽혀. 그러니께는 급속히 경제가 호전됐고.

그럼 다시 땅에다 재투자하시는 건가요?

내용은 잘 모르지만은, 대전 같은 디도, 아파트 있는 사람도 있고, 1~2억 가지고 사는 사람 많이 있어. 농촌현실이 그러면, 괜찮지.

수박 농사는 정부에서 지원이 있었나요. 처음에 어떻게?

지원은 없었고. 농협 계통으로 해서 철제라던가, 자재는 순리대로 대출을 받을 수가 있지. 가령 그전에는 농촌이 영농자금 대출받으면 300만 원이 제일 많았어. 담보 없이는 300만 원 안 됐어. 지금 같으면 우리 같은 사람도 도장만 가져가면, 3,000만 원도 준다는 거여. 동네 사람들이 빚쟁이가 없어.

지금 자제분은?

다섯, 다들 지(자기) 집은 다 있어. 내가 돈은 없어도, 사립대학은 다 나왔지.

70년대 이장하셨다고 했는데, 그때 새마을운동기였네요?

당시에 주목할 만한 곳이 여긴데, 부여군에 당시에 406부락인데, 초가집이 두 번째로 제일 많은 데가 장암면 장하리 여기여. 가옥이 내가 살던 데가 제일 오래됐는데, 거기가, 8대조 할아버지가 낸 집이여. 그래서 200~300년 다 됐지. 그냥 거기서 산 거여. 군수님이 한 번, 와가지고는 떡 하니 보더니, 이 집들이 왜 이렇게 생겼냐는 거. 문턱이 높아. 문턱 뜯어내라는 거여. 이렇게 뒤떨어진 데서 어떻게 사냐는 거여. 이장 교육을 시켜야 한다는 거여. 국가에서 자재 값도 싸게 주고, 5년 상환에다가 금리가 5퍼센트. 트렉트 값도, 인건비 하고 잡으면은 크게 안들 껄 말이지. 억지루 겨우 개량한 것이 사정을 봐서 한 것이, 그때 초가집이 90퍼센트가 넘었지. 그 붐이 일어나가지고 한 집이 하니께는 죽 하더구먼, 그렇고 다시 집짓기 시작한 것이. 다 때려 부시고 집짓고.

**이장님 하시다가 도회지에 가셔서 무슨 일 하셨어요.**

대전에 가서 1년 있었나. 거가서 관리직으로다가 아는 데 일 좀 해줬지.

**밖에 나가서 일한 것은 이것밖에 없으세요?**

400년을 조상 대대로 여기서 산 사람이여. 그리고 뭐냐, 부여에 우리가 모임을 잘 가졌지. 정당에 세 번이나 발을 담궜어. 네 번이구나. 85년도에 은행나무동지회가 있었는데, 오라고, 알도(알지도) 못했지. 거기에 가담을 했다가, 알고 봤더니 그것이 이상하게 흘러. 그게 인제 부여가 낳은 JP들러리 세력이지 뭐여. 처음에는 친목인 줄 알았다가, 조직을 떼도 못할 분이 그러고, 존경하는 분이 그러고, 배신하고 싶었지만, 꼴이 안 되는 겨. 사정상 그만 둡니다 하고 물러났지. 그래 놓고 났는데, JP가 미국 가서 왔잖아. 김해를 가서 영접을 하랴. 안 갔어요. 김포공항으로 온다고 해서, 보안요원들이 깔리고……. 내가 안 간다고. 그렇게 신문으로는 났지만, 김해라고. 부여에서 여섯 갔어. 그래 놓고, 2차로 오니까는 조직 좀 해달라고 하니께, 내가 무슨 돌아다닌 것밖에 없거덩, 각기 면식은 있어. 그걸 알았나. 그때는 소위 관리장이라고 했지. 봉사지. 다만, 내가 좋아하는 술, 좋아하는 사람들이 있고, 밥 먹고, 급료 같은 것은 되지도 않고. 그러다가 의장 좀 하라고 해. 않는다고. 마음 없지. 세 번째는 초기의장을 해달라고, 싫다고. 나이도 먹고. 그만뒀어. 매듭을 잘 못하는 사람인 게. 돈 있어(야) 조직도 하는데, 돈도 없고, 나중에는 내가 맘에 드는 사람에게 인계를 했어. 그래서 지금 군수도 나랑(를) 괜찮게 생각하지. 그러자 막판에 간 게, 자유민주연합이라나 당을 하나 창당했다는데, 내 동창한테 얘기를 했어. 내가 여기 몸을 담덜 못혀. 3일 천하라고, 3일만 있다 간다고, 나왔지.

**조직을 네 번이나 맡으셨는데, 조직을 어떻게 운영하시고 확대시키셨어요?**

조직이라는 것은 내가 장암면 장하리, 집성촌 성향을 잘 알아. 늙은 사람들 머리여. 누구 찾아보라 하고, 나오라면 나와요. 동기간에 결속을 하자 해서, 그렇게 한 번 나와 인연을 맺은 사람에게는 하부조직인 게, 편지에도 없는 걸(직책을) 맨들어가지고 그 사람에게 줘요. 지도위원이라고 떡 하니 해서, 무슨 고문이라고, 그런데 편지 상에는 없어. 조직에서도 뭐 많아요. 동갑계, 친목계, 종중계, 부여군 중회, 뭐, 해서 어떻게 보니께는 그 분들을 다 알아가지고.

각 마을로 새 조직을 만들어 확대한 것이 아니라 기존의 동갑계 이런 것들을 이용한 거예요?

그 사람하고 그 조직은 달라야 혀. 조직의 생리가 그려. 조직 생리가 절대로 중복되게 동갑을 끌어들이는 건 안 돼. 말도 안 돼.

기존에 있는 조직을 이용하시는 거예요.

아니면 이용을 하더라도.

말이 이용이지 그 조직을 관리하는 거죠.

응.

각 마을이나 면 단위의 조직을 파악하셨으니깐.

파악은 대충, 딴 디도 물어봐, 접선을 해야 한다.

중앙에서 물어보면, 고급 정보를 주는 거죠?

중간관리자고, 첩보는 많이 되지. 조직의 생리가 정보가 제일인디.

마지막으로 동네 분들께 남기시고 싶은 이야기 한 말씀 해주세요.

우리는 400여 년이라는 역사를 가지고 희로애락을 누려가매 이제까지 내려온 전통 집성촌이요. 우리가 지난 것을 모르면은 미래를 모르는 것이고, 시대에 너무 떨어지지 않도록 보조를 맞춰가면서 생활 영위를 하는 데로 항상 유념해서 한다면은 지금 우리 수준이 남의 부락에 떨어지지 않는 수준이기 때문에 얼마든지 옛날을 회복할 수 있는 호시절이기 때문에 서로 상부상조하고 잊지 않고 힘써 나가면은 아마 그것이 우리로써는 가장 후배들에게도 가교를 놔주는 역할이요, 또 다음 세대에 본을 쥐가지고 본받을 수 있는 시점이 왔다고 생각하기 때문에 더 연구하고 더 지도자가 나오면, 복종이라는 게 아니라 좋은 충언과 조언도 해가면서, 장정이라는 이 유구한 동네를 글자 그대로 건설의 신념으로 다시 꽃피는 동네가 되기를 바랄 뿐입니다. 나도 70 노훈데(노후인데), 이런 노령이어도 생각하는 것은 차세대, 어제도, 조상 시제를 지내고서, 40

먹은 우리 종손과 관련하는 젊은 사람들에게 당부는, 지금 한 얘기 그대로 했습니다. 감명을 받았다고 얘기를 하고, 앞으로 찾아뵙겠다고. 과연 내가 또 그 사람들에게 무슨 얘기를 해줄까 확실히 늙은 사람들은 늙은 사람의 지혜가 있고, 젊은 사람들의 응용력이라든가 머리를 도저히 따라가지 못한다는 것을 어제 느꼈어요. 변변히 할 이야기 없습니다.

장시간 감사드립니다.

(김현숙)

# 민속과 의례

## 민간신앙

### 성황제

장하리의 마을신앙은 성황제이다. 이 성황제의 주신은 고려 창건에 기여한 유금필 장군이라고 한다. 곧, 유금필과 그의 두 처를 대상으로 제를 올렸다.

성황제는 매년 정월 10일과 20일 사이의 날을 택일하여 지냈다. 제보자에 따라서는 매년 첫 번째 정일(丁日)에 제를 지냈다고도 한다. 제일(祭日)의 택일은 마을 원로들이 상의하여 정하였다. 택일이 이루어지면 제관을 선정하였다. 제관은 제를 주관하는 이와 떡이나 음식 등의 제수를 준비하는 사람, 제장 등에 황토나 금줄을 준비하여 설치하는 사람 등으로 나누어 정하였다.

제장은 장하리 마을 뒷산인 태성산의 산상에 위치한다. 이곳 제장에는 2~3평 남짓한 성황당 제각이 있었다. 이 제각은 목조 건축물로 지붕은 짚으로 이엉을 엮어 이었다. 그런데 1970년대 들어와서 화재에 의해 이 제각이 일부 소실되었다. 그리고 그 뒤 1980년대에 들어와서 다시 한번 화재 피해를 입게 되면서 제각이 소실되었다.

제각이 소실되기 이전의 모습을 제보자를 통하여 재구성해 본다. 제각의 내부는 2평이 조금 넘었다. 당 내부 벽면 중앙에는 선반이 있었고, 이 선반 위에 성황당의 주신이라 할 유금필 장군과 그의 두 처가 안치되어 있었다. 여기에서 유 장군의 여성을 '두 처'로 표현한 것은 당시 고려의 혼인관행이 일부다처이기 때문이다. 요컨대, 이들의 형상은 나무를 재료로 하여 각을 한 목각인형 형태였다. 유 장군은 50센티미터

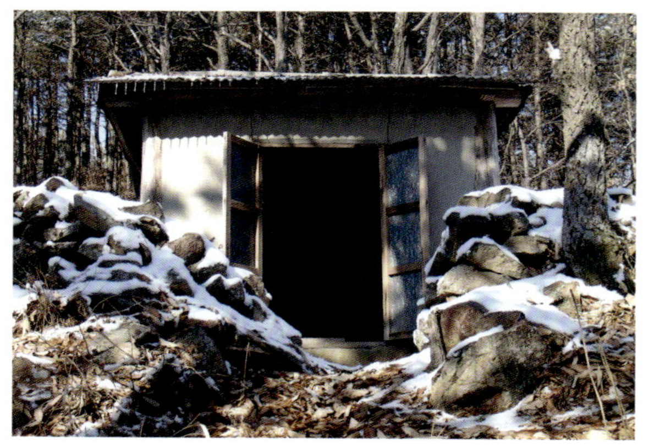

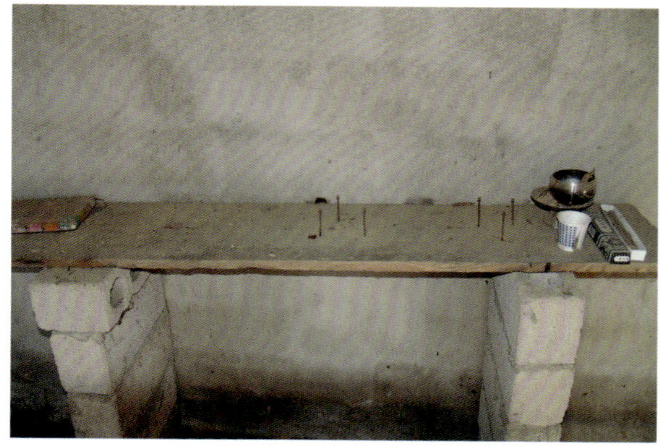

**성황제(유장군제) 제당(위)**
**제당 내부의 목각을 세웠던 흔적(아래)**

정도의 크기이고 두 처는 40센티미터 정도 크기였다고 한다. 이들은 선반의 중앙에 위치하였는데, 유 장군을 중심으로 좌우에 두 여성상을 놓았다. 제보자는 왼쪽에 놓인 목상이 유장군의 첫째부인이었다고 하였다.

목조 제당을 보유하고 있던 1970년대 전후만 하더라도 제사는 제일 당일 자시(子時)에 지냈다. 대개 밤 10시경에 제주 일행이 제각이 있는 성황당으로 올라갔다. 그리고는 제장 주변을 다시 한번 정리하고 제물을 진설하였다. 제물은 백설기 한 시루, 실과류, 술, 맑은 청수, 포, 옷감(베, 무명포), 생쌀, 나물류 등이다. 실과 중에는 대추, 밤, 감, 배, 호두, 은행, 개금(개암) 등을 놓았다.

제관 일행은 제물을 진설한 뒤 자시를 기다려 제를 지냈다. 제사의 진행은 집안에서 돌아간 조상에게 올리는 기제(忌祭)와 유사하다고 한다. 다만, 현장에 신앙의 대상이 되는 신격을 목상 형태로 모셔두었기 때문에 별도의 강신 절차만 생략된다는 것이다. 따라서 분향, 참신, 초헌, 고축, 아헌, 종헌, 사신의 순으로 제가 진행되었다. 단, 종헌 이후에 소지를 올려 마을의 평안과 번영을 소망하는 절차가 끼여 있다.

한편, 마을 공동체에 의해 수행되는 성황제는 1980년대 중반 제각의 완전 소실과 함께 단절되었다. 그러던 것이 1980년대 후반에 마을의 일부 여성들을 중심으로 재개되었다. 여기에 마을에 거주하는 점술가인 강청호가 제의를 복원하여 오늘에 이르고 있다. 그는 제각의 소실 이후 그 자리에 다시 시멘트 블록으로 벽을 쌓고 슬레이트로 지붕을 이은 2평 남짓한 제당을 지었다. 당 내부의 한가운데에는 선반을 설치하고 유 장군을 중앙에, 그리고 좌우에 두 부인의 목상을 세워두었다. 그런데 누군가가 이 목상을 가져갔다. 그럼에도 그는 매년 정월 초사흘 9시를 전후하여 성황제를 지내오고 있다.

제의 과정을 보면, 먼저 정월 초이튿날 제장에 올라가 제당 내부와 주변을 청소한다. 이렇게 다음 날 제의 지낼 준비를 한 뒤에 마을로 내려온다. 이어 초사흗날 제물을 준비하여 산에 오른다. 제물을 진설한 뒤에 향을 사르고 술을 올린 뒤 마을의 평안을 기원하는 축원을 한다.


## 점술

점술은 무속의 일부로 볼 수 있다. 실제 우리나라의 경우 점복은 무속인의 고유한 영역이었다. 그런데 대개의 무속인은 점복 이외의 다양한 기능을 보유한다. 이를테면 그네들은 활동영역을 점복에 국한하지 않고 다양한 방면으로 확대해왔다. 따라서 점에 국한된 무속인을 보통 점쟁이라 하였다. 점쟁이는 '점을 전문적으로 보는 사람' 정도로 이해할 수 있다. 그런데 지금에 이르면 점쟁이의 쟁이란 천한 신분과 관계된 용어로 사용하기를 꺼리고 점술가란 용어를 사용한다.

장하리에는 이러한 점술가가 한 사람 있다. 이 마을 태생이기도 한 그의 이름은 강청호이다. 그의 말에 따르면 그는 13세 때에 이미 접신하였다고 한다. 접신 이후 10대 시절에 마을 사람들의 사소한 점을 보아주었고, 이것이 신통하게 맞으면서 입소문이 났다고 한다. 본인 또한 이러한 입소문에 의해 손님을 받으면서 자연스럽게 점술가의 길로 접어들었다고 구술한다. 그리고 그의 나이 65세가 되도록 한길을 걷고 있다.

점술가 강청호는 엽전을 가지고 점을 친다. 작은 상 위에 엽전을 던져서 점괘를 푸는 방법으로 점을 보는 것이다. 그가 사용하는 엽전은 조선시대에 통용되던 것인데,

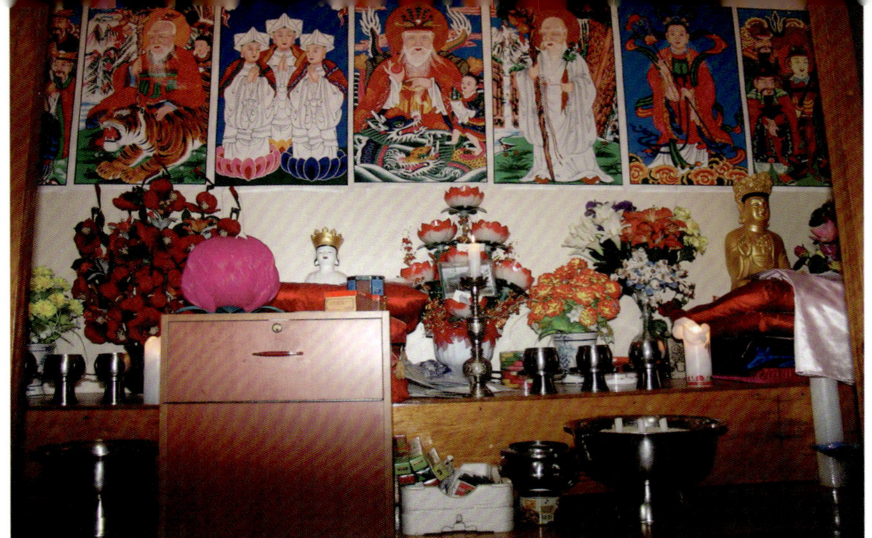

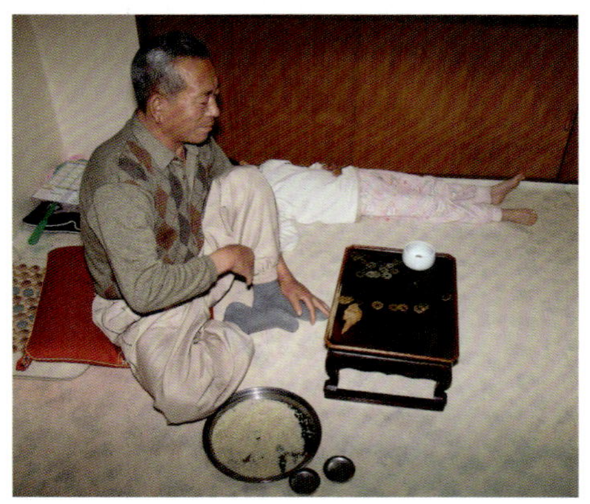

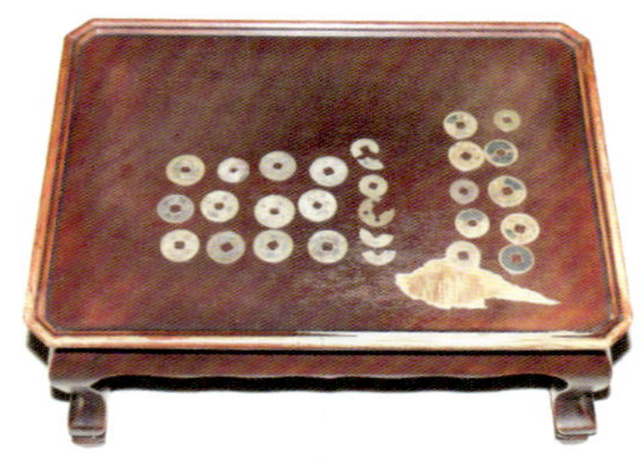

점술가 강청호의 불당(위)
돈점을 치는 점술가 강청호(왼쪽 아래)
점술가 강청호의 점상과 엽전(오른쪽 아래)

40여 년을 쓰다 보니 엽전 크기가 일 원짜리 동전만 하게 닳았다. 물론 닳은 엽전은 그때그때 새 엽전과 바꾸어 사용한다.

한편, 그는 보통의 남성 무속인과 같이 경을 읽거나 하지 않는다. 주요 기능이 엽전을 가지고 점을 치는 것이다. 여기에 그의 집 방 하나에는 법당을 설치하여 두었다. 그가 비록 점술가이기는 하지만 무불(巫佛) 습합 형태의 사제임을 보여주는 예가 된다.

이 불당 내부 벽면에는 8위의 신명 그림이 걸려 있다. 이들 신명을 들어보면 용왕, 선관도사, 매화부인, 애기동자(명도), 천존(옥황상제), 칠성, 산신, 삼신할머니 등이다. 이외에 법당 전면에 지장보살과 백부처, 관세음보살상을 놓았다. 여기에서 백부처(겉이 하얀색으로 채색된 부처)는 강청호가 섬기는 주신이다. 그는 이 불상을 하늘로부터 전해 받은 것이라고 주장한다. 또, 이들 신명 가운데 주목되는 것은 가족신이다. 이를테면 선관도사는 자신의 조부이며, 매화부인 역시 자신의 조모라고 한다. 그는 기존의 신명에 자신의 가족 조상신을 설정하여 법당에 안치함으로써 점술의 능력이 조상과 긴밀하게 연계되어 있음을 보여주려 한다.

그에 따르면 법당을 찾는 이가 전국에 산포해 있다고 한다. 자신이 입소문을 통하여 널리 알려져 있기 때문에 전국 각처에서 점을 보러온다는 것이다. 이렇게 점을 보러오는 이 가운데 지속적으로 인연을 맺은 사람들을 수양아들이나 수양딸이라 하는데, 그는 이러한 이름으로 부를 수 있는 사람이 수십 명에 이른다고 말한다. 또, 기존의 법당 안에 설치된 탱화나 불상도 수양아들·딸 관계에 있는 기원자들이 희사한 것이라고 한다.

그는 개인적인 점술 이외에 과거 마을에서 지내오던 성황제를 대행한다. 매년 정초에 택일하여 스스로 성황제를 지내고 있다. 성황제가 단절된 1980년대 이후에도 계속하고 있다. 이것은 본인이 좋아서 하는 일이며 마을로부터 어떤 특별한 사례를 기대하고 하는 일이 아니기에 겉으로 드러내지 않고 조용히 제사를 지낸다. 그리고 이 제사를 통하여 마을의 평안과 번영을 기원한다.


## 세시풍속


세시풍속은 1년을 단위로 같은 시기에 주기적으로 반복되는 민간전승이다. 이렇게 반복되는 면에서 세시풍속은 생명력을 지닌 풍속을 의미한다. 이를테면 현장의 민중 속에서 지속적으로 유지 활용되는 등 살아 있는 민속이 세시풍속이다.

현재 시점에 존재한다고 하는 면에서 세시풍속은 현장 사람들의 삶의 체험을 수용한다. 풀어 말하면 현존하는 사람들의 생동하는 민속문화인 데서 그들의 삶을 반영하는 것이 세시풍속이라는 것이다. 때문에 세시풍속을 들여다보면 그 현장의 지역성을 쉽게 분별할 수 있다. 한 예로 내륙과 어촌마을의 제사 상차림이 판이하게 다른 것이 그것이다. 내륙의 제사 음식이 농산물과 육류로 이루어지는 반면 어촌에서는 주민들이 직접 포획하거나 채취한 해산물이 주류를 이룬다.

여기에 정리한 월령별 세시풍속은 장하리의 사례를 모아놓은 것이다. 사례의 수가 다소 부족할 수 있으나 현장성을 반영하고 있다는 점에서 나름의 가치를 지니는 것으로 볼 수 있다.


## 정월

정월의 세시풍속은 크게 설 풍속과 보름 풍속으로 나누어볼 수 있다. 전자가 조상을 대상으로 한 의례에 비중을 두고 있다면, 후자는 놀이와 벽사, 기풍(祈豊) 등과 관련된 풍속이 중심을 이룬다. 그러면 이들 세시풍속을 장하리의 실제 사례를 들어 옮겨본다.

**설날 차례와 성묘**　장하리는 진주 강씨의 종족마을이다. 따라서 세시풍속의 중심에 진주 강씨가 놓여 있다. 곧, 이들의 세시행사를 살피는 것 자체가 장하리의 세시풍속에 접근하는 방법이 된다.

설 차례는 4대 종손 집에서 먼저 지낸다. 곧, 종가에 4대조의 후손들이 이른 아침부터 모여들고, 다 함께 차례를 지내는 것이다. 그리고는 간단히 음복을 한 뒤 다음 순서에 닿는 어른의 집으로 옮겨가 차례를 모신다. 때문에 이 마을에서는 이른 아침에 다수의 사람들이 집을 옮겨 다니며 차례 지내는 예를 볼 수 있다. 차례를 마치고 나서는 성묘를 간다. 성묘는 차례 때와 같이 제한을 두지 않는다. 대개 가까운 거리에 위치한 산소를 대상으로 한다.

차례 음식의 기본은 떡국이다. 이외에 시루떡이나 호박을 썰어넣고 찌는 호박떡도 보인다. 제사상에 올리는 음식으로 실과류는 대추, 밤, 곶감, 배, 사과, 은행, 호두, 잣, 귤 등이다. 과자류는 강정이나 산자이고, 탕은 어탕, 육탕, 채탕의 삼탕(三湯)을 쓴다. 탕의 수는 가정 형편에 따라 단탕(單湯)이나 오탕을 쓸 수 있다고 한다. 전은 명태전, 채전, 두부전, 버섯전, 육전이 있고, 맛살과 골파를 꽂이에 꽂아 만든 전, 찐 계란, 쇠고기 산적, 식혜, 명태포, 김, 나물류 등을 상에 올린다. 술은 집에서 빚은 술

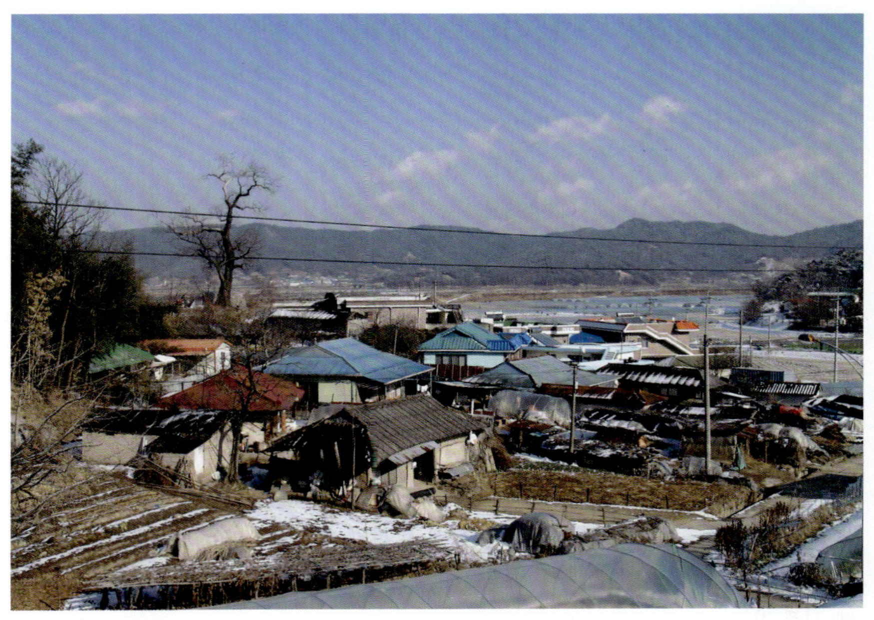

장하리 마을 전경과 홰나무(수령 400년 추정)

을 쓴다.

　　정초 고사　먼저, 정월 초사흗날에 성황당에 올라가 치성을 하던 예가 있었다. 이를 제보자는 초사흘 고사라 한다. 이 고사는 과거 성황당이 존재하던 80년대 이전의 예이다. 치성의 주체는 마을의 결혼한 여성들이다. 이들은 이날 목욕재계한 뒤 성의껏 준비한 제물을 가지고 성황당으로 올라간다. 그리고는 이곳에서 떡을 쪄 성황신 전에 올리고 가내의 평안과 일 년 간 탈도 없고 가족의 운수가 크게 길하길 빌며 치성을 하였다. 근래 와서는 이러한 고사를 마을에 거주하는 점술가에게 의뢰하여 지내는 예가 있다.

　　한편 해방 이전에는 마을에 있는 느거수 앞에서 정초에 고사를 지내는 예가 있었다. 장하리에는 느티나무나 홰나무 등 노거수가 4그루 있었다. 그런데 일제 강점기에 마을 사람들의 집회장소가 된다는 이유로 베어지고 지금은 태성산 산자락에 홰나무 한 그루만이 남아 있다. 이 홰나구는 수령이 400년 전후의 것이라고 한다. 요컨대 이 홰나무 앞에 시루나 쌀을 놓고 비손을 하던 예가 있다. 대개 마을에 사는 부녀자가 비손의 주체가 되며 축원 내용은 가정의 평안과 자녀의 건강을 기원한다고 한다. 정초에 이루어지는 안택고사의 일종이라 할 수 있다.

**정초 윷놀이** 정초에 윷놀이를 하였다. 그런데 이때의 윷놀이는 풍흉을 걸고 하는 예도 있었다. 대부분 놀이 자체로서 즐기는 것이 보통이지만, 풍흉내기 방식의 윷놀이도 존재하였다.

이 풍흉내기 윷놀이의 편은 천수답(天水畓)과 천변답(川邊畓)으로 구분하여 구성하였다. 곧, 하늘에서 비를 내려주어야만 농사를 지을 수 있는 천수답이 한편이 되고, 비가 많이 오면 농사를 지을 수 없는 천변답의 보유자가 한편이 되는 것이다. 이렇게 편을 갈라서 놀이를 하고 놀이 결과에 따라 이긴 편이 풍년이 들 것이라는 예측을 하였다.

이로 볼 때 장하리의 풍흉내기 윷놀이는 주술성을 그 이면에 깔고 있다. 또, 물을 용이하게 다스리지 못하던 그때 당시 농민들의 아픔이 담겨 있기도 하다. 실제, 큰물이 지면 장하리 앞들 대부분이 물에 잠겨 농사를 망친 예가 많았다고 한다. 그런데, 약 20여 년 전에 제방을 쌓아서 지금은 홍수에도 피해를 입지 않는다고 한다. 또 건답도 양수시설 등을 통하여 물의 공급을 할 수 있도록 조성하여두었다.

**쥐불놀이** 마을 앞의 논두렁에 불을 놓는 예가 있었다. 이를 쥐불 놓는다고 하였다. 30~40년 전만 해도 논두렁에 쥐가 참 많았다.[1] 따라서 이 쥐를 잡기 위하여 논두렁이나 제방에 불을 놓았다는 것이다. 그리고 청소년들이 보름날 깡통을 돌리는 예도 흔히 있는 일이었다. 주로 마을 앞의 논 주변에서 많이 돌렸다.

**오쟁이다리 놓기** 정월 열나흗날에 오쟁이를 엮어 마을 앞의 냇가에 다리를 놓는 예가 있었다. 맨 먼저 가마니 모양의 오쟁이를 엮고 여기에 돌을 넣었다. 그리고는 이 오쟁이를 시내에 가로질러 일정한 간격으로 놓았다. 마치 돌다리와 같은 형태의 다리를 놓는 것이다. 이렇게 다리를 놓으면 적덕(積德)이 되어서 그 사람에게 좋은 일이 있게 된다는 속신이 있었다. 특히 아들 못 낳는 사람이 다리를 놓으면 아들을 얻을 수 있다는 이야기가 전해졌다. 다만, 다리를 놓을 때는 다른 사람 모르게 놓아야 효험이 있다고 하였다.

## 2월

이 마을에서는 2월 초하룻날을 콩 볶아 먹는 날 또는 노래기 잡는 날이라 한다. 콩 볶기는 가마솥 아궁이에 불을 지피고, 솥 속에 콩을 씻어서 넣은 뒤 주걱으로 젓는 방식으로 이루어진다. 그런데 이렇게 콩을 볶으면서 '노내기 볶자! 노내기 볶자!' 라는 말을 하기도 한다. 이는 콩을 볶는 행위에 노래기 퇴치의 염원을 담은 주술적인 언사로 볼 수 있다.

제보자는 짚으로 지붕을 일 때만 해도 노래기가 많았다고 한다. 때문에 노래기 퇴치는 고민거리였다. 특히, 봄이 되면 노래기 수가 많아져 이를 치우는 일이 번다하였다. 이런 이유로 노래기 퇴치가 하나의 일거리가 되었다. 노래기 퇴치와 관련하여 역시 2월 1일에 전하는 세시속이 또 있다. 사전에 소나무 가지를 잘라와서 솔잎이 달린 부분에서 한 뼘 남짓하게 자른다. 그리고는 이것을 2월 초하룻날 지붕 위에 던져두는 것이다. 그 집 울타리 안의 모든 지붕에 죽 돌아가면서 여러 개를 던져둔다. 이때 말을 하기도 하는데, '노내기야 침 받아라! 노내기야 칼 받아라!' 라는 주술성의 말을 한다.

## 3월

3월은 파종을 위한 농사 준비에 한창 바쁜 시기이다. 이 무렵이 되면 들에서 논갈이를 하고 거름을 내는 등으로 분주하다. 지금도 장하리의 3월은 눈코 뜰 새 없이 바쁜 시기이다. 이곳에서는 대단위 비닐하우스에 수박을 재배하기 때문에 일 년 내내 쉴 틈이 없다.

제보자는 3월의 세시속으로 3월 3일의 삼짇날을 꼽았다. 그는 이 날을 제비가 날아드는 날로 표현하였다. 그리고, 3월 들어서 진달래꽃이나 골단초꽃을 따다 화전(花煎)을 해 먹은 예가 있다. 하지만 이 무렵은 대부분 춘궁기라 화전을 해 먹을 수 있는 집이 그리 많지 않았다고 한다.[2]

## 4월

이 달 초파일에 불자들은 인근의 사찰에 가서 공양을 올리고 기도를 한다. 대개 인접지인 임천 소재의 사찰을 많이 찾는다. 불자들은 쌀을 가지고 가서 떡과 밥을 지어 올리며, 1~2만 원 정도를 헌금한다. 또, 초파일에는 기원자 각자의 등을 사찰 경내에 단다. 이렇게 등을 다는 것은 기원자를 포함한 가족들이 일 년 내내 사고 없이 행운이 깃들기를 바라는 데에 그 이유가 있다.

## 5월

5월 단오에 그네를 뛰었다. 그네는 마을의 정자나무에 매었다. 짚으로 어린아이 팔뚝만 한 동아줄을 꼬아 줄을 만들고, 나무 심을 박은 발판을 만들어 줄의 하단 중앙부에 끼웠다. 이렇게 줄이 만들어지면 남자들이 주로 뛰었다. 여자들은 남자들이 다 뛰고 난 뒤에 뛰었다. 해에 따라서는 그네뛰기 대회도 열었다. 이러한 예는 1960년대 전후의 일이다.[3] 이외에 단오에 윷놀이를 하였다. 윷놀이 역시 상품을 걸고 대회를 한 예가 있다.

그런데 제보자의 말에 따르면 그네뛰기에 놀이 이상의 의미가 담겨 있는 것을 확인할 수 있다. 곧, "5월 단오에 그네를 뛰어야 발에 좀 안 먹고 성하다"는 말에서 5월 단오의 또 다른 의미를 발견할 수 있다. 부연하면, 잠깐 그네 뛴다고 발이 낫는 것이 아닐 텐데 이 날의 그네뛰기는 발을 낫게 할 수 있다는 속신이 유지되었음을 엿보게 한다. 요컨대 단오의 그네뛰기 이면에는 병 치유와 관련된 주술 인식이 존재하였다는 것이다.

## 6월

유두   이 마을에서는 6월 보름 유둣날에 오는 비를 '쌀 도가니 비'라고 한다. 이 말은 유둣날 비가 많이 와야 농사가 잘 된다는 뜻이다.

6월 유둔날은 쌀또가지라고 있거든요? 왜 그러냐면 6월달이 비 오면, 물이 그냥 황톳물을 담아서 썰어나갔어도 베(벼)는, 그 때부터는 사실 일을 하니께 먹을 수가 있거든. 거름 물이 들어왔다 이거지. 인자, 그래가꼬 7월 칠석물이 비가 많이 와 (거름 물을) 씨쳐가꼬 녹아버려.                                                   —강동구(남, 82), 장하리 그 옛날에는 베를 늦게 심었어. 6월달에 물 들어왔다 나가면 흙탕물이 많이 고였어. 고거시 걸거든. 긍게, 거니께 그 때부터 수리 나와 가지구서니 베는 잘 머꺼든. 긍게 6월 물은 쌀또가니다. 이, 이름을 그렇게 징거여. 옛날에는 비료가 없었어요. 그래 칠석물은 칠석 때 (논에) 물 담으면 그 때는 (벼를) 못 먹었어요. 느즈니까 인자. 베, (속이) 벨 (찰) 시간이 없어서.　　　　　　　　　　　　　　　　　　　　　　　 － 강경구(남, 73), 장하리

부연하면, 유둣날 비가 와야 산기슭의 황토물이 논으로 유입되고, 이때의 황토에 유기질 비료라 할 만한 것이 함께 논으로 유입되기 때문에 작물에 이롭다는 것이다. 그래서 유둣날 비는 벼농사에 많은 이로움을 주는 것으로 본다. 또, 이런 이유에서 유둣날 오는 비는 '쌀 도가니 비'라 한다.

**복날**　6월에는 초·중·말복의 삼복(三伏)이 들어 있다. 삼복은 일 년 중 가장 더운 시기로 더위를 피하기 위한 풍속이 전하는데 그것이 삼복과 관련된 복달음 속이다. 복달음은 말 그대로 복을 달아매는 습속으로 이해할 수 있다.

우리나라의 보편 풍속이기도 하지만 장하리 역시 복달음의 한 방법으로 보신행위를 한다. 대표적인 것이 닭고기와 개고기를 먹는 것이다. 이 가운데 닭은 남녀노소 가리지 않는 보양음식으로 친다. 반면, 개고기는 성인 남성들이 즐겨 먹는 음식이다.

복달음이라고 있어. 삼계탕을 해 먹는다든지, 집이서 저기 부농한 사람들은 닭도 잡아서 먹고. 그게 복달음이여. 근데 그게 저마다 달라요. 지금은 에지간한(어지간한) 날에 '얘, 복달음 하러 가자' 불러서 삼계탕도 먹고 보신탕도 먹고 하지만은 옛날에는 그런 거는 몇 집이나 있간디요? 말만 있지.　　　　　　　　　　　　　　　 －강경구, 장하리

그런데 위의 지문을 보면 삼복의 복달음도 살림이 넉넉해야 할 수 있었던 것으로 이해된다. 대부분의 사람들은 형편상 복달음을 하기가 어려웠다는 이야기다.

(조사자: 복날 마을에서 개를 잡았을까요?) 그건 읍꾸. 옛날에 가물어서 모를 못 심잖아요. 모를 못 심으면 초복이 메물(메밀)을 지어요. 메물. 지금은 메물은 아니지만 그

전에는 메물이면, (벼 심을) 때가 가면 (작물을) 심을 길 없어. 초복에 심어가지고 말복에 가서 요만큼 커야 그 먹지. 더 늦으면 메물도 몬 먹는다는 거여. 그런 얘기를 했어요.

—강동구, 장하리

오히려 위의 지문처럼 가물어 벼를 심지 못할 정도의 해에는 전답에 메밀을 갈았다고 한다. 메마른 땅에서 강한 생명력을 유지하는 작물이 메밀이었기 때문이다. 그런데 이러한 사례는 1960년대 전후까지 흔히 있던 일이라고 한다.

한편, 삼복 무렵의 햇빛은 곡식을 살찌우는 것으로 보았다. 그래서 이 무렵의 빛이 좋아야 농사가 풍년이 든다고 한다.


## 7월

**칠석**　이 마을에서는 칠석날을 명일로 보았다. 따라서 이 날은 쌀밥을 해 먹었다. 마을 사람들이 함께 어울려 놀던 예도 전한다. 대개 그때에는 마을의 부자들이 술이나 음식을 내놓는 예가 있었다.


칠석이 명절이유. 하얀 쌀밥에 내가 닭을 켜(키워)가지구서 병아리가 성장하면 아침도 그 눔으루 식사 잘하고, 그래 명절이지. 그 전에 명절이었어.

—강상구(남, 84), 장하리

칠석날은 있는 사람 없는 사람, 옛날에도 다 쌀밥들 함께 해 먹었어요. 명절로 치구서. 그 굶어가며 욕봐가며 참 쌀 한 주먹이라도 냉겼다가 그날은 쌀로다가 밥을 걸지게 해 먹었어.

—강동구, 장하리

(조사자: 마을 사람들끼리 어울려 노는 일도 있었나요?) 왜요, 많이 있죠. 일 년 내 농사 짓구서는 논에 칠성기 가서, 칠석날 다 잡아, 두레라고 있어요. 농군들이 일 많이 하고서 그날은 조금 먹을 만치 잘 사는 사람네 집이다 술 한 동가리, 술 한 말 내라 해서 내거든. 우리도 많이 해봤어. 고 몇몇이 짜 가서 동네 전체가 놀 때도 있고, 한 열, 아홉씩 그 무리서 같이 일한 사람들끼리 두레 놀려면 개 잡아서리 쌀밥 해서, 술 해서 이렇게 잘 먹고 지내죠. 7월 칠석날.

— 강경구, 장하리

위의 지문은 장하리에 두레가 있었음을 보여준다. 지문에서는 두레기를 칠성기라고 지칭한 예가 보인다.

장하리에는 1950년도 이전까지 두레패가 있어서 공동노동을 하였다. 두레는 마을을 단위로 한 공동노동 조직체이다. 공동의 노동을 통해서 일의 효율성을 높이고 주민 간의 단결을 꾀하고자 하는 조직이 바로 두레라 할 수 있다. 이에 대한 제보자의 구술을 가감 없이 제시한다.

(조사자: 두레패가 언제까지 있었어요?) 그거 기억 못하지. 해방 뒤에도 있었나? 부락적으로 많이들 있었지. 맞아. 있어. 많이 있었어. 일정 때 많이 있었고, 또 해방 뒤에도 아주 끌러 논 사람이 돼서 그거 뭐 아주 잘 지냈지. (조사자: 집집마다 한 사람씩 참가하나요?) 일꾼이라면 다 나가쥬. (조사자: 모내기를 하나요?) 김도 매고. 부락에서 다 하지. 김 지시면 다 매양게. 그러능게 두레라는 것이 열이 모여서 일반적으로 모질게 농사를 지어유. 논 뿌릴 뽑아. 그러구서는 부자 사람은 그 논 많이 매었응게 많이 내야 하고, 돈을. 없는 사람은 품 파능게 자기 논 풀 뜯고 한게, 업승게 품삯 받지. 또 많이 매면 한 마지기에 돈을 얼마다 그 놈 가지구서 품 팔아서 논 없는 사람은 거기다 품삯을 주고 남 논 가지구서 하는 이는 개도 잡고 술도 해 먹고. (조사자: 그게 언제죠?) 대강 칠석날이나? (조사자: 그걸 두레 먹는다고 하는 거죠?) 그렇쥬. 칠석날 먹으나 그 짝 시잘이(시절에) 바두 잘 안 되는 백중대장 하고. 7월 보름이 백중대장이여. (조사자: 논을 매는데 두레패가 하던 게 모내기인가요, 김매기인가요?) 논 매기. 밭 매고, 밭도 (풀을) 뽑쥬. (조사자: 논 매는 것을 보통 세 번 매나요?) 그렇쥬. 보통 세 번이유. 처음에 아시, 두 벌, 만물매기. 만물은 손으로 기냥 거더(걷어) 잡아도 다 뽑아 먹어여. 응. 아시는 호맹이로. (조사자: 세 차례 중 두레패가 언제 참여하나요?) 아시, 두 벌 맬 때. 그러고 만물매기 때도 하는 데가 있고. (조사자: 김매는 일이 큰일이었네요?) 그렇쥬. 큰일이쥬. 농사는 거가 다 했지. 뭐.

두레 먹을 때는 농민들 다 나오쥬. (농사가 많은 사람은) 돈 내고, 논마지기 우에서 품삯을 들내고. 쌀이나 술 한 동, 고기도 좀 내고 하는 이두 있구. 거기서는 말하자면 지도자라 할까? 자상(좌상)이 있거든요, 자상이 있어가지구 '자, 오늘은 이 논 매자, 오늘은 저짝 매자, 저쪽 매자' 그런 사람이 있는데, 그 사람이 치무를 겨유, 아무개 집하고 아무개 집하고 먹은 바치 좀 잘 사는 집이루. 누구네 집, 누구네 집, 누구네 집해서 술 한 동이씩 해라. 그럼 자기네들이 술 말씩 해주거든요. 그 눔 갖다 질탕 먹쥬. (조사자: 두레기가 있나요?) 두렛기가 있지. 천하지대본(天下之大本)이라고. 기가 하나 있지. 이제 뭐 두레가 큰 동네는 둘, 두 구역으로 넘어서 일꾼으로 막 치여거리니께. 두 패로. 한 패에 하나씩 갖다 꽂아놓는 거여. 여긴 두 패였어. (조사자: 같은 패끼리는 같은 패 논만 주로 하고?) 그렇지. 각 패마다 좌상이 있어. 풍장도 있구. 사물. 논일 하러 갈 때 뚜드리고, 집에 올 때 뚜드리고. (조사자: 김맬 때 한 쪽에서 홍이 나게 두드리나요?) 예. 그 김매기 소리 있어. 김매기도 싸게 맬라고 돌아다닐 때 하는 때 소리가 있고, 사물두 그런 때 잘 치는 이가 있고, 갈 때 느린느린 치는 사물도 있고 그게 여러 층이 유. (조사자: 사물 잘 치는 분이 있었네요?) 아 그럼, 많이 있쥬. 갈 때 치는 건 느린느린 치는 사물놀이고, 치며 가고, 논이서는 그냥 일반적으로 치다가 그 논 끝에 싸게 매자 할 때는 또 자질게 쳐서 노래도 해가매 여러 소리여. 그게. 부자사람들은, 논 많이 가지 구 있는 사람들은 모 심을 때도 장구치구.　　　　　　　　　　　　　　　—강상구, 장하리


위의 내용은 장하리의 과거 두레패의 규모와 기능에 대한 구술이다. 비록 소략하지만 장하리 두레를 이해할 수 있을 만한 자료라 할 수 있다.

**백중날**　예전에는 백중에 두레먹이를 한 예가 있다. 지금은 특별한 풍속이 전하지 않는다. 다만, 불자들은 절을 찾아가 부처님께 공양을 올리고 기도한다. 불자들은 이 날이 돌아간 조상을 극락세계로 천도하는 날이라 한다. 때문에 절에 나가서 돌아간 부모나 친족의 극락천도를 기원한다.

또, 백중이나 칠석날에 호미씻이를 하는 예도 전한다. 호미씻이는 그 해의 풀 잡기 가 끝난 뒤에 호미를 씻는 것을 말한다. 요컨대 이러한 행위는 파종 이후의 성장과 관련된 농사일의 마무리를 상징하는 것으로 볼 수 있다. 다만, 근래에는 영농의 기계화로 호미씻이가 전하지 않는다.

## 8월 추석

추석은 1년 중 2대 명절로 친다. 장하리 역시 마찬가지이다. 이날 아침에는 4대 이내의 조상께 차례를 지내고, 차례 이후에는 인근의 조상 묘를 찾아서 성묘를 간다.

'한가위면 아주 큰 명절이다' 옛날 어른들이 그런 말을 했어유. 한가위 날은 1년 중에 정월 보름, 8월 보름, 아주 농촌에서는 농민이 제일 큰 명절이다 말여. 보름날은 농군들이 농사 지은 곡식 가지구 조상님께 제사를 지내야 하구, 여자들은 질쌈(길쌈) 하느라고 욕봤으니까 새 거, 질쌈한 옷이루다가 옷을 해 입구 조상님께 인사를 올리구 그러는 날이라구. '팔월 보름이 제일 명절이다' 이런 말씀을 했어요. 그래 새 곡식으로, 새로 짠 옷감으로 새로 입구서니 조상님께 바친다고 얘기를 하셨어. 지금들은 뭐 질쌈도 안코, 그 전에는, (옆의 청중을 향하여) 이 사람아, 자네도 알지만 8월 보름날 지사 지낼라면, 곡식이 최하 안 익었으면 익은 디루 훑어다가 쪄서 지사 지냈다고. 지금이야 묵은쌀 햅쌀 볼 거 없이 지사 지내지만 옛날에는 하여간 햇걸루다가 지사 지낸다고. 콩도 어떻게 꺾어다가 까서 지구서, 베도 노루꿈한 거 있으면 그 눔 훑어다가서니, 어떻게 저 무긴(묵은) 쌀이나 뭐 다 섞어서니 꼭 그랬거등? 남새 풍긴다고. 햇갈 냄새가 나잔여. 찐쌀이라구. (조사자: 찐쌀이 뭐죠?) 아직 덜 익었기 때문에 이, 그 눔(햇벼)을 쌀마가지구 말려야 찌면 안 깨트러지지 그치 않으면 할 수가 없어. 깨져버려.

—강상구, 장하리

추석의 놀이로는 널뛰기가 있었다. 흔치는 않았지만 마당 안에서 여성들이 주로 널을 뛰었다. 청소년들은 제기차기나 자치기와 같은 놀이를 하였다. 이러한 놀이는 추석 전후에 즐겨 하던 놀이였다.

우리 쪼끄마해서 추석날 여자는 닥기비잡기라고 개타리 붙잡고 하하. 남자들은 제기차기, 자재기(자치기) 그거지 뭐. 서로다 등어리 붙잡고 서로가 두, 돌아댕기거든? 살가지(살쾡이)가 하나 있어요. 닭 잡는 살가지. (여자들이 허리를 붙잡고 쭉 늘어서면) 돌아. (줄의 맨 끝에 선 사람이) 잡히던 그게 또 살가지로 되어. 대장이 있거든. 대장이 못 잡아가게 해노코 살가지가 그리 가면 죽 따라 올 거 아니여? 그러면 살가지가 이리 갔다 저리 갔다 막 뛴다고. (뒤에서부터) 하나씩 띠여. 하나씩 잡아가. 하하. 그라구 땅 뺏기라고, 이렇게 쟁깸뽀(가위바위보)거든. 저쪽에서 보하고 이쪽이 가세(가위) 하면 가세가 이긴 거란 말유. 그라믄 한 뺌을 먹구, 이기믄 또 먹구. 결국 이걸 해서 이긴 사람이 저쪽으로 건너가면 '너 어딜 줄래?' 하는겨. 저 다했으니까 '이거 하날 줘야 할 거 아니냐?' 그람 '이 짝을 준다'고 하면 이건 내 꺼시라고. 그라고 남은 거 또 가지고 쟁깸뽀 하거든. 이제 그런 장난이여. 땅뺏기라고 해서……. 비석치기, 비석치기라고 돌짝 (손바닥을 내보이며) 이마나게 깎아가지구서리 편 짜서리 던져서 마치구(맞추고), 던져서 한 발짝 띠구서 또 마치지. 갈리구서 또 마치지. 뭐 장부터 갈리면서 마치지, 그물 다 올려놓고 또 마치지. 맨 그런 장난이였어. 그게. 돈치기, 돌자구로 (돈을) 마쳐서 때려서 맞는 눔은 가져오구.　　　　　　　　　—강상구·강동구, 장하리

위에 기술한 놀이는 제보자가 청소년 시기에 하였던 놀이라고 한다. 제보자가 80대인 것을 감안할 때 1940년대 전후에 행하였던 놀이인 것이다. 그런데 이들 놀이 가운데 일부는 우리 민족의 자생적 놀이인지 의문스럽다.


## 9월 중양

9월의 세시속 가운데 9월 9일을 중양이라고 한다. 흔치 않지만 이 중양에 중구차례를 지내는 예가 전한다. 곧, 추석을 당하여 햇곡이 결실을 이루지 못하였을 경우 이 중양에 차례를 지냈다. 그런데, 이러한 예는 그리 흔한 일이 아니라고 한다. 따라서 이 마을에서는 중양에 대해 크게 의미를 두지 않는다.


## 10월

시월 고사　가을걷이가 끝난 10월에 갈떡(가을떡)을 하는 예가 있다. 대개 10월 초순에 날을 택하는데 초사흗날에 주로 한다. 떡을 쪄 안방에다 가져다 놓고 비손을 한다. 이어 부엌과 장독대로 옮겨가며 비손을 한다. 주부가 중심이 되어 한다. 집에 따라서는 법사나 무당을 불러 하는 예도 있다.[4] 이렇게 무당을 부를 때에는 규모가 커

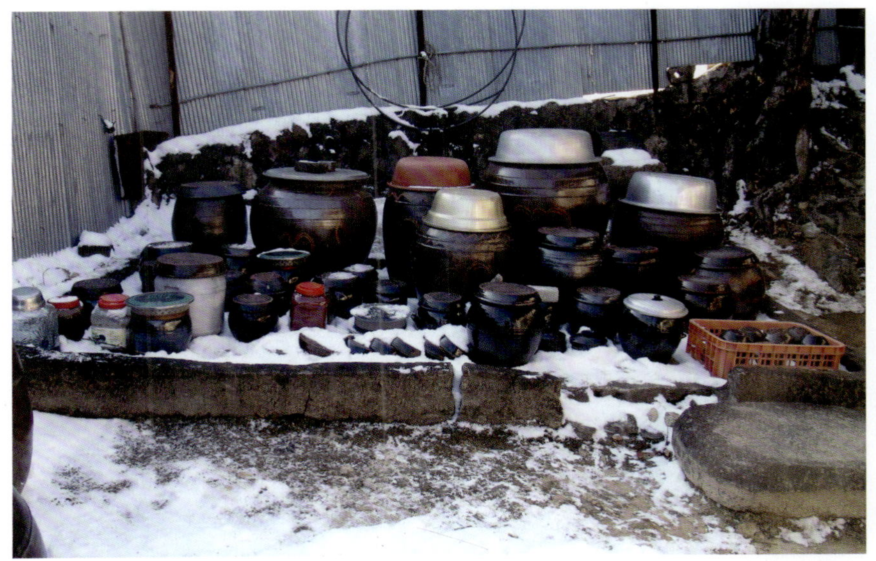

**가택 안에서 터주의 제장이 되는 장독대**　장하리 민가 소재. 장독대 앞의 반석(사진 오른쪽 전면의 돌)은 평상시 청수를 떠놓는 받침대가 되고 고사 때에는 상이 된다.

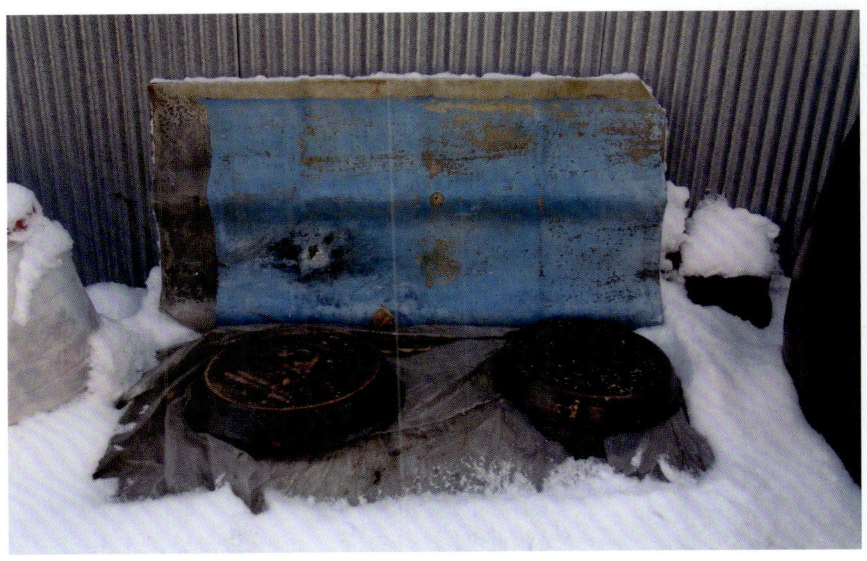

**땅에 묻은 김칫독**　뒤꼍의 그늘진 곳에 위치한다.

지게 되며, 이것을 안택고사라 하였다.

　시제　시월에는 집집마다 시제를 지낸다. 장하리는 진주 강씨 종족마을이기에 시제에 대한 관심이 대단히 높다. 또, 돌아간 조상을 대상으로 한 다수의 종답이 있어 시제가 매우 활성화되어 있다. 후손에 따라서는 자신들의 선대 조상 각각에 대해 일정한 위토를 묶어두고, 거기에서 생산되는 곡물로 시제 시행은 물론 소종의 재산 형성을 도모한다. 이처럼 장하리에서는 시제가 매우 엄격하게 전통적 가치를 유지한 채 전승되고 있다.

## 11월(동짓달)

　장하리에서는 동지를 애동지와 중동지, 노동지로 구분한다. 이 가운데 애동지에는 팥죽을 쑤는 대신 떡을 찐다. 중동지와 노동지 때에는 팥죽을 쑤어 먹어도 무방하다고 한다. 한편, 애동지 때에는 오전에 팥죽을 쑤어서 먹고, 노동지 때에는 오후에 팥죽을 쑤어 먹어야 한다고 주장하는 이도 있다. 그런데, 이는 제보자의 자의적인 해

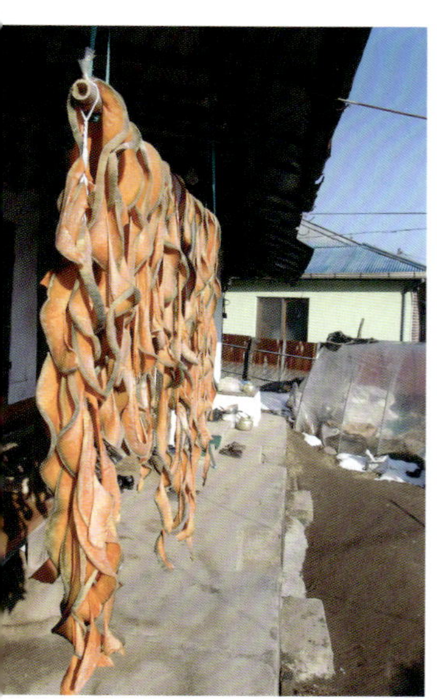
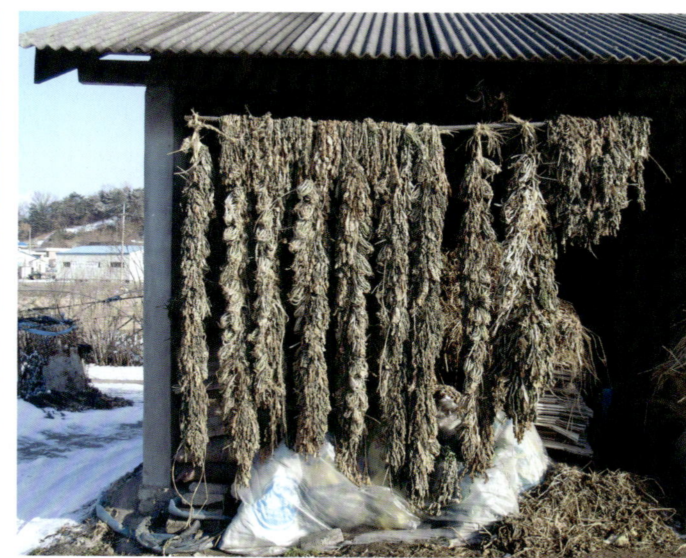

호박고지(왼쪽)와 시래기(오른쪽)를 말리는 모습

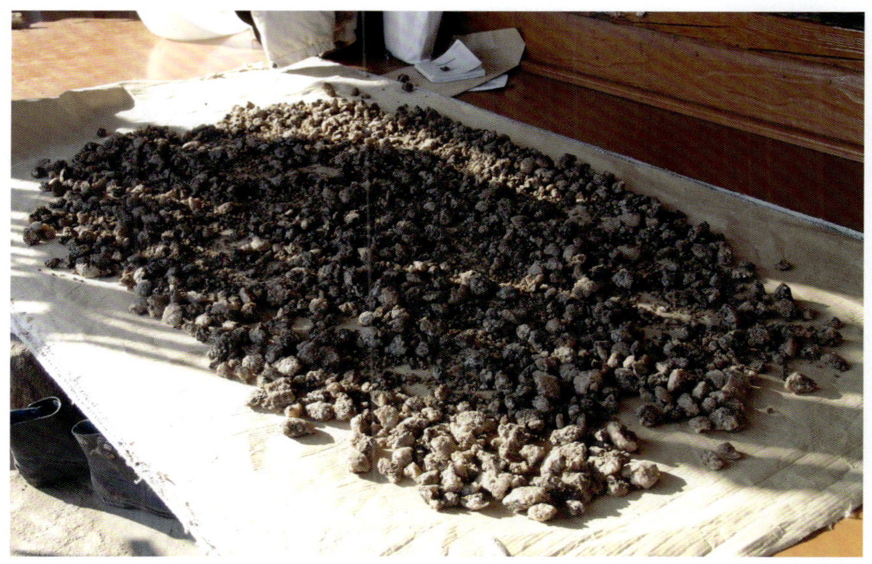

**청국장 건조** 분말을 내기 위해 말리고 있다.

석이나 주장으로 보인다.

이 달은 겨울 동안 먹을 반찬이나 음식을 준비하는 기간이기도 하다. 대표적인 것이 김치인데 그 집 가족이 겨울 내내 먹을 만큼 다량을 담근다. 김치의 저장은 그 집의 뒤꼍인 경우가 대부분이다. 곧 북쪽의 그늘진 곳에 땅을 파고 김칫독을 묻은 뒤 그 안에 김치를 넣어 보관한다. 이외에도 늙은 호박을 얇게 썰어 말려두거나 콩을 삶아 메주를 빚는다. 그리고 청국장을 빚는 예도 있다.

특히 시래기를 짚으로 엮어 말리는 예를 빈번하게 볼 수 있었다. 헛간이나 처마 밑 등 비 맞지 않을 장소에 시래기를 엮어 걸어두었다 .

## 12월(섣달)

섣달에 어린아이에게 참새를 잡아 먹이면 건강에 도움이 된다고 한다. 특히, 마르고 살이 오르지 않는 아이들에게 참새고기가 좋다고 한다.

또, 이 달의 마지막 날인 그믐에는 잠을 자지 않아야 좋다고 한다. 지금은 이러한 예가 거의 사라졌으나 1970~1980년대까지도 그믐날 잠자지 않아야 한다고 하는 믿음이 남아 있었다. 주부는 이날 집안의 여러 곳에 불을 밝혀두었다. 이것을 수세(守歲)라 하였다.


## 통과의례

장하리의 통과의례는 혼례부터 상례와 제례를 대상으로 조사하였다. 먼저 혼례는 80대 제보자가 직접 체험한 과거의 사례를 조사·정리하였다. 상·제례는 장하리가 진주 강씨의 종족마을인 점을 감안하여 진주 강씨의 실제 사례를 근거로 조사·기술하였다. 요컨대, 현장의 실제 사례를 옮긴다고 하는 점에 관심을 두어 채록·정리하였다.


### 혼례

오늘날의 혼례는 전적으로 현대식이다. 아니 이미 오래전에 서양식 혼례가 일상의 혼인예식으로 자리 잡았다. 장하리의 젊은이나 이곳 출신의 젊은이들 또한 현대 혼인의식을 통하여 예식을 치른다. 오늘날 전통혼례에 의한 혼인의식의 사례는 어디에서도 찾아보기 어렵다. 마치 현대식 혼인의식의 부속 장식품처럼 의식 이후 폐백 단계에서 잠시 엿볼 수 있을 뿐이다.

여기서 혼인의례는 1950년대 전후에 초점을 두고 사례를 정리하였다. 그 가운데 하나가 아래에 정리한 이계향의 사례이다.


(조사자: 몇 살에 혼인하셨어요?) 열아홉 살에 시집와서 여적 이 동네에서 살았으니까 오래 살았지. 전라도에서 왔어. (조사자: 중매?) 중매였으니까 왔지. 신랑도 귀경(구경)도 안 하고 결혼식 해서 와서 여적 살어. (조사자: 식은 어디에서 하셨어요?) 친정에서 결혼하고 하룻저녁 거기서 자고 그러고 왔지. 결혼식 날 (남편을) 처음 봤지. 마음에 들고 그런 거 알간? 그냥, 그냥 살은 거여. 이제 설 쉬면 (남편이) 여든둘이여.

(조사자: 할아버지는 결혼식 때 누구랑 오셨어요?) 장가 올 때는 여기 시아버이가 아들하고 같이 오시고……. 그냥 오시구, 신랑만. (조사자: 혼수는?) 혼수? 이불, 농 그렇지. 옛날에는, 이부자리는 다 하는 거고, 옛날에는 저기 하니까 (이불이) 두 채지. 그전에는 이렇게, 지금이로 이르면 (예단으로) 이불 주는데, 그전에는 버선 한 켤레씩, 집안 (사람들에게) 한 켤레씩, 양말 한 켤레 버선 한 켤레.

(조사자: 초례상에는 무엇을 올려놓았나요?) 음, 삼사실과 났을 테고, 병에다가 댓잎 꽂고 솔잎 꽂고, 신랑 편에는 장닭 놓고, 여자 편에는 암탉 놓고 그렇게 하고는, 결혼식 하고서는 (닭을) 후루룩 날리대. 두 마리 이. 왜 그렇게 하는지는 몰라? 그렇게 하는 걸 테지. 절은 두 번씩 두 번. (조사자: 술은?) 이, 그건 다 입 대는 경게, 먹던 안 해도. (조사자: 할머니 댁에서 첫날밤을?) 그럼, 첫날밤이니까 같이 자야지. 신방, 이. 친정집 안방에다. 구녁 뚫고 그렇지. 옛날에는 그런 저기인데, 구녁 뚫어 보고…….

(조사자: 혼인 치르고 신랑 집에 누구랑 같이 갔어요?) 우리 친정아버지랑, 할아버지랑, 사위, 딸, 그렇게. (신부는) 가마 타고 할아버지는 말 타고. 가마는 네 명이 멨지. 전라도에서 여기까지 왔으니까 힘들었지. 화장실도 안 갔지. 시집올랑게 먹도 않고 심란해서 밥을 먹겠어? 모? 그전에는 저기 하대. 가마 속에다가 요강에다 염(여물)을 너서 넣는데 (소변을) 눈남? 안 누치. 그렇게 하고 왔어. 이, 참, 신랑도 가마 타고 나도 가마 타고, 우리 친정아버지가 말 탔네. 여기서 거기가 오십 리가 더 되는데.

(조사자: 신랑 집 살림살이는 어땠어요?) 그냥그냥 살았어. 두 집이 다. 그렇게 시집옹게 다 낯도 설고 물도 설고 하잖어? 그런데 아무도 모르는 이들 보고 시어머니 시아버지 소리가 막 얼릉 안 나와. 그래가꾸 저기 하대. 할머니 소리는 얼릉 나와. 시할머니도 계셨어. 처음에 이렇게 한 3일까지는 내가 못 나간게 아무 저기를 모르잖아. 그런데 아효, 어디에 무엇이 있는지, 시누들은 어려. 그렇게 모르고, 시어머니는 애기 딸렸웅게 못 나오시고, 그렇게 참 물어볼 수도 없고 걱정이대. 그렇게 참 그냥 하루하루 지냉게, 그냥 또 낯익고……. 법이 그러니까 그러니라 살고……. 이렇게 자손 낳고 여적 내우간에 이렇게 해로하고 살어.

(조사자: 온 가족이 모여 살았나요?) 그렇지. 그 때는 내가 와갖고 여우살이 시켰지. 처음에 오닝게 시어머니하고 시할머니하고 고부간에 갈등이 있대. 한 3일 지내고 낭게

우리집 아버님은 작은 마누라님을 얻어서 강경서 살으시고, 이제 큰일 치뤘으니까 가시고, 그랬는데 할머니가 방도 다 있는데 아래, 웃방, 사랑방 있는데, 나 오기 전에는 할머니가 웃방에서 주무셨나봐? 저기 혀가지고……. 한 며칠 간 게 어째서 발치서 할머니가 이렇게 주무셔. 어른이 발치에서 주무시니까 깜짝 놀랬지. 그 이튿날은 아랫목에 펴 드리고 나는 저 쪽에다 났더니, 안 돼. 나 혼자 가만히 여기서 주무신다고. 그래서 그렇게 참, 애기 셋 낳도록 그렇게 살으셨네. 참, 한 방에서 주무셨어. 딸 둘 낳고 아들 하나 낳고 그러도록. 할머니가 퍽 좋았어. 처음에 시집강께 할머니가 부드럽더라고. 별 풍랑 없이 여적 이렇게 살어.

친정에서도 덜렁덜렁 못 돌아다니구. 구경은, 동상이 학교 당기는데 그 운동 귀경 한 번 다녀오고 열아홉이 시집오는데, 고냥 집이서 커서 시집오는거. 친정 부모도 엄숙시렀어. 딸 그렇게 저기 하면 못쓴다고. (조사자: 시집살이는?) 시집살이는 처음에 시집왔을 때 매느리 걸어가는데 뒤 치다보고, 발뒤꿈치가 계란 같으다고 넘들이 흉본다고 나보고 주의 말을 하시고……. 나도 친정에서 엄숙시럽게 커가지고 그런 건 다 알으께. 모 그런 거 시킬 건 없었어. (조사자: 시집살이는 별로 안 하셨네요?) 시집살이는 안 했어. 바느질이고 모고 시어머니보다 내가 잘 했어. 그래서 잘 한다 소리 듣고. 그 때만 해도 열아홉 살이면 나이 많이 들어서 온 겨.

할머니들이 담뱃대 들고 이렇게 앉으셔서 얘기가, 아무네 매느리 들어오면 그 매느리가 하늘까지 올라갔다 떨어진대. 하도 흉덜 봐가지고. 옛날에는 매 앉으면 남 흉이나 보고 그 짓들을 혔응게 그렇지.　　　　　　　　　　　　　　　　　　　—이계향(여, 80), 장하리


두 번째 사례는 강상구의 사례이다. 제보자는 이 마을의 원로로 종족으로부터 존경 받고 있다. 너그럽고 총기가 좋아 종중의 일에 관여하였으며 문중 사람들로부터 좋은 평을 듣는 인물이다.


(조사자: 혼인을 몇 살 때 하셨어요?) 내가 열여덟 살에 갔어요. 할머니(제보자의 처)는 연무리 살고. (조사자: 할머닌?) 열다섯 살. (살아 있으면) 지금 여든하낭게. 먼저 초추(첫번째 처)는 넷 낳고 죽었어요. 내가 스물두 살서부터 어린애를 낳는데, 나는 스물두

살 먹구, 안식구는 열아홉. 어린네 낳구 초추가 죽었어요. (새로이 맞은) 이도 넷 낳구.

(조사자: 혼례를 치르러 신부 집에 가셨지요?) 응. 가마 타구. 가마는 넷이 메지. 가서 옛날에는 바양(陪行)하고 장가 강게, 바양은 대개 자기 부모가 타고. 가서 그 집 처갓집 때는 절을 시키지. 갖다 앉혀 놓구서는 바양 간 사람은 (자기) 집이루 오지. 우리 아버님은 말 타고서 집이루 오시구, 나는 거기서 그날 저녁 자야 혀. 그날 대례를 치르는 거라. 이, 먼저 내우간의 자는 거지. 신방 차리닝게. 그게 첫날밤이유.

(조사자: 대례상에는 무엇을 놓았나요?) 청실홍실이라구 대나무, 소나무, 색실 시퍼런 색실, 뻘건 색실 놓구, 산 닭을 너리는 데두 있구, 그냥 닭도 잡아서 놓구, 이, 장닭. 삼 사실과 다 놓죠. 그러구서 하님은 인저 저 짝에서, 신부 집은 하님이라구 부추겨서 절 시키구, 시중드는 이들이 말해. 술 따라서 인저 신부다 주고 신랑다 주고……. 남자는 절 한 번 하는데 여자는 두 번 하고 (조사자: 누가 먼저?) 남자가 먼저 해요. (조사자: 한 번씩 주고받나요? 아니면 세 번씩 하나요?) 그걸 잊어버렸네. 하였튼 여자는 곱빼기를 혀. 별일을 골리기도 하고. 초례청어서. (조사자: 뭐라고 골리나요?) 하였든 별소리 다 하지. 뭐 달려 먹어야겠다 소리 지(르)는 눔 있구, 별 웃스게 많이 있지.

그리고 저녁에 첫날밤이라구 치루고서 신부 데리고 신랑 집으로 오거든. (조사자: 하룻밤 자고서?) 야. 그닝게 처지대루 신부 집이서 자믄, 신부 집이 넉넉하면 자구 빈곤하면 못 자구. 왜 그러냐면, 나 혼자단 자고 오는 게 아니라 하인들이 있거든. 가마 띠 밀구댕기구, 함 짊어지구 댕기구. 거기서 그 사람들이 다 자야 하거든. 자구 매기고 해야 하닝게. 신부 집이 가난하면 손님 치르기가 어렵잖여? 긍게 모다는(못 하는) 집두 있구, 다 치르고 그 이튿날 같이 노는 집두 있구 그래요.

(조사자: 함 속에는 무엇을 넣었어요?) 그것은 신랑 집이 돈이 많은 집이면 신부 입을 (옷)감을 맷 벌이나 느쿠, 움는 사람은 단벌을 느쿠. 아무리 없어도 치마저고리 이것은 있어야 하고, 있는 사람은 좋은 비단 몇 벌두 느쿠. (조사자: 주로 옷감을 넣었군요?) 옷 감을 넣지. 거기서 그 동네 부인들이 나와서 '그거 참 좋은 비단을 많이 넣었다' 하고, 어떤 집이는 '신랑 집이 가난한가 보다? 야속하게 했다' 고 그러기도 하고. (조사자: 함 을 혼인하는 날 짊어지고 가나요? 함진애비가 신랑이랑 같이 가나요?) 같이 가죠. 긍게 그날 가지구 갈 게 사주가 있어요. 사주. 전에는 사주, 치마저고리가 있거든. 그것도 있

는 사람 있고 없는 사람 있어요. 자기 형편대로 넣는 거니까.

(조사자: 혼인하고 신부 집에서 잤죠?) 이. 참, (문종이) 찌져서 쳐다보지. 쳐다보면 어떻게 하라고, 그게 말야. (조사자: 어떻게 하라고 일러주고 그래요?) 이. 나는 어려서니 열여덟 살 먹었으니 말도 잘 못하고, 웃기는 사람들은 별소리 다하거든. 문 열어놓고 구경하는 사람도 있고 별사람 다 있어요. 거 구경하며 문 왈딱 열어놓고 술 먹으라고 술 주는 사람도 있고……. 그냥 요로고서 앉았다가 자는 사람도 있고. (조사자: 어르신은 어떻게 하셨어요?) 신부더러 술 한 잔 따르라고 해서 홀떡 먹구서는, 또 따라서 먹구 우둑거니 앉았다가 하여간 쳐다보구 히히덕 거리고……. 나 잔다고 불 꺼 자뻐리구. 그 이튿날 일찌감치 와버렸지. (조사자: 혼자 주무셨어요?) 신부하고 같이 자야지. (조사자: 버선도 벗겨주라고 하며 밖에서 가르쳐주던가요?) 아니져. 원삼 족두리 썼쓰니께 짓궂은 여자들이 족두리를 실루다가 일루 묶어놓구 절리 묶어놓구 잘 못 벗기게 쓰어놨거든. 근데 신랑 편 드는 사람이 있거든. 비녀를 먼저 빼구 귀지개를 어디 빼구. 그라면 홀땅 벗겨진다구. 그거 하나 벗길라면 못 벗긴다구. 일러주는 사람이 있어. 근데 인제 벗기구서 '족두리는 내가 벗겨줬웅게 원삼이랑 당신이 벗으라' 고. 열여덟 살 먹어도 남자 구실 할 만항게 말하기를, 집안 사람이 그라거든? 부부랭이 절대 첫날밤이 동침을 허데 사람 몸, 살랑대지 말라 말이야. 그리야 낭중에 부모님께 시집온, 와서 집안사람들 다 모여서 피백(폐백) 절 받구 그런 담이 내우간이 관계를 해야지 그치 않고 미리 하면 고얀 사람 된다. 못 쓴다. 그래서이니 나 열여덟 살 먹으닝게 운명 터져가지구 여잔 줄 알지만 손도 안대고 잠만 고이 자고 인나서니, 그 이튿날 데리고 와서 집안사람들 모 피백 받고, 피백이라야 절 받고 술 한 잔 따르고 을어먹고……. 그 다음이 신부 집이 앉아서 다 주서온 거여. 집안 사람들, 동네 으른들. 그리구서니 그 때부텀 내우간이 따루 잠을 자서 아들들하고 딸 낳고. (조사자: 신부 집에서 혼례 치르고 그 다음 날 올 때 신랑 신부 다 가마를 타고 왔나요?) 그럼. 거기서 신부도 바양하는 사람 있거든. 신부 아버지나 오빠나. 대개 오빠가 오지. 오빠 있는 사람. 그치 않음 사춘이나 신부 아버지는 잘 안 와요. 왜 그냐면 오는 사람도 있지만은 대략 집안 내에서 가차운 사람이 따라오구 그랴. (조사자: 신부 집에서 나올 때 가마에 소금이나 콩 팥 안 뿌리던가요?) 나 못 봤는데. (조사자: 신랑 집에 와서 불을 뛰어 넘는다든가 하는 것은 없었어

요?) 신랑이 소리적에[5] 들어갈 적이 예식 갖출라고 신부 집 갈 적이 문 싸리문이 대문 앞이 들어갈 적이 호박을 침니다. 이 드라가니께 저짝에서 신부 집 집안 사람이 삼사춘 되는 사람이 맺(몇), 저 (호박을) 가마니다 넣구서 올라서니 신랑 앞이 오는데 때려. 호박을. (조사자: 바닥에 호박이 깨지게?) 이, 그렇지. 그렇게 하는 사람도 있고 안 하는 사람도 있는디. (조사자: 어르신은 어뗘셨어요?) 호박을 때려. 이, 하나. 그게 옹녀 따라 오는 것이 방지된다나? 구신 여자 따라왔다 그걸 방지한다고 그러는 거 같어? 그때 그런 말이 있었어요. (조사자: 그런 일을 뱅이라고 해요?) 그렇지, 뱅이. 허는 사람도 있고 안는 사람 있으니께. 그게 신부 칙이서……. 이니(인저) 그 날이 옹녀 온 날이라나? 그런 날이 있으면 방지하구 그려. (조사자: 국수를 먹으면 오래 산다는 것은 없구요?) 이. 그런 것은…….

(조사자: 배행 온 분은 당일 그냥 가요?) 가아죠. 가서 바양이 자기 딸이나 자기 오빠면 동상이나 방이 둘어와서 피백 받은 뒤에 술 한 잔씩 따라옹게 신부 옆에 앉아 훈계를 허구 출가외인이다. 내 고향이, 이 집 가문이 시키는 대로 이 댁의 법대로 잘 따라서니 잘 살아라 하구 가지.

(조사자: 신랑 집에서 잔치는 안 하나요?) 혼인이 잔치라도 동네 사람들 제다 술 먹이고 그러지. (조사자: 신부랑 신랑이 돌아왔을 때 하나요?) 간 날 하지. (신랑이 혼인하러) 가는 날. (조사자: 그러면 신부 집과 신랑 집이 같은 날 잔치를 하는 것이네요?) 그렇지유. 가는 날 하거든. 신부 집이서는 초리챙(초례청)이 실은 음식 거기다 첨부해서 동글동글한 과일이니 떡이니, 여기서는 함 짊어지구 갔으니 거기서는 음식을 실어오거든. (조사자: 그것을 무엇이라 하나요?) 이바지. 그치? 이. 돼지 잡아 동네 사람들 술 주고, 다리 하나는 신부 집이 주구. 술 한 동이 하구. 형편대로.

거기서니 신랑 집이서니 음식 차린 거 신부 집이 가잔여, 그럼 신부 집이서는 차린 거 없으면 그 그릇을 신랑 집이루 보내야 하는겨. 신랑 집이서 모든 음식을 신부 집이루 갖다 주네. 신부 집이서는 형편이 넉넉하면 가지간 그릇이다가 무엇을 채워 보내는디, 그럴 형편이 못 되면 동굴이다가 가져간 그릇이 다섯 개면 팥 한 주먹, 콩 한 주먹 다섯 개다 무엇이든지 채워. 거져 보내기가 미안하니께. 거저 보내면 예의가 아니다. 뭐이구 쪼끔이라도 채린 거 없웅게 그냥 보낼 수도 있구, 또 넉넉하면 그 집이서 신부 집이서도 고만치 채서 보내고. 그렇게 하는 거여.

(조사자: 지금은 혼인할 때 축의금을 내는데 그때는 어땠을까요?) 그때는 움찌. 그런 거 움꾸 동네 사람들이 미리 계란 한 줄이나 담배 맷 봉지. 권련이구 봉지 담배구. 잘하면 명태 맷 마리씩 해서, 말린 명태. 그라지 봉투란 게 없었웅게. (조사자: 곡식도 가져 왔을까요?) 예.
—강상구(남, 84), 장하리. 2005. 2. 4.

위의 사례 또한 앞의 이계향의 사례와 비슷한 시기의 것이다. 1940년대의 혼속을 이해할 수 있는 자료가 된다.

## 상례

상례는 사람이 죽음을 맞이하는 과정부터 주검의 수습과 처리, 처리 이후의 행사에 이르는 제반 사항을 두루 포함한다. 그런데 이러한 전통적인 상례의식은 우주의 순환과 맞물려 생명의 순환의식과 밀접하게 연계되어 있다. 사람이 나고 죽는 것을 시작과 단절이라고 보지 않고 하나의 공간에서 다른 공간으로의 이동이라는 관점을 보여준다. 따라서 죽음은 현실 공간에서 또 다른 세계로의 전이로 해석한다. 실제로 이러한 면은 주검의 수습부터 처리 과정에 지속적으로 나타남을 확인할 수 있다.

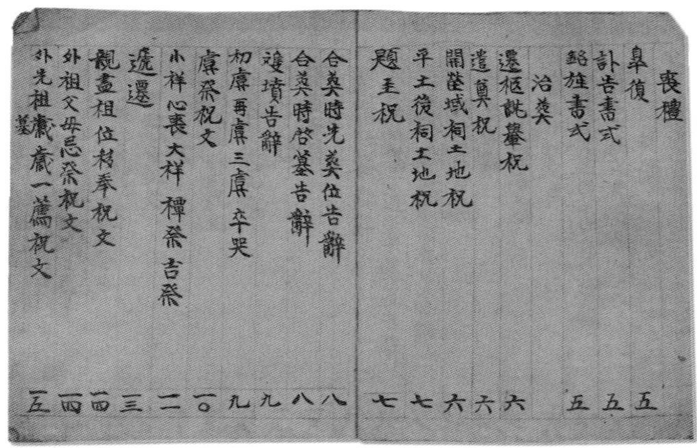

喪禮

皐復 五
訃告書式 五
銘旌書式 五
治葬 六
還柩就轝祝 六
遣奠祝 六
開塋域祠土地祝 七
平土後祠土地祝 七
題主祝 七
合葬時先葬位告辭 八
合葬時啓墓告辭 八
遷墳告辭 九
初虞再虞三虞卒哭 九
虞祭祝文 十
小祥心喪大祥禫祭吉祭 二
遞遷 三
觀盡祖位村奉祝文 四
外祖父母忌祭祝文 四
外先祖考妣藏一篇祝文 五

진주 강씨 상례 관련 필사본의 목차

여기에서는 장하리의 상례 단면을 정리할 것이다. 제보자는 강상구를 비롯하여 강경구, 강동구, 강상모 등이다. 이들은 모두 진주 강씨이나 이곳이 진주 강씨의 종족마을인 점을 감안하면 제보자의 편협성이란 단점을 극복하는 것으로 이해할 수 있다. 오히려 종족마을의 대표격인 이들의 제보를 통해 상례의속을 정리함으로써 진주 강씨 상례의 일면을 엿볼 수 있는 계기가 될 것이다. 정리는 주로 강상모의 구술을 근거로 할 것이다. 다른 제보자의 면담자료는 참고자료로 활용한다.

한편, 그는 종중에서도 활발하게 활동하는 인물이다. 사례(四禮)의 예속에 밝아 종중이나 후손들로부터 인정받고 있다. 그의 집에는 관혼상제의 사례를 간략히 정리한 필사본이 있는데, 이는 장하리 진주 강씨 사례 때의 규범서로 활용되는 것이다.

(조사자: 운명하면 수시부터 하나요?) 그렇지. 수시한다고 하죠. 남 손 안 빌리고 가까운 사람들이 수시부터 하죠. 집안들이 많은게 수시는 남의 손을 안 합니다. (조사자: 혹 사자상은?) 지금도 하죠. 밥사발 놓고, 들어오는 데다 놓고…….

고 뭐라고 해가지고 지금도 하나 몰라? 내가 젊었을 적에는 꼭 지붕에다가 입던 옷, 아무게 진주강이면 '진주강 복!' 이라고 해갖고 서너번 뭐야? 불르구서 옷도 지붕에다 올려놓고 했는데. 보기도 싫어. (조사자: 초혼(招魂)이군요. 마당에서 부르나요?) 지붕에서 올라가서 부르고. (조사자: 사자상에 밥 세 그릇만 놓나요?) 그렇죠. 신발 놓고. 반찬도 놓고 하는디, 그거 보기 싫어서……. 대문 앞이다 이렇게, 거시기 하는 디나 하지. 전에는 머리 풀고 곡 했는디 지금은 머리 풀고 말고 할 것도 없죠. 우리 때까지만 해도 삼 년 동안 꼭 삭망(朔望)을 했어요. 그거 안 하면 그거 고얀 놈이라고 곡을 안 내면 벌써, 그런 제가 벌써 우리 할머니 돌아가실 때까지 삼년상 한 것이 내가 나이가 서른 여섯 살 먹을 때까진가? 삼십 년은 넘었지만, 지금은 많이 변했어. 곡소리가 인제 나는 것도. (초하루 삭망에 제를) 꼭 지내, 꼭 가서 조기 한 마리라도 사서 갖다가, 자반 사다가 김이래도 정성껏 해서는……. 내 내자가 욕 봤지. (조사자: 그게 1일과 15일 그렇게 하셨단 말씀이시죠?) 그렇죠. 음력 초하루 보름. 그게 벌써 한 달에 두 번씩 하기 어려워. (조사자: 평일에는 밥을 올리고?) 밥은 올리지. 우리가 시향을 지내도 누구네가 고인(궤연) 모셨다 그러면 떡이라도 정결이 싸서 거기다가 놓게 하고 꼭 했어. 우리까지는.

예전에는, 여기 우리 어려서는 오일장도 있었어요. 흔하긴 삼일장이지. 여러 가지 중 상일이라 안 된다 그러면 사일장도 치르고. (조사자: 부고는?) 큰 명망간(명망가는) 못 되지만 그 때만 해도 부고 알리는 것도 우편으로 안 했습니다. 사람을 보내지. 웬만한 사람 모실 때에는 여기서 군산도 보내고 그렇게 보냈어요. 논산 대전까지도 보내고. 제택부고가 많았고. (조사자: 제택부고요?) 제택이란 여러 집을 한 집이 대표로 하는 거야. 부여 사람이 뭐냐? 상이 났다 하면 우리 집 앞으로 진주 강씨 제택 이렇게 써놓고 이름을 대표로 써놓는겨. 그걸 받으면 저녁이 댕기면서 다 알려줘야 혀. 지금처럼 바쁠 때 하겠어. 종손도 살구 하면 한 집만 갔다오게 해. 거기면 다 알게 혀. 지금은 전화가 다 있지만 내가 전화 논(놓은) 지가 칠십팔 년에 놨나? 제일 먼저 취급소 전화라고 대표로다가 여기다 놨는데 하하.

(조사자: 염습은?) 둘째 날에 하지. 염습이라는 것은 당일에 하는 경우도 있고. 뭐냐? 그것은 가까운 친지가 싹 모였다면은 부명이라고 얼굴 다 확인하고 임종이 확실하다 하면 그답 저녁 때 또 한단 말이여. 하고, 그 유족이 삼 일 돼도 안 오면 기다렸다 삼 일 만에 하기도 하고. (조사자: 자손들이 와야 하는군요?) 와서 쳐다보게 하고. 습할 때 그 물 같은 경우는 뭘로 만드나요?) 그거 뭐야? 여러 가지로, 향나무 뭐 버드나무로 하고 동전도 넣고 쌂고 하더만. (조사자: 동전을?) 동전도 너여, 버드나무도, 수저를 만들 적에 그것도 넙디다. 약쑥 넣는 건 못 보고. 그런 거 하면 소독은 될 텐데 그런 건 안 넣고. 전신 다 하지. 지금은 장례식장에서 염습사가 있어서 하지만 우리는 지금까지도 남의 손을 안 대고 가족의 손으로 하니까, 남부끄럽게 남 손댄다고. 치부하고 지금도 그려.

(조사자: 남녀에 따라 내외를 하나요?) 내내 시쳰데도 부인이라고 하면 남의 손을 댈 수 있겠냐 하고, 조카들이나 당질들이나 재 당질들이나 가까운 집안이 많이 살으니까 누구 운명했다고 하면 다 오니까, 그 사람들이 상의해가지고 그 사람들이 하지. (조사자: 여자는 여자가, 남자는 남자가?) 아니여. 그런 건 없고, 친척 손아래 사람들이 하는 거여.

(조사자: 수의를 입히는데 옷이 속옷 입고, 저고리 입고, 도포 이런 건가요?) 난 그런 건 할 줄 모르는디, 집안에 서너 분이 그런 건 할 줄 알으니까, 우선 지금은 두루매기부터 깔아놓고 입히고 한다고 합니다. (조사자: 어느 분이 잘 했나요?) 이제 잘 하는 분들은

몇 죽었구만. 노인 축에서는 강효구 씨라는 분이 있었는데, 사종숙인데 치매가 걸렸어. 여러분들이 있어. (조사자: 입관하고 성복제를 지내죠?) 성복은 제가 아니고 예야. 예. 예라는 것은 특별히 제물을 놓는 것도 아니고, 놓기도 하는디 안 놔. 망인에 대한 가장 근친, 가까운 사람 그 분을 놓고 복 입고, 성복한 다음인 게 예야. 예. 재배를 하고 앞으로는 어른으로 모시겠습니다. 예야. 예.

(조사자: 호상은 어떤 분들이 맡게 되나요?) 호상이라는 것은 흔히 타 성씨를 하지. 유력하고 알 만한 분들, 또 망인과 망자와 친분이 있다든가 그 아들과 친분이 있는 분을 선정해서 호상이라고 하지. (조사자: 그분이 하는 일은 주로 뭐죠?) 뭐 삼일장 와 있고, 흔히 이름만 가지고 있어. 대체로 자손들이 알아서 하고, 다 알아서 하는 거지.

(조사자: 어르신 젊었을 때에도 조문하고 난 뒤 부의금이 있었을까요?) 사실은 지금은 시대가 그렇게 돼 있지만 조문하면 조문으로 끝나지 부조라는 게 없었어. 별도로 일가라고 해도 닭도 내고 계란도 내고 팥죽도 써다 놓고 미역도 갖다 쌂아서 갖다가 노면 상인(喪人)들이 그걸 보고 곡을 하고, 어떡해서 봉투로 해서 쓰기 시작했는지? 지금은 상례화 됐지. 지금은 봉투가 없으면 조상 갈 필요가 없게 돼 있네. 근데 그게 아니거든 조상이면 조상이지. (조사자: 봉투를 내기 시작한 시기가 대략 어느 때일까요?) 그게 연원으로 따지면 해방 직후부터 있긴 있었어요. 내가 그걸 어떻게 아냐면은 어떤 디를 보낼 적엔 화림(花林)종중이라고 써가지고 쌀 몇 말 값이라도 넣어서 보내주고 한 것을 우리가 알으니까. 큰 돈을 부의하는 거 안 했거든. 지금은 다다익선이여. 지금은 글쎄 봉투가 없으면 조상도 않는다니게. 그거 상관없어. 동네 같은데 조상하고 봉투 얼마간이나 넣어서 내지. 어려운 집에는 쌀도 한 말 갖다 주고, 그전에는 쌀도 많았어요. 우리 할아버지 돌아가실 적만 해도 아 그런 걸 준비를 했나? 웬걸 쌀이 들어오기 시작해. 바가지로다 들어오고 큰 말 같은 디다 들어오고, 자루에다도 들어오고 했는디, 집에 자루가 있난 말여? 그래 어떡혀. 자루를, 저기 부여 어디 가서 자루를 사람 시켜다 만들어 놨는디, 거기다 붙고. 나중에 보니까 그게 몇 가마가 돼. 몇 가마. (조사자: 그게 언제 쩍 이야기에요?) 그게 내가 스물한 살 땐게 사십 한 육칠 년 전 이야기야. (조사자: 1950년대 이야기겠네요?) 오십 년대. (조사자: 쌀 들어온 걸 적어놓은 기록이 있나요?) 제대로 적도 못했어. 그걸 어떻게 알아. 바가지면 바가지, 말이면 말, 쌀 갖다노면 그걸 보

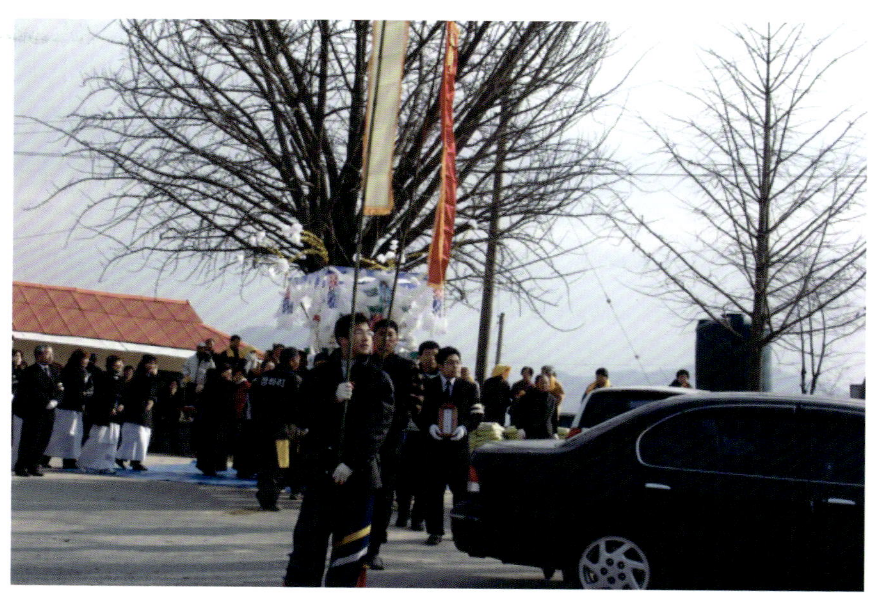

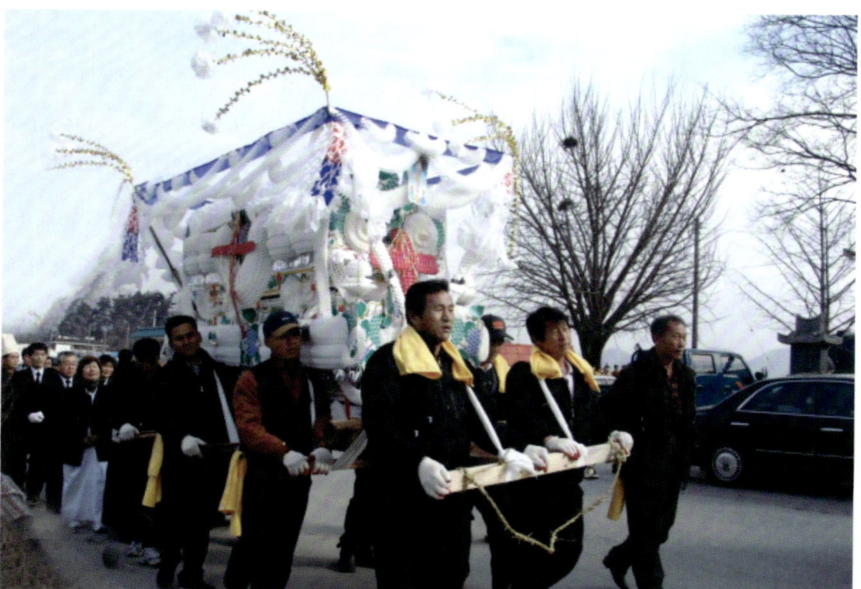

**발인 행렬**

222  부여 장정마을

고 곡을 한 단 말이여. (조사자: 부조가 들어오면 곡을 한단 말인가요?) 예. 상주가 누가 갖다냈다는 건 알지. 한참 곡 해놓고 나면 들어서 자루다 붓고 그려.

(조사자: 셋째 날 운구하기 전에 발인제를 지내죠?) 발인제는 꼭 지내는 거지. 마지막 떠나는게. 요령, 요령잽이지. (운구는) 상여꾼들. 요령쟁이라고 하고. 그건 동네 청년들이 하는 것이지. 그 사람이라고 해서 보수를 주는 것도 아니고, 하루 와서 봉사를 하는 거지. 요령쟁이는 재능이 있어야 (상주나 조문객이) 좋아하고. 지금은 (마을에 그런 사람이) 없어가지고 큰일이여.

(조사자: 발인하는 과정에 노제를 지내지요?) 가다가 노제를 지내요. 흔히 여기 은행나무 앞에, 회관 앞에 거기서들 술통이나 갖다놓고.

(조사자: 혹 어떤 관을 쓰나요?) 석관. (조사자: 전에도?) 그전에는 맨 흙에다 하는 경우도 있고, 돌 홍대라고 해서, 돌을 떠다가 이렇게 쓰고. 대나무, 묵은 대나무로 해서 통대라고 해서 비고, 통대를 잘 엮어서 길게 하고……. (조사자: 그것도 홍대라고 했어요?) 대나무 홍대, 돌 홍대 그랬지. 지금은 다 석관이여. 다 있는 사람이나 없는 사람이나 상 당하면 석관을 씁디다. (조사자: 이 일대에 돌이 많죠? 익산부터 시작해서.) 여기는 재질이 좋은 돌은 없시유. 돌은 없고 익산 황등 돌도 좋은 돌이 못 되고, 경칫돌밖에 못 쓰고. 돌 공장은 만애서(많아서) 그 돈 십만 원이면, 십여 만 원이면 맞추니께, 갖다 주니께 돌관을 써요.

(조사자: 매장 때에 폐백 드리지요?) 폐백 드리지요. 내용이야 뭐 주머니, 아니면 뭐 돈도 넣는 사람 있고, 옷감 넣는 것은 내가 근래 와서 못 봤고. (조사자: 매장 때에 석회도 쓰나요?) 그렇죠. 석회 하면 그게 굳으면은 바우보다 단단하다는 거. 만년 간다는 거지. 세면(시멘트)은 부식하지만 석회는 영원하다고 혀. 그전에 조상들은 (묘를) 파보면 대다수가 그거여. (조사자: 석회를 왜 쓸까요?) 나무뿌리나 기타, 옛날은, 그러고 놀란 것이 뭐냐면, 근래 파묘를 이 저 납골당 많이 하는 통에 가서 보면은, 내 키가 일 미터 육십인디 두 질 이상 삼 미터 사오 집 이상을 땅을 팠더라고. 이렇게 파고선 옷나무관 한 데도 많고, 백회를 쓴 디가 많어. 옛날 사람들인디. 그서 도저히 삽으로 안 되고 해서 불러다가 포크레인 작업을 하니까, 노인 한 분에게 이렇게 많이 했느냐 하니께, 옛날에는 당연히 그렇게 하는 줄 알았다 이거지. 짐승 때문에. 우리가 어려서 봐도 애장

이라고 해서 애들 죽으면 뭐 여우니 이런 것들이 와서 하룻저녁 와서 파고 물구 가뻐리
니께 돌 같은 걸로 많이 싸놓고, 우리가 초등학교 다닐 무렵이면 누구 여우가 파먹었
다고 소문이 나고 그랬어. 그때는 짐승들이 그 짓을 많이 했다고. 그래서 옛날 산소는
그렇게 깊이 묻었던게벼. (조사자: 혹 옻관을 보신 적이 있어요?) 그걸 보니까 결이 그
대로 있어요. 나무 결이 그대로 있어요. 옻칠도 제대로 했고, 포크레인으로 하다 보니
까 뿌극뿌극 소리 나 가보니께 찢어났는디, 나무 결이 그대로 있어. 나무가 거의 안 썩
고. 우리가 알기로는 목관이라는 건 안 쓴 걸로 알았거든? 우리네 육대조니 칠대조니
한쪽으로 다 모시느라 보니까 나무관 쓴 분들이 있더라구. 그러구 대다수가 석회 아니
면 나무관이여. 근데 보니깐 나무도 안 썩었어.

(조사자: 매장 때에 광 안에 들어가서 흙을 밟으며 소리하지 않았나요?) 마지막 사람이
삼생을 살다 가는데, 인저 저승길로 가는디, 친구들이 하는 거거든, 잘 가라는 노래지.
지금 그것은 여기서는 소멸 됐소, 부여군에서 그걸 하는 디가 정동리에 지금도 그걸
합니다. 정동리 김씨네들이 광산 김씨네들이. 히야, 거기가 대고모 한 분이 거길로 가
셨거든. 조문을 가보면 해.

(조사자: 평토제를 지냈을까요?) 전에는 지내지만 지금은 그것도 없어졌어요. 전에는
지냈죠. 그러니께 옛날에는 제사 때문에 못 살은 거여. 산신제부텀 지내고, 파기 전에
지내고 개토제(開土祭)라고 제를 지내고. 말하자면 '개토를 합니다' 개토제 지내고,
시신 안치하고 평토제 지내고, 성분 해놓고 다 됐다고 지내고. (조사자: 반혼제라는 말
도 있는데 그건 뭘까요?) 반혼이라는 것은 집으로 돌아오는 것이지. 오던 길로 가
서……. (조사자: 성분제하고 다른 건가요?) 성분제지.

(조사자: 성분제 지내고 집에 오면 우제를 지내죠?) 직금은 삼일이면 삼우, 그 이튿날
이면 재우 그러지. 그전에는 날 봤죠. 흉일이면 안 되니께. 옛날에는 길흉화복을 꼭 따
졌어. (조사자: 소대상은?) 어머니도 삼 년이지. 꼭 삼 년인디, 아버지가 살아 있는 동안
에는 일 년이지. 부모이면 두 분이 다 돌아가시면 어머니가 늦게 돌아가시면 삼 년이
지.

(조사자: 근처에 시묘막이 있었을까요?) 우리가 있을 적에는 시묘라는 것이 있덜 안했
는데, 우리 어려서 시묘살이 했다고 얘기를 하는데, 근래 마지막 시묘살이를 한 사람

이 조성암 한학자가 있었는데, 시묘살이 하다가 춥고 어쩌구 해서 귀를 먹었다고, 묘 앞에 무릎 꿇은 자리가 패 있고 항상 그렇다고 했는데 병들었지. (조사자: 이 마을 분인 데요?) 저기 하곡에 그 분이 마지막 했을 겁니다. 그러고는 없었어. (조사자: 언제쯤 이 야긴가요?) 그 분은 어, 해방되자마자 돌아가셨으니까 육십 년 전 얘기여.

(조사자: 집에다 궤연 차려놓고서 하는 예가 줄었죠?) 없어요. 그것을 주관을, 행상 내 보내면 내가 앉아서 '여기는 어따가(어디에다가) 해라' 하고 대배(도배)를 시키고, 방 에다 못하게 생겼으면 마루에다가 판자라도 붙이고 대배를 하고, 거기다가 고연 설치 를 하고 혼백을 모시게 하고, 오면은 안방에 들어가서 곡을 하고 놓구서는 거기서 초 우(初虞)를 지내게 하고 그랬다구. 내가. 내가 주관을 많이 했어. 그거 한 제도 근 이십 년 될껴. 최근에는 인저 나이 먹고 그런 걸 안 혀. 내가. 안쿠, 삼년상 지내는 걸 내가 몰 라. 사십구제도 지낸다. 불교식인데, 이것저것 보기도 싫쿠, 얘기도 안쿠. (조사자: 49 제는 절에서 하나요?) 집에서도 해여. 웃목에다가 상이다 큰 상 놓고, 지금은 영정 사 진 모시고, 지금은 알도 못 하것고 그려.　　　　　　　　　　　－강상모(남, 69), 장하리


　위의 상례 관련담은 사람의 운명 이후부터 수시, 사자상, 초혼, 발상 등의 초종례 와 염습, 성복, 발인, 매장, 우제, 탈상 등의 전 과정을 순서대로 질문하여 옮겨놓은 것이다. 이러한 정리는 조사자의 일방적인 해설적 기술보다 현장의 목소리를 옮겨 두었다고 하는 점에서 장하리의 현장성을 반영하고 있다.


### 제례

　장하리는 진주 강씨의 종족마을이기에 조상을 대상으로 한 의례의 전통이 매우 엄격하게 유지되고 있다. 이러한 조상숭배 관념은 제의에 잘 반영되어 있다. 여기에 서는 장하리 마을의 진주 강씨 사례를 중심으로 기술한다.

　기제(忌祭)　기제는 제주를 기준으로 하여 4대를 봉사(奉祀)한다. 기제를 지내는 시각은 돌아가신 날을 기준으로 하며 첫새벽인 자시(子時)에 지내는 것을 원칙으로 한다. 기제 전날 저녁에 음식을 준비하고 자시를 기다려 진설한 뒤에 기제를 지내고 있다.

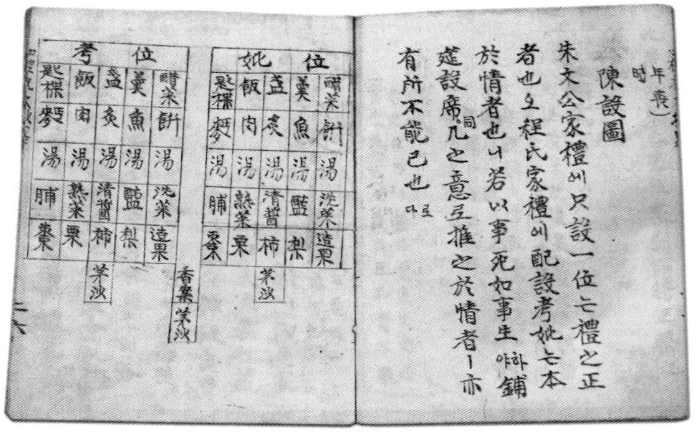

장하리 강상모 댁 진설도(사진의 왼쪽)

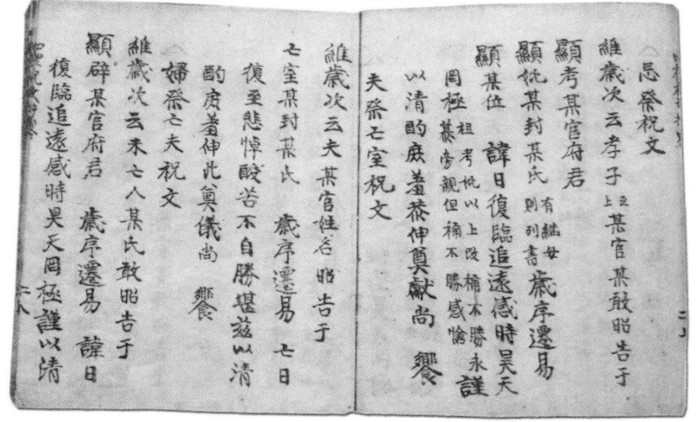

장하리 진주 강씨 기제 축문 사례

제사에 참가하는 사람은 돌아간 조상의 직계 후손들이다. 여기에 삼종이나 재종 이내의 가까운 친척이 제사에 참가한다. 1960년대만 하더라도 기제에 삼종까지 제사에 참석하였으나 근래에는 사촌도 제사에 참가하지 않는 예가 있다.

제물은 주부가 준비한다. 크게 과일과 채전, 육전, 어물, 육고기류를 재료로 제물을 마련한다. 위 사진의 진설도는 신위(神位) 측의 첫째 줄에 밥과 국을 놓고 둘째 줄에는 어육과 적, 떡을 놓았다. 셋째 줄에는 탕을 놓았고 넷째 줄에는 포, 침채, 숙채, 청장 등을 놓았다. 그리고 다섯째 줄에는 조율시이(棗栗柿梨) 등의 실과와 조과(造菓)를 배치해놓고 있다. 이와 관련하여 제보자를 통한 보다 구체적인 구술을 옮겨본다.

(조사자: 진주 강씨 나름의 진설법이 있나요?) 방법은 똑같아요. 다섯 줄 놓으니께. 제일 먼저 과, 채, 탕, 전적, 반 이르케……. 과일은 조율시이(棗栗柿梨)이고, 도는 호도, 그라고 은행, 잣을 놓지. 하늘에서 내려온 과자는 왼쪽에다 조심스럽게 놓고 사람이 만든 과자는 오른쪽에다 놓고. (조사자: 하늘에서 내려온 과자?) 하늘에서 내려온 과자는 과일로 보고 사람이 만든 과자는 오른쪽에.

(조사자: 아하! 상 놓을 때 방위도 따지나요?) 방위는 항상, 원래가 집을 그렇게 져서 그렇지 북향으로 놉니다. (조사자: 집안의 형편상 북향을 못하게 됐을 때 상 위쪽을 북향으로 보나요?) 그렇지, 그렇게 해야지. 북을 원칙으로 해야지. 과일은 순서대로 해야지. 조율시이도행백(棗栗柿梨桃杏柏)이라고 해서 7가지를 놓는 거지. 도는 호두, 은행, 잣 그렇게 놓는 거지. (조사자: 사과는?) 사과는 원래 없었던 거지. 사과는 지금이나 있지. 지금은 수박, 이상하게 먹기 좋은 바나나도 놓는다고 하지. 지금은 하긴 놔져요. 그걸 잘못이라고 할 수 없지. 뭐냐? 능금은, 사과는 옛날에 안 났다는 거지. 배는 났다 이거지. 아가배도 놓고 멍과(명감)도 놓고, 개금은 놓고. 지금은 향교에서 개금을, 가을 제사에서 개금을 놓는 예도 있고, 안 놓는 예도 있고. 예, 지금 개금 놓는 사람이 있습니까? 없지요.

(조사자: 제사 지내는 시간은 자시로 보는 거지요?) 제사 지내는 시간도 지금은 많이 이렇게, 사실은 땡 하면은, 열두 시 땡 하면 지내야 옳지. 진설은 열한 시 한 사십 분까지 해놓고 기다렸다 하라는 이야긴디, 지금은 부여군에서 잘 아는 분도 그렇게 안트라고요.

—강상모

지방을 상의 중앙에 놓고 제물을 진설한 뒤 바로 이어서 제를 지낸다. 맨 먼저 제주가 무릎을 꿇고 앉아 향에 불을 붙인다. 이어서 7부의 술잔을 받아 모사기(茅沙器)에 부으며 강신을 한다. 그리고는 제사에 참가한 사람들이 다 함께 재배를 한다. 이를 참례라 하는데 참례는 제장에 임한 조상의 혼령을 맞아 인사를 올리는 예이다. 참례 후에 제주가 헌주를 한다. 그리고는 이어서 독축을 한다. 축문[6] 낭독이 끝나면 제주의 배례가 있고, 이어서 아헌자와 종헌자의 헌주와 배례가 있다.

이렇게 술 석 잔을 대접한 뒤 혼령이 밥과 음식을 들 수 있는 시간을 갖는다. 따라

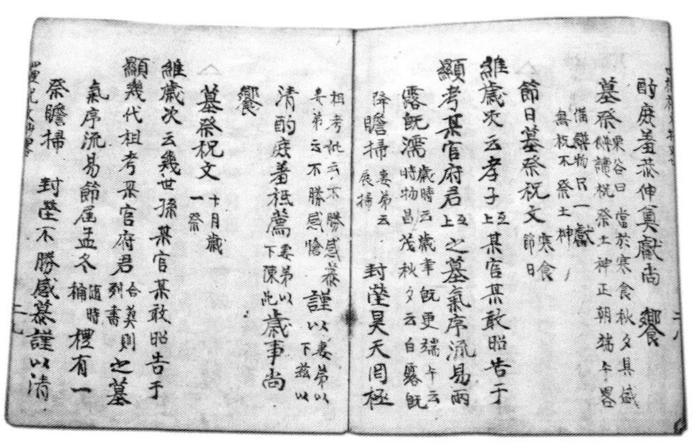

장하리 진주 강씨 묘제
축문의 예

서 제사에 참가한 사람 전원이 잠시 방 밖으로 나온다. 방 밖에 나와 있는 시간은 보통 산 사람이 밥을 아홉 수저 정도 먹을 만한 시간이라고 한다. 그런데, 이 점에 대해 제보자는 '5분은 있어야 한다. 너무 서두르는 것도 좋지 않다' 고 구술한다. 곧, 5분이 지난 뒤에 제주가 맨 앞에서 방문을 열고 들어가는데, 이때 방문을 열기 전에 헛기침을 3회 정도 해야 한다. 다시 방에 들어와서 첨작을 하는 예도 있다.

첨작 이후에 사신(辭神)을 한다. 사신은 혼령과의 고별의식이다. 그런데, 이곳에서는 사신을 하기 전에 제주가 향을 피운다고 한다. 곧, 제주가 향을 다시 피워놓고 참가한 사람들이 함께 절한 뒤에 상을 물린다는 것이다.

> 지금은 신위가 없으니까 지방부텀 떼고, 그러고선 음복 한 잔하고 철상을 하지. (지방을 소각할 때) 보통 무릎 꿇고 앉아서 향로에서 하고, 향로 내가고, 아! 그 자리에서 향로에다가 소각하고 내가고. 옛날에 신주 있을 때하고 다른게.　　　　　　　—강상모

기제가 끝난 뒤에 바로 지방을 태운다. 제보자의 경우 지방을 향로에다 태웠다. 다른 방법은 지방을 가지고 문 밖으로 나와서 태우는 것이다.

**시제**　시제는 5대조 이상의 조상을 대상으로 산소에서 제를 올리는 등으로 조상

을 섬기는 것이다. 장하리의 경우는 음력 9월 9일을 기준으로 해서 서리 내릴 무렵에 길일을 받아서 시제를 모신다. 시제를 지내기 위해서는 먼저 자손의 집에서 음식을 마련하여 산소가 있는 현장으로 가져간다. 그리고 묘 앞에 제물을 진설한 뒤 제를 지낸다. 기제와 달리 묘제에서는 강신을 하지 않는다. 그것은 혼령의 거소인 묘에서 제를 지내기에 별도의 혼 부르는 의식이 생략되는 것이다. 제는 기제의 형식과 다르지 않다. 초헌 뒤에 축을 읽는 예도 있다. 축문의 사례를 사진으로 제시하고 주를 달아 풀어두었다.[7]

에, 날을 정해논, 우리는 정해놨습니다. 그러구 제대로 옛날에는 정일(丁日)에 지냈지. 흔히 상정일(上丁日)에 지내지. 초순에 정자 들은 날 지내지. 달력 봐가지고 정자가 초하루면 초하루에 지내고 초오일이면 초오일에 지내고 하는 건디, 그거 아주 혼동되고 해서, 우리가 아주 여기서 근 사백 년을 조상 때부터 산 사람이라, 오시기는 우리 조상님 십삼대 할아버지가 오셨다고 하는데 모시기는 십오대까지 모십니다. 개장(改葬)을 해서 삼대가 족 있어요. 거긴 시월 초하룻날 아주 그렇게 정해놨어요. 따른 데는 딴 데 가서 모시는 조상이 있거든. 그 때는 글루 가게끔 하고, 그래 놓고는 열이튼날, 보름날, 열이레, 열여드레, 열아흐레, 스믈날 나흘 간인데, 거기두 이틀이라도 지내게 하고, 제사만 지내면 못 살은게 어떡혀? 그렇게 해도 그전에 제대로 당겨보면 아흐레를 다녔어. 구일을 당기는데 개천행사까지 하면 열흘을 내가 댕기는데 내가 못 하겠드라고. 그렇게 하면 경비도 많이 들고 벽제에 있는 송춘으로 돌고 오면 일주일 걸리지. 고개 초나흗날부텀이여. 조상들이 나흗날부텀 쭉 다니지. 그게 참 어려워요, 어렵고 그래, 인저 (소종에서 대표를 뽑아) 파견만 하지. 하나 둘씩. 그렇게 하고.　　　　　　　—강상모

제보자에 따르면 장하리에서는 15대까지의 조상 시제를 모신다고 한다. 그리고 그 윗대의 선조는 마을에서 대표를 뽑아 다녀오도록 하고 있다. 물론, 희망자가 있으면 그도 함께 시제에 참여한다.

(조사자: 그렇게 다니시다 보면 시월에 몇 위나 모시게 되나요?) 하루에 두 위, 세 위 다

니게 되죠. 초하룻날 세 위, 열흘날 양위, 열이튿날 십대 할아버지, 보름날 구대 할아버지, 열이레날 팔대, 또 멀어가지고 열여드렛날 있고, 열아레날 저 성황제 있지. 스무날까지 다녀요. 조상 숭배가 좋긴 좋지만은……. (조사자: 열여드렛날은 몇 대나 모시죠?) 두 군데. 그것도 장암중학교 뒤하고 북꼬리라고 산 말랭이 거기 올라갈려면……. 열아흐렛날은 성황제 밑에 할아버지 할머니가 계셔. 양위를 모셔. (조사자: 조부모도 시제로 모시나요?) 아니, 거기는 내가 여기 저 칠대여. 칠대 할아버지하고 광산김씨 칠대 할머니하고. ─강상모

위의 사례는 제보자가 10월 중 행하는 시제 모심의 예이다. 이곳 장하리가 종족마을이다 보니 조상의 묘가 다 인근에 집중되어 있다. 따라서 이곳을 두루 돌며 제를 모시자면 그 시간과 노력이 상당하다는 구술이다. 이런 이유로 제보자는 납골당을 염두에 두고 있다. 납골당을 통하여 조상의 유해를 모아놓으면 산소 관리의 수고로움을 덜 수 있고 시간도 절약할 수 있어 경제적이라는 것이다.

내가 늙고 한게 애들 불러가지고 금초를 할라면 이틀을 해야 합니다. 그 위험도 하고 해서 한 가지다 모실라고 하고, 내가 주장은 안했지만 산만 버리면 안 된다고 해서 팔대 할아버지는 내가 여기다가 모셔놨시유. (흩어져 있는) 칠대, 팔대, 육대(의 산소)를 여기다가 해놨시유. 조끄만하게 산소로다가, 요새 식으로다가 정 방향으로 놓으니까, 판판하게 놓으니까 쉽다 말여요. (선대의 조상도) 그렇게 할라고……. (조사자: 비용이 적지 않게 들 텐데요?) 비용은 우리처럼, 이 근처는, 우리 강(姜)가에서는 내가 몸 담고 있는 팔대조 종가가 비용이 제일 많습니다. 그래서 팔대조 할아버지 위토답이, 제사 지내는 논이 할머니까지 해서 닷 마지기고 나머지 종중 있잖아요. 종토가 스물닷 마지기가 있어. 산이 세 자리가 있고. 칠대조 할아버지도 위토답이 너 마지기가 있고, 옥답이지. 십오대조, 십사대조, 십삼대조는 만 5,000평이, 한간대가 붙은 데가 옥토여. 하우스 있는 데가. 내일 모레면 돈들 가져오라고 하지. 지어 먹는 사람들 거기 싸게 받아도 뭐냐? 쌀끔이 오늘 통보가 14만 7,000원으로 해가지고 다 걷으면 한 500만 원 됩니다. 지금 젊은 사람이 관리하는데 한 3,000만 원 있습니다. 잘 보관하고 잘 관리하고 제사

지내는 건 문제가 없어요.

—강상모

　지문을 통해 보건대 제보자의 소종 조상들은 개개 위토와 연계되어 있었다. 소종에서는 이러한 위토의 토지를 모아 소종의 살림을 꾸리고 있었다. 한편, 제보자는 조상의 묘를 모으는 사업도 이 소종의 경제적 뒷받침을 통해서 가능하다고 하였다. 그리고 이러한 종답은 자손들의 결속에도 영향력을 가져다준다고 제보자는 풀이한다. 곧, 종답을 근거로 조상을 섬기면서 한편으로 자손의 결속을 도모한다는 것이다.

(박종익)

# 주(註)

1) 한 제보자는 한국전쟁 뒤에 쥐가 그렇게 많아졌다고 하였다. 그러면서 당시 쥐를 전사한 '인민군의 혼'이라 하였다.

2) 화전 부친다고, 그거 더러 있었죠. (조사자: 흔히들 해 먹었나요?) 아니죠. 일반 다른 사람은 못하고. 그때는 여간 어려웠간디? 화전 부치는 게 진달래꽃하고 골단초꽃이 있어요. 골담초꽃. 화전 부치고……. 그도 먹고 살 만한 부유층에서 하지 (보통 민가에서는) 못해요. 봄이면 보리고개를 바라보느라고 3월달 4월달, 그 봄이 막 댈라면 아직 멀었어. 끼니 잇기도 어려운데 여간해서 못 해요.　　　　　　　　　　—이계향(여, 80), 장하리

3) 5월 단오날이면 그네 띠죠. 오월 단오날 근딜 띠면 발바닥 좀 안 생긴다고 하고, 지금들 신발도 좋고 그발 못생긴 사람들은 상관없지만, 노인분들 일하자면 발바닥 전부 좀 먹고 그러자녀? 그렇죠? 5월 단오날 근딜 띠야 발 좀도 안 먹고 성하다 그래. (조사자: 그네를 어디에 매었어요?) 근디요? 정자나무. 예. 정자나무에다 동아줄 꽈서. 발판은 나무때기 두 개를 얼거가지구 동아줄을 씨우죠. (조사자: 남자만 뛰나요?) 아니죠. 남자들이 뗭게 여자들이 담에, 못 담벼서 못 뛰지. 남자들 없을 때 여자들이 또 뛰어요. 남자들이 있는디 여자들이 치마 펄렁거리고 넘 부끄럽기도 하고, 또 남자들이 뛰니께 여자들이 처지에 못해요. 그니까 그렇지. 이제 자기네들끼리 있을 적은 많이 뛰지. (조사자: 그네뛰기 대회를 하지 않았을까요?) 척사대회나 참 그것도 뭐라고 그러더라? 그네 뛰는 대회도 있었지. 있기는.　　　　　　　　　　—강상구(남, 84), 장하리

4) 옛날에 정쟁이한테 인제, 정쟁이 뿐 아니라 무당들이 안택한다고 장꽝에다 시루 해 놓고, 들기름 종기에다 백기 심지도 불 태워놓고, 징 뚜드러 가며 잘 돼달라고 비손 하던 그려.　　　　　　　　　　—강상구

5) 집례가 홀기에 따라 '신랑출(新郎出)'과 같이 입장하라고 하는 뜻으로 이해된다.

6) 아래는 사진에 담긴 진주 강씨의 축문을 옮겨놓은 것이다. 해석은 자구(字句)에 집착하지 않고 다소 의역으로 하였다.
〈忌祭祝文〉維歲次云 孝子 某官某 敢昭告于 / 顯考某官府君 / 顯妣某封某氏(有繼母則列書) 歲序遷易 / 顯某位 諱日復臨 追遠感時 昊天罔極(祖考妣以 上改 稱 不勝永慕 旁親但 稱 不勝感愴) 謹以淸酌 庶羞恭伸奠獻 尙饗 (풀이: 유세차 효자 00이 아버님 어머님께 감히 고합니다. 어느덧 해가 바뀌어 00님 제삿날이 돌아왔습니다. 지난날을 되돌아보니 슬프기 끝이 없습니다. 삼가 맑은 술로써 차례로 제사를 모시니 흠향하십시오.)

7) 〈墓祭祝文〉維歲次云 幾世孫 某官某 敢昭告于 / 顯幾代祖考某官府君(合葬則列書)之墓 / 氣序流易 節侯孟冬(隨時稱) 禮有一祭 瞻掃封塋 不勝感慕 謹以淸酌 庶羞祗薦 歲事尙 饗 (풀이: 해가 바뀌었습니다. 0세손 00은 0대조 할아버지 00의 묘소에 감히 고합니다. 계절이 변하여 초겨울이 되었습니다. 예에 따라 제를 지냄에 있어 묘를 우러러 손질하다보니 추모하는 마음을 이기지 못하겠습니다. 삼가 맑은 술과 정갈한 음식을 정성껏 올리노니 흠향하십시오.)

# 구비전승

## 구비설화

### 불도깨비

날이 궂으면 도깨비불이 나왔다는 이야기다.

옛날에는 도깨비 봤지만 시방은 없어. 도깨비가 저런데 강가시가 날 궂을라면 뻔쩍뻔쩍 도깨비불 쓰지. 거기다가 도깨비 번쩍하는 거기다 대고 남자가 오줌을 누면 도깨비가 번쩍번쩍 해서 금방 문 앞에 가 닿는데. (조사자: 오줌 싼 남자 집 앞에요?) 이. 그렇게 해서 참 무섰어.　　　　　　　　　－강씨(여, 82), 부여군 장암면 장하리 1구. 2005. 2. 4.

### 도깨비 이야기

도깨비가 민물게를 쇠똥으로 변하게 하는 등의 장난을 쳤다.

하도 도깨비 많다고 그러는데 비 오는 날 있다고 그래요. 그거 참 이상하게 나는 못 봐요. 도깨비가 어떤 게 도깨비냐믄, 그이(민물게) 잡으러 갔더니 그이가 몇 마리 나왔는디 그 다음부터는 쇠똥만 된다고 하더라고? '도깨비가 심술부려서 그이도 못 잡았다'고 그런 말은 하대요.

나는 도깨비 못 봤는디, (옆의 청중을 가리키며) 이 사람은 도깨비 스는 디만 댕기네. 다른 사람들은 있다 하는데…… 한 번은 비 오는 날인데,

“도깨비불 있다고, 저 높은 데서 노는디 도깨비불 저 슨다고…….”

“도깨비 난 못 봤다고.”

“이리 와보라.”

하는데, 여기가 뻔쩍 저기가 뻔쩍, 저기도 그거 도깨비불이라고 하는겨. 그래서 그게 도깨비불일까? 당체……. 그래서 다들 도깨비불이 있다는데 나는 못 봤다고. 그래 나는 도깨비 없다고만 했지.　　　　　　　　—강상구(남, 84), 부여군 장암면 장하리. 2005. 2. 4.

## 제사부정

　한 사람이 길을 가다가 죽은 친구를 만났다. 죽은 친구가 제삿날에 제사를 지내지 않는 아들이 미워 손자를 화롯불에 밀어서 데게 하였다고 했다. 다음 날 가보니 실제로 그런 일이 있었다.


(조사자: 귀신 이야기를 들으신 적이 있나요?) 귀신이 있간디? 없어. 귀신 봤다는 사람도 없고. 저기 우리 집 아버님이 이런 얘기 하시는 얘기는 들었네. 여기 현봉리라고 우리 집 아버님이 베 팔이 하셨어. 그때 알은 친구 분이시랴. 그런데 이렇게 어느 날 우리 집 아버님이 현봉리가 처갓집 댁이로 이렇게 가는데, 그니가 작고한 지가 한참 되는데, 그니를 딱 마주쳤대. 작고한 분을. 그러게,

“아니 자네가 웬일이여?”

인저 하고 그렇게 대화를 하셨는데,

“오늘 저녁이가 내 지산데 지사를 안 지내고 아들 내우간에 이 가마니를 치더라고, 그래서나 어린애 안고 치는데 애기를 화롯불에다가 넣었다.”

고 그러드래.

“아이고 이 사람아 그러는 거 저기를 어떻게 그랬더냐…….”

“낼 보라.”

고 그러더랴.

“그런 저기가 있을 거라고.”

그래서 우리 집 아버님도 그 말이 괴상하게 들리니……. 살은 양반도 아니고 돌아가신

양반이. 그런데 아니나 달러? 날 생게나(날이 새니까) 애기가, (애 아버지가) 지사 얘기는 않구,

"가마니 치는데 애기가 놀다 화롯불로 주저앉아서 그렇다고."

거기는 그랬을 테지. 안 뵈고. 우리 집 아버님이 또 그렇게 얘기를 하셨대.

"아무개가 오늘 저녁에가 지사라더니, 지사 지낼 준비는 안코서 저기 가마니 쳐서 어린애를 화롯불에다 넣다고 한다고, 이렇게 말을 하더라."

고 하셨대. 그러니까 다 주변에서도 돌아간 양반이 그랬당게 저기가 돼. 그런데 아니나 달러. 날 생게 그러더래 (애 아버지가)

"애기가 화롯불에 주저앉아 뎄다고."

그래서,

"왜 아버지 지삿날이라며 그러고……."

그런 얘기 하시는데,

"어떻게 죽은 양반이 얘기를 하느냐?"

고. 인자 우리 시누들은 '미섭다' 고 아버지 뒤로 겨들고, 그런 얘기는 들었네. 그렇게 얘기 하시고는 그냥 없어져 버리고. 지삿날인데 저기는 않고 그러고 있으니까. 아이고 무서워!                                        —이계향(여, 80세), 부여군 장암면 장하리 1구. 2005. 2. 4.


## 유금필과 성황제

유금필과 관련된 부분은 설화적 요소를 갖고 있는 이야기이다. 반면, 성황제와 관련된 부분은 이야기라기보다 제의에 대한 자료로서의 성격을 갖는다. 이 자료를 여기에 옮기는 것은 마을의 공동체 신앙과 관련하여 자료적 가치가 있다는 판단에 의해서다.


유금필 어른을 여기서는 태사라고 하지. 태사. 여기서는 태사라고 하지. 클 태(太) 자하고 스승 사(師) 자. 그분이 역사적으로 보면 개국공신이란 말여. 그런데 여기서는 후백제인으로 알고 있어. 더러 그전에 제 같은 것을 지낼 때는 후백제인이라 그러니까 벌써 알 만한 얘기지. 그런 점이 더러 있고 그래요. 그분에 대한, 내가 그분에 대한 자료

같은 게……. 박교수[1]가 혹시 세상을 떳더래도 냄겨놓은 게 없나?

(조사자: 축문이 혹 있을까요?) 예, 유태사에 대한, 여기는 성황이라고 저기를 했는데, 동네 수호신이 성황인데, (축문을 펼치면서) 여기를 보면은 '성황지신하고 불교 존신 천여년전 위국강성' 다 이렇게 해놨잖여? 백제 삼한에 이렇게 죽 써놓고서 보면은 에……. 여기는 있나? 이 축문에는 그게 없네. 어디를 보면은 아 후백제인이라 했단 말이여. 그러니께 벌써 그게 잘못 와전된 거다. 뭐냐(먼저) 알고 있죠? 신앙대상은 유태사에 대해서 이렇게 하고 있지만 그게 우리 부락에 대한 수호신으로다가 모셨고, 거기에 의지하는 얘기지. 보면은 여기에는 그게 안 나왔구만 어디선가 보니까 성황제라고 해놓고서 주석을 달아놓고 후백제인이라고 해놨더라고. 그건 잘못된 것이다. 왕건을 도와서 한 분인디, 어떻게 해서 후백제인이냐? 이런 이야기가 나오고 그랬지.

(조사자: 또 다른 유금필 장군과 관련된 이야기가 없을까요?) 이게, 그게 의문인데, 그때 무슨 얘기를 했느냐면 여기가 당초에 보면은 지형적으로 뒷산에 올라가면 강경까지 보입니다. 부여가 많이 보이고요. 그래서 여기가 원 이름은 장정이라고 합니다. (장정의) '정' 자라고 하는 것은 정자 정(亭) 짜인데, 정 짜라는 것은 군사적으로 요새지를 정 자를 쓴다고 합니다. 그래서 절로 가면은 판진산이라는 높은 산이 있습니다. 거기 가면은 비정이라는 데가 있어요. 비정. 여기가 조금 오르면 봉정이라는 데가 있고, 욜로 오면은 장정이라는 데가 있고, 정자는 저리 가면 정암이라는 데가 있지. 그래서 여기가 군대로 말하면 오피(OP) 격이지. 관찰소. 그럴 가능성이 많다. 여기가 강을 끼고 여기 올라가면 다 관찰할 수 있고 보면은……. 거기(산꼭대기 정찰지)에 우물이 있었습니다. 군대가 주둔할려면 물은 먹으야거든. 그래서 그럴 것이다란 이야기를 들어왔어요.

(조사자: 그런 것을 유금필 장군이 관할을 했다. 이렇게 보는 건가요?) 글쎄요? 유금필 장군이, 사실은 모시고 있는 데가 임천 성산이라고 있어요. 임천 성산. 산성이 뺑 둘러 있죠. 성산하고 대조사하고 큰 석불도 있고……. 애당초는 여기서 모셨다고 해. 거기서도 모시는디 뭐 여기 사람들은 '여기가 먼저 모셨슨게 여기가 형이고 거기가 아우다' 그려. '유장군이 형이구 아우다' 그려. 그런데 동일 인물 가지고 형이고 아우 따질 순 없는 노릇이지만 그런 게 나오고 그려.

(조사자: 문헌상에 나오는 건 없죠?) 그런 분을 모시게 되면 큰 전투를 벌려 공을 세웠다든가 그런 근거가 있어야 인제? 그런 것도 없고, 여기²⁾가 그전에는 어 집을 잘 졌습니다. 나무로다 사당을 잘 졌었어요. 그런데 정월달에 항상 어떤 부인들이 (기도를) 하는데, 한 번 화재가 나서 한 사십 년 전 탔지? 지금은 빈 터만 남았는데……. 그리고 동네 행사로다가 날을 잡아서 음력 정월에, 보통 정월 십일부터 이십일 중에 길일을 택해서 했단 말여. 그땐 동네 부정한 일이 있어서는 안 되고, 옛날 무속신앙이 그렇잖여? 부정한 일이 있으면 안 되고 경건하게 제사 지내고 하는데, 그 때는 길을 지나가는 말 탄 사람이 말을 꼭 내렸다고 하고……. 평상시에도……. 아주 존엄을 가졌던 뭐시라 해요. 함부로 그런 데 대구 방뇨도 못하고 신성시 했다. 제를 지낼라면 강 건너 석성, 그전에는 일부 논산인게, 노성군 석성이 나중에 부여군 석현이 됐는데 현감도 (성황제를 지내는 데) '사람을 보냈다' 그런 건 많이 내려와요. 그런 건 실증이지. 뭐가 없고. 지나는 얘기로만 임천에서도, 부여보담 임천이 컸습니다. 임천군에서 사람을 파송했다. 그런 얘기가 나오는데, 우리끼리 하는 얘기가 연대적으로 똑 따져서 그런 이야기를 해야 하는데 지금은 가늠할 수가 없습니다.

(조사자: 제사 이름을 뭐라고 했을까요?) 근래 와서는 그냥 성황제라고 했죠. 성황제는 흔히 있는 거 아니에요? (조사자: 그 전에는 뭐라고 했을까요?) 그 이전에는 뭐라고 했다고 하는데, 뭐여 태사 모시는 날로 뭐라고 했다고 하는데, 지금 기억으로는 얘기하기가 그렇고……. (조사자: 기록해놓은 문헌은 없을까요?) 그런 건 없어요.

(조사자: 그러니까 성황당 제각이 40년 전, 1960년도 무렵에 탄 건가요?) 그랬어요. 1970년도까진 있었어요. (조사자: 새마을사업을 기점으로 본다면 그때까지 있었어요?) 예. 있었어요. 그게 한 번 뭐냐? 불이 또 한 번 나가지고 타다 말아가지고 '보수가 안 된다.' 그 땐 그 마을에 노인 양반들만 계셨고, 내가 인저 '옛날 건 보존을 해야 한다.' 해서 나무를 하나 얻어가지고……. 그것을 하자면 돈이 많이 듭니다. 나무를 잘 깎아가지고 (양팔로 한 아름을 만들며) 이만 했죠. 상당히 커요. 그걸 깎아서 재가지고 그냥 갖다가 한쪽에다 세우고 했죠. (조사자: 그 뒤로 또 불이 나서 없어진 건가요?) 예. 그랬죠.

거기(제각의 내부)에는 보면은 대상 인물은 없고 선반만 이렇게 해놓고, 목상이여. 쪼

그만 목상. 가운데는 유태사라고 해가지고 유 장군 모셔놓고 양쪽에는 부인들 모셔놓고 했죠. 부인이 둘이라고 했다구. 가운데에 유태사를 해놓고 좌우에다가 부인을 해놨는데, 사람 머리 타래를, 사람을 만들어놓고.[3] 유 장군은 장승 모양으로 해놓고. (조사자: 나무로 깎아서 말인가요?) 그렇죠. 나무로 깎아서. (조사자: 위패가 아니라 나무로 깎아서 중앙에 유 장군 또 부인 형상으로 모셨군요.) 그걸 쪼그만하게 두 분을……. 나무로 깎아서……. 그것도 나무로 깎았지. 그건 사람 머리를 갖다가 감아놓고 그랬어. (조사자: 부인 두 사람 중 어디가 첫째였죠?) 그것도 모르지. 짐작으로만 어른이 왼쪽인게 왼쪽이 어른이지. 말로만 그러지. 정확하게 위패처럼, 신위처럼 해놓으면 우리가 아는데, 그대로만 있은게 그게 무슨 우리 낳기 전부텀 있던, 옛날에 손재주를 들여서 만든 거니까 그 때부텀 있었으니께…….

(조사자: 크기가 얼만 했을까요?) 글쎄요. 한 45센찌 되겠네. (조사자: 여성상은?) 한 40센찌. (조사자: 키 차이가 조금 났네요?) 조금 났죠. 유태사가 중앙에 양옆에 두 부인이 계시고……. 깔고 앉는 것은 자부동처럼 해놓고, 남루해지면 누가 가서 해놓고…….

(조사자: 건물 평수가 얼마나 됐을까요?) 글쎄 평수는 뭐 얼마 안 돼요. 들여다보면 그 안에는 두 평 반 됐을껴. 여기 방 정도 됐을껴. 이 정도 됐는데 문도 쌍 창문이고 나오면은 뺑 둘러 마루가 있어가지고, 뒤는 마루가 없고 '디귿' 자로 있었지. (조사자: 지붕은 기와로 이고?) 기와는 아니고 이엉 짚으로, 초가로, 예. 그래서 1년에 한 번씩은 짚 좋은 디를 선사 받아서, 성황 뭘 한다고 하면 말린 짚, 선 짚이라고 해서 그 때는 한 120호나 됐으니까 그렇게 좋은 짚으로다 해서, 사람들 봉사를 해서 가지고 가서 하고, 사람들 동기(동계)로다가 술도 먹고 제도 지내고…….

(조사자: 성황제는 지금도 지내시죠?) 없어진 제가 에, 탄 뒤로 없어졌어요. 무슨 대상이 있어야지. 완전히 없어진 제가 80년대 돼요. (조사자: 정확한 연대는 모르시고요?) 80년대부터 없어졌어요. (조사자: 게 책이나 남아 있는 게 없을까요?) 그것도 없어졌죠. 그게 누가 얼마면, 성미 일 두면 일 두, 돈이 얼마면 얼마 해가지고 제주가 누구, 집사는 누구고…….

(조사자: 날은 어떻게 받았을까요?) 그것은 주로 몇 분이 날을 잡아가지고 통보하면 그렇게 알지. (조사자: 제관은?) 여러 가지 있지. 인저 떡은 누구네 집에서 하고, 지(제)는

누구네서 하고 황토는 누구네서 하고, 지금은 그렇게 잘 하덜 안 혀. 황토 같은 건 꼭 지게로 져서 퍼다가……. 추울 때 파다놓는 것은 어려운 것이거든. 문 앞에 액을 막는다고 놓고.

(조사자: 지붕은 언제 하나요?) 제 지내기 임박해서 바쁘지 않으면 나와서들 이영을 엮어가지고 짊어지고 올라가서 추녀까지 다 깎고, 또 줄도 잘 띠야 한게, 거가 바람이 센 게, 뒷산에 젤 높은 딘디. (조사자: 여기서 올라갈라면 얼마나 걸릴까요?) 지금은 길이 없어졌습니다. 여기서 뭐 잰 걸음으로 그전에 올라다녀 보고 하면 30분? 길이 흔적은 있죠. (제장엔) 돌담만 있고. 뺑 돌아 담이 있었고, (제각이) 탄 자리도 있죠. 그 근방 벌목을 해서 멀리서 지금 보면은 나무가 없죠. (조사자: 그 산 이름을 뭐라고 하나요?) 태성산이라고. 태성이라는 것은 클 태(太) 자에 재 성(城) 자.[4] (조사자: 산에 성이 있었다든가?) 그런 건 없었어요. 망보기엔 참 좋게 생겼어요. 올라가 보면 강경까지 훤히 보이고.

(조사자: 제물은 떡하고…….) 삼사실과하고, 술은 꼭 있고, 맑은 물 있고, 가서 물 떠서 있고. 뭐 손을 씻고……. 옛날 오열베라고 해서 기저귀만 한 베도 갖고 가서 제 지낼라면 손 딱까야 하니까? (조사자: 베 수건이네요?) 네. 그것도 꼭 사와야 하고, 제물에는 포 있죠. 포가 있고, 베도 있고, 무명포. 무명포는 이렇게 잘 접어가지고……. 예. 또 곡기, 곡기라는 게 쌀, 생쌀 단지다, 조그만한 그릇에다가, 제기가 있으니까. 그러고는 익은 거는 탕이 있었고……. (조사자: 밥도 있었을까요?) 밥은 제가 잘 기억이 나도……. 몇 번 올라다니며 고축도 해보고 그랬는데 밥도 있었을겨? (조사자: 고기나 찬 종류는 또 뭐가 있었을까요?) 찬거리는, 고기류는 없었시유. 나물류, 그것이 채소류 그거하고 실과. 우리가 전례적으로 지내는, 원래는 사과 같은 걸 쓰질 않고 개금을 썼다고 하지. 향교에서도 개금을 씁니다. (조사자: 개금이 뭘까요?) 개금이라는 게 산에 가면은……. (조사자: 깨금요?) 예, 예. 저 은행 비스무리한 게. 까서 놓죠. 개금이 놓고, 거기에는 뭐 멍까도 놓고. (조사자: 멍가?) 멍가라고 대추 비슷한 게 있거든. 그런 거 우리 때 와서는 사다가 했지.

(조사자: 제사 지내는 순서를 보면 맨 먼저 분향강신부터 하죠?) 제사에는 삼헌을 하지. 근래에 오면 초헌, 아헌, 종헌 이렇게 있지. 무학선녀 그분이 초헌을 하고, 동네 말

하자면 이장급 그런 사람 있으면 마지막 종헌을 하고. 초헌을 나이 많이 자신 분들을 받들어서 관심 있는 분들이 하고, 없으면, 나중에 흐지부지 할 때는 나도 초헌을 해봤습니다. 이장을 할 땐게 '내가 초헌 한다' 고 하고 자청해서 해보고 했지. (제의 순서는) 제사 지내는 순서하고 비슷해요. (조사자: 초헌 끝나고 축 읽고?) 그렇죠. 초헌 끝나고 축 읽고 아헌하고. 그 다음에는 내가 본게 한참 원도문이라는 게 있었는데, 지금은 없어졌습니다. 원할 원(願) 자 기도 도(禱) 자. '새로 을유년이 돌아서 재액을 막아주시고, 뭐냐? 장사하는 사람한테는 돈을, 농자에게는 풍요롭게 하고…….' 여러 가지가 있어요 그리고 기원을 하는 거죠? (조사자: 원도문이 축문하고 서로 성격이 다른가요?) 축문하고는 닮죠. 축문을 하고 나서 원도는 나중에, 다 끝난 다음에 하죠. 제사는 끝나고서 하죠. 의식은 다 끝나고. (조사자: 소지도 올리나요?) 그렇죠. 소지도, 소지문 올리는 데도 싼 거, 종이 권이나……. 원하는 사람 다 있죠. 대충 한 곳에서 경글 올리라고 하면, 근래 와서는 인저 무속에 있는 무당을 불러다가 소지를 올리게 했지. (조사자: 언제쯤?) 80년도. 그 때는, (성황당 제각이) 탄 뒤로는 올라가지도 않았지만 부인들 몇이 무당하고 가서 하고 그랬다고 그래요. 정상적인 건 못 이루어졌지. 불탄 뒤니께 완전히 불탄 게 80년대 될 꺼여? 그전에는 유교적인 방법으로 그렇게 했죠. (조사자: 80년대 와서 완전히 불타고부터는 부인들이 무당을 데리고 올라가서 치성을 올렸군요?) 그렇죠. 불탄 뒤로는 여간해서 모이도 않고. 제 지내는 사람들만……. 더러 술 먹고 싶은 사람들, 그전에는 죽들 모여서 술들 먹고…….

(조사자: 시간대가 대략 몇 시쯤 지냈어요?) 산상에 등산하는 것이 10시, 10시까지는 다 올라가 있죠. 올라가서 의관정제들 하고 한 숨 돌리고 들어가서 제 올리고 할쯤엔 11시. 그게 끝나고 오면 1시간 넘겨 되지. 소지 올리고 하려면…….

(조사자: 풍물을 치고 하는 건 없었을까요?) 풍물은 없고, 걸립이라고 해서 동네를 한 바쿠 제사 준비과정 중에 할 때 가면은, 쌀 한 되 내는 사람도 있고 사정상 못 내는 사람도 있고, 짚 한 춤(단)이라도 내고 그렇게 해서 각출(각출)을 하죠. 정초에 하죠. 우리 어려서 보면 정월 초사흗날까지는 꼭 세배 다니고 풍물치고 정월 보름까지는 그게 시골에서는 큰 잔치 기분이죠.　　　　　　—강상모(남, 69), 부여군 장암면 장하리. 2005. 2. 3.

## 계백 장군

계백 장군이 처자를 다 베고 황산벌 전투에 나갔으나 패하였다.

(조사자: 계백 장군 이야기 들어보셨어요?) 계백 장군이 충화, 충와 출신이라대요. 아까 얘기하던. 원래 충와에서 탄생했다는 말 있쥬. 먼저는 계백 장군이 신라하구 전쟁해서 많이 이겼는데, 최후에 갈 적에는 의자왕이 방탕해서 망해다시피 할 때에 신라군이 쳐들어왔는데, 계백 장군이 집이서리 아주 단언적으로다가 자기 식구 처자, 부모 처자 다 자기 손으로서리, "남의 노예 생활은 말자" 다 자기 손으로다가 다 없애구서니 전진하겠다는 얘기는 들었지유. 그래구서 황산벌서 결국은 전사당했다 하고. 이렇게 하구서 끝쳤지. 모.
　　　　　　　　　　　　　　　—강상구(남, 84), 부여군 장암면 장하리. 2005. 2. 4.

## 견훤

견훤이 아기일 때에 호랑이가 와서 젖을 먹였다고 하는 내용이다.

후백제 견훤이, 후백제 견훤이가 백제 다 지낸 후에 그 왕건이 하구 전쟁한 것은 모르구, 견훤이 탄생할 적이 견훤이 부모네가 견훤이 낳았는디, 범이 와서 젖 먹였다는 얘기는 들었어요. 전설루다가. 내우간이 견훤이를 낳고서니 일터에 다 가서, 잠 재워놓고서니 자기 내우간은 일을 하는디, 범이 울어서, 호랭이가 와서 견훤이를 젖 먹이더래요. 어린내 들어 있는데. 그래 호랭이가 어린내 견훤이를 물고가는디, 서 있는데 그냥 올라갔다. 그래 견훤이가 호랑이 젖 먹고 큰 사람이라고 그런 얘기는 들었지. 전술루다가.
　　　　　　　　　　　　　　　—강상구(남, 84), 부여군 장암면 장하리. 2005. 2. 4.

## 귀신은 없다

부득이한 상황에 상여 속에 숨어서 며칠을 지냈지만 귀신은 나오지 않았다.

(조사자: 귀신이야기 없을까요?) 내가 솔직히 말하지. 9·28 수복되고 나서니 우리 동네가 평판이 나빴어요. 나쁘기는 나빴지. 우리 동네 사람들이…… 여기 조씨네구, 조씨

네구 많이 탄압을 했거등요. 우리 청년들이. 그래 되로 주고 말루 받았어요. 인민군들이 싹 도망강게 군인들도 오고 경찰들도 오닝게루 인공 적에 떠들었다고 하는 사람들혼날 거 아니유? 하두 의경이 우리 동네서 청년들 데려다 혼내는데 나는 도망했단 말이여. 도망해서 잘 데가 없어. 행여집[5]이 가서 며칠 잠을 자 봤어. 행여집은 구신이 들썩들썩 거린다고 했거든? 옛날에도. 그래 행여집이 가서 행여 뚜껑 밑에서니 도망칭게숨을라고. 암만 자도 구신이 없어. 구신이 들썩거리는 데라고 했는데 나는 도망해서 자두 구신이 없드라고. 나는 구신 없다고 생각해.

—강상구(남, 84), 부여군 장암면 장하리. 2005. 2. 4.

## 황바우

황바위와 그 근처에 살았던 한 부자가 망한 이야기다.

(조사자: 황바위는 바위가 누런 해서 붙은 이름일까요? 무슨 유래가 있나요?) 글쎄 그걸 모르겠는데, 하여간 거기 황바우 우리 일가덜 종산이 많은디, 근디 그전이 그 넘어가 천석꾼이 살았다는 덴디 며느리 하나를 잘못 은어서 비오는 날 맥을 끊어놔서 사태가 난 뒤로 망했다구 이런 설화가 나오고 그라는데…….
(조사자: 자세히 좀 일러주세요?) 그저 뭐 자세하고 뭐 할 것두 읎어요. 옌날에 천석꾼이 황바우에 살았는데 며느리 하나를 잘못 은어가지고, 그래 며느리가 야심만만하니그랬나부지, 그래 날마다 호미니 괭이루다가 뒤꺼티고개, 지금은 길이 됐습니다. 거기를 팠다는 거여. 그래 비가 많이 오니까 사태가 나가지고 이냐, 길이 됐어. 길이. 사태가 난 뒤로 맥을 끊어서 어떤 부자가 망했다. 하하. 그런 얘기여. 맥이 끊어져서 망했다이런 얘기유.

—강상모(남, 69), 부여군 장암면 장하리. 2005. 4. 22.

## 엿바위

엿바우는 뭐냐면 그저 백제 왕덜이 그저 자운대 왜 불 놔서 궁둥이 뜻뜻하게 해준다는바우 옆이 그게 엿바우여. 그게. 다리 놔서 그거 베렸드문. 다 베렸어.
왕들이 놀러 나오시고 행차하므는 겨울에두 거기다 불을 때고 싹 청소하무는 따뜻하다는 거지. 그르케 권력 앞에 아부덜 많이 하구 했으니 이게. 자온대가 스스로 따땃해 진다는 바우여. 왕만 나오무는. 신하덜이 그렇게 맨들었댜. 지끔두 권부에서는 그런 거 아니유. 지끔 시대나 그때 인정이라는 것이 다 그런디.

—강상모(남, 69), 부여군 장암면 장하리. 2005. 4. 22.


## 공동체 삶의 구전자료

### 주식이 재첩

이 이야기는 설화가 아니다. 장하리 사람들의 삶의 단면을 보여주는 구전자료이 다. 공동체 삶의 소중한 표현으로 보아 여기에 옮겨둔다. 내용을 요약하면, 장하리 앞 강변에 재첩이 많이 나왔다. 30여 년 전만 하여도 곡식이 귀했기 때문에 재첩을 잡아서 주식처럼 먹었다.


재첩의 특징은 염도가 맞아야 돼요. 염도가 없는 아주 민물에서는 잘 자라지 않고, 조 개류는 염도가 적당이 맞아야, 민물과 교차하는 지점. 저희 동네가 어렸을 때는 한 시 간만 잡으면 자기가 못 들고 갈 정도로 잡았어요. 못 들고 갈 정도로. 그러면 전 부락민 이 다 나와서 잡아도, 그렇게 잡아도 또 있어요. 주식이었어요. 단백질 공급원. 여름철 되면은 완전히 재첩을 가마솥에다 끓여요. 한 바께스씩 끓여가지고 그 넘을 된장을 넣 고 풀어서 놔요. 그거 까먹는 게 일이어요. 그거하고 된장하고 말아서 비벼서 먹고. 그 게 인제 음식 끝이에요. 겉절이나 한두 가지 놓고. 그게 여름 가을. 그게 주식이었었고. 우리 집 옆에 소나무 있는데 가보면은 하도 재첩을 먹고 거기다가 놔가지고 조개무덤 이 있어요. 패총이라고 하나? 그게 산더미처럼 쌓였죠. 지금도 파면 파는 대로 나와요. 먹고 거기, 그 집하고 우리 집 두 집이 먹은 거죠. 인제 그거 팔기도 하고 그랬는데. 그 때는 파는 건 감히 상상도 않고, 거의 집에서 먹는 거요.
(장항 군산 간) 하구 둑을 막으면서부터 서서히 없어지기 시작해가지고 지금으로부터 10년 전, 8년 전까지만 해도 간간히 나왔어요. 내가 도시 있을 때 꼭 일요일날 오면은

한 시간 끌고 다니면은 바가지로 한두 바가지 정도……. 옛날에는 한 번만 잡아댕겨도 한 바가지는 나왔으니께. 한 번 한 5미터만 끌고 가면은, 딱 들으면은 나왔어.

—강현면(남, 46), 부여군 장암면 장하리. 2005. 2. 4.

## 황복과 우여(웅어)

장하리 앞의 금강에 황복과 우여가 많이 나왔다. 그런데 장항 군산 간 둑을 막으면서 이들 어종이 사라지거나 줄어들었다.

옛날에 우리 어렸을 때 황복어 유명하죠. 우여, 우어라고도 하고 유명해요. 이 우여라고 하는 것은 전국에 4대강 유역에서밖에 안 나오는데 지금은 없어요. 없어도 세도 쪽 가면 우여회 하면 아주 유명하죠. 막 서울에서 오고 전국에서 다 오죠. 섬진강에서 잡아오고 대천 앞바다에서 잡아갖구 오는데, 산란해서 민물로 들어올려고, 희귀성 동물이라 민물로 들어와서 산란을 하구 나가는 거예요. 바다로 그거를 막아놨으니까[6] 희귀성 동물이 없구 황복어 없어졌죠, 실뱀장어 없어졌죠, 그 다음에 우여 없어졌죠. 밀복, 황복 이게 다 없어져가지구 황복어 한 마리 (손바닥을 내어 보이며) 이만한 게 5만 원이라는 거여.

옛날에는 발을 맸어요. 발을 강에다가 싸릿대를 엮어가지구 발을 이렇게 미루(미로)식으루다가 엮어서 발을 매러 갔다 말이여. 지금쯤, 이런 겨울에 여까지 빠져서 사람들이 가서 조숫물이 빠지면 거가서 복어를 집어왔단 말이여. (발을 나선형으로 설치하는 그림을 그리며) 미루식으로 (한번 들어가면 못 나오게) 이렇게 들어가면 물이 빠지면 몬 나와요. 그러니까 이제 여기서부터 서서히 몰아가서, (나선형의 가장 안쪽 부분을 가리키며) 요기서 이제 마지막 최종적으루 잡는 거여. 싸리나무로. 무라까시(물아카시아)가 (발의 재료로) 제일 좋죠. 요게 나무가 쫑끗쫑끗하고 가늘고 굵기가 일정하단 말이유. 그거나 싸리나무. 요골로 해서 발을 맸는데…….

비극도 있어요. 우리 동네에 9명이 죽은 적도 있어요. 복어를 잘못 먹어서. 알을 빼고 처리를 잘 해야 하는데 처리를 못 해가지구 최근까지 사망한 사람이 한 명 있었어요.

(장하리 앞 강을 손으로 가리키며) 요 앞에서 복어를 많이 잡았어요. 하루 나갔다 오면

은 기본이 열댓 마리도 잡아오고, 적게 잡아야 한두 마리, 안 그러면 떼로 몰려올 때는, 제 어렸을 때 기억은 강가로 (소를 몰고) 풀을 뜯기러 가거든요. 그러면 조숫물이 밀려 오면은 복어소리를 듣고 알았어요. '뻑뻑뻑뻑' 하면은 떼로 몰려오는 거예요. 그러면 가자!

많이 잡으면 팔기도 하고, 이웃집에서 사기도 하고, 거의 조금 때 빼놓구는 거의 장하리까지 (바닷물이) 와요. 거의 매일 들어와요. 매일 들어오는데, 물의 양이 높으냐 낮으냐지 장하리까지는 항상 들어왔고, 장하리 이후에 아까 차를 잠깐 세웠던 데 있죠? 거기가 황바위라는 나루터 입구거든요. 거기까지는 물이 많을 때 들어오고, 사리 때에만 백제 다리 거기까지……. 변동이 별로 없어요.

우리 동네는 (바닷물의 조수가) 어떤 영향이 미쳤죠. 지금같이 얼음이 얼었잖아요. 사리 때면은 물이 들어오면은 물이 착착착 해서 물이 밀려요. 물이 빠지면 하고, 인제 그넘이 봄 되면은 쌓여가지고 집채만 한 것도 있고, 강 속 곳곳에 봄에 얼음이 완전히 녹으면은 웅덩이가 생기잖아요. 그 속에 잉어 붕어 이런 것들이 있어요. (조사자: 미처 못 빠져 나가가지고?) 예. 다 비료 푸대 가지고 나가봤죠. 좌우지간 뒤지기만 하면 나오니까. 웅덩이마다.　　　　　　　　　　　　　　　　 −강현면(남, 46), 부여군 장암면 장하리. 2005. 2. 4.


## 실뱀장어

장하리 앞 금강에 뱀장어가 있었다. 특히 실뱀장어의 교류가 성하였는데 사람들이 이것을 남획하였다.


옛날에 우리가 실뱀장어를 잡은 적이 있거든요. 밤에 등불 하나면, 후레쉬 하나만 있으면 돼요. 모기장으로 뜰채를 만들어요. 어른이든 애들이든 눈만 밝으면 돼. 불을 딱 가에 비추고 있어. 그 빛이 양쪽 강가에 200~300미터 간격으로 쭉 나와 있는 거에요. 가는 실뱀장어가 살짝 지나가는 거에요. 그럼 뜨고, 뜨고, 주전자에 넣고, 그게 하나에 25~50원이었어요. 그때 당시 25~50원이면 엄청난 거였죠. 전량 일본으로 수출을 했어요. 100퍼센트. 그래서 (집게손가락을 내보이며) 요정도 크면은 수출을 한대요. 키워가지고.

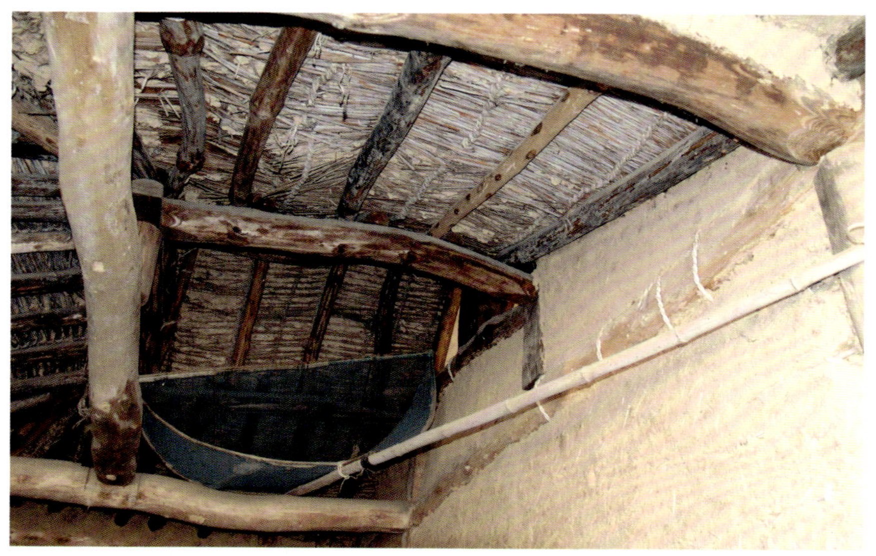

**뜰채** 그물 구멍이 촘촘한 뜰채로 강가의 수초 주변을 훑는 방식으로 실뱀장어를 잡았다.

하구 둑을 어느 정도 처음에는 개방을 했단 말이에요. 하구 둑에서 강경까지 모기장으로 도배를 한 거에요. 업자들이. 그런 게 여기를 못 올라와. 올라오는 대로 창창히 업자들이 하니까. 산란을 해서 어느 정도 크면 바다로 돌아가고 해야 되는데요. 참게도 그렇구요. 그전에는 모 심다가 돌이어서 딱 꺼내면 참게……. 겨울이면 참게 막을 쳐놓고, 저녁에 한 바께쓰씩 잡고 그랬단 말이에요.

—강현면(남, 46), 부여군 장암면 장하리. 2005. 2. 4.

## 생태계의 변화

장항 군산 간 둑을 막고 나서 마을 앞 금강의 물이 더러워지고 생태계가 바뀌었다.

요 앞에 강에서 난 게 재첩, 황복, 실뱀장어, 우여 많죠. 사라진 어종들이 주로 그렇고, 옛날에 은어, 은어는 의자왕이 먹었다는 거고. 그 다음에 칠이라는 게 있어요. (조사자: 칠어?) 예. 칠어라는 게 아주 맑은 물에서 살거든요. 쩐지 낚시라는 게 있어요. 쩐지를 던져가지고, 거짓말 낚시죠. (미끼가) 움직이면은 딱 물고, 칠어는 일 분도 안 돼서 죽어요. 성질이 급해가지고. 칠어가 많이 없어졌고. 지금 가장 성행하는 것이 가물치, 메기, 잉어, 붕어. 지금은요, 생태가 변하고. 약간 더러운 데서 살 수 있는 우렁이, 3급수에서 살 수 있는 것이 많다는 것은 물이 오염이 됐다는 거거든요. 물고기가 살 수 없는 곳에 뒤져보면 우렁만 있어요. (조사자: 지금 강을 생계 터전으로 삼는 분은 없어요?) 없어요. 전혀.　　　　　　　　　　　　　　　　　　　　　　—강현면(남, 46), 부여군 장암면 장하리. 2005. 2. 4.

## 정월 고사

제보자의 민간신앙에 대한 태도가 잘 나타나 있어 여기에 옮긴다.


여기는 옛날부텀 나 시집와서부텀 동네에서 남자 분들이 나서가지고……. 지금은 (성황당이 불에) 탔어. 서낭님 모시는 집이. 농사진 집이 당기면서 (짚을) 걷어다가 엮어서 서낭님 잡술라고 날 받으면 저기를 하지. 가서 (지붕을) 혀 이고, 입도 봉하고 술도 헐라면 막, 목욕재배하고 그렇게 허고. 그 제 지내는 날도 참~ 엄숙시럽게 그렇게 혔지. 지금도 혀. 음력 정월 초사흘에 꼭 그날도 혀. 옛날에 음력으로 하시기 땜이 꼭 그날로 그렇게 혀.

(조사자: 제 지내는 사람은 어떻게 뽑아요?) 옛날에는 깨까더고 그런 저기를 뽑아서 혔지. 그런데 지금은 여기가 영신마냥 (돈을) 잘 벌어. 벌기도. 그런 저기가 있어가지고. 아주 그 니(강청호 점사)다가 매껐어. 쌀을 매껴서 그 눔 이자 짓는 걸로 초사흗날이면 다 차려서 그렇게 가서 지내. 작년에는 갔는데 올해는 갈랑가 모르겠어. 허리가 아파가지고. 나 시집옹게 시아버지가 꼭 강경서 제물을 해오셔. 서낭님 우위는 날은 그렇게 우위게끔. 그렇게 나도 시어머니가 하시니까 시어머니 돌아가시고 그냥 하지.

(조사자: 서낭당은 매년 정초 같은 날 가나요?) 잉. 그 날. 이, 가서 인저 채려논 데 가서 절하고 그렇게 하는 거지. 소지 올리고. (조사자: 혹 집에 터주나 성주 모신 적 있어요?) 집에서 혔어. 그전에. 그랬는데 인자 내가 나이 먹고 하니까 한 가지 한 가지 이렇게 저렇게 미뤄서 노인네가 어떻게 하냐고 그래서 집이서는 안 해. 집에서는 서낭님 우위지(위하지), 유황님 우위지, 거리제 지내지.

(조사자: 유황요?) 저기 강에다 유황제 지내지. 강에 가는 데도 밥 하고 미역국 끓이고

다. 또 짐 싸메서 식구 대루 싸서 누코. (조사자: 어디에?) 강에다. 지금에는 하는 이 없어. 참 전에는 정월달에 바빴지. 정월달에 초상이 나거나 부정이 있으면 밀쳐 나가지고. (조사자: 서낭제 유황제 중 무엇을 먼저 위했어요?) 서낭님. 다음에 유황님. 거리제. (조사자: 거리제는?) 맨날 그렇게지. 나무 세우고 가서 질이 세 갈래 가서 불 놓고 영신(점사)이 가서 빌고. 다 부모는 자손들을 위해서, 그게 나 좋다고 하는 일은 아니여. 다 가정이 좋고 하게. 근데 여기는 군대 가건 그런 저기 없이……. 옛날부터 서낭님을 우했지. 그래서 동네 잘 돌보셔서 그렇다고 혀. 그렇게 맘 적이라도 두라고.

—이계향(여, 80), 부여군 장암면 장하리. 2005. 2. 4.

## 나루

장하리 일대의 나루에 대한 구술이다.


저 아래부텀유. 남쪽으로부터. 세도나루, 반조원나루, 동내리나루(봉정나루), 저짝에서는 봉정나루라고도 하고. 장정나루(두래미나루), 황바위나루(황암나루), 그 위에가서는 맞바위나루(정암나루). 거기 삼정승이 은거하던 곳인디, 에, 삼정승. 에, 그러구. 그 마당바우가 삼정승이 낚시질 하던 곳이여. 거기가. 그러구 그 우로 올라가서 이저 엿바위나루(규암나루). 엿바우가 귀암여 규암. 에. 그 위 가믄 저 에, 고기가 범바위나루. 호암나루. 범, 범바위. 지끔 그 금방 굉장히 땅끔이 비싸지. 저기 저 재현단지 만든다고. 그 위가 왕진나루. 부여군은 그렀습니다.

여기(장정마을)는 두래미나루라고 하지. 두래미나루여. 두래미. 장정나루라고 안 햐. (조사자: 왜 두래미나루라고 했을까요?) 그게 모르겄시유. 우리나라 순수한 말인디 왜 두래미라고 하나? 근디 한짜루는 두남진이라고 한단 말여. 말 두(斗) 자 남녘 남(南) 자. 그게 이두 형식으로 맨들은 건디, 두남진이라고만 했는디 거기가 두래미여. 두래미.

—강상모(남, 69), 부여군 장암면 장하리. 2005. 4. 22.


## 장하리의 6·25

6·25 당시 장하리 사람들의 삶의 일면이 담겨 있는 구술이다.

6·25 때에 뭐냐? 배루다 인저 구먹을 내구 인저 압류를 해가꾸 못가게 해가꾸 도강을 못하게 하구 있는디, 에, 몰래들 왔다갔다 할라니까 그 배를 썼단 말여. (조사자: 누가 배에 구멍을 냈다는 말인가요?) 에, 그 때는 저 뭐여? 여기서 후퇴해가면서 그러케 배보며는 그러케 하고 가고 (조사자: 국군이?) 네. 또 저 뭐여? 인민군들이 내려왔다가는 후퇴할 때 그러케 하고 가고. 그 무렵에 우리가 중학교 다닐 땐디 교양을 받으러 오라고 혀. 교양을. 그러믄 안 갈 수가 없어. 그때는 그릏게 나루를 해가지구 어트게 갔단 말여. 그 때가 새벽 안갠디 그때가. 한 9월달쯤 됐겠구믄. 그때가. 배를 빌려가지구 (강경 쪽으로) 갔단 말여. 비행기가 막 뜨는디, 그, 이 금강 시찰기라구 여기를 가끔 뿌로 뻬라 두 개 달린 것이 왔다 갔다 해요. 뭐냐 저 보느라구. 와가지구는 우리 머리 위에서 총을 서너 발 따당따당 쏘고 간단 말여. 와서 우리두 막 우리두 다 들어갔지. 물 속으로. 그래가지구 기어나와가지구 굴 속이루, 굴이 있어가꾸 굴 속으로 기어들어갔는디, 나중에 인저 거기를 건너다보닝께는 사람 하나가 읎어. 읎어. 사람을 시어봐도. 노인네가 읎어. 그래 인저 나루질 하던 분이 그러잔어두 물어봤다능겨. 어디 분이냐구. 그래 염챙이(염창리)라구 저 건너편 사는 분이라구 하는 거여. 거기 가서 일러줬드니 맞어유. 시체를 건져갔는디, 그 뒤루는 뭐 갈수기에는 아랫뚜리만 벗으믄 왔다 갔다 할만했응게. 그 때는. 그 저 철조망 까시 달린 거, 삼바리 같은 거슬 동네 사람덜이 가지고 와서 (시체를, 찾으려고) 쫙 훑고 해서 건져냈어. 참 많이 죽었시유. (조사자: 정찰기는 아군기죠?) 네. 아군, 아군기죠. 그래 후퇴를 했을망정 여기를 돌았다구. 항상. (조사자: 이 강이 경계가 되었군요?) 글쎄유. 그랬능간 몰라두 하여간……. 그래서 그걸 무서서 못 댕긴다구 해가지구. 그래 임천이루 다니라구 하더구면, 임천. 그래 임천이루 갔어. 그래 임천이루 가믄 무순 뭐, 노래나 가르치고 그 교양 뭐, 시국 얘기나 해주고 그러치 뭐.
—강상모(남, 69), 부여군 장암면 장하리. 2005. 4. 22.

## 독립운동가 강철구

일제 강점기에 이 마을 출신 강철구의 독립운동 이야기다.

(조사자: 이 마을에 애국지사가 있다고 들었어요?) 강철구 선생. 그분이 참 얼굴두 잘

생기구. 그 분들 참 체격이구 뭐구 우람하니 잘생겼습니다. 미남이구. 그런 양반이 한 바쿠 부여군을 돌으무는 그 동지들 많이 귀합두……. 허, 어떤 때는 그 순사들 그러케 많은 디두 저기 육철포를 차고 왔드라는 거여. 그전이 육철포라는 게 얘기 들어보믄 (양손을 40센티미터 정도 벌리며) 이만했다는 거여. 상당히 컸다는 거여. 지금처럼 손바닥만 한 게 아니라 이만해가지구는. 그런디 그런 분들이 말 함부루 하구 해서 잽히믄, 치안해가지구 잡어 (지서에) 너가지구 (일본 순경이) 강도 잡었다구 했다대. 강도. 그 양반이 잡히던, 국내에서는 안 잡혔어요. 만주에서 잡혔어. 만주서. 군자금, 그 동지덜만 다 잡혔지. 여기서. 울산에서 누구 뭐, 서울에는 문명석, 부여에서는 문장석, 이동순 형제 뭐 남면에서 누구, 공제에서 누구, 그냥 가는 루트가 다 있어가지구, 그래 잽혀가지구는 흑룡강성 가목사 형무소에서 순국하셨죠. 해방 이년 전에. 그러니까 순국 십현이라고 해서 안희제 선생, 강철구, 화천에 김소정, 이희정, 나정민 형제 고 해 다 잡혀 죽었잖어유.

(조사자: 부여에서 계실 때는 군자금을 모으셨나요?) 부여에서도 모금을 했지만 부여에서는 그러케 많이, 시골 형편이 돈 낼 사람 있간디? 에, 상해 임정에서 인제 공채 발행을 했는디, 그걸 배포했다는, 배포하러 댕기믄서, 배포하고 나믄 나중에 수금하러 댕기고……. (조사자: 그 당시로 본다면 공채를 살 수 있는 사람은 제한적이었겠어요? 당시에 일본이 패할 것이라고 생각하는 사람이 거의 없었지 않겠어요?) 밀고 안 하믄 다행이지. 신고 안 하믄 다행이여. 그 냥반은 대단한 냥반이여. 일차루다가 삼천 원을 송금했고, 경성우체국에서. 아 두 번채는 용정으루 해서 이 저짝으루 허다가 거기 가서 잽혔어유. 화룡에서 잽혔다든가? 했는데, 사람을 죽게 맨든다드믄? 거기 저 이저수, 가목사라구, 저번에 테레비도 나오더구먼, 가사목이라고 했는디? 가목사래 가목사. 아, 아름다울 가 자, 나무 목 자, 이 사 자를 쓰는데, 흑룡강성 가목사래. 여기는 중국 사람들이 뜯어버렸드믄. 하두 무선 디라. 거기 가믄 죽는다는 거여. 지하를 이르케 해가지구는 사람을 거기다 감방이다 너노코는 물줄기를 거기다 틀어대노무는, 하루 저녁만 이르케 채노문 많이 죽는다는 거여. 막 사람들이 겨 올라서 살었다가두 그 다음 날 다시 채노문 죽구. 거기서 많이 죽었다구래요.

(조사자: 그 때 당시 삼천 원이면 큰 돈이죠?) 크은 돈이쥬. (조사자: 얼마나 큰 돈일까

요?) 그게 그때 100원이라고 보므는, 내가 그걸 어려서 기억은 잘 못허지마는, 할아버지가 그러케 말씀을 허구, 우리가 그때 100원이 있었씨유. 100원이. 지폐가. 동네 사람들 다 나눠주구 했구만. 왜냐허믄 그때는 쓸 수가 없쏭게. 그래가지구 근래 워따가 보관을 시켜놨구만, 그 돈이 100원이며는 농해쏘 한 마리를 샀다는 거여. 농해쏘. 농해라고 허는 것은 저기 시장 같은 디서도 인저 여기 우량 종목을 허드끼 선발하는디, 그거 하나믄 논을 엿 마지기를 샀댜. 엿 마지기. 좋은 논 엿 마지기를 샀댜. 좋은 논. 그러타고 보면 3,000원이면 큰 돈이지. (조사자: 그렇게 따지면 3,000원으로 180마지기를 살 수 있겠네요.) 큰 돈이지.　　　　　　　—강상모(남, 69), 부여군 장암면 장하리. 2005. 4. 22.

## 황복에 얽힌 사연

　제보자의 일제 강점기 추억담이다. 제보자 개인담처럼 보이나 장하리를 배경으로 한 공간 설정과 일제라고 하는 시대성이 두루 나타나 있어 장하리 공동체 이해에 긴요한 자료이다.


　그냥 살이라구 해유. 살 맨다구. 그게 얘기루는 뭐, 이 동네를 미화시킬라구 하는 게 아니라 그 역사는 갈대를 엮어서 맨드는 것두 살인데, 이 동네가 제일 먼저 그걸 했다는 거여. 현금리두 하구. 북구리두 하구. 이 동네하구 따지므는 우리 어려서만 해두 셋 넷 구찌가 있어유. 구찌가 왜말이기는 하는구마는 패거리가 네 패 다섯 패 있었어. 집집마다 거기 가서는 매주므는 하루에 두 차례씩 가서 뜬단 말여. 복어. 복어를 흔히 잡는디, 그 복어가, 황복 참 좋지. 큰 멍석 같은 디다 붓는디 몇 백마리여. 거기가 대여섯 분이 했든가. 그러믄 다 놔눠. 나눠. 나는 구경값이라구 두 마리를 줘. 가지구 가라구. 묶어까지 해줘가꾸 먹기구 했구 그랬는디.

　그런디 기억나는 것은 우리 할아버지가 을유년, 을유생인게 꼭 육십 년 전에 환갑이었어. 환갑. 그런디 그 때 면장 되시던 분이 내려왔는데 그 때가 인저 종전, 태평양전쟁 종전이던 때란 말유. 그래서 여기서 인제 썩은 콩깨묵 갖다가 나눠주고 할 땐디, 저희 선친께서 그 때 저 외처 가서 계셨기 때문에 돈을 가지고 오서서 잔치를 혀. 그래서 인저 배곯는 사람덜 인저 흰떡이니 국수니 여간 좋아유. 그걸 그런디 일본 사람덜 알으면 안 된다고 한쪽이서 그런디, 면장이라는 분이 명함이다가 뭘 써줘. 그래 인저 '네 학교 가서 교장 선생님 오시라고 허라' 고. 달려가서 이레라끼라는 교장인디, 쪼꼬만했지. 그 양반이. 일본 상사 출신인디, 두 손이루 디밀었드니 '좋다' 구. 가네무라 선생하구 두 분이 오시는디, 이게 걸리느냐 안 걸리느냐? 크게 채린 것두 없지만은 에, 술 가튼 것두 못 해 먹구 헐 땡게 그때는. 밀주도 있었단 말여. 걸리믄 몇 년 징역짜리여. 그래서 소홀히 홀대를 했단 말여. 국수를, 떡국은 못 해드리고. 왜냐하믄 공출 가튼 거 허고, 잔치에 흰떡 가튼 거 떡국을 해주면 안 뒹게 있어두 그 분은 안 줬단 말여. 그랬는디 우리 할아버지께서 '너무 홀대를 했다. 내가 잘못을 했다.' 복쟁이, 우리 할아버지도 거기 들었으니게 여섯 마리 좋은 놈을 갖다가는 배까지 타서 (손주인 나에게) '가지 가라' 그랬는디, 여간 무거워 그걸. 복어 큰 건 커요. (왼손 팔목에 오른손을 대어 크기를 어림하며) 이만씩 해요. (조사자: 어따!) 그걸 갖다가 인저 진상을 했지. 했더니 무척 좋아해요. 이레라끼 선생이. 내 일본 사람 그러케 좋아하는 것은……. 좋아하는디 그 사모님이 참 어려서 봐서 그런가 미녀여. 그저 기모노 입고 사택에서 이러케 나오는, 머리도 저 까뮈에 하고, 우리는 아 낭자지만 (일본 여성은) 까뮈에 할 땐디, 아 그러더니 자기 딸을 시켜서 새큼한 건디 무슨 열매여. 그걸 내 받고서는 받어서 내 같이 갔던 애에게다도 하날 주고 하하. 그 사모님이, 그 아들이 모도짱이라고 급장을 했어요. 모도짱. 동생인디 게가 하루꼬던가? 뽀뽀를 해주라는 거여. 하하. 육십 년 전에. 어려선디 (볼을 가리키며) 여기다 뽀뽀를 하고 가. 하이, 나는 그냥 얼마나 부끄럽고 그냥. 그래 가꼬는 왔단 말여. 와가지고는 그런 기억이……. 심심하므는 (제보자의 자녀에게) 느널 국제 연애는 내가 젤 먼저 했다고 하하하.

그래 나중에 얼마나 섭섭한지……. 그래가지고는 그 해 해방이 돼가지고 갔잔여. 딸이 둘였는디, 내가 눈으로 확인을 하지는 못했지마는, 교장이 항상 칼 가지고 이래쌌코, 목총 가지고 막 이래싸쿠 그려. 둘을 때려죽였다는 거여. 딸을. (조사자: 왜요?) 걸리적거린다고. 딸을 때려죽여서 장작이다 해서 우덕골이라는 디 가서 태워서 뼈만 추려서 항아리다가, 쪼그만 단지다가 그걸 싸들고 갔댜. 아들은 그냥 걸려서 그냥 가구. 그 소릴 들응게 그냥 참! (조사자: 독해!) 독허구 말고. 하이 그릏게 여기서는 '왜놈! 왜놈!' 했거든. 아주 이를 갈었거든. '일본놈덜! 일본놈덜!' 했지. 놈 자를 꼭 썼지. 그 어려서 각인이 됐어유.

한번은 우리 어려서 반장들 죽 있는디, 파출소장이지. 죽 와서는 이만한 가죽신발 신고 딱 와서는 덜걱덜걱 와가지구 와서는 막 밟어. 반장덜, 옆집이 사는 할아버지뻘인디 막 밟어서 터져가지고……. 우리 할머니가 그 광경을 보고는 놀래가지고 집이 들어가서 소도방을 뭐여 갖다가 바쳤어유. 아 저 서방 죽게 생겼다구, 맞어 죽게 됐다구. 하. 가만 있어두 될 거를……. 그래서 소두방 뚜껑 멧 개 걷구 화루 멧 개 걷어가꾸……. 그런디 화루는 절대 생명처럼 알구 화로는 있어야 된다는 거여. 그래서 울타리 밑에다 늫고(넣고). 저 뭐여? 숟가락까정 싹 걷어갔씽게. 이제 밥을 먹을 때, 이제 소두방이 있어야, 뚜껑이 있어야 밥을 할 꺼 아녀? 미국 석유라고 그 궤짝이 있어. 그걸 뜯어서 똥그랗게 그려서 쓸어서 가져다가 뚜껑을 했어. 그래 그런 기억이 아주 머리에 각인이 돼서 아주 일본 사람들이라믄……. 그라고 여기는 기동대라고 해서 일본 사람덜이 와서 뒤지고 댕긴 디라고. 옌날 독립운동 하고 댕기고 하니까는 아주 요시찰 인물도 만코. 그래서 하, 일본 사람이라믄 아주 질렸씨유.

(조사자: 고기잡이 때의 패에 대해서 좀더 말해주시죠? 한 패가 몇 명이나 되죠?) 열 사람두 되고 열다섯 사람도 되고. 자기네 가까운 사람들끼리 하지. 호흡이 맞는 사람덜끼리. (조사자: 발의 길이가 얼마나 되었을까요?) 발이, 그거 참 보므는 좋지. 강을 반 까지 거슬러 반까지 갑니다. 그라고 요러케 거슬러 올라갑니다. 그라고 여기다가는 위임통이라고 해서 이렇게 저 방을 맨들어노코, 여기다가도 해노코, 해서 노코 발을 칩니다.[7] 옌날 파리병 알잔여? 파리명. 파리병 원리여. 발은 안 무너지게 말뚝에다 꽁꽁 묶어야 혀. 물이 들어왔다 빠질 때에 고기가 걸리는 거여. 그릏게 살을, 고기를 잡으로 갈 쩍이는 두 사람이 가야 하거든. 한 사람은 입구를 지키고 한 사람은 고기를 떠서 구럭이다 넣서는 미구(메고) 나와. (조사자: 발 높이는 얼마나 될까요?) 발 높이는 우리 성인 한 길 반. 높은 디는 삼 미다(미터)는 될 티고(테고). (조사자: 발의 재료가?) 갈대. 갈대를 사서들 하지. 매기는 음력 슫달(섣달)이 맵니다. 때로는 얼어서 사람이 죽는다고 하는 슫달, 가장 추울 적이 합니다. 설치할 때는 물이 가장 즉(적)을 적이 해야지. 하루에 물이 두 번 들어왔다 나갔다 하거든? 그걸 다 알아요. 환혀. 몇 시경에 물이 빠진다 하는 걸 다 알아요. 하루에 두 번씩. (조사자: 철마다 다른 종류의 고기를 잡나요?) 아

뉴. 복어 고거 지나면 읎어유. 주로 복어. 저, 더러 우여떼, 잉어도 잽히구. 때로는 오리두 들어가면 못 나가구. 오리두 잡을 때가 있지.

이 동네가 삼사월이믄 아주 손님 때믄에 못 견디다구 했어. 손님덜, 친척덜, 연인족덜 이런 분덜이 아주 여기가 유명한 뎅게, 고기 보러 온다구, 고기 맛보러 온다구 오고, 또 초청도 허구. 복어. 참 복어라는 게 맛이 있습니다. 내가 3년 전만 해도 군산 매달에 한 번 나가서 복어를 먹는데 복어 맛이 아녀. 여기 손님덜, 복어를 먹을라믄 하루 전날 유 철솥이다가 불 때서 전날부터 불 때가지구는 복어 몇 마리 넣구서 불 때서 뼈 건져내구 서는 살만, 또 새눔 넣구서는 먹는 그런 맛이 읎어유.

—강상모(남, 69), 부여군 장암면 장하리. 2005. 4. 22.

(박종익)

## 주(註)

1) 박계홍 교수를 말한다. 제보자가 20여 년 전에 자료를 전하였다고 한다.

2) 마을 뒷산의 산상이다. 옛 성황당 제각이 있던 곳을 말한다.

3) 실제 여성의 머리카락으로 부인 목상의 머리에 붙여놓았다고 한다.

4) 제보자의 견해와 달리 마을 뒷산 이름의 태는 별 태(台) 자를 써 태성산이라 한다.

5) 상엿집

6) 군산 장항 사이에 설치된 댐을 말한다.

7) 강가에서 강 중앙까지 일정 간격으로 말뚝을 박고, 중앙 지점에서 상류 쪽으로 다시 말뚝을 박는다. 이 길이는 각각 100m 내외가 된다. 말뚝은 발을 거는 지주목이다. 이렇게 지주목을 세운 뒤에 미리 짜둔 발을 말뚝에 걸어 강변에서 보았을 때 'ㄴ'의 살을 완성한다. 그리고 'ㄴ'의 중앙 각진 부분과 'ㄴ'의 끝부분에 고기가 들어갈 수 있는 일종의 어망을 설치해둔다. 이 어망은 입구가 좁아서 한번 들어가면 빠져나오기가 쉽지 않은 구조로 되어 있다.

# 충남대학교 충청문화연구소 마을연구단(2004~2005년)

연구책임자  김필동(충남대학교 사회학과 교수)

공동연구원  박찬승(한양대학교 사학과 부교수)

고동환(한국과학기술원 인문사회과학부 교수. 국사학)

김경수(청운대학교 교양학부 조교수. 국사학)

김수태(충남대학교 국사학과 교수)

김　준(목포대학교 도서문화연구소 연구교수. 사회학)

김창민(전주대학교 교양학부 조교수. 인류학)

박걸순(독립기념관 한국독립운동사연구소 수석연구원)

윤종빈(충남대학교 철학과 강사)

곽호제(마을연구단 전임연구원. 국사학. 현 청양대 초빙교수)

김현숙(마을연구단 전임연구원. 국사학)

박종익(마을연구단 전임연구원. 국문학)

유보경(마을연구단 전임연구원. 사회학)

이연숙(마을연구단 전임연구원. 국사학)

전종한(마을연구단 전임연구원. 지리학. 현 경인교대 전임강사)

연구보조원  문광철(충남대 대학원 국사학과 박사과정 수료)

고형임(한국교원대 대학원 역사교육전공 석사)

김미영(충남대 대학원 국사학과 석사과정)

김은지(충남대 대학원 국사학과 석사과정)

김진희(한국교원대 대학원 역사교육전공 석사과정)

남현주(충남대 대학원 국어국문학과 석사과정)

송기중(충남대 대학원 국사학과 석사과정)

오보경(충남대 대학원 국사학과 석사과정)

윤보윤(충남대 대학원 국어국문학과 석사과정)

이시경(충남대 대학원 국사학과 석사과정)

이은규(한국교원대 대학원 지리교육전공 석사과정)

정을경(충남대 대학원 국사학과 석사과정)

주계운(충남대 대학원 국사학과 석사과정)

반미희(충남대 사회학과 졸업)

서홍원(충남대 국사학과)

이규영(충남대 사회학과)

장진하(충남대 사회학과)

빛깔있는 책들 501-2

충남 지역 마을지 총서 ① 부여군 장암면 장하리

# 부여 장정마을

첫판 1쇄    2006년  9월  5일 인쇄
첫판 1쇄    2006년  9월 10일 발행

글·사 진    충남대학교 마을연구단

발 행 인    장세우
기획 편집    김분하, 최명지, 이세형
미    술    박명선, 이수현, 이미영
마 케 팅    강승일
관    리    이훈, 정문철, 도은아

발 행 처    주식회사 대원사
            우편번호 140-901
            서울 용산구 후암동 358-17
            전화번호 (02) 757-6717~9
            팩시밀리 (02) 775-8043
            등록번호 제3-191호

http://www.daewonsa.co.kr

이 책에 실린 글과 사진은 저자와 주식회사 대원사의 글로 적힌
동의가 없이는 아무도 이용하실 수 없습니다.

잘못 만들어진 책은 바꾸어 드립니다.

값 8,500원

ⓒ 충남대학교 충청문화연구소 마을연구단, 2006

이 책은 한국학술진흥재단의 2004년도 연구비 지원과
부여군의 출판보조금 지원에 의해 출간되었습니다.

Daewonsa Publishing Co., Ltd.
Printed in Korea 2006

ISBN  89-369-0262-8   04380
ISBN  89-369-0000-5(세트)

# 빛깔있는 책들

## 민속(분류번호:101)



## 고미술(분류번호:102)



## 불교 문화(분류번호:103)



## 음식 일반(분류번호:201)